谨以此书献给
致力于推动产业园区发展方式变革的人们

重新定义产业园丛书

园区方法论讲演录

—

THE DEVELOPMENT
PHILOSOPHY OF THE PARK

黄立平 著

中国财经出版传媒集团

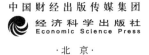

经济科学出版社
Economic Science Press

·北 京·

丛书自序

做好一件事，到了一定程度，就非得把这件事的内在逻辑搞清楚不可，同时，还得在实践中探索出有效的实现路径，最终有所建树——这是我一贯遵循的工作信条。

自 2004 年开始，我便专注于产业园区发展业务，至今已有二十年；主导策划、建设的园区项目已逾百个。对我个人而言，做这件事所花费的时间比做其他任何事都要长。现在看来，一时半会儿还停不下来。因此，很有必要及时进行一些总结——重点记录工作过程中有价值的片段；认真反思为解决具体问题的所思所言。

有关产业园区发展的理论问题，归纳起来讲是四个，即"是什么""为什么""做什么""怎么做"。只有彻底搞清楚这四个问题，才能理性地展望未来。所谓创新，从本质上讲，就是不重复别人已经做过的工作，不重复别人做事的方法，也包括自己曾经取得某种成功的做事方法。

从 2020 年起我就开始做"反思"和"展望"的工作。由中电光谷（OVU）产业生态研究院逐年出版的《流年绸缪》《变局》《拿自己当方法》《关键作用》等（共八册，约 100 万字），包括今年还将出版的《顺势而为》就是这项工作所留下的文献底稿。这些文字起初作为内部资料出版，提供给本公司负有经营管理责任的同事们阅览，便于大家了解、把握我的经营思路和工作意见，有利于提高研讨问题和解决问题的效率。这种思想交流和知识积累方式是我所喜欢的，也是大家乐见的。后来我发现，有些同事拿这些资料赠送友人，促使我考虑这项工作的社会意义。

其实，不少文字原本就是公开的，包括一些已经公开发表的文章，还有讲演录、采访录，绝大部分内部讲话实际上也成了半公开的；只是专门为一些项目所撰写的策划文案，应属企业商业机密。尽管这些内容是企业经营所为，但仍关乎社会发展和公共利益，应该回馈给社会，作为一种具有社会价值的"实践理性"。对于政策制定者、行业管理者、地方国企领导及各种市场化经营主体的同道者而言，倘若有些参考价值，也是我所希望的。

因此，我们决定出版一套丛书，将我近十年，特别是近五年来关于产业园区如何实现高质量发展的系统思考分成六部专著陆续出版。

第一部是《园区方法论讲演录》，收录我自 2015 年以来有关探讨产业园区发展模式创新的各类讲演录 30 余篇，有公司内部培训（包括为合作伙伴举办的相关培训）的课件，有受邀在若干论坛上的专题分享，还有受邀为地方政府党政干部和大学师生所作的主题报告。尽管内容有些庞杂，但均为满足有关产业经济和产业园区发展方面的方法论所需，是来自实践的园区发展方法论思考。所有讲演内容都贯穿一个基本立论：缺乏方法论指导的实践无法摆脱投机性和盲目性。

第二部是《设计前的设计》，收录了近年来我为数十个产业园区的项目策划所撰写的文案和在相关设计评审会议上的讲话记录。我一向重视园区项目的策划工作，始终坚持"无策划不设计"的内部管控原则。正因为如此，二十余年来，我们公司实操的近一百个产业园区项目，目前尚无一例失败。当然，项目策划是一件"仁者见仁，智者见智"的事情，无法强求一律。作为一个探索者，捍卫自己观点的最好办法是实践结果的证明。

第三部是《艺术赋能》，收录自 2020 年以来关于艺术创新思想方法的思考，涉及艺术史和艺术哲学的基本问题。主要内容是我为若干当代艺术展览所撰写的艺术评论（包括建筑评论）文章以及为历年《合美术馆年鉴》所撰写的前言。从产业园区发展的实践角度看，艺术哲学思想、建筑审美眼光和视觉文化修养对于企业战略思维的形成和发展不可或缺。因为创办公益性美术馆，让我在忙于企业经营管理工作的同时平添了不少社会责任。认真对待这种社会责任，我不仅乐在其中，而且思想收获颇丰，特别是通过参加各种公共艺术活动——为输出而输入——使我开阔了看待世界的视野，这对于拓宽企业创新发展思路大有裨益。

第四部是《园区发展观答问录》，收录我近十年来接受各类媒体采访的录音整理，系统回答各方面对于企业发展理念、战略、方法和实际成效，以及对于我个人创业心路历程的关注。答问方式的好处在于能够更多地体现看待同一事物的不同角度的丰富性。

第五部是《园区实践论谈话录》（分上下两册），收录近五年我在各种企业内部经营管理会议上的讲话内容。面对企业治理和经营实践中遇到的各种具体问题，特别是应对各种风险挑战，如何深刻洞察行业本质，预判行业变革的趋势，如何正确制订企业战略目标，有效分解、评价经营指标；如何针对复杂的业务结构，建立市场化的激励机制和薪酬制度；如何推行动态目标管理；如何加快年轻干部的培养；如何完善内部管控机制；如何加强廉洁自律教育；如何提升组织发展能力；如何因地制宜创新园区发展方法论；等等。内容真实生动，有针对性，也有现场感。

第六部《产业生态论》是我构思已久的专著，试图以产业园区发展实践为凭借，系统阐述产业生态发展与构建现代化产业体系的关系，试图解释一些发生在中国，具有时代开创性的新产业经济现象；努力站在区域经济增长极的制高点上洞察产业生态培育规律。作为一部具有总结性质的理论专著，我期待将自己二十余年来在产业园区发展实践中的理论思考以实践经验和盘托出。

似乎应该选择一个与这套丛书相称的名字。我考虑许久，发现还是过去几年在多个场合曾经说到的——"重新定义产业园"——较合心意。

"重新定义"，首先是要表明笔者从实践出发，不拘一格、独立思考的经营管理立场；同时，也要强调笔者在园区发展的长期实践中一贯坚持的企业创新文化价值观；还有就是，实事求是、因地制宜分析问题、解决问题的工作方式。

习近平总书记在党的二十大报告中指出，"实践没有止境，理论创新也没有止境"。我始终相信：来自实践的理论才是靠谱的理论；只有脚踏实地的实践者才有资格对一切经验"重新定义"。

一个勇于理论思考的实践者的理论兴趣在很大程度上源自追求精神上自我超越的内在动力。只有彻底改变对实践的认知，才有可能真正建立勇于自我怀疑和自我革命的实践理性。作为一个学者，我的幸运在于企业经营管理实践的平台——没有经常应对各种问题挑战的思维刺激，注定跳不出学院派的学问的局限。作为一个创业者，我的一切理论思考的根源均来自实践——离开了实践的土壤，一切生长于其上的理论之花立刻就会枯萎、凋谢。

2024 年 3 月 5 日于武汉创意天地

第二篇　战略思考

第三篇　解决之道

导论：来自实践的方法论

这些年，为什么我们总在强调方法论，并总在尝试采用不同的方法来解决问题？这是因为我们在实践中经常目睹传统方法面对层出不穷的新问题时手足无措——有些不灵了，有些失效了，有些甚至直接导致了灾难性的后果。首先，要弄清事物的来龙去脉就需要作出有说服力的解释，即要明确回答"是什么"和"为什么"。当然，令人信服的解释同样需要不同寻常的方法支撑。其次，还得拿出别具一格的方法，有效解决那些用以前的方法所不能解决的问题。如此才能达到目标，并且证明，讲究方法论无比重要。

——题记

方法论的缺乏是中国企业的普遍短板。要想长盛不衰，就必须高度重视方法论，就必须在方法论的创新上独辟蹊径，从而真正取得经营哲学的精神文化支撑。

方法论是"智慧"，更是"爱智慧"，是研究方法的方法。我从2004年创立光谷联合开始，就一向注重学习、思考、创新企业发展方法论，并以此作为打开企业可持续生存发展这把锁的钥匙。因此，看待任何事物都要考量是否具有独到价值。为达此目的，该下功夫的地方必然需要下一番功夫；该强调方法的时候强调方法；该反思的地方定会认真反思；该作出改进的地方也会及时改进。

从 2004～2014 年，我们用了十年时间，通过十余个产业园区项目的建设实践，将不断成熟的房地产开发专业化方法系统引入产业园区发展领域，紧密联系产业园区建设实际，建立起一整套实用的产业园区经营管理价值准则、制度文化和行为规范。因此，光谷联合从众多产业园区开发市场主体中脱颖而出，成为公认的领先品牌。公司于 2014 年 3 月成功在香港联合交易所主板上市，成为国内第一家在香港联交所主板上市的产业园区发展企业。

此后，我们在深入反思房地产开发模式局限性的过程中义无反顾加入中国电子集团产业体系，希望找到更为合理的社会角色定位和更为有效的经营方式，进而充分发挥光谷联合的专业优势，彻底消除产业园区发展对房地产开发模式的路径依赖，前瞻性构筑一套适合中国国情的产业园区现代化发展模式。正是这一顺乎历史潮流的抉择，支撑着光谷联合在赴香港联交所上市以后的九年，经营业绩持续增长，体系能力不断增强。经过三年新冠疫情防控环境和 2023 年市场严峻形势的考验，说明中电光谷所践行的"去房地产化"产业园区发展方法论取得实效，符合中国式产业集群组织的实际，也符合产业园区发展方式变革的时代潮流。

对于企业而言，方法论问题的核心是发展战略问题，也是文化包容性问题。对于企业发展战略思想的阐述，便是对于方法论的本质揭示；对于各种知识文明成果的自觉吸纳，也是方法论底蕴的最佳写照。但凡概念框架演进通畅的，说明言之成理；但凡实践过程顺利的，说明符合客观规律。不用过度忌惮片面性。一切真理都存在片面性，关键在于是否具有建设性，能否一语中的解释现象、把握本质、促进发展。

光谷联合二十年来的产业园区发展实践，特别是近八年的转型变革实践证明，独特的概念框架演进意味着方法论的突破，即在实践过程中提炼、总结出一套概念化的经验，形成工具理性，又重新返回到实践中。然后，再进一步反思新实践的成效，推动经营者突破认知边界，扩大行为方式边界，使企业跃升到更高的发展能级。归纳起来讲，就是要在实践中重新洞察业务本质，重新发现行业规律，进而重新定义交易结构、重新构建技术集成能力、重新塑造资源整合能力等。这是构成企业发展方法论的基本内容。

本书收录了笔者自 2015 年以来关于产业园区发展方法论的讲演录音整理稿 30 余篇。其中有关于产业园区发展本质的探讨；也有关于项目策划、建设、运营的具体操作方法的解析；还有关于产业园区建设经验的总结与传授。全部讲演都是围绕"什么样的方法才是有效的方法"这个核心问题展开的。其中，既有方法，也有与之相关的"论述"。基本观点是主张分析问题和解决问题要因时、因地、因人、因事制宜，量力而行，反对将实践经验教条化、神秘化。笔者的这些文字过去几年均刊载于内部出版的"工作笔记"中，现由经济科学出版社惠允公开出版，并列为"重新定义产业园"丛书的第一部。我对全书文字重新进行了校订，修改了一些错误和欠妥的表述，完善了一些原本希望表达但却遗漏的意思，使内容更加完整。用心的读者既可以看出笔者的思想底色和跨学科知识背景，也可以发现企业实践的生动性和丰富性。书中内容并未拘泥于某一学科，不像通常学术著作那样引经据典，而是将相关学科知识融会贯通并着眼于解决现实问题展开论述，进而使思想来源于真实的实践，理论思考扎根于解决实际问题。

伴随人类历史上前所未有的城市化浪潮，我国的房地产市场从小到大，逐步形成了一套基础性的经营管理方法论。产业园区发展的早期探索，正是从学习、借鉴房地产开发经营管理方法论开始的。而房地产开发方法论适用于在产业空间供应相对短缺的条件下促进建设效率提高和土地要素集约化利用水平的提升。当然，在供应短缺的情况下，园区开发的市场主体容易分享到城市化的红利，因而自觉创造适合发展规律的方法论之动力不足。当城市化发展走到后期，房地产供应普遍过剩，资本和产业同样过剩，而资本和产业的过剩使产业空间的供求关系（主要是供大于求）的扭曲进一步放大。在这样的市场条件下，沿用房地产开发方法论，寄希望过度市场化的逐利惯性驱动园区发展已经不合时宜。同时，经营风险的考验也日益严峻。此刻，要想减少"黑天鹅"和"灰犀牛"的消耗和冲击，就必须探寻新的发展路径，构建适应新的市场环境的新的园区发展方法论。

在存量时代，过度市场化的房地产开发方法论不能合理解决产业空间和产业发展要素的匹配问题，也无法妥善处理政府、企业、开发主体、金融机构的复杂利益平衡关系。那么，只有从认知上完整把握产业园区社会功能和经济功能的内在逻辑，从产业基础设施角度重新认识产业园区建设对于产业转型升级的战略意义，在更大程度上将产业园区当作一种公共服务产品，充分发挥专业化服务价值，才是自觉与房地产开发模式"保持战略距离"的明智之举。当然，这就对企业持续发展的方法论提出了新的要求。

企业发展的方法论，某种意义上体现为企业的商业价值观，继而关系到企业经营方式和行业立场的自我定义。自 2016 年以来，中电光谷在探索转型变革之路过程中形成的关于如何促进产业园区高质量发展的若干主张、策略和举措及由此形成的知识系统，正是对创立中国式现代化产业园区发展方法论的实际贡献。

第一，只有深邃洞察产业园区发展的本质，才能始终把握产业园区发展的正确方向。我们把产业园区发展的本质意义阐释为产业服务，就是要明确界定，只有客户的发展价值得到了充分尊重和保障，这样的空间服务方式才是有价值的、可持续的。脱离了客户的价值实现讲产业园区建设的市场逻辑，必然是短期投机行为，只能看作一种阶段性供需现象。

第二，我们把产业园区发展的根本战略目标界定为构建产业资源共享平台。这是一种长远性、引领性目标，超越了一般意义的房地产经营逻辑，是"去地产化"思想的理论表达，由此摆脱了为城市化大趋势所裹挟前行的战略被动局面，并为在更宽阔的社会经济背景中，从产业互联的角度界定产业园区建设的未来意义创造了条件。也许，我们现在对这一远大战略目标还难以作出全面完整的阐述，但仍能感受到其内涵具有巨大的社会影响力和精神感召力。

多数人因为看见而相信，少数人因为相信而看见。方法论的思想引领作用让我们有机会成为——心中有事业信念并率先看清事业本质的"关键少数"。

第三，在多元利益主体形成的共同体利益框架内，可持续发展的空间秩序和经济秩序必然从微观操作环节自发成为着眼于整体规划的合理性，综合平衡各方利益，找到最大公约数的发展机制。我们针对产业园区规划的复杂性特征，明确指出了产业园区的规划思想必须与城市的总体规划，包括产业发展规划和城市空间规划紧密结合，进而提出了"系统规划"方法论，将处理单个园区项目的规划问题和协调与外部城市环境的关系以及项目内部各种功能关系统一起来，作出具体阐述，形成了项目开发规划的操作性策略文件。从表象看，"系统规划"方法论似乎与"多规合一"的城市规划的行政管理原则不谋而合。而在实践意义上，"系统规划"作为一种方法论，不仅强调了归口不同行政管理部门、不同专业类型的规划的协调与有机整合，也强调了开发修建性规划在优先满足现实合理性要求的基础上应考虑时序逻辑和未来的合理性。比如，我们主张，符合长期合理性且不符合现实合理性的，可以选择"两次规划"方法；园区整体规划已经审批，但过程中要根据企业的实际需要进行调整的，可以实行"动态规划"管理；等等。因此，系统规划既能满足投资开发过程的经济性要求和阶段性功能，又能满足城市形象和功能发展的长期性需要。

随着城市化和新型工业化融合发展的深入，人工智能技术的广泛应用，各种脱离实际的理想化的城市空间规划，特别是各类"对标式照搬"的新城空间规划，讲起来头头是道，干起来便事与愿违；各种形式主义的专家评审系统无法发挥科学决策的基础作用。在这样的现实背景下，"系统规划"方法论在实战中得以有效应用，解决了规划管理的复杂性和矛盾性问题，深获地方政府领导的认同。一些项目原本已完成控制性规划审批，有的甚至达到城市设计深度，也会被"半路杀出的程咬金"（指"系统规划"方法论）给彻底推翻。一种来自企业经营实践的方法论，能够对城市规划发挥某种意料之外的关键性的"纠偏"作用，我们深感欣慰。

第四，我们的园区建设经验中非常重要的一条是强调产业园区项目的规划、建设、运营要从项目所在地的具体自然和历史人文背景出发，紧密联系当地资源和政策实际，具体问题具体分析，因地制宜找到独特的解决方案。我们将此经验提炼为"一城一法"和"一园一策"理念，也是一种项目策划的方法论。在产业园区规划与建筑设计流行"标准化"复制中，建设项目普遍因为与当地产业资源禀赋、自然生态环境和人文气质脱节，难以融入城市功能体系，更难以成为激发城市活力的引擎。我们强调因地制宜，从实际出发，具体问题具体分析的项目策划理念，明确提出，重视"根源性"，限制"机械复制"的项目规划方法原则，以自己的实践成果在一定范围内阻止了产业园区建设实践中对房地产开发中常用的机械复制方法的滥用。截至目前，由我们主导的每一个园区建设项目，在规划过程中都努力尝试扎根本土历史传统之土壤，汲取当地文化之精髓，实现建筑的功能价值、艺术价值与历史文化价值的三重统一。

第五，产业园区发展过程需要多种专业力量的协同支撑。从产业规划到空间规划、建筑设计、工程建造到园区招商运营和服务，链条很长，要保证服务质量和效率，既能明确各方责任边界，又能形成有效的协同机制，难度很大。参与各方只有建立良好的相互信用关系，才能从整体上控制住管理成本。特别是如何有序地引入各种面向入园企业的要素服务，使园区可持续发展得到可靠保障，往往是园区建设主体难以把握的。如此复杂的过程，只有统筹于多专业紧密协同的核心主体，才能取得良好结果。这就需要构建一种超越专业化经营的体系化经营管理能力，实现综合运营。因此，我们将综合运营、轻重并举作为方法论，结合具体项目发展中遇到的问题，持续研讨，不断改善，逐渐形成了有效的制度文化、作业习惯，使多个不同的专业之间相互增进了解，增加互信，相互支撑，进而保证了项目经营长尾价值目标得以实现，也使企业转型升级的战略愿景成为不同经营单位和总部各职能部门日常工作的共同行为准则。

从方法论高度看待园区综合运营，其好处在于将综合运营作为公司内部语境的关键词，经常讲，反复讲。先不说不同角度的运用语义是否准确，讲多了就自然而然趋同，成为大家的共同信念；协同价值观念和意识就会融进企业文化"血液"之中。这对于提升整个团队的"战术素养"至关重要。一个企业的战略执行力，在很大程度上是由企业中基层员工的"战术素养"所决定的。当然，提高"战术素养"最好的办法就是"实战"加"真干"，因此，自2020年起，我们以综合运营方式承接了多项由各地方政府主导的园区建设任务——从项目策划咨询、规划与建筑设计、工程建设到招商运营服务——建设全过程管理，运营全生命周期服务。这给公司大批专业人才提供了跨专业协调、多业务统筹的锻炼机会，使一批经营人才通过开阔经营视野和提高专业站位迅速提高综合运营素质。实践证明，综合运营项目是培养园区建设综合性人才的最好舞台。

第六，针对中心城市对周边中小城市和郊区形成的"虹吸效应"，如何探索区域经济均衡发展之路是高质量发展的应有之义。关键课题是经济后发地区如何建立"反虹吸思维"，自觉构建符合本地资源条件的发展框架，"增长极"理论依然具备宏观指导意义，而微观操作理念与模式更具有决定性。我们从园区综合运营具体案例出发，提出了"非对称集群"策略，并在若干中心城市周边的中小城市的产业组织实践中证明行之有效。

第七，为什么在很多中心城市，一些高质量的园区建筑空间比地段更好的甲级写字楼更受科技企业青睐？在很大程度上是因为这些园区的建筑气质和功能结构更符合新兴产业对空间和环境的要求。建筑是建设者的精神镜像，也是使用者文化素养的集中反映。当下的产业园区大都以服务战略性新兴产业和未来产业为主要目标。所谓战略性新兴产业，就是其发展模式、成长方式和发展环境不同于传统产业，具有独特规律，文化气质诉求也有特异性；而未来产业的发展环境更需要想象力，空间设计要求可能完全不同于我们现在经验所及的一切。因此，采用标准厂房和标准化办公楼宇的方式规划建设产业园，根本无法满足新兴科技企业对建筑文化的多样化需求。曾几何时，"千城一面""千篇一律""整齐划一"的园区充斥着诸多城市，成为粗放型城市化实践的某种缩影。这样的空间，不仅缺乏审美吸引力，还会误导市民的视觉文化经验；不仅拖累城市形象，还会限制城市活力。为此，我们在"和而不同"理念的基础上提出"不同之和"及"敏捷定制"方法论，要求以前瞻性文化眼光，提高园区项目设计管理能力，大胆构想超越既有空间秩序的全新秩序，积极尝试营造"千姿百态"和"万千气象"的园区风貌，勇于探索与过去完全"不一样"的园区，以保证园区空间坚持空间布局结构的开放性和趣味性，强调对企业个性化建筑需求的尊重以及服务的及时性和有效性。

第八，过去二十多年，地方政府主导园区建设，组织产业集群，大都强调专业化，即主张园区产业定位尽可能单纯。在容错能力较强的中心城市，即便操作失误，还有机会挽救，但在中小城市就会成为长期的痛。原因是那里没有那么大量的企业数量和空间需求，建设者只能以足够的时间换空间，"效率灾难"问题无法回避。但近年来我们所面临的情况是，产能过剩问题更加严峻，各地政府的同质化招商加剧了区域竞争，各地取得外部产业资源更加困难。在这样的背景之下，功能单一的产业"同质集群"方式已不适应当下产业组织的实际；而满足制造业和生产性服务业融合发展需要的园区空间成为最大新增空间需求。我们不失时机地提出了"功能混合"和"空间异构"方法论，强调在一定空间范围内，自然形成不同类型的新商业模式和新业态的"随机相邻"，如数字经济、生物经济和工业经济的结合，再如数字经济、生物经济、海洋经济的结合，还有如数字经济、创意经济和装备制造的结合等。适应本地化不同经济结构和产业结构的综合性园区所形成的多样化产业共生的发展机制是产业园区提高质量的一种新路径。

对我而言，关于园区发展方法论的思考完全基于一个企业经营者力争站在社会实践的最前沿，着眼于回顾以往、解释现象、解决问题、展望未来，并没有刻意谋求某种学院式的形而上的学术建树。因此，若干重要观点并没有经过足够的理论沉淀，也没有专门为此展开系统性、思辨性的理论阐述，甚至为力求简明，连学术专著常用的注释方式也都一律取消。浅薄之处，敬请同行专家不吝赐教。

对于一个企业经营管理者而言，本事的高下以及成就的多寡，往往不是看他说过什么，而是要看他做过什么，做到什么境界，能够持续做多久，以及看他行事方式背后的理念和方法论的底蕴深度是否经得起时间的检验。一个项目成功了，应该反思的是制胜的根本原因何在？哪些做法值得肯定和发扬？哪些教训值得吸取？也需要回过头来请大家一起品头论足，更需要在未来的项目实践中有所改进。还需要思考的是，与此相关的其他领域的思想和智慧哪些可以借鉴，以及如何借鉴？等等。

两年前，在几乎穷尽所有可能想到的方法之后，我恍然大悟，原来在方法论的实践意义上，或许最好的方法是"拿自己当方法"——其试验成本最低并能及时得到验证。正因为如此，我不敢再有所耽搁，本书的出版比原计划有所提前。

凡是具有个别意义的，往往也具有普遍意义。方法论，作为一种商业实践的概念框架，可以意会，更应该言传。有了方法论，未必就能决定事物的命运，但没有方法论，一定会失去一些改变命运的机会。

来自实践的园区发展方法论，不论其深刻性和系统性如何，因为笔者已自觉将自己置身于发展之中，着眼于在现实中发现问题，解决问题，因此，自然暴露个人的思想本色，也就暴露了我辈追究理论表达的探索精神，其目的正是为了常常警示自己，没有思想的行动和没有理论的实践都是不可想象的（米塞斯语）①。更要牢记，要想站上事业的最高峰，就一刻也不能没有理论思维（恩格斯语）②。

<hr />

① 米塞斯：《奥地利学派经济学评论》，亦方重译，上海财经大学出版社 2017 年版。
② 《马克思恩格斯全集（第 3 卷）》，人民出版社 1971 年版，第 467 页。

第一篇

行业前瞻
PLANNING
WITH
FORESIGHT

产业地产"去地产化"

2015 年 8 月在第十五届博鳌房地产论坛上的讲演

观点

- 所谓"去地产化",就是要改变用住宅开发的经营模式来建设产业园区,也就意味着彻底改变简单化、标准化的产品思维和以快速销售为手段的经营模式。

- 产业地产的本质是产业服务,服务的对象是企业。产业园区开发的基本社会价值在于以产业空间为要素有效组织产业实现产业集群。

- 建筑空间的组合关系既要具备功能的稳定性,满足特定企业基本空间需要,也要有延展性,满足不同企业功能发展及空间规模扩张需要。

- 产业园开发要"去地产化",就不能寄希望主要靠散售收取预售资金的方式解决项目工程建设资金。也就是意味着必须放弃以产品销售为基础的高负债、高杠杆、快周转的开发模式。

- "空间＋创投"的有机组合服务模式既是产业服务价值理念的"去地产化",也是产业组织系统化理念的真正确立。

- 对于供求关系变化的先知先觉者,要么是通过增加服务功能,提升要素整合能力构建独特竞争优势,要么是直接通过股权投资方式把握生态企业空间需求,增强产业资源统筹协调能力。

2015 年的博鳌房地产论坛把产业地产放到突出的地位，在我看来是基于这样一个基本判断：脱离产业发展的城镇化是粗放的、一厢情愿的，也是不可持续的；产业与城镇必须协调发展。

今天论坛的主题是"产业地产革命"，措辞很激烈，一方面说明，把产业园区建设归入"产业地产"是否恰当，需要重新思考；另一方面说明，产业地产的发展存在显著问题，需要作出根本性改变。总体上讲，就是要从开发为本转变为运营为本。主要体现在以下五个方面。

一、"去地产化"将成为趋势

房地产市场发展的矛盾与问题主要源自供求关系。从整体上讲，一方面，结构性产能过剩将会是中国经济长期面临的问题。传统房地产市场增量需求有限，供大于求已成现实，也将是未来，需要足够的时间消化。存量资产的经营收益必然进入下降通道。另一方面，"互联网＋"与"智能制造"已成为传统产业转型升级的方向，也是战略性新兴产业发展的主要特征。满足信息化条件的研发办公空间，满足智能化条件的厂房、库房的更新需求始终存在；还有，创新创业大潮兴起，初创公司如雨后春笋，成为增量需求的重要源泉。以满足通用办公、研发和生产功能需求为特征，缺乏针对性和前瞻性的产业地产项目已明显不适应新产业与传统产业转型升级对空间和环境的要求。所谓产业地产革命，首先是"去地产化"。所谓"去地产化"，就是要改变用住宅开发的经营模式来建设产业园区，也就意味着彻底改变简单化、标准化的产品思维和以快速销售为手段的经营模式。

二、"平台化"是基本方向

产业地产的本质是产业服务，服务的对象是企业。产业园区开发的基本社会价值在于以产业空间为要素有效组织产业实现产业集群。除去选址的城市功能等外部因素，服务平台（无论线下还是线上）价值是产业园区运营的核心价值。

所谓平台价值是以空间为基础的客户资源、服务资源和数据资源的价值总和。在具有经济活力的城市区域空间，经过整合实现一定聚集浓度的企业资源具有良好的共享价值基础，企业之间相互加持供应链价值和区域人文生态价值，这就给园区运营者提供了构建平台的条件和可供挖掘的价值空间。

大型产业园区必然是城市经济功能区的资本、技术和人才聚集地。能够将区域范围内及周边的 B 端、C 端基于空间基础连接起来，基于建筑空间数据和园区运营管理数据为入园企业提供相应服务，解决服务的及时性问题，提高服务效率。这样就可以形成具有强大协同功能的产业互联网系统。

三、定制化服务成为主要经营方式

足够的空间规模和体量成为园区产业生态可持续发展的基础。新型企业对于空间的需求既有行业规律，更有成长规律。这正是产业园区不同于普通写字楼，也不同于一般标准厂房的重要特征。因此，建筑空间的组合关系既要具备功能的稳定性，满足特定企业基本空间需要，也要有延展性，满足不同企业功能发展及空间规模扩张需要。互联网时代的重要标志是新兴企业的高成长性。颠覆者往往来自国外。只需短短几年，一个不见经传的初创企业就有可能发展为数千人规模的大型企业，就有可能跟行业龙头抢风头；一个单纯的研发型企业就有可能需要生产基地。只有开放的、定制化（即非标化）的建筑组群才能满足众多成长性企业较长周期的成长和发展需求。这就在客观上要求园区发展的阶段性静态规划必须与招商的动态过程密切结合，特别是跟具体企业的发展过程相匹配。在建设过程中，园区的初始规划要根据客户需求的变化及时、迅速地做出适应性调整。真正考验产业园开发企业专业经验和能力以及地方政府行政管理能力的地方就在于此。

四、多样化融资是必由之路

产业园开发要"去地产化"，就不能寄希望于主要靠散售收取预售资金的方式解决项目工程建设资金。也就是意味着必须放弃以产品销售为基础的高负债、高杠杆、快周转的开发模式。建设过程中巨大的现金流压力，必然造成诸多不确定性，特别是造成开发主体的经营管理行为变形。拓宽直接融资渠道就成为必由之路。可以预见，未来产业园开发融资中，除开发性贷款之外，长期性的企业债、不动产基金、股权融资，以及公募 Reits 等形式的比重将逐步增加并逐步成为融资结构的主体，才有可能实现可持续性，也才有可能提高发展质量。在产业地产的投资开发环节，谁能够在更大范围内解决融资方式多样化问题，谁就有可能整合产业链资源、掌控服务资源，从业态创新角度解决产业地产的"去地产化"问题，构建新商业模式。从这个意义上讲，未来产业园区建设，由地方政府组建专门的国有企业，以产业基础设施建设的方式进行将是大势所趋。如何实现规划、建设、运营过程业务的市场化经营，以及在多大程度上实现市场化将是问题的关键所在。

五、"空间＋创投"成为基础运营构架

如果说产业地产 1.0 是以物业销售为主导＋基础物业服务，产业地产 2.0 是租售并举，包括基础物业服务＋系统生活服务（公寓、酒店、团体餐饮、园区活动等）＋基础供应链服务（人力资源、金融、政务服务等），那么产业地产 3.0 必然是在基于"空间＋创投"的不动产经营构架和基于智能化的服务构架下的全方位组合。从 1.0 到 3.0，反映了产业空间的供求关系从实质上供不应求到全方位的供大于求的根本性转变。对于供求关系变化的先知先觉者，要么是通过增加服务功能，提升要素整合能力，构建独特竞争优势，要么是直接通

过股权投资方式把握生态企业空间需求，增强产业资源统筹协调能力。"空间＋创投"有机组合服务模式，既是产业服务价值理念的"去地产化"，也是产业组织系统化理念的真正确立。其本质在于以产业园区空间为生态基础，真正构建起面向未来的产业价值共同体和共享、共生的发展机制。

跳出地产做地产

2019 年 8 月在博鳌大讲堂的主题讲演

观点

- 产业园区经营越来越成为异常复杂的经济行为,不能简单采用复制的方法来解决问题,用单一地产方法达到商业目的的机会越来越少。因此,产业地产必须以产业发展思维为出发点和落脚点。什么是产业发展的思维呢?首先是以产业集群和创新生态的培育为出发点,不能以卖多少房子,租多少房子为出发点。

- 产业地产必须以产业发展思维为主线,以促进产业集群和培育创新生态为根本出发点。必须作出正确判断的是——除了赚钱,还有哪些对社会有意义、有价值的地方?

- 有效的产业组织必须建立在全要素的专业整合能力基础上。

- 发展共享办公和长租公寓之所以具有较大潜力,是因为过剩的资源将会越来越多,国有投资的比重也会越来越大,真正的市场化主体可以选择的机会就越来越多。

- 我们正在努力探索综合运营的方法论,以前叫"在专业化基础上的综合化",现在要演变成"在综合化基础上的专业化"。

"产业地产"这个概念，过去叫高科技园，或者产业园，后来成了工业地产和产业地产，现在大家都乐于这么叫。我想大概"地产"比较有金融力量，它的组织效率也比较高。

产业地产当然可以看作地产的一个细分市场。如果我们从地产视角来观察产业地产，就必须遵循地产的基本规律，或者在遵循地产基本规律的前提下考虑服务特定对象的规律。但是，这个逻辑是有问题的。

从过去的经验来看，"产业"是什么概念？其实，我们在讲产业地产的时候，我们的空间不是常规的写字楼，否则就叫地产，或者叫办公楼宇就行了。为什么要叫产业地产呢？那一定是基于新的产业类型，新的经济类型，是传统地产难以服务，甚至无法服务的新需求。

新经济是什么？新的产业类型是什么？它涉及很多行业和新的商业模式，涉及非常复杂的价值链内容。客观上讲，以地产为出发点来考虑产业地产，可能会误入歧途，所以我认为：产业地产要走出地产的逻辑。

一、产业地产呈现多样化和复杂化

我观察有三种现象比较有代表性。

第一，大型地产公司拿地往往会新增产业发展条件。

不少头部的开发商遇到一个共同的问题：在新取得住宅地的时候，地方政府给他们增加了约束条件，把产业发展的指标放进供地的核心条款里，有的地方直接要求在那里建一个产业园，提供产业发展的动力。我发现不少开发商都比较茫然，因为这些地方大多在远郊区，是远离城市中心的地方，依照过去开发写字楼的经验，是无法为开发这样的地方提供需求依据的。新的产业是什么，他们也缺乏判断力。信息不对称问题比较突出。

第二，政府平台公司投资遇到目的性问题。

我最近到过的三个城市，由当地政府的平台公司投资开发的产业地产项目，规模小一点的40万~50万平方米，大一点的100多万平方米。项目立项的指向是新经济、新产业，但他们用的仍然是写字楼建设的方式。这些项目迅速立项投资，现在即将竣工，大家便开始焦虑，因为预定的需求，如传统的写字楼所服务的那些对象并没有如期出现。

例如，一个国内生产总值（GDP）超万亿的城市，过去预估写字楼产品大多是金融机构的需求，但是项目快竣工了，都是超5A级的楼，一家金融机构都没有入驻，问题就来了：这些房子究竟是为谁服务的？而众创空间这种服务模式，更多是为初创企业、中小企业提供较好的体验空间，但是这样的需求总合约几十万平方米，其建设的目的究竟是什么？

第三，地方政府开始关注城市更新与工业遗产保护。

在过去二十年快速的城市化过程中，很多城市的工业遗产基本已荡然无存，上海、广州保存得比较好，一些被作为创意经济或者城市时尚消费的空间，在大多数城市基本上没有了。一些过去的大型制造企业、传统制造业，包括有色金属等，现在有一些新的空间出来，政府下了很大的决心，一定要保留工业遗产。

上述这些城市空间，用什么思路去重构城市的新产业？这是我们近期遇到的课题，也与我们中电光谷的业务关联度比较大。由此可以看到一个基本现象，就是产业地产问题越来越呈现出多样化和复杂化，像以前一样用简单的市场需求做决策进行投资开发，是不能持续的。

二、产业园发展的三个判断

关于房地产的宏观政策调整，我们的理解有以下三个要点：第一是减少房地产的金融属性，雄安模式就基于这一点。如果赋予房地产更多金融属性，很容易出现投机市场，扩大泡沫。第二是限制房地产的自由市场属性，也就是说交易价格不能完全由短期市场决定，政府要适当干预。第三是回归房地产的使用功能属性。这不仅对住宅市场实用，对其他领域（如办公楼宇、厂房等）更实用。产业地产能否找到与现阶段政策环境相匹配的方法论？从业者必须深入思考究竟有没有一种具有普适意义的模式？产业地产的开发模式可行吗？我对产业园发展现状的三个基本判断，供大家参考。

第一，从整体看办公楼市场供应过剩，通用厂房增量需求缺乏动力。目前估计，除北京、上海外，我国找不到第三个城市是供应不足的。特别是在三线城市，办公楼实际的空置率非常高。

一个人究竟需要多少办公面积，一个城市的经济总量究竟需要什么样的办公楼与之匹配？经验证明，有专家提出的一个人 2 平方米，或者 2 万元 GDP 2 平方米这些算法并不适用于所有城市。尤其在制造业比重较大、服务业相对落后的城市，这个标准并不适用。我想，现在办公面积过剩的这些城市，供给侧对办公楼的供需关系以及对价格杠杆这些最基本的问题都没有弄明白。

第二，郊区办公楼市场不同程度弱于中心城区市场。我们现在讲的产业地产，绝大部分指的是在那些郊区、城乡接合区或城市新区发展的市场，它是城市化的一种方式，在这些区域，相对过剩现象更加严重。

但是在整体的新区建设过程中，又避免不了按照总体规划进行建设，这给房地产的服务业既提出了课题，也创造了机会。

第三，未来几年多种渠道新增加的产业园项目将不断涌现。在找不到创新驱动的有效方式之前，要素驱动、投资驱动仍然发挥惯性作用。政府投资平台和载体的冲动或引导方法仍然会普遍成为主流。也就是我们现在看到的今年各地新增的项目、在谋划中的项目、过去已经建设即将竣工的项目，整体投入市场的量非常大。

三、产业园区发展的三个趋势

关于产业园区的发展趋势，我总结了三点：第一，产业园区经营越来越成为异常复杂的经济行为，不能简单采用复制的方法来解决问题，用单一地产方法达到商业目的的机会越来越少。因此，产业地产必须以产业发展思维为出发点和落脚点。什么是产业发展的思维呢？是以产业集群和创新生态的培育为出发点，不能以卖多少房子、租多少房子为出发点。如果你要体现不动产的收益水平，并以此作为出发点，它就会变成一种低门槛的投资机会，一些不合格市场主体也会蜂拥而上，找不到新动能，自然就用传统方式，那么投资拉动的手段就会被放大甚至扭曲。

第二，产业地产必须以产业发展思维为主线，以促进产业集群和培育创新生态为根本出发点。如拿到一块地，迅速地开发、销售，实现盈利，这究竟是战略价值还是策略价值？换句话说，必须正确作出判断的是——除了赚钱，还有哪些对社会有意义、有价值的地方？这是必须要思考清楚的。如果这个问题弄不清楚，在这样的市场环境下和经济发展阶段，决策就容易出问题。

第三，有效的产业组织必须建立在全要素的专业整合能力基础上。目前，长租公寓、共享办公这种新兴的细分市场业务，部分企业经营状况还不错。但是如果立足于一个城市、一个区域来看，以这种专业的非常细分的方式切入，往往效率不够高。一切城市经济社会发展问题都是综合性的、系统性的。如果我们寄希望于采用专业技术手段解决问题，注定是行不通的。

这实际上给政府或该区域的经济组织者提出了更高的要求，他们必须有很强的鉴别力，有高效的资源配置能力，才能发现并抓住发展机遇。这些资源在谁的手上，他们用什么方式来处理，往往关系到这些细分业务究竟具不具备市场化发展的环境。例如，长租公寓，过去可能集中在城中村的那些区域，未来一定是政府的平台公司来投资的业务，或者说成为住宅开发里面占一定比例的配套，成为获取开发用地的一个必备义务。这也就意味着只有少数有综合能力的开发商一定要做长租公寓。

在这样的市场环境中，长租公寓，包括办公的市场生存空间究竟在哪里？这些问题需要深入思考。当然，我相信发展共享办公和长租公寓之所以具有较大潜力，是因为过剩的资源将会越来越多，国有投资的比重也会越来越大，真正的市场化主体可以选择的机会就越来越多。如果这些资源不按市场化配置规则，就不可能有效配置。

四、系统规划方法论和综合运营方法论

我认为，"整体最优比局部最优更重要"将会成为我们应对未来经济社会发展非常重要的哲学思想。在这个思想框架下，近年来我们在积极探索两种方法论。

第一，系统规划方法论。熟悉开发业务的一定知道，现在城市和产业发展、经济发展中，比较突出的矛盾是多种城市规划的脱节，无论是城市的总体规划，土地利用的总体规划，还是经济社会发展的总体规划。不同规划由不同的部门完成，他们相互之间有沟通，但是彼此对其本质的真正理解还不够。再加上能源、交通、产业等各种专项规划分离，导致一个城市或者区域的顶层规划内在关系并不清晰。在这样的状态下，城市发展，特别是新区的发展，究竟应该怎么发展？例如，我们现在经常讲的产城问题、小镇打造，从宏观到实际操作谁能讲清楚？我觉得这是最大的问题。

城市多种规划的整合工作政府一定会做，尽管国家有关部门不断地强调多规合一，但是问题在于缺乏多规合一的操作性方法。例如，做宏观经济规划的部门（国家发展改革委）和做具体的城市规划及土地利用规划的部门都缺乏复合型人才，做规划的不太懂产业，不太懂宏观层面的城市发展与具体规划的关系，而懂宏观经济的又缺乏空间发展概念，所以作出来的规划在具体实施时往

往出现问题。

　　如果立足整体，提供一个新的方法论来解决区域发展的总体问题，一定有非常大的商机，因为现在需求很多。近年来，我们把重要的工作精力和优势资源放在为区域发展提供解决方案、提供综合性的战略构思上，目前来看实践效果比较不错。

　　第二，综合运营方法论。保利集团从物业管理角度提出一个问题：要对某个区域发展整体负责，需要整体性解决方案，过于专业的业务模式会有局限性，提供整体性解决方案也将是未来产业地产发展参与者的必备条件。我们正在努力探索综合运营的方法论，以前叫"在专业化基础上的综合化"，现在要演变成"在综合化基础上的专业化"。这和本次论坛的主题"平衡与重构"是吻合的。只有好的平衡能力和大的重构决心，地产行业才会迎来高质量发展。

从 1 到 N，产业地产商业逻辑的重构

2020 年 6 月在选址中国峰会上的讲演

观点

- 产业地产"从 1 到 N"的商业逻辑不应是以复制、量变、零和等为特征的，而应该是从有限走向无限的创造新价值的过程。

- 产业地产"从 0 到 1"的过程，既是一个空间形态创新的过程、专业化服务的构建过程，也是一个突破固有政策藩篱的改革过程。

- 以不动产租售为基本形式的房地产市场价值逻辑是实现项目整体价值和建筑产品价值的最大化；而这样的价值观与产业地产项目所承载的社会期望通常存在显著的差异。产业地产项目只有同时满足目标企业客户与政府两个方面的诉求——既要成本可控，又要税收可期，才能避免和妥善处理各种矛盾。

- "从 1 到 N"，就是要突破产业地产商业模式的局限。从企业可持续增长的角度讲，既要改变空间服务的供给结构和供给方式，也要改变企业的盈利结构和盈利模式。本质上是从单一能力发展为多元能力；从单一盈利途径发展为多种盈利途径。

- 股权投资是分享企业成长和成功成果的直接方式。当股权投资的金融服务与园区的空间服务相结合时，可以有效平衡有关的利益分歧，并且可以整合外部的政策杠杆，形成独具特色的服务结构。

- 产业地产，当仅作为商业目的存在时，它可以施展的空间是有限的，未来的路必然步履维艰；而当它主要作为一种方法和手段时，发展的空间将无限广阔。

"从 1 到 N"这个题目出得好,寓意深刻,切中了产业地产发展在当下所遇到的根本问题及未来的发展方向。如果说彼得·蒂尔所说的"从 0 到 1"的含义指从无到有,那么我理解产业地产"从 1 到 N"的商业逻辑不是以复制、量变、零和等为特征的,而应该是从有限走向无限的创造新价值的过程。

一、"1"来之不易

作为一种房地产服务模式,产业地产在中国的实践可以追溯到 20 世纪六七十年代的中国香港和 80 年代的深圳。基本方式是为产品生产和加工贸易企业提供厂房,主要建筑形态是标准化的多层结构,经营的主要方式是出租。这样的一种房地产服务方式,20 世纪末从沿海逐渐走向内地,在若干城市都有零星的实践。但从全国看,伴随着工业化和城镇化,为企业提供生产空间主要的方式仍然是直接向企业出让土地。总体上讲,这一时期的土地利用是粗放的、简单的,规划建设的水平也是参差不齐的、低效率的,可以统称为产业地产的"0"时代。产业地产的"1"的出现是 21 世纪初伴随着生产性服务业和技术性服务业的发展,特别是网信产业的发展而产生的,主要的试验地是各地的高新区或经开区。国内企业起步时大都学习借鉴新加坡裕廊、腾飞集团开发新加坡科技园和工业园的经验,以"科技园""软件园"方式出现的比较普遍,如浦东、中关村、厦门、大连、天府、光谷、南方等软件园。当时的政策环境极不确定,法规也不健全,如果地方政府的改革创新意识强一些,政策就比较灵活包容,一些探索性的方式就会得到支持,如广东、浙江、武汉、重庆、天津、大连、长沙等地,在 21 世纪的前十年,产业地产的发展就走在全国前列。而上海、北京、厦门、西安、南京等地则采取了更为审慎的市场准入限制措施。

可以说,产业地产"从 0 到 1"的过程,既是一个空间形态创新的过程、专业化服务的构建过程，也是一个突破固有政策藩篱的改革过程。例如，产业地产的用地性质主要为工业用地，在规划申报图纸上填写空间功能时，从"厂房"这种固化形式演变为"研发办公楼""产业用房"等形式。又如，预售政策的引入，按栋、按楼层分割产权方法的引入，使房地产的主要服务形态从服务金融、贸易、城市服务等商办地产服务对象延伸为服务科技成果产业化的制造需求和新兴服务领域，使众多中小企业可以便捷地获得发展所需的不动产。近二十年来，产业地产这种方式迅速在全国各地相互借鉴推广，已成为服务新兴产业和成长性企业的主要空间供给形式。

二、"1"的有限性

产业地产区别于商办地产之处主要有三点：其一，产业地产可选址区位大都在城市郊区和新区，而非成熟市区，相对而言，城市基础设施条件比较薄弱，可遵循的市场经验也有限。不少开发企业在实践中都走过一些弯路，甚至有的第一次尝试就烂尾了。其二，目标客户多为具有科技创新基础的新兴企业而非成熟的金融、贸易和一般城市服务业主；客户往往具有高成长性，通常会被地方政府作为区域经济发展的新战略方向和希望所在。因政府的关注程度高，获得政策扶持的机会多；同时，这类企业创新失败的概率也较大，需求的不确定性也更为突出。其三，优势企业解决空间需求的途径多，甚至很容易就能直接取得土地自行规划建设。这就决定了产业地产项目需求的局限性，以及投资开发的节奏、周期、方式与相对更为成熟的住宅和商办地产有显著区别，难以预测和把握，也不容易完全符合地产项目常用的金融资本收益评价规律。

目前，各地产业地产市场普遍存在优质客户稀缺、去化周期长、供应量过剩、租金收益不稳定、服务的针对性不够、开发企业资源整合能力不足等问题。这些都说明了参与这一市场的难度及经营逻辑的内在矛盾性。

以不动产租售为基本形式的房地产市场价值逻辑是实现项目整体价值和建筑产品价值的最大化；而这样的价值观与产业地产项目所承载的社会期望通常存在显著的差异。产业地产项目只有同时满足目标企业客户与政府两个方面的诉求——既要成本可控，又要税收可期，才能避免和妥善处理各种矛盾。问题就产生了——站在产业地产商的角度要实现不动产价值的最大化，而客户的需求却是有效控制成本，区域产业发展又必须建立在税收和就业增长的基础上。如果不能解决这一深刻矛盾，产业地产就失去了立足点和可持续发展的动力。这正是"1"本身的复杂性以及"从1到N"的必然性。

三、突破模式局限

"从1到N"，就是要突破产业地产商业模式的局限。从企业可持续增长的角度讲，既要改变空间服务的供给结构和供给方式，也要改变企业的盈利结构和盈利模式。本质上是从单一能力发展为多元能力；从单一盈利途径发展为多种盈利途径。以能力的发展和盈利渠道的拓宽作为支撑业绩的依据。我们坚信，"企业最好的产品就是企业自身"。下面我结合中电光谷5年来转型变革的实践，侧重介绍以下六个方面的能力建设。

1. 系统规划能力

我们通常所指的产业地产，主要指的是产业园区二级开发的业务形态，即目标用地在已有规划条件和确定成本的基础上进行规划建设和运营，总体上属于空间服务的微观形态或者说是产品形态。而实际上通常遇到的情况是，上位规划的方法论本身就存在明显的缺陷——既有功能结构的合理性问题，也有形态的整体性和连续性的问题。而已存在的宏观缺陷难以在微观实践中得到有效纠正。因此，要提升区域产业集群发展的质量，重要的设计管理经验能够在宏观规划层面充分发挥作用，首先就必须从宏观环节入手，改变单纯以房地产产品形态出现的服务样式。

2015 年，中电光谷组建了专门开展产业规划及城市规划咨询的业务机构，有序开展上位规划咨询工作，包括区域规划、专题产业规划、创新生态建设规划以及突出以产业发展为根本目的的城市设计等，帮助政府（包括所属平台公司）制订符合产业发展的系统政策环境，同时又提出了具体的实施方式与条件。实质上不仅为政府的判断和决策提供依据，而且重新定义了企业与政府的关系，即改变了政府作为简单管控者的角色，同时，也使企业从普通开发者变为系统服务者和城市合伙人。这是"从 1 到 N"所迈出的重要一步，也是保证产业地产作为一种方法得到正确运用的必要前提。2019 年，我们出版了《规划的变革》一书，从实践经验中梳理和总结了"系统规划方法论"；2020 年一季度，我们又出版了《"十四五"规划框架下产业升级与新经济规划要览》，明确提出了 2020～2021 年规划咨询工作的方法指引。2020 年，我们预计的规划咨询收入可以超亿元。

2. 以股权投资为基础的金融服务能力

2015 年，有一项针对初创科技企业需求调查表明，位列前三的需求分别是资金、市场、人才。由此我们认识到，空间服务如果脱离了目标客户最重要的需求，效率一定会大打折扣。因此，我们把以股权投资为基础的金融服务能力建设纳入议事日程，分别先后组建了两个侧重点不同的基金管理团队和一个信用担保公司。并且，通过自身的金融服务能力，广泛连接各类风险投资机构、银行、保险公司等，形成了针对任何类型的目标企业协同提供组合式金融服务的方式，并且将金融服务和空间服务有机结合起来。这样，既拓宽了空间服务的客户渠道，又延展了金融服务的功能深度。

股权投资是分享企业成长和成功成果的直接方式。当股权投资的金融服务与园区的空间服务相结合的时候，可以有效平衡有关的利益分歧，并且可以整合外部的政策杠杆，形成独具特色的服务结构。既能为股权投资业务助力，也能为空间服务业务增效。经过几年的努力，我们已投资的 50 多个优质项目中已有一家公司 2019 年在科创板上市，多家在新三板上市，2020～2021 年将会有数家公司可望在科创板上市。股权投资收益已成为我们盈利结构中越来越重要的组成部分，已成为中电光谷"从 1 到 N"模式创新的重要里程碑。

3. 创新生态培育能力

无论是实施创新驱动战略还是提升双创服务的质量，都与空间服务有关。中电光谷从 2015 年起就把培育创新生态作为实施可持续发展战略的具体举措，组建了专门的团队和品牌"OVU 创客星"，全面推动"科技企业孵化器"和"众创空间"建设，逐步探索出一条将较大空间规模的产业园区与服务更精细化的、更具空间体验价值的科技企业孵化器和众创空间结合起来，相互依托，相互促进。到目前为止，我们已在全国各地建成 5 个国家级科技企业孵化器，和 10 个国家级众创空间，还有 16 个省市级科技企业孵化器和众创空间。

创新生态培育是一个既响应当下国家政策，更放眼未来源头价值的重要举措。不仅增强了空间服务的厚度和深度，更好地发挥股权投资的作用，也为产业园区的进一步规模扩张积蓄了需求动力。

4. 数字化综合运营能力

数字化能力建设是自 2015 年以来中电光谷实施转型变革的重大举措。非常幸运的是，我们从一开始就选择了以智能化为底层标准的正确路径，并形成了近百人的数字化骨干团队，构建了数字园区系统一体化解决方案，将低功耗广域物联网、5G、大数据、云计算、超高频 RFID、生物识别技术、无源开关、人工智能等技术综合运用于园区的设施设备管理、安全交通消防管理、能效管理、供应链安全管理、资产管理和人员管理，显著提高了管理效率，降低了管理成本，改善了服务。近三年来我们积极推动内部综合运营体制改革，以数字园区系统为基础，将不动产的经营能力和物业服务、能源服务、生活服务能力结合起来，形成了一体化交付的综合运营管理体系。我坚信，建立在数字化基础上的一体化综合运营，是提升园区运营管理能力的方向。在推动我们自身开发的园区的数字化转型过程中，我们进一步提升了对外输出管理的一体化综合运营方法以及为各种类型的产业园区提供数字化解决方案，并为数字城市建设提供应用场景和数据基础。2020 年，我们数字园区事业部的数字化解决方案的营业收入预计将有可能超过 2 亿元。同时，还将获取多个不同类型较大规模产业园区综合运营业务委托。

5. 一体化定制交付能力

一体化定制交付大体分为两种方式，一种是在我们自己开发的产业园区内，为特定的企业客户设计建造符合其特殊功能要求的项目，包括各种特定的办公、研发、生产、仓储功能组合空间；另一种是为产业园区的投资者提供从项目策划、规划、设计建造到运营管理的全过程、可灵活组合的全生命周期服务。实际上，产业园区承担着区域经济发展、金融及产业服务三种职能。随着产业服务能力的不断增强和完善，三种职能之间的专业合作与协同将成为一种趋势。中电光谷努力探索构建的全过程、全生命周期产业园区服务体系，可以形成灵活多样的组合方式，适合在任意阶段介入，帮助不同类型的主体，满足不同职能的需求。这也是中电光谷可持续增长战略的方法重点。

6. 跨区域产业资源整合能力

2018 年，我们明确提出将"产业资源共享平台"建设作为中电光谷的长远战略目标。第一步，我们经过 20 年的专业积淀，已在全国 30 多个城市实施 40 多个园区，具有产业资源整合的实体基础。第二步，构建跨区域的产业合作体系。2020 年我们组建了集团产业合作中心，以供应链安全为线索，尝试寻求跨区域、跨行业创新资源协作和产能合作的途径与方法，探索跨区域产业布局和合作的有效机制。时间不到半年，已经出现了一些令人兴奋的进展。第三步，将已有的基于数字园区系统的产业园区网络与产业合作机制与各地方政府、行业组织、产业联盟、创新联盟等多种组织进一步增强产业资源的多元协同，从而吸纳更多的区域、行业的产业协作平台和工业互联网平台，开展更加丰富的平台化合作，进而吸引更多孤岛式产业园区加盟，帮助他们实现数字化转型升级。

产业地产，当它仅仅作为商业的目的存在时，可以施展的空间是有限的，未来的路必然步履维艰；而当它主要作为一种方法和手段时，发展的空间将无限广阔。今天，产业地产"从1到N"的重要性不亚于产业地产诞生时"从0到1"的重要性。

今天就与大家分享这些，谢谢！

园区高质量发展须以运营为本

2021 年 9 月在"选址中国"年度论坛上的讲演

观点

- 自去年新冠疫情暴发以来，经济循环结构的变局改变了许多企业的命运。就产业园区发展领域而言，有的企业迎来了难得的模式创新机遇，有的企业却深陷难以逾越的债务泥潭。总之，不同的发展理念，不同的商业模式，乃至不同的能力结构，经过市场环境的剧烈变动，开始显得泾渭分明了。

- 认知的困惑往往源自航向的偏离。沉浸于解决具体问题往往容易忽视根本性目标。

- 只有建立真正的合作共赢、利益分享机制才是真正的解决之道。这对于政府而言，不仅要与发展理念吻合，也要与经验认知契合。而对于产业园区发展企业而言，首先就意味着商业模式的根本性改变，也就是如何使自身演化到能够具备与地方政府构成命运共同体所需要的社会和专业素养条件。

- 建筑设计技术的进步，首先在于有效运用大数据和人工智能解决建筑形态、空间次序、建筑风格问题，在多元化的语境下实现高效率整合，达到和而不同的目的，这是新时代产业园区所需的精神气质，也是当下企业转型升级中所蕴含的需求价值取向。

- "动态规划"和"敏捷定制"是园区建设的现实过程写照，也是园区建设管理的一种重要方法。如果片面地强调规划设计成果，一经审批便具有不可更改性——对于建设主体而言，实际上漠视企业需求。

- 园区运营能力建设不是各种单一服务功能的算术相加，而是具有乘数效应的整体能力的根本性提升。

自去年新冠疫情暴发以来，经济循环结构的变局改变了许多企业的命运。就产业园区发展领域而言，有的企业迎来了难得的模式创新机遇，有的企业却深陷难以逾越的债务泥潭。总之，不同的发展理念，不同的商业模式，乃至不同的能力结构，经过市场环境的剧烈变动，开始显得泾渭分明了。不少人开始思考产业园区开发模式的可持续性路在何方，更多的人增强了对投资开发风险的警惕；各种见解和判断层出不穷。正如"选址中国"与和君咨询举办这次论坛所言：一场关于产业园区的大浪淘沙已然拉开序幕。

下面将从三个方面探讨产业园区高质量发展的根本性问题。

一、园区建设的核心目标是产业发展

诗人纪伯伦说过："我们已经走的太远，以至忘记了为什么出发。"[①] 将这句话用于观察当下产业园区发展的市场状况再恰当不过了。认知的困惑往往源自航向的偏离。沉浸于解决具体问题往往容易忽视根本性目标。

1. 房地产是方法而非目的——存量时代的反思

不可否认，园区建设的直接结果是为产业发展提供空间承载体及相关配套设施。市场化经营机制也就决定了园区发展须采用房地产开发的市场化手段。因为服务对象的高度复杂性——不同行业、不同业务形态以及处于价值链不同位置、具有不同生产经营规模、不同发展阶段的企业对于空间需求的千差万别——产业园区的开发难度远远高于住宅与商业地产。同时，因为产业发展是城市发展的基础，也是住宅和商业地产需求增量之源，政府对产业园区的建设必然更为重视。无论是视觉理想主义、城市现实主义，还是商业实用主义，多种势力共同作用的结果，必然造成供求关系的失衡。

---

① 作者翻译自阿拉伯诗人纪伯伦的《先知》：We already walked too far, down to we had forgotten why embarked.

近年来，不断有权威声音呼吁，房地产行业已进入存量时代，要高度警惕风险。当然，着眼于消除不动产金融属性的政策环境又会直接加剧产业空间的供求矛盾，由此造成了一些企业经营困难加剧。另外，无论是战略性新兴产业发展，还是制造业转型升级，都正在激发形式多样的新需求，这些需求并未得到有效满足。而各种形式的以发展产业为借口的圈地圈地现象依然层出不穷。期待城市化过程中凭借土地溢价形成财富增长的商业思维在很大程度上仍然成为干扰产业空间组织的因素。目前，多元主体及市场环境的错综复杂不仅给政府决策带来新的困惑，也给产业园发展的专业公司提出了新的课题：如何坚守产业发展的本分，如何协助政府制定有效的市场准入规则，以及开创有利于可持续发展的新商业模式。

2. 产业服务体系中的空间服务——资源整合的平台

土地是基本生产要素。提供基于土地的空间产品显然是生产要素服务的专业化体现。但是，任何一种生产要素的服务如果不能有效地与其他生产要素有机结合，其服务的有效性是受限的。在劳动力、资本、土地、技术、数据等生产要素中，产业园区这种空间服务方式具有突出的间接性特点，园区开发主体必须与政府实现价值取向的充分协同，才能创造有效的服务价值。这就需要双方，甚至多方对市场环境、专业化价值、协同机制、发展目标、实现路径等重大问题达成共识并形成良好的市场化执行机制。能够担此使命的建设主体只有具备整合其他生产要素的能力，才能与政府建立真正的互信关系，共同应对发展过程中由不确定性所带来的挑战。作为空间载体，产业园区的有形资产价值和空间聚合价值共同决定了其在各种要素服务中最具平台性。因此，园区发展必然要承担生产要素整合的服务功能。产业园区只有真正成为市场化配置生产要素的平台，才能通过这个平台，更好地发挥政府的作用。

3. 建立产业发展的价值分享机制——矛盾性的解决之道

房地产开发商业模式的价值本质离不开土地溢价。因此，开发主体与代表公共利益的政府既相互依存，又存在明显的利益冲突。因此，产业园区可持续发展如果建立在开发盈利模式的基础上，就无法解决这一价值悖论。实际上，政府与园区开发主体有效解决城市发展和产业发展目标之间的矛盾性，是产业园区实现高质量发展的前提。

园区发展主体与政府之间的利益协调，很容易演变成内卷式博弈，实质上是一种零和游戏。若不能建立可持续机制以及共同对结果负责的规则，也就无法找到合理的共同起点。

只有建立真正的合作共赢、利益分享机制才是真正的解决之道。这对于政府而言，不仅要与发展理念吻合，也要与经验认知契合。而对于产业园区发展企业而言，首先就意味着商业模式的根本性改变，也就是如何使自身演化到能够具备与地方政府构成命运共同体所需要的社会和专业素养条件。因此，对于园区发展主体而言，这绝不是战术层面的问题，而是最高层面的战略问题。

二、运营是落脚点，更是出发点

1. 运营思维对于项目策划具有核心价值

目前，比较专业的产业园区发展企业，在组织项目前期论证时通常需要充分考虑三个环节：第一，地方政府的产业园区开发政策；第二，基本市场需求，包括产品类型与结构；第三，上位规划设计条件。完成了对这三个环节的专业判断之后，通常就交由规划或建筑师来主导空间设计。而一个企业中，项目前期策划和后期运营通常是两个团队，即便项目前期工作团队中拥有园区运营经验的人员，因为工作分工的原因，要么疏于掌握最新情况，要么不具备主导性，面对新的情况和课题时很容易形成有限经验前提下的误判，尤其是对于需求的认知深度无法达到项目策划要求时，则只能满足形式上流程到位。因此，很多项目的设计过程实际上演变为由建筑师主导。这正是诸多产业园区项目在实施中出现问题，或踟蹰不前，或中途停摆，甚至失败的原因。

项目策划是建设成功的首要条件。只有那些能够对运营结果承担责任者来主导的策划才是可信的策划，相关的设计也才是可行的设计。项目策划的主导者必须深刻理解宏观经济发展趋势，必须具备产业空间组织的基本经验，必须承担构建产业生态的主体责任，方可真正具备经营所需的资质。

目前，常见的非专业操作是在没有将抽象的战略目标经过具体分析梳理和合理解构并找到内在逻辑关系的基础上，草草确定方案并展开建筑设计。似乎只要找到高水平的设计机构就能确保项目成功。而实践证明，缺乏深入研究就拿出具体的功能性要求的设计任务书，匆匆展开的建筑设计，即便委托了一流的设计机构，也难以取得理想结果。

2. 走出"通用性设计"幻想的误区

人们强调建筑的通用性是受工业文明和现代主义思潮影响的结果。大量住宅、办公楼及其他公共建筑采用标准化设计，造成了为人诟病的千城一面的现象，其严重后果已在近十年中国的城市化进程中得到了普遍警觉，并正在逐步改观。而产业园区建设中采用通用性的设计并对此抱有幻想的突出问题并未得到有效解决。

第一，通用性需求是一种由建设方、经营者主观臆断的需求，往往出自有限的市场经验和建筑师的设计经验，一旦市场判断失准，必然带来整体风险。我至今依然对那种经过一次性浅表化的市场调研就编制出的设计任务书抱有疑惑。

第二，强调通用性和标准化，必然忽视对企业个性化需求的关注，实质上降低了过程服务标准，放弃了与客户互动获取准确需求信息的机会。一旦付诸实施，大量形式重复的建筑单体将会成为城市形象的拖累和园区活力生长的障碍，不具有可持续性。这正是不少地方使用不足 20 年的标准厂房即被拆除的主要原因。

第三，降低了文化水准，使一些追求文化个性和文化理想的头部企业不屑与这样的园区为伍。建筑设计技术的进步，首先在于有效运用大数据和人工智能解决建筑形态、空间次序、建筑风格问题，在多元化的语境下实现高效率整合，达到和而不同的目的，这是新时代产业园区所需的精神气质，也是当下企业转型升级中所蕴含的需求价值取向。

3. 动态规划与敏捷定制

"动态规划"和"敏捷定制"是园区建设的现实过程写照，也是园区建设管理的一种重要方法。如果片面地强调规划设计成果，一经审批便具有不可更改性。对于建设主体而言，实际上漠视企业需求，就会丧失根据目标企业的准确使用意见及时调整、更新的优化机会，是一种经营方式的因循僵化，也是一种对客户需求的敷衍；而对于规划管理部门而言，要么是一种流程的僵化，要么是一种"多一事不如少一事"的服务精神缺失。二者都应该得到改进。试想，过去将一块 500 亩左右的用地分割成几十宗用地，直接提供给不同类型企业。先不讲这样的分割带来的各种规划上的问题，从规划管理的角度，也必须根据每个企业申报的方案逐个审批。而对整体用地的规划，都要求一成不变，这是极不合理的。因此，是否实施"动态规划"可以看作产业园区高质量发展的"晴雨表"；是否实施"敏捷定制"是服务方式变革的"试金石"。

无论是"动态规划"还是"敏捷定制"，离开了由"运营主导"的建设模式，一切美好愿景都只能停留于口号，难以得到具体落实。

三、运营能力建设的关键是"升维"

园区运营能力建设不是各种单一服务功能的算术相加，而是具有乘数效应的整体能力的根本性提升。这样的一种提升表现为更高效率、更低成本，更能有效防范经营风险和更为科学的过程评价。我们鼓励内部各种具有技术优势的业务单元都能够主动成为综合运营业务的牵头者和引领者，从而形成生动的"多元牵引"发展格局。"多元牵引"是"升维"的重要标志。

1. 运营能力"升维"不能缺少产业 DNA

产业园区发展的关键问题是在移动互联网条件下，在"天涯"和"比邻"关系发生了彻底改变的时代，如何确立企业在物理空间聚集的意义？如何定义空间对于"类聚"和"群分"的全新内涵？只有深入理解新经济、新产业、新技术以及传统产业转型升级的新趋势，才有可能发现和把握企业的内在需求；相关的服务也才有可能建立在现实的社会心理基础之上。所以，在运营团队结构中，具有科技产业工作背景的人员越多，越有可能组合出一种基于产业DNA 的超级空间组织能力。

所谓"升维"，就是将已有的服务内容和服务方式通过内在的组织变革，无限增加不同业务之间的价值互动和交集，以达到服务起点更高，以及更准、更快、更有效的目的。由真正拥有产业 DNA 的团队所塑造的园区才有可能持久散发出诱人的产业创新魅力。

2. 数字化综合运营是一种方法的"升维"

如果用"生意""企业""事业"来划分园区经营者的不同层级，那么，可将经营个别园区不动产算作一种生意；将多个产业园项目的协同经营者称作企业。只有在数字化基础上，构建"纵向一体化"平台体系，真正走出地产逻辑者，才有可能做成具有划时代意义的园区事业。

在数字化基础上实施综合运营是中电光谷致力于实现产业园区发展方式转型变革的战略目标。我们在实践中深切感受到，"升维"既是一种战略思想、组织理念，更是一种经营方式和管理方法。既要有明确目标，又需要整个团队的战术素养与之相适应，归根结底是组织发展能力的根本性提升。只有把一大批目标明确、思路清晰、方法得当、志存高远的同业精英有序组织起来，锲而不舍地持续探索，方有可能走出产业园运营能力的"升维"之路。

3. 股权投资促进产业资源整合能力"升维"

产业资源整合仅有认知和愿景是不够的，需要形成具有互信、互利背景的多元资源联盟。以股权为纽带是构建产业资源联盟的最简明有效的手段。对于今天的中电光谷而言，我们在积极融入中国电子作为国家网信产业核心力量和组织平台的战略资源格局的同时，还要通过股权纽带构建具有战略张力的产业生态体系，从而使产业园区的空间发展既能符合业务内生动力，又能形成系统资源支撑条件，进而在促进网信产业生态升维的同时，达到产业园区运营质量提升的根本目标。

关于产业园区方法创新的四个追问

2021 年 9 月在博鳌产业科技大会上的讲演

观点

- 做任何事情，不求甚解、人云亦云往往不会有好的结果。无论是什么缘由，当你遇到产业园区发展这个命题时，首先应该想清楚为什么做？从企业角度讲，即你想寻求的盈利模式为何？如果这个问题没想清楚就盲目进入这个市场，只能被市场裹挟。

- 缺乏理论武装，产业组织事业一定走不远、干不长。

- 认知能力只能从实践中来，积累什么样的经验，就有什么样的认知，就决定了未来实践的水准。

- 之所以产业园区可持续发展对于很多企业都成为绕不过去的问题，究其根源是其发展理念不适应发展方式变革的需要，撑不起所谋求的格局。

- 任何一种成功经验都不能简单复制。因为任何成功只能说明过去，不能决定未来。

- 在一帆风顺的市场环境下，只有投机、没有创新。归根结底是方法论的贫困。任何一个企业要在这个领域中取得高质量发展，或想走出一条独具特色的发展之路，产生具有不可替代的品牌价值，就必须要走在行业进步的前列，率先创立自己的方法论。

- 当促进地方经济的发展真正成为园区运营主体的经营目标时，作为产业组组织者和专业服务者，参与分享未来经济发展的增量是合情合理的，也是可持续的。

两年前，我讲过一个题目叫《走出地产逻辑》，要表达的看法是城市化进展到新历史阶段，房地产市场可持续增长面临严峻挑战。产业园区发展因为脱胎于房地产开发模式——若要延续地产逻辑，以土地溢价作为盈利之本，以高杠杆和快周转作为主要手段，资金—资产滚动放大（即"三高"）作为模式要领，必然本末倒置，遭遇正当性困境。2020年，突如其来的新冠疫情成为一块"试金石"，让大家更清晰地看到，当潮水退去时，谁在裸泳。市场风险与政策约束的双重压力进一步倒逼参与者加快商业形态转型变革。今天我想接续上次的话题，从四个维度追问产业园区方法创新问题。

一、追问之一：为什么做？

做任何事情，不求甚解、人云亦云往往不会有好的结果。无论是什么缘由，当你遭遇产业园区发展这个命题时，首先应该想清楚为什么做？从企业角度讲，即你想寻求的盈利模式为何？如果这个问题没想清楚就盲目进入这个市场，只能被市场裹挟。

1. 是为了获取土地溢价吗？——此路不通了

曾几何时，我们见到过不少圈地、囤地、守地并由此谋利的现象，这或许是市场化早期、中期及市场经济初级阶段的典型特征，即资源配置原始粗放，市场投机方式五花八门。而今天，几乎没有人不明白土地溢价收益应该属于公共财政，而不应该作为一般市场主体的经营目标。政府的公共财政支出的来源离不开土地收益——这并不意味着各种市场主体都可以名正言顺地参与瓜分土地收益。因此，土地供应环节的约束条件必将越来越多，投机之道会越收越窄。

2. 是要通过地产开发方式获得收益吗？——盈利空间越来越小了

大家普遍接受的判断是房地产市场总体进入了存量时代，也就是说，供求关系已经发生了根本性改变，供大于求的市场现象总体上已经成为常态。而产业空间的增量需求，并非传统的金融、商贸和城市服务业，更多的是科技型的新兴产业和先进制造业。而这些新兴产业是城市未来的希望，也是社会的稀缺资源。他们既需要更为优异的工作环境体验，也需要有效控制商务成本。这就决定了产业空间靠价格上涨获利难以持续。另外，为这些企业提供空间服务必然成为地方政府的产业政策的基石内容。所以，客观上已不具备各种不对称的市场投机条件——各个环节的政策约束因素会越来越多，约束力度也会越来越大。市场环境的不确定性已成为产业园区投资的主要风险之一。

3. 是作为讲故事的噱头吗？——"挂羊头卖狗肉"不灵了

过去，一些脑筋灵活的人发明了一个词叫"产业勾地"，曾经大行其道。坦白地说就是以新兴产业的"玄黄"之名（如大数据、人工智能、5G 等）行谋求住宅用地开发利益之实。这样一种聪明人的商业技巧，实际就是"挂羊头卖狗肉"的套路。其实，只需经过若干案例的验证，地方政府就能够具备辨识慧眼，而靠耍弄小聪明所编造的故事实际上也是越来越经不起推敲，即便得逞一时，最终"纸包不住火"。靠讲故事获取商业盈利机会不仅可能损害企业声誉，耽误地方经济发展，甚至有可能在不知不觉中让自己陷入无力自拔的泥潭中。

4. 产业园区发展的根本目的是为区域经济增添产业发展动力，为新兴企业高效配置生产性空间资源

只有明确了这样的出发点，产业园区发展才不会偏离正确的方向。同时，才能确立建设主体不可回避的两种重要关系：其一，与地方政府的合作互利共赢关系，进而达成共同目标；其二，与目标企业客户建立以服务为核心的合作关系，放弃或改变围绕资产价格的博弈关系。构建园区产业生态的愿景只有在这两种关系的基础才有可能实现。

从实际情况看，产业园区的高质量发展是地方经济实现高质量发展的重要

标志。地方政府对产业空间组织认知水平的提高和对于改善市场环境所作出的精准努力是产业园区发展方法创新的重要条件。不首先解决为什么做的出发点问题，就不可能真正摆脱发展正当性的困境，也不可能真正取得市场发展所需要的政策条件。

二、追问之二：靠什么做？

在相对公平的市场环境下从事产业园区业务，非市场化主体的管理难度更大。对于自身条件的客观评价至关重要。房地产开发的专业能力是从事产业园区发展的必要条件，却不是充分条件。要成为合格的产业园区发展责任承担者，有几个重要的资质条件。

1. 两种认知能力

其一，对区域经济结构状况和区域产业组织方式的问题要有足够的认知。

其二，对行业资源分布情况、竞争规律和发展趋势要有深入的理解。

也就是说，提高区域产业组织效率，既需要地方经验，也需要行业背景资源支撑。

罗列几条相关观点：必须具备必要的科学思维和理论思维，才能找到产业组织效率不足的症结；缺乏理论武装，产业组织事业一定走不远、干不长。对于复杂的产业升级问题，不仅要知其然，更要知其所以然——不求甚解不行，"头痛医头、脚痛医脚"不行，非专业化不行。认知能力只能从实践中来，积累什么样的经验，就有什么样的认知，就决定了未来实践的水准。

例如，要发展化工园区，倘若缺乏对化工行业的分布和聚集规律以及地方规划要求的了解，不可能胜任；若要整合电子信息行业，对这个庞大产业领域的产业生态和不同类型企业相互之间的上下游关系缺乏必要的了解和辨别，也很难实现目标。汽车与机电产品加工、新材料、数字创意、装备制造等，每一个行业都有自身的创新链、价值链、供应链规律，都需要从行业入手采用恰当的整合方式，才能取得成效。

2. 深厚的行业背景和产业资源的整合能力

从事产业园区发展的企业，如果其主要领导者缺乏具体产业的经营经验，那么对相关企业的技术流程、生产工艺、供应链特点等功能性需求的理解很难到位，关键性交流互动的有效性就会大打折扣。房地产方面的经验在服务过程中能够起到一定的基础作用，但两种经验和背景的叠加才具备做产业园区的基本条件。从这个意义上讲，深厚的行业背景对于一个谋求可持续发展的产业园区发展企业而言是必须具备的。

3. 跨行业的企业资源积累

过往所积累的长期服务科技企业、新兴企业的经验，是能够在新的发展中不断发挥作用的，这与做商业地产进行客户积累的道理是一样。而产业园区的客户结构和规律却使独特的科技企业客户跨区域布局规律与商业企业的做法也大相径庭。这些都需经过专门的研究和长期的专业积累才能具备。

4. 地方政府的协同与加持

发展经济、聚集产业、提高区域整体竞争力，这首先是地方政府的目标与责任。如果我们要做的事情与地方政府的根本目标不一致，缺乏共同愿景，建设过程中必然不断暴露内在矛盾和冲突，事情必然做不好、做不成。彻底取得地方政府的信任，在重大产业发展战略方向、路径选择及具体实施策略等方面能够发挥核心智库作用，是在当地得以充分施展的标志。

三、追问之三：凭什么做？

之所以产业园区可持续发展对于很多企业都成为绕不过去的问题，究其根源在于产业园区的发展理念不适应发展方式变革的需要，支撑不起所谋求的格局。在不动产存量时代，如果没有正确而独到的发展理念、方法和平台能力作为凭借则难以持久，更难壮大。下列5个方面的素养条件，可谓缺一不可。

1. 独特理念

其一，"战胜不复"是"一城一法"与"一园一策"的思想之源。

《孙子兵法·虚实》有一句精彩论断："故其战胜不复，而应形于无穷。"①强调每一次作战取胜所采取的战术都不是简单的重复，而是针对不同的敌情灵活运用、变化无穷。这是很高的智慧。也就是说，任何一种成功经验都不能简单复制。因为任何成功只能说明过去，不能决定未来。毋庸讳言，中国前所未有的城市化进程客观上成就了一批凭简单复制方法快速扩大资产规模的企业发展案例。显然，这种不可一世的方式是典型的投机，将此作为成为成功楷模是极为有害的。可以断定，那些成于"复制"的企业很有可能也会败在"复制"上。拒绝重复，实际上是在拒绝一种粗放的发展方式。

姑且不说产业园区建设的复制方式是否真正符合目标客户的需求，那种设计几种建筑单体就批量复制的操作，不仅危害城市的视觉观感，也正在被更多的企业所厌恶和排斥。从这个意义上讲，若把这样的复制作为基本方法，甚至作为市场取巧的法宝，是一个极大的误区。我们强调"一城一法"和"一园一策"，并从经营理念层面进行解读，就是要告诫我们的每一位经营者，始终要坚持经营从实际情况出发，实事求是，理论联系实际。也正是这样的理念支撑，保证了我们至今都没有出现一例失败项目。

其二，全生命周期经营理念——以终为始，对结果负责。

在规划产业园区的时候，需要深入考虑的问题当然不只是如何使房子卖得好、租得好。还要周全考虑目标企业在这里的更好成长与价值贡献。轻而易举就把房子卖完，遗留下各种矛盾和问题给社会是不行的。所谓传世建筑通常标

---

① 《孙子兵法·虚实篇》引自（春秋）孙武：《孙子兵法》，黄朴民译注，安徽文艺出版社2021年版。

准是以 25 年为期限，产业园区的规划应该考虑得更加长远。以长远的眼光规划产业发展空间才是城市建设的福音，也才能获得政府的信赖。如今，使用不足 25 年就不幸被拆掉的产业园区比比皆是，只能说明一旦有不合格园区运营主体进入这个市场，就有可能造成不可逆的社会危害。

2. 方法论创新能力

产业园区发展遇到形形色色的疑难和问题，与房地产市场的整体发展状况有关。在一帆风顺的市场环境下，只有投机、没有创新。归根结底是方法论的贫困。任何一个企业要在这个领域中取得高质量发展，或者说走出一条独具特色的发展之路，产生具有不可替代的品牌价值，就必须得走在行业进步的前列，率先创立自己的方法论。这里所说的方法论不是书本上可以轻易找到并直接搬来即用的知识，它是在实践中总结提炼出来的思想与方法体系。

任何一家想要长期从事这个业务的公司，都要好好做一番自我评估，自身的行业认知水平如何、能不能形成独到的理念、能不能搞出自己的方法论。如果做不到，是否能够从别人的实践中找到适合的、能够支撑发展的精神成果。如果这也做不到，确实应该好好考虑一下，是否适合继续从事这一事业，是否应该寻找适合自己的发展方式了。

过去十多年，我们在实践中总结出三种可称作方法论的表述，可以供大家参考。

其一，系统规划——制高点是策划思想。

大家都知道，我们的城市规划方法的主要方面存在各行其是、彼此脱节的缺陷。因此，产业园区规划从上位城市规划成果中寻找先进思想启示和周全技术指南几乎是不可能的。谋划一个区域的产业发展必须要由市场主体从产业内在组织规律、空间的可持续性以及各方面的配套条件等方面深入研究并作出判断。从这个意义上讲，规划的独特性和创造性取决于我们自身在规划方法上不懈探索以及取得的多样化经验。这要比在住宅和商业地产项目策划中须考虑的问题面要广得多，关系要复杂得多，相应的规划组织流程也大不相同。总之，规划水平取决于策划思想能够达到的高度和深度。无论怎样重视建筑设计之前的项目策划的重要性都不为过。

其二，敏捷定制——落脚点在精准服务。

前面强调了机械"复制"的有害性。那么，采用什么样的过程操作办法是有效的呢？我们认为，在一个区域内采用项目统一规划建设的方式组织产业，主要合理性是空间格局的整体优化和充分提高基础设施应用效率。但是如果不能针对每一个企业的业务内在需求和文化取向来进行针对性空间规划和设计，这样的建设成果很难取得令客户满意的效果。敏捷定制是有效的变革之道。在一个特定区域内，如1平方公里范围，在充分考虑整体形态合理性基础上，为上百家企业提供满足各种独特需求空间，达到和而不同的境界，这是一项具有高度复杂性的多专业工作协同。未来，或许可以凭借数字技术的进步、人工智能的发展，提供一些数字化空间设计解决方案。而现在，只能凭借开发主体经营者的过程控制经验与能力。相同的建筑师为不同的建设主体设计项目，效果往往截然不同。原理是建设主体的管控方式和能力的差异。

其三，综合运营——关键点是纵向一体化管理。

对于住宅而言，物业管理有可能成为产品竞争力的核心。产业园区运营服务要比住宅项目复杂得多——涉及企业所需要的各种生产要素——也重要得多。整合更多要素有效提供给入园企业并构建不可替代的产业生态——从这个意义上讲，对一个综合运营团队的最大考验是，无论有多少种类型的服务，为了提高客户的满意度，必须实现纵向一体化管理，即实现高效率管理前提下的多样化服务。这必将成为企业选择理想园区的优先条件。服务升维可能就来自服务的纵向一体化模式。

3. 跨区域协同组织能力

其一，综合运营人才培养方式决定组织能力——单一能力难以胜任未来。

其二,跨区域协同使命决定资源配置效率——孤岛式园区不具有影响力。

组织发展能力的特殊价值首先表现为业务是否遍布更多城市以及在重要城市业务能否遍布更多区域;核心价值是所有园区形成的"多园联动"网络。只有形成巨大的产业资源网络,各种资源才能实现高效市场化配置,才能产生优化和增效价值。从这个意义上讲,未来产业园区发展的各种主体,包括地方政府的平台性公司,只有加入跨区域产业资源体系,并与其共同构建资源体系的多元复合结构,才能真正实现创新链、价值链、供应链融合互构。可以预见的是,未来的产业生态发展趋势是企业个体依托于小生态,小生态必然依托于大生态。只有形成跨区域"多园互构"的超级产业生态体系,才能支撑更多地方产业实现高质量发展。

4. 数字化平台

今天,数字化正在成为整合产业要素、优化资源配置的重要手段。一方面,产业资源的生态化建设需要从多个维度进行整合;另一方面,管理—经营—服务的一体化,要通过数字化平台把参与其中的地方政府、园区资产主体、运营主体、各种社会、专业服务提供者及其他生产要素提供者共同推到该平台上,通过服务的敏态带动经营与管理的稳态,再通过管理、经营提升服务,进而形成数字化资产,提升园区运营效率、降低成本、控制风险、保障安全。这是平台赋能的基本方式,也是我们多年来致力于打造作为产业园区可持续经营品牌价值的核心。

5. 市场化机制

由地方政府所组建的园区公司,当经营者亏损时通常可将税收的转移支付作为园区运营的费用补偿。而一些经营质量不高的问题往往因此被忽视;园区不动产方面的经营即便长期亏损也会保持惯性维持。长此以往,园区建设目标难以达到高质量,特别是在三、四线城市,行政化平台公司的非市场化运作方式已成为低效率、高成本问题的主要原因。如何走市场化之路，与市优势资源共同去构建充满活力的市场秩序已成为改革地方国企的主要议题。建立市场化产业园区建设机制的重要现实意义在于：

其一，是防范经营风险的基石；

其二，是构建资源协同的动力；

其三，是创造空间有效性的保证。

四、追问之四：经营价值何在？

一个产业园区项目在启动之前，相关各方必须对发展目标、路径、方式及评价标准等问题深入交流并达成共识，以保证项目启动及经营过程各方价值取向的一致性。

1. 评价产业园区优劣与成败的四条标准

其一，地方经济规模得以迅速壮大，产业竞争力显著增强，税收明显增加。

其二，关键人才汇集带动要素聚集，创新生态发展。

其三，城市形态更加优美，基础设施加快完善，城市活力不断增强。

其四，入园企业数量快速增加，中小企业形成集群发展格局。

以上四条标准缺一不可。任何路径与方式的优化研究与选择都应该在此基础上展开。从地方政府的角度考虑，找到外部高水平产业组织力量仅仅是一个走向正确方向的开端，即便选择了全方位运营委托也并非一劳永逸之举。在产业发展和创新生态培育方面，没有一劳永逸的办法，试图采用完全责任转移的方式是一厢情愿。市场化对于配置资源的决定作用与更好发挥政府作用两者缺一不可。

2. 运营主体的可持续盈利模式的价值核心——产业服务与企业价值分享

对于园区运营市场主体而言，采用房地产开发和土地溢价盈利模式的局限性日益明显。前面已经讲过，从长远看，这些都不应该也不可能成为产业园区运营主体的主要盈利来源。那么，园区市场化运营的盈利从何而来呢？第一，从全方位、全生命周期提升服务产生的价值中来。第二，从入园企业成长价值的分享机制中来。当促进地方经济的发展真正成为园区运营主体的经营目标时，作为产业组组织者和专业服务者，参与分享未来经济发展的增量是合情合理的，也是可持续的。有效建立这种机制是产业园区建设模式创新的当务之急。

构建产业组织共同体就是机会

2021 年 11 月在广州产业园区商会交流会上的讲演

观点

- 要说寻找产业园区发展的机会，大家聚在一起深入交流就是一种机会。

- 在现实的供求关系状态下，不管过去你曾经取得过多么骄人的成就和经验，也不能保证在应对未来的挑战不会"败走麦城"。

- 使各种产业资源成为共享资源，至少是内部共享资源，这是提升全要素生产力的有效途径。从本质上讲，就是以尽可能少的资源消耗取得更高的产出。这就决定了未来产业园区发展的趋势为园区运营比投资具有更高的市场化经营价值——持有不动产可能不盈利，但运营不动产可能盈利；单纯经营某一处或某一地的不动产可能不盈利，但在一个跨区域的资源体系中经营可能盈利。

- 所谓存量时代，指的是资产绝对过剩。谁有能力找到整合存量资源的有效办法，谁就可能创造出相对短缺的商业机会，形成新的盈利模式。产业组织共同体不会平均化惠及所有人，只会优先成就那些先知先觉并积极为构建共同体贡献力量的人们。

- 无论是管理、经营还是服务，离开了数字化几乎找不到提高资源共享水平的有效办法。

- 广东十多年前搞"腾笼换鸟"时，省内产业转移的效果并不理想。承接地政府有积极性，但转出地政府并不情愿。因为利益目标不一致，对他没有什么直接的好处。商务成本是企业的事，税收才是政府关心的事。

非常高兴今天有机会跟广州的各位产业园区事业同行交流。大家感兴趣的话题是：在百年未有之大变局条件下，实现产业园区转型发展，机会何在？我前几天才知道，广州成立了由工信局主管的产业园区商会，有一种相见恨晚的感觉。我们算是同行，但有意思的是，各位所从事的事业到今天为止各地还没有一个统一的定义。过去，但凡涉及产业园区建设的事务，与政府的科技、规划、建设管理部门关系比较密切。广州市工信局高度重视产业园区建设，担纲主管商会工作，有利于产业园区发展能够紧密围绕产业服务的本质实现高质量发展；避免产生社会偏见或歧义，特别是避免被随便纳入房地产开发行列。愿这成为产业园区发展步入新阶段的标志。我今天跟大家分享三个观点。

一、单打独斗就能成功的时代一去不复返了

要说寻找产业园区发展的机会，大家聚在一起深入交流就是一种机会。各位来自大湾区，那里是中国特色社会主义市场经济的先行区，也是粤港澳科创合作的示范区，体现了引领第二个百年奋斗目标国家战略。武汉是国家中部崛起和长江经济带建设的中心城市，肩负着科技创新驱动产业升级的时代使命。

依我看，两个地方产业园区发展同行的交流合作就体现了未来产业组织的共建要求。

我从事产业园区建设工作已有二十余年。尽管起初并没有完全看清脚下的路，但依然能够从容起步。二十多年存活到今天，从项目开发的市场环境角度讲，我们感觉所面临的挑战比二十年前更大。大约十年前，各地都出现过一些初涉产业园区开发就一举成功的案例。相比之下，北京、上海、江苏、广东、浙江、辽宁的案例较多。在很多地方快速城市化过程中，只要地段没选错，地方政府支持，团队做事认真，大部分产业园区开发项目都取得了成功，并且大部分都比较顺利，而问题项目却比较少。但今天我们发现，当年一些曾经取得辉煌的企业要么已销声匿迹、退出了江湖；要么正在遭受严峻挑战，似乎好日

子已经到头了。

　　这是什么原因呢？我想，主要是时代变了。十年前，尽管科技产业创新处在萌发期，现代服务业也处于起步阶段，但产业园区发展的市场主体自由发挥的空间比较大，供求关系更有利于供给端。但我们今天所处的时代，房地产整体进入到供大于求的存量时代。也就是说，空间的供应已经普遍过剩了。因此，供给端相对被动。据了解，科技创新最具活力的深圳，2021 年上半年办公楼宇的空置面积已达 25％ 以上[①]。无论什么样的企业想找什么样的空间都更加容易了。当然还存在结构性问题，但总体来说市场竞争越来越激烈，不确定性越来越突出，经营决策失误的概率越来越高，如何盘活存量成为主要矛盾。所以，在现实的供求关系状态下，不管过去你曾经取得过多么骄人的成就和经验，也不能保证在应对未来的挑战不会"败走麦城"。

　　无论经营什么样的企业都不容易。初创企业可能因为缺乏经验出现不测；久经沙场的企业也有可能因为一个项目投资决策失误而走向没落；从事专业服务的企业也有可能面临不确定的市场环境而举步维艰。在这样的背景下，机会在哪里呢？依我看，首先在于对时代认知的深化过程中。新时代发展的主题是什么？是高质量。什么是高质量呢？是更高的劳动生产率、更高的投资效率、更少的浪费、更低的环境污染及更多的幸福感。质量不高的原因究竟是供给问题还是需求问题造成的？

　　党的十九大以来，按中央的判断是先从供给侧结构找问题。因此，供给侧结构性改革是新时代发展的主线。我们产业园区领域需要理性思考产业空间的供给方式如何进行结构性改革，尤其是在存量建筑空间越来越多时怎么解决供应的针对性和及时性问题，怎么提高效率。

　　原本市场上的供应量就多了，你还要参与进来继续增加供应，当然容易出问题；另外，供应的结构存在问题，你应该关注短缺的产品与服务。对更多人提高工作效率管用的办法是同业之间组织起来、互动起来，形成一种产业服务

---

① 《空置下降、跌幅收窄、供应激增，深圳写字楼回暖了？》，新浪财经，2021 年 7 月 14 日。

的共同体。通过这样一个共同体内的信息资源共享，减少盲目性，增加准确性。谁能够为这样一个共同体贡献价值，谁就有可能找到发挥自己价值的方向。

二、产业资源共享成为必然

大家都知道一个概念——全要素生产率。这是一个经济学概念，也是产业经济学分析经济增长驱动要素的重要概念。中国改革开放初期1978年的GDP占世界的比重不到1.8%，不足美国的7%；到2020年占世界的比重超过了17%，也达到了美国的70%以上[1]，取得了巨大的历史性进步，创造了世界经济发展的当代奇迹。但我国全要素生产率的增长却很有限，目前的水平只有美国的40%左右[2]，这说明我们是以较高的资源消耗作为代价取得的经济增长，投入产出效率不足。目前，我国的人口红利正在消失，环境约束力越来越大，这种靠要素投入驱动的经济增长方式不可持续，这是中国经济的最大短板。因此，多年前中央就明确提出要深入实施科教兴国战略、人才强国战略和创新驱动战略。创新驱动的突出特征是什么？其一是体制机制创新，其二是技术创新，其三是资源配置效率提升。

检讨一下我们熟悉的产业园区运营的质量就不难发现，总体上资源利用效率不高。不少地方的资产闲置情况还比较严重。

这反映了产业园区建设全过程的市场化程度还不够，市场在相关资源配置中的决定作用发挥得还不够充分。这也说明深化要素配置的专业服务还有很多工作要做。

如何使各种产业资源成为共享资源，至少是内部共享产业资源。这是提升全要素生产力的有效途径。从本质上讲，就是以尽可能少的资源消耗取得更高

---

① 《1978年我国GDP占全球比重只有1.7%，那现在呢？》，毒舌财商，2021年1月20日。
② 《中美经济实力对比》，泽平宏观，2021年7月30日。

的产出。这就决定了未来产业园区发展的趋势是园区运营比投资具有更高的市场化经营价值——持有不动产可能不盈利，但运营不动产可能盈利；单纯经营某一处或某一地的不动产可能不盈利，但在一个跨区域的资源体系中经营可能盈利。

产业资源共享，可以率先提高共同体成员的工作效率，创造共同体价值，这是我们产业园区领域提高质量的根本方向。所谓存量时代，指的是资产绝对过剩。谁有能力找到整合存量资源的有效办法，谁就可能创造出相对短缺的商业机会，形成新的盈利模式。产业组织共同体不会平均化惠及所有人，只会优先成就那些先知先觉并积极为构建共同体贡献力量的人们。

三、数字化是构建共同体的基石

我们必须承认，当下提高全要素生产力的最有效手段就是数字化。我们只有在数字化基础上才能实现资源共享，才能创立新商业模式。我们正在进入智能时代，智能化的前提是数字化。

无论是管理、经营还是服务，离开了数字化几乎找不到提高资源共享水平的有效办法。线下的交流互动活动会发挥一些作用，但改变是极为有限的。在产业组织范畴内，需要把互联网时代提高购物、社交等效率的一套商业逻辑重现到产业园区运营领域中，共同构建一个产业组织体系的数字化世界。在这样一个世界里，所有的管理行为、经营行为、服务行为以及与客户之间的互动，都能够在共享平台上便捷发生，这对于每一个参与者来说都将是拥抱未来的必由之路。

过去，大家考虑增强竞争力的思维逻辑是，如何比别人的经营手段更高明，如何使资源拓展速度比别人更快，经营规模比别人更大，盈利能力比别人更强。现在的逻辑是如何贡献资源使共同体更强，并通过共同体嫁接更多资源。所有参与者在共同体生态中都有可能分享到更多资源。显然，成为强大共同体世界中的一员，就能获得源源不断的资源保障。如果关起门来自己干，反而有可能成为井底之蛙。

以武汉和广州两地的产业资源共享潜力为例：我到访过广州不少规划建设水平很高的产业园区项目；广州也有很多非常优秀的企业在这些优秀园区发展起来成为行业翘楚，这些都值得骄傲。但武汉的企业却很少有人知道这些园区。这些园区没能与武汉的主流科技企业形成有机互动。其实，大量武汉的科技公司需要与广州发生关系，无论是拓展市场，还是使用人才。如果某个园区能够与我们在武汉的十多个园区的几千家企业成为一个生态的共同体成员产生互动，那么，这些企业若有去广州发展的需要，就会优先与共同体中的园区发生关系；反之亦然。从另一角度讲，广东乃至整个大湾区制造业的成本要比中部地区高很多，由此造成所在地企业竞争力下降，这些企业需要有序转移产能。如何高效组织产业转移是一篇大文章。

广东十多年前搞"腾笼换鸟"①时，省内产业转移的效果并不理想。承接地政府有积极性，但转出地政府并不情愿。因为利益目标不一致，对他没有什么直接的好处。商务成本是企业的事，税收才是政府关心的事。

轻易把企业放走，直接损失的是政府的税收，而换进来的"鸟"还需要时间培育。广东当时站位很高，看清了产业转移与升级的大趋势，看到的是新兴科技产业发展的必然性。但是仅在一个省内组织循环是不够的，需要全国格局的跨区域产业合作。

这时候，建立跨区域的产业合作机制就需要跨区域的产业组织联合体，将政府、市场，特别是市场化的园区资源几个方面的积极性都能调动起来提高资源配置效率。

2021年，我们专门研究如何利用"园区通"这个数字化平台工具来促进广东与中西部地区若干重要城市的产业合作，主要是服务广东的若干制造业强

---

① "腾笼换鸟"是广东省委书记汪洋在2008年5月29日以《中共广东省委、广东省人民政府关于推进产业转移和劳动力转移的决定》文件形式正式提出，也叫"双转移战略"。

区有序将一些适合转出的产能向湖南、重庆、四川、湖北、陕西等省市转移。大家要把视野打开，以多种方式携手打造产业组织共同体，促进多个城市之间的资源互动、体系互动、企业互动，不同地方的园区互相作为招商资源。

　　既相互赋能、又相互依托，我们就可能构建起一个充满活力的跨区域产业服务共同体。我相信，这样的共同体能够促进产业园区高质量发展，支撑劳动生产力大幅度提升。

　　产业园区建设企业与房地产行业具有千丝万缕的联系，毋庸讳言，房地产经营的专业化方式曾经构成了产业园区发展的重要方法支柱。但在存量时代，构建数字化的产业资源共同体平台是另一根不可或缺的支柱。

楼宇经济也要"跳出地产思维"

2022 年 8 月在博鳌产业科技大会上的讲演

观点

- 普遍的盲目供应若持续下去，所积累的风险会越来越大，终有泡沫破灭的一天。早一点防范风险是明智之举。但凡对周期性风险不以为然者都将付出代价。

- 楼宇经济发展中表现出客户与需求的各种问题本质上是城市化与工业化发展失衡的问题。

- 过去 20 多年，中国的城市化进程前所未有，一个重要的特征就是城市化带动产业化。而城市化是由地方政府的土地金融杠杆作用和房地产开发企业高负债高周转发展模式共同推动的。城市经济增长在很大程度上依赖于这种推动的合力。

- 把楼宇作为开发经营的主要目的，至少从公共服务角度讲，这是对城市经济本质的误解，也是导致开发盲目性的重要认知原因。楼宇之所以有经济价值，在于使用者价值。楼宇的核心价值并不在楼宇，而在楼宇的使用者。脱离了使用者的需求所建设的楼宇，很难发挥应有价值。

- 只有超越将租金收入作为唯一衡量标准的狭义楼宇经济思维，真正为地方经济发展创造客户价值，楼宇经济才能找到合适的发展定位。

- 发展楼宇经济，不仅是楼宇经营市场主体的事，也是地方政府的事；不仅值得实战研究，更需要拿出实实在在的公共扶持政策。只有具备体系化专业能力的合格市场主体参与到这个过程中并发挥主导作用，才有可能使楼宇经营模式从"地产思维"中彻底跳出来，更好地适应高质量发展的战略目标要求。

博鳌论坛将产业科技这个主题纳入房地产议题已有好几年了，每年都有不同的侧重。今年侧重的究竟是环境问题、关系问题，还是本体问题？在很大程度上反而成了问题。我认为首先是本体问题。近两年房地产行业受到严峻挑战，寒意彻骨，重灾区是住宅和办公楼。商业、工业、物流等类型地产也受到不同程度的冲击。

几年前，我来这里提出了"跳出地产思维"的观点。其实，那时关于房地产的警报已嗡嗡作响。大多数业内人士仍不以为然，依然偏信中国经济对房地产业的路径依赖。当然，普遍的盲目供应若持续下去，所积累的风险会越来越大，终有泡沫破灭的一天。早一点防范风险是明智之举。但凡对周期性风险不以为然者都将付出代价。但凡对警示之言能听进去只言片语的，多少会有受益。今天，楼宇经济所面临的既有盘活存量的问题，也有新增供应提高质量的问题。按照中电光谷过去几年的实践心得，仅靠追逐科技革命的思维解决不了房地产业的本体问题。例如，数字化转型核心是什么问题？是管理问题。并不是因为采用了数字化工具，房子就变成了别的什么东西，房地产经营企业就变成了互联网公司。前些年因为 WeWork、爱彼迎（Airbnb）等所谓新商业模式的忽悠，我国的房地产行业产生了深刻的互联网焦虑。一些追随者，如优客工场就沦为了笑柄。当大潮退去，神话不再时，人们才又一次认识到思考本体问题的重要性。

若干年前，北京有一个项目名叫"总部基地"，宣传推广中引出了"总部经济"概念，一时间成为热门话题。但很快人们就对此失去了兴趣，原因是"总部经济"本身并不具有普遍性。仅作为一种商业噱头，内涵很快被透支。其实，所谓总部经济本体就是楼宇经济。只有着眼于本体的讨论才能针对行业的普遍问题找到解决方案，今天，围绕楼宇经济的本体问题我讲六个观点。

一、楼宇经济是城市经济发展质量的晴雨表

"楼宇经济"这个概念中的"楼宇"所指通常是中心城区的写字楼和商务

楼等，也包括一些保留下来的老厂房经整容更新后所形成的新型城市空间。广义讲还应包括位于开发区或城市新区的那些服务科技企业的研发办公楼，服务新型制造业的厂房、仓储用房等。总体上讲，"楼宇经济"这个概念是对传统不动产经营概念的超越，是城市生活功能化的经济形态。楼宇经济的发展质量直接体现了城市化和产业化的发展质量。

近年来，受新冠疫情冲击及国内房地产市场深入调控等因素影响，不少三四线城市，甚至一些二线城市，房子越建越高，空置楼宇也越来越多；一线城市的楼宇空置率也有明显增加。不少地方偏执追求地标建筑，甚至以高为尊，结果，楼宇的经济性与建筑的高度形成了反比关系。超高层建筑的能耗和维护成本往往是普通建筑的数倍，最终大幅增加了客户的使用成本。不少企业客户不得不减少使用空间的规模，甚至难以为继。

不久前，国家发展改革委发布的《"十四五"新型城镇化实施方案》明确提出，要严格限制新建250米以上的超高建筑，不得新建500米以上建筑。实际上是为楼宇经济的发展方式划定了红线，各地方政府也都在采取一些针对性的措施解决楼宇经济存在的相关问题。

楼宇经济发展中表现出客户与需求的各种问题本质上是城市化与工业化发展失衡的问题。

相比中心城区以商务写字楼为主体的"楼宇经济"，专业化的产业园区空间对于服务战略性新兴产业更具针对性，是当下促进楼宇经济实现可持续发展的有生力量。

客观来讲，楼宇经济是都市经济发展的重要基础，占据着重要的城市空间，同时也占用了大量的社会资本。不能有效利用这些资源，必然造成大量社会财富浪费，也会严重影响宏观经济增长的质量。因此，关注楼宇经济的现实问题，提振楼宇经济的发展水平，是当下城市经济高质量发展的重要课题。

二、房地产驱动的城市化方式必然导致楼宇供求关系失衡

过去20多年，中国的城市化进程前所未有，一个重要的特征就是城市化带动产业化。而城市化是由地方政府的土地金融杠杆作用和房地产开发企业高负债高周转发展模式共同推动的。城市经济增长在很大程度上依赖于这种推动的合力。经过多年发展，不断累积的潜在风险日益突出。只有下决心深入调控市场，合理降低房地产的金融化属性，减少地方政府对"土地财政"的依赖，宏观经济稳定和城市可持续发展才有保障。

我们所看到的楼宇供求失衡现象所体现出来的主要矛盾是结构性供大于求。内在逻辑是政府按照市场化供地方式取得土地收益，资金用于城市基础设施建设，而开发商的首要目标是快速开发销售实现资金周转。显然，带有一定盲目性建设的商务办公楼宇和各种产业用房的实际利用效率往往被忽视。政府的城市功能诉求与开发商的市场利益的矛盾造成了判断客户需求的信息不对称。这实质上说明，城市服务功能中以生活服务为主的金融、贸易和生活服务业的空间需求信息被住宅开发的市场预期有意无意地放大了，从而日益积累形成比较严重的供大于求的现象。粗放的开发过程按供地规划的长远合理性指标一次性建设实施，客观上脱离了需求的内在发展过程，过剩也就成为必然。从某种意义上讲，目前地方经济发展中政府管理经济所遇到的具有一定普遍性的考验是，如果不能够有效盘活各种市场化经营的楼宇并有效提高新建楼宇对新需求的适应性和针对性，城市经济就难以从根本上提升质量。

三、就经济发展而言，楼宇是手段而不是目的

房地产开发行为普遍存在一定的投机性和盲目性，这是城市化快速发展阶段的基本特征。在楼宇建设方面的突出体现是把楼宇作为开发经营的主要目

的。至少从公共服务角度讲，这是对城市经济本质的误解，也是导致开发盲目性的重要认知原因。楼宇之所以有经济价值，在于使用者价值。楼宇的核心价值并不在楼宇，而在楼宇的使用者。脱离了使用者的需求所建设的楼宇，很难发挥应有价值。

解决供求关系失衡问题，特别是供应过剩问题，不外乎有两种做法：第一种是整改无效供给，第二种是重构有效供给的机制。整改无效供给，就是要致力于把各种闲置资源，特别是低效用地和空置楼宇有效利用起来。当然，有些楼宇建设过程中就存在重大功能缺失或历史性经济纠纷，在相当一段时间内都难以打破僵局——这只能从中吸取教训了。增加有效供给也就成为促进楼宇经济发展的必然选择。有效供给的核心是要解决服务谁，以及如何满足客户需求的问题。只有超越将租金收入作为唯一衡量标准的狭义楼宇经济思维，真正为地方经济发展创造客户价值，楼宇经济才能找到合适的发展定位。从这个意义上讲，认清楼宇经济发展的内在逻辑，是楼宇供应方式和服务模式实现历史性变革的契机。

四、盘活楼宇的关键是培育新兴产业

人们通常所说的现代服务业主要指，服务城市居民生活为主的城市服务业和服务各种实体制造业及科技产业的生产性服务业和技术性服务业。城市服务业的增长很大程度上取决于人口增长，也与服务品质提升直接相关。现实与未来的增量潜力有限；生产性服务业和技术性服务业不仅为本地居民服务，更多是外向型的，发展潜力及内在价值更大。这些新兴服务业态，正是消化过剩楼宇的希望所在。

生产性服务业在三、四线城市发展需要精心培育才能取得实效。当然，技术性服务业的发展所需的城市资源禀赋条件更高。从这个意义上讲，楼宇经营方式如果不作出根本性改变，依然将租金作为基本收入来源，很难形成培育新兴产业的良好环境和必要功能条件。过去若干年，国家实行鼓励大众创业和万众创新的"双创"扶持政策取得了显著成效。从本质上讲，培育城市经济可持续发展的新动能，主要就是培育上述两种服务业。

既然是着眼于培育，就需要投入，就要着眼于长期主义并以此构建良好的政策环境。实际上是要持续提供更多社会资源。从这个意义上讲，发展楼宇经济，不仅是楼宇经营市场主体的事，也是地方政府的事；不仅值得实战研究，更需要拿出实实在在的公共扶持政策。只有具备体系化专业能力的合格市场主体参与到这个过程中并发挥主导作用，才有可能使楼宇经营模式从"地产思维"中彻底跳出来，更好地适应高质量发展的战略目标要求。这是楼宇经济发展进步的关键问题。只有解决了这个问题，真正形成一个培育新兴产业的社会合力，需求的增量才会得到持续激发，才能够从根本上改变楼宇空置、投资效益降低的现状。

五、制造业是不容忽视的经济增长基础

对于三四线城市，包括大部分二线城市而言，目前普遍存在的楼宇空置现象，其根源是城市化的步伐快于工业化的步伐。很多地方城市规划着眼于长远发展的合理性，但理想化思维往往罔顾客观实际，当然会供应过量而导致闲置。不少地方片面追求都市形态的视觉美感，"轻实重虚"，过度指望金融兴城，忽视适合地方条件的制造业根基。结果离开了制造业支撑，城市服务业需求不足，生产性服务业也不具备增长的内在动力，楼宇建设的经济愿景自然也就成了"水中月"和"镜中花"。

今天，即便GDP规模过万亿的城市，经济增长的主要动力也是制造业；其比重也应达到45%才有后劲。如果制造业的比重过低，二三线城市若低于40%，指望服务业的增量支撑整个城市经济可持续增长，几乎是不可能的。高端楼宇内展开的业务要靠基础性产业功能楼宇内的生产经营活动支撑才有可能

充实。楼宇经济首要解决的是供给侧的结构问题。

过去20年随着高铁的蓬勃发展，很多城市都在高铁站周边着力规划城市服务功能。实际上，这些区域办公楼宇的实际利用效率都比较低，不少地方还出现了烂尾工程，即便建成的楼宇也大量空置。这是城市化过程中值得吸取的教训。从某种意义上讲，设法将这些空置的楼宇有效利用起来要比建设这些楼宇的难度更大。只有具备组织客户资源的独特优势，才有可能在盘活楼宇资源方面取得实效。

为什么一些成功的产业园区的楼宇使用效率、亩均税收、企业集群质量往往优于中心城区或城市新区的写字楼和商务楼？主要是因为围绕产业集群目标组织企业的方式要比以收取租金为目标寻找客户的楼宇经营方式对经济发展的作用更为显著。

六、单纯收取租金方式的局限性

培育新兴产业的产业园区服务方式跟以单纯出租房屋方式的楼宇经营方式有相似之处——都在提供建筑空间服务——而其内在商业逻辑却有很大差异。当然，作为不动产所有者的市场主体，收取合理的租金天经地义。但是单纯靠收取房租的经营方式对于培育新兴产业而言显然不够。用产业思维发展楼宇经济，盈利模式必须实现多样化，必须构建全新的市场机制。其中，服务高成长性科技企业，一定要和它未来的公司价值和税收成果为主要标志的社会价值结合起来。往往高成长性企业初期更需要资金投入，也需要多样化资源配置市场化服务。

这里所说的生产性或技术性服务业指的是超越服务本地市场范围的研发、生产、客服等业态，例如，软件设计、信息服务、工程设计、检验检测等业务。那些不限于服务所在地业务，其经营范围越广价值越大。我们强调产业思维，就是强调将服务的焦点放在更有价值的公司的空间需求方向，从而提高楼宇经济的价值。

　　楼宇经济的可持续发展价值取决于客户价值。争取客户的方式要求楼宇的经营方式实现根本变革。在这方面，产业园区的运营模式值得城市商务楼宇经营借鉴。产业园区发展模式最大的优点，就是始终以培育产业为根本目标，以培育产业所创造的未来价值作为核心价值引领。相比之下，更看重未来，更具前瞻性。只关注当下，忽视未来；只靠租金收入的盈利方式显然存在重大局限性。克服这种局限性，是楼宇经济实现高质量发展的前提。

楼宇经济产业化的方法论

2022 年 9 月在中国楼宇经济北京论坛上的讲演

观点

- 从楼宇经济角度看，要素价格的提高与产业竞争力大体形成了反比关系，这是一个深刻的悖论。

- 解决供应的盲目性就需要对需求的深入理解，提供精准服务。"敏捷定制"服务就是有效的解决方案。在"定制服务"前面加上"敏捷"两字，强调服务的有效性。

- 为什么多数科技企业不愿意搬到 CBD 的商务楼宇中去呢？其重要原因是那些楼宇的商业气质和文化底色跟科技企业追求的独特个性及文化价值取向并不吻合。尊重企业的价值文化理念，成全企业的文化个性，是提升楼宇经济服务质量的关键。

非常高兴接受邀请来参加这次楼宇经济论坛。下面我就同一议题为今天的论坛提供一点不同视角——主要是产业升级视角的意见。

首先，我想解读一下楼宇经济3.0。这次论坛非常明确地强调了"产业化"的特征。那么，2.0的根本特性又是什么呢？我以为，如果把楼宇经济3.0的本质特性定义为"产业化"，那么，2.0的本质特性则是"房地产化"。我们现在遇到的楼宇空置和投资效益下降等问题主要是驱动城市化的市场机制导致供求关系的失衡。在宏观经济领域，表现出来的突出问题是产能过剩、资本过剩和楼宇过剩交错并存的状态。

刚才魏部长专门强调，楼宇经济的本质是要素经济。提升经济运行的质量，首先就要提高要素的质量。实际上，全要素劳动生产力的提升是非常困难的。从楼宇经济角度看，要素价格的提高与产业竞争力大体形成了反比关系，这是一个深刻的悖论。要提升楼宇经济，楼宇价格是否应该成为主要标准？也就是说楼宇价格提高，站在楼宇角度也许是质量的提高，但是站在楼宇使用者的角度却是成本的提高，而成本的提高往往是产业竞争力的制约因素。这种被动关系是这个问题的症结所在。

解决产能过剩首先是产业结构调整问题，其次是产业升级问题。解决资本过剩关键是要寻找吸纳资金的新投资方向，如果纵然驱使大量的资金流向房地产业，使银行贷款总额超40%，地方政府财政收入超过50%来自房地产，那么经济增长质量的提高实际上很容易落空。如何解决楼宇供应过剩？目前除了像北京、杭州、上海等试点城市或者其他国家中心城市之外，大量区域中心城市、中小城市，即三四五线城市甚至部分二线城市普遍面临的城市兴起过程中楼宇空置的焦虑。

我想围绕刚才对主题的解读开启今天发言的题目——楼宇经济产业化的方法论。从以下两个方面进行解读。

一、楼宇经济产业化的关键所在

1. 培育科技企业是扩大需求的关键

现在经济质量的提升和经济增长的动力很大程度上来自战略性新兴产业的科技企业发展，这正是产业经济最具潜力的部分。各种金融、贸易和城市服务业的增长已相对饱和，需求增长明显放缓，如果我们的眼光仅盯着这些领域，解决楼宇空置问题就难以树立信心；而把视线移到新兴产业和科技企业，对需求结构的改变和需求增量的判断就会有所不同。

2. 敏捷定制是改善供应的关键

房地产化开发的供应盲目性是对真实需求的漠视。解决供应的盲目性就需要对需求的深入理解，提供精准服务。"敏捷定制"服务就是有效的解决方案。在"定制服务"前面加上"敏捷"两字，强调服务的有效性。建设工程周期长，特别是工程前期的设计和报规报建须消耗大量时间，不能做到"敏捷"，定制服务的有效性就会大打折扣。

3. 尊重企业的文化个性是时代价值取向的新要求

为什么多数科技企业不愿意搬到 CBD 的商务楼宇中去呢？其重要原因是那些楼宇的商业气质和文化底色跟科技企业追求的独特个性以及文化价值取向并不吻合。尊重企业的价值文化理念，成全企业的文化个性，是提升楼宇经济服务质量的关键。

4. 城市更新要着眼于公共性

刚才，北京朝阳区和杭州上城区的领导所表达的观点，不仅体现了地方经济增长的需要，也体现了城区文化建设的需要，本质上是城市公共功能建设的需要。既然楼宇经济具有公共属性，政府的参与就是必然的。更好发挥政府作用的重要性在于：其一，财政政策有巨大潜力。解决"先有鸡还是先有蛋"的问题需要战略眼光。培育中小科技企业，特别是那些"专精特新"企业往往需要先投入后产出；而"不见兔子不撒鹰"的信条是目光短浅的表现。当然，可以将现在的扶持与将来的税收挂钩，建立真正的互利共赢机制。重要的是需要地方政府主动作为。其二，区域性培育科技企业的公共科技资源的投入是政府的责任和义务。其三，城市公共文化建设，政府应该更好地发挥引导作用，鼓励更多企业以多种方式参与其中。

二、"二八定律"与产业生态竞争力

1. "二"始终是行业进步的风向标

目前楼宇经济普遍遇到的困局是，寻找"放之四海而皆准"的解决方案，不太现实。从业界企业的角度思考，未来发展的希望和信心在哪里？我们认为蕴含在"二八定律"的内在逻辑中。尽管市场供应过剩，但真正发挥关键作用的，服务关键客户的不是"八"而是"二"，只要成为这个"二"，也就是关键的少数，仍然可以做到在整体供应过剩的市场环境中获得可持续增长。

2. 成为"二"的核心条件是产业生态构建力

从政府和社会角度出发，当然有构建产业生态的愿景；但从业界企业的角度考虑，构建产业生态是建立楼宇经营核心竞争力的必由之路。政府也应该着眼于从"二"的阵营中寻找合适的战略伙伴，构建高质量的动力之源。

3. 数字化与低碳趋势

提升数字化能力和构建低碳园区建设标准是中电光谷的重要战略目标。数字化能力是经营管理效率的保证。无论是园区的数字化还是楼宇的智能化都取决于开发运营企业的数字化能力。按照碳达峰和碳中和目标，建设低碳园区和近零碳建筑是当下楼宇经济提升竞争力的重要切入点，应得到高度重视。

今天就跟大家分享这些，谢谢！

楼宇经济：问题与方法

2023 年 7 月在中国楼宇经济沈阳大会的讲演

观点

- 中国的城市发展，特别是城市基础设施建设在很大程度上取决于房地产业的历史性贡献。正是因为过去二十余年房地产成为支柱产业；地方政府主导的城市基础设施建设资金来源很大比重来自土地开发收益，逐步形成了地方经济发展对于房地产市场的路径依赖。

- 中国楼宇经济的现状需要产生于中国实践的中国式经济理论作出令人信服的解释并指明发展方向。

- 房地产市场不仅存在市场失灵问题，也存在政策失灵问题，可谓双重失灵。此时此刻，政府的有效干预非常关键。

- 任何行业，只要有利可图，资本就会流入；利大，流入的资本就多，这是造成过剩的根本原因。釜底抽薪的干预方式就是减少资本的流入，控制供应增量。

- 从实体经济的角度看，楼宇经济的核心价值不在楼宇本身，而是楼宇的使用者发生经济活动的质量。

- "和而不同"的规划理念本质上是对园区不同企业有差异的文化特质的普遍尊重。从产业园区发展的实践看，只有满足多元化企业文化个性要求的园区才真正具有生命力。

尊敬的各位领导、各位嘉宾、各位朋友：

非常高兴参加在和平区召开的中国楼宇经济沈阳大会。这是我十天内第二次到沈阳。2023 年 6 月 25 日，我有幸参加了在沈阳召开的"国资央企助力东北全面振兴座谈会"，我们在锦州布局的都市产业园区项目在会上签约。楼宇经济的发展质量直接关系到东北全面振兴，今天的研讨很对路。沈阳作为东北的中心城市，探索楼宇经济可持续发展的路径具有引领性和示范性。

2022 年 9 月北京论坛的主题是"楼宇经济 3.0"，聚焦楼宇经济产业化，着眼于解决楼宇经营的现实问题。我在会上的讲演以"楼宇经济产业化的方法论"为主题，阐述了"产业化"思维的框架。魏部长跟我讲，关于方法论的讨论很重要，要进一步深入下去。几个月来，我一直在思考相关问题。首先，强烈意识到，只有把楼宇经济的本体问题讨论透彻了，与相关问题的讨论才能深入下去。今天，沈阳论坛的着眼点是以沈阳市和平区为试验示范区，探索如何重塑中心城区竞争新优势。这个主题就涉及楼宇经济的本体问题。为什么要讲新优势？重塑的含义是什么？直观理解，以金融、贸易和城市服务为基本架构的中心城区经济发展的传统优势可持续发展动力不足，而要很快解决二十多年大规模城市化所留下的极其复杂的楼宇经济质量问题——例如，空置楼宇盘活问题、烂尾楼宇复工问题、保交房问题等——谈何容易。重塑就是要增加新的引擎、引导新的需求、创造新的功能。我想从两个不同角度展开对于楼宇经济本体问题的思考。

一、提升楼宇资产经营质量问题

刚才杨部长从人力资源建设角度阐述了人才作为第一生产要素，对于中心城区经济转型和产业升级的决定性作用。对于中心城区而言，如果说人才是第一要素，那么楼宇是否可以作为第二要素？拥有了这两大要素，是否就具备了聚集资本、技术、数据等其他要素的条件。现在看来，相比之下已经大量存量的楼宇资产是中心城区不容置疑的优势要素，也是吸引人才、资金、技术等要素的条件。

楼宇经济问题首先是楼宇资产经营方式和经营成效问题，属于房地产范畴。房地产金融问题总体上属于虚拟经济问题。客观来讲，中国的城市发展，特别是城市基础设施建设在很大程度上取决于房地产业的历史性贡献。正是因为过去二十余年房地产成为支柱产业；地方政府主导的城市基础设施建设资金来源很大比重来自土地开发收益，逐步形成了地方经济发展对于房地产市场的路径依赖。目前，中国人均拥有住宅面积已接近 40 平方米[①]；人均商业和办公楼宇面积也高于一般发达国家。这样的发展速度已经走到头了。习近平总书记明确指出，"中国式现代化不能走脱实向虚的路子"[②]。一句话，房地产的金融属性必须减少。

从某种意义上讲，近几年房地产市场出现的种种问题是对宏观经济"脱实向虚"趋向性的一种历史警示。按照房地产市场的逻辑解决楼宇资产经营质量问题必然变得更加困难。过去若干年，面对房地产市场的野蛮生长，人们已经习惯于奉为工具理性的西方主流经济学理论，无论是古典主义、结构主义还是新自由主义，似乎都不灵验了。而那些主张"自发市场秩序"的，如今也都失语了；还有主张"政府强力干预"的似乎也理不直气不壮了。中国楼宇经济的现状需要产生于中国实践的中国式经济理论作出令人信服的解释并指明发展方向。

从实践的角度看，提升楼宇资产质量，可以从下列事项着手。

1. 限制增量供应

此时此刻，对于房地产业来说，政府的有效干预非常关键。我们常常强调底线思维，楼宇市场要有效应对现实挑战就要守住三条底线。

---

① 《第七次全国人口普查公报》，国家统计局网站，2021 年 5 月 11 日。
② 《习近平在广东考察时强调：坚定不移全面深化改革扩大高水平对外开放 在推进中国式现代化建设中走在前列》，中国政府网，2023 年 4 月 13 日。

第一，空置率底线。楼宇空置率上升就意味着投资收益率下降。市场经济的本质意味着供应的绝对过剩。任何行业，只要有利可图，资本就会流入；利大，流入的资本就多，这是造成过剩的根本原因。釜底抽薪的干预方式就是减少资本的流入，控制供应增量。限制供应的底线定在哪里合适？或许空置率30%左右（根据不同城市的情况而定），这个底线就是供应控制线，也是整治存量资产的生机线。达到这样的空置率，就要限制供应，至少应限制某些类型楼宇的增量建设，绝不能放任自流。大周期与大变革时期，市场一旦受到重创，自愈能力是有限的，需要借助政策外力相助。

第二，对已供应土地设定的开发时序限制应适度放宽。对于已经存在比较严重供大于求的市场就不能再火上浇油了。

第三，加强市场主体资格管理。限制不合格市场主体的市场准入，避免低水平重复建设为特征的无序竞争加剧，更要避免"劣币驱逐良币"。

第四，加强地方国资市场主体专业化能力建设。应对这次房地产市场调整所派生的各种危机，地方国企，特别是地方"城投"公司须承担特殊的责任，无论是保交房，还是盘活存量资产，都需要地方国企在市场和政府之间扮演特殊角色。一方面，毋庸讳言，作为市场主体，"城投"公司的地位特殊——虽然本身不是政府，却要承担一些政府的责任并代替政府完成社会维稳任务；另一方面，地方国企虽然名义上是企业法人，却难以按市场规律经营。因此，推进地方国企市场化改革至关重要。即便面对多目标和多任务，也要明确规范、努力约束非市场化经营行为，避免地方"城投"公司等企业成为地方债务风险转嫁点和产生新的金融风险的引发源头。

2. 楼宇用途改变

刚才，张德区长谈到，和平区要致力于打造全国楼宇经济创新发展试验区，做好楼宇存量这篇大文章，要探索产业治理的新机制、产业组织的新生态、产业发展的新模式、产业增长的新动能、通过打造楼宇经济3.0的标杆样板，探索大城市中心城区转型发展经验。张区长讲得很到位。在我看来，关键在于如何有效改变存量楼宇的用途。原来的建设目标是服务于金融、贸易和各种城市服务业，现在要转向服务各种新产业、新业态和新科技。功能的改变涉及一系列既有规则的变化，包括改变空间体验的布局逻辑，配套条件的完善，甚至土地用途改变和法律手续完善等。另外，各种服务新兴产业的政策措施都要及时跟上。

3. 商业模式创新

讨论房地产行业的本体问题，当然要涉及相关商业模式。"租"或者"售"只是满足客户需求的不同经营方式，不能作为判断商业模式高下的唯一标准。关于商业模式的发展问题，我有四个基本判断：第一，以散售为主，资金滚资产，高周转、高杠杆的经营方式是市场不成熟的表现，具有阶段性特征，不可持续。房地产行业惯性发展二十多年，主要经营方式是以散售为主，现在，整个行业的经营方式重构是必然的。第二，单纯的出租方式需要提供较大规模及长期性的金融支持，地方国企和单一区域市场主体的可持续性也存疑。第三，租售结合方式更具适应力，将会成为市场主流。第四，具有体系化服务能力的企业将会取得更大竞争优势。

二、丰富楼宇经济价值内涵问题

从实体经济的角度看，楼宇经济的核心价值不在于楼宇本身，而在于楼宇的使用者发生经济活动的质量。研究楼宇经济，应该关注的中心问题是新的楼宇使用者将会是谁？需求的发展趋势是什么？从楼宇经营主体的角度看，楼宇的价值反映的是楼宇使用者的价值。

习近平总书记所指出的"建设以实体经济为支撑的现代化产业体系"[1]，

---

[1] 《习近平主持召开二十届中央财经委员会第一次会议》，中国政府网，2023年5月5日。

实际上为楼宇经济高质量发展指明了方向。在我看来，联系楼宇经济发展进入存量时代的核心问题——过剩问题——只有彻底改变客户结构，下决心培育新动能，才能取得根本改观。这是楼宇经济3.0的变革要点。

未来楼宇建设的着力点必须聚焦战略性新兴产业发展，包括新一代信息技术（人工智能和大数据产业）、生物技术、新材料、高端装备制造、绿色低碳产业（新能源汽车、新能源和节能环保）、数字创意产业等领域，要着眼于高质量，满足专、精、特、新企业快速发展的空间需求，为传统制造业转型升级服务，推动现代服务业同先进制造业和现代农业深度融合，促进数字经济与实体经济深度融合。

1. 战略性新兴产业集群发展是楼宇增量的主要动力

着眼于发展战略性新兴产业的目标，无论是国家中心城市还是区域中心城市的中心城区要着力发展适合本地资源禀赋的都市产业园，发挥城市服务功能优势，引进更多新要素，培育新的发展动能，关键是如何将通用商办楼宇变成科技企业孵化器和战略性新兴产业集群地。不少地方的中心城区的城市更新设置了专门的配套政策；支持科技企业孵化器与众创空间发展也有相关政策。和平区还提出了"一楼一策"措施。这些都是有效方法。一些尚未开工建设，且闲置多年的商办用地，完全可以考虑调整为新型产业用地（M0、M4、C65等类型），增强适应性。

从过去十年工业、科研用地供应结构看，70%以上的产业用地是企业拿地自建，20%以上由地方国资平台公司主导建设，真正的市场化主体建设的产业园区用地量不足5%。[①]

70%部分包括一些行业头部企业或新兴科技企业巨头，他们的总部或核心基地建设不少成为城市地标，但也出现一些闲置用地和低效用地。地方国资平台，除北京、上海、深圳、苏州等少数具有一定专业水准外，大部分城市的地

---

① 资料来源：中电光谷产业生态研究院对部分城市和区域的调查结果。

方国资平台公司专业素养不够、服务效率较低，迫切需要更多具有社会责任感的专业化市场主体以各种方式参与其改革，通过合作促进行业进步。

2. 产业生态构建的要点

大力发展战略性新兴产业，是我国构建现代化产业体系，实现高质量发展的必由之路。目前已经到了从线性发展到生态化发展和融合发展的阶段，主要体现为科技创新与产业化融合、数字科技与实体经济融合、制造业与生产性服务业融合，还有军民融合等。

目前，谋划跨产业、跨行业的综合性园区，特别是都市产业园，更有针对性，适合在GDP万亿规模以下的城市推广。一味地追求时髦概念和过窄过专的产业定位已成为当下园区规划的误区。

这次沈阳大会在和平区举办，和平区提出的"和而不同，平而不凡"的口号很有时代感，与我们的认知不谋而合。"和而不同"的规划理念本质上是对园区不同企业有差异的文化特质的普遍尊重。从产业园区发展的实践看，只有满足多元化企业文化个性要求的园区才真正具有生命力。中心城区的楼宇建设只有完美诠释城市精神气质的独到之处，才能形成文化的吸引力。这就需要有效整合所有建设运营参与者的各种专业智慧。期待和平区的未来创造沈阳新的都市辉煌，也愿楼宇经济3.0能够成为高质量发展的一种象征。

谢谢大家！

产业园区三元结构优化路径

2023 年 9 月在中国楼宇经济北京论坛上的讲演

观点

- 有生态构建需要和能力的企业通过自建园区，一部分自用，另一部分用于引进上下游生态伙伴，为产业生态内的企业就近落户提供便利条件，实现资源更高效的衔接和配置。

- 标准化厂房作为中国工业化进程中的阶段性产物，在过去几十年的发展中，确实助力中国工业取得了长足进步。但在供给严重过剩的今天，这种缺乏针对性的供应模式及"复制逻辑"实际难以为继，必须以更高效率的开放格局和定制方式取而代之。

- 每一个成功的城市都有其独特的文化脉络，这是一个城市的多元文化主体形成的共有文化性格。园区同样如此，用复制的思维方式做产业园区即便短期套利有所收益，从长远看，注定会失败。千篇一律、整齐划一的建筑形象已经成为当今时代城市建设的严重负面因素，文化价值上落伍了，必然成为城市精神的拖累，也会成为令人讨厌的场所。

- 那种基于一般需求、抽象需求和普遍需求而进行开发的时代已经过去了，通过标准化空间推动产业集群的方式已不合时宜。

- 只有千姿百态的环境和场域才能吸引更多高素质企业和人才。未来，产业园区建设应该首先强调空间的人文生态价值，对城市面貌的文化贡献，以及企业承载空间的独特性，这才是真正的高质量。只有建设这样的园区才是有效的供应。

将"楼宇经济"与"产业园区"并行讨论，从现实角度来讲，需要解决的问题的关键有所不同。城市办公楼宇面临的主要问题是供应过剩，其解决方式有两种：一是注入"新"产业内涵，减少对金融、贸易和城市服务业等功能需求增量的依赖；二是减少供应的盲目性。而产业园区着眼于服务新兴产业和地方特色优势产业，主要面临供应方式和结构的问题，即企业自建自用、地方国企建设、市场化主体建设等三种供应方式。根据地方政府供应工业用地和科研用地的供地情况资料显示，直接供给实体项目的工业用地面积占比达到所有工业用地供应的70%左右，供给国有企业和政府平台公司的工业用地占比接近25%，真正所谓市场化专业主体拿地的比例不足10%[①]。因此，对产业园区来说，如何优化供给方式和结构成为其核心问题。今天我将从三个方面展开关于结构优化路径的相关思考。

一、减少土地资源粗放配置是大势所趋

众所周知，为了角逐激烈的地区间产业竞争，地方政府偏好通过低价格、大规模的工业用地配置来吸引工业企业进驻，以期在固定资产投资规模、政绩考核评价与长期税源预订上占得先机，但这种模式的效益堪忧。大中城市产业聚集区，普遍存在工业用地产出效率低、闲置比例高，建设形象不符合城市面貌要求的问题，"一企一围墙"，割裂城市空间，导致公共空间形态差利用效率低下等问题。近二十年，伴随专业产业园区建设的兴起，这种现象虽然有所改观，但以土地资源作为招商引资手段仍是地方政府经济工作行为方式的主流。

从实践的角度看，提升土地资源的配置效率，下列几种方式各有千秋。

第一，标准地配置方式有可取之处。"标准地"是近年来工业用地配置模式的重要创新，配置标准正在不断规范和完善。就"标准地"而言，自浙江德清于2017年推出全国首块"标准地"以来，这一以"带条件出让"为中心的

---

① 资料来源：中电光谷产业生态研究院对部分城市和区域的调查结果。

配置新模式便受到广泛关注，且在浙江、上海、广西等多个省市区试行及推广。以上海为例，2019 年 7 月第一批"标准地"在上海市土地交易市场挂牌出让，上海产业用地资源配置和利用进入以质量为先的新阶段，"标准地"成为上海引导产业精准布局、提高产业用地集约利用水平、加强产业用地评估和精细化管理的重要手段，这种出让模式改变了过去政府和企业先洽谈后定位的产业用地出让模式，将标准制定移至洽谈前，通过设置合理的土地出让条件和指标，既公开透明，又利于进一步提升产业用地利用效率。以税收作为供地条件和对赌标的有利于减少供地的盲目性，但对赌条款设立容易执行难。

第二，限制向中小企业自建项目直接供地是一种产业组织方式的进步。多地出台政策明确规定不向低于一定规模的中小项目直接供地。例如，江苏印发"推进工业用地提质增效实施细则"，明确规定"用地规模小于 1.5 公顷且适宜使用高标准厂房的工业项目，原则上不予单独供地"[①]。未来各地可以根据自身实际，设定单独供地门槛，例如，凡由地方政府直接招商项目，用地规模在200 亩以上的，可由地方政府直接向用地企业供地；用地规模 200 亩以下的采用产业园进行配置和空间建设服务。

第三，依托基石企业构建产业生态效率高。有生态构建需要和能力的企业通过自建园区，一部分自用，另一部分用于引进上下游生态伙伴，为产业生态内的企业就近落户提供便利条件，实现资源更高效的衔接和配置。以腾讯、阿里巴巴为代表的互联网公司旗下园区遍布全国主要中心城市并成为所在城市的产业地标。这些园区在设计之初就充分考虑了生态伙伴的布局需求，在满足自用的同时，亦成为基石企业培育、孵化以及收购新项目、新业务的重要载体。当然也要防范基石企业的圈地行为。

二、地方国企的园区建设专业化能力亟待提升

地方国资平台，除北京、上海、深圳、苏州等少数城市的相关开发运营主

---

① 《关于印发进一步推进工业用地提质增效实施细则的通知》，江苏省人民政府网，2021 年 12 月 22 日。

体具有一定专业水准外,大部分城市的地方国资平台公司专业能力不足、服务效率低,很难承担资源配置平台作用,迫切需要一些专业化市场主体弥补短板,通过有效合作保证专业水准。坦率地讲,北京中关村,上海张江、临港、市北,深圳南山科技园,厦门软件园等全国知名园区虽均出自地方国企之手,我们应该客观地看待这些一线城市或中心城市丰富的科技资源,旺盛的科技产业需求,即便专业能力有所欠乏,但在能力较强的建筑设计单位的支撑加持之下,项目失败的概率较低。但在特别考验专业能力的三四线城市运营项目时情况就大不一样,几乎乏善可陈。往往会因为专业能力和经营机制的缺陷,导致项目经营成效远达不到预期。解决这个问题的关键就在于地方政府的国资平台要善于与合格市场化主体合作,提高其专业能力,真正实现项目建设的高质量。

三、市场化主体的可持续发展之路

新的产业革命的突出特征是中小科创企业的群体性崛起,只有真正具备专业资质的市场化主体成为供应的核心,实现更为精准、更高质量的园区建设,以体系化的专业能力与目标科创企业有效对话,才能促进产业园区建设方式的变革。

第一,标准化厂房作为中国工业化进程中的阶段性产物,在过去几十年的发展中,确实助力中国工业取得了长足进步。但在供给严重过剩的今天,这种缺乏针对性的供应模式及"复制逻辑"实际难以为继,必须以更高效率的开放格局和定制方式取而代之。

第二,产业园区是缩小版城市。每一个成功的城市都有其独特的文化脉络,这是一个城市的多元文化主体形成的共有文化性格。园区同样如此,用复制的思维方式做产业园区即便短期套利有所收益,从长远看,注定会失败。千篇一律、整齐划一的建筑形象已经成为当今时代城市建设的严重负面因素,文化价值上落伍了，必然成为城市精神的拖累，也会成为令人讨厌的场所。未来，采用"敏捷定制"方式满足企业对建筑的个性化需求，营造空间的丰富性和易识别性必将成为甄别城市文明素养的标志。

第三，要改变产业园区的建设逻辑，那种基于一般需求、抽象需求和普遍需求而进行开发的时代已经过去了，通过标准化空间推动产业集群的方式已不合时宜。新时代的产业集群需要根据生产力布局、供应链整合及产业生态构建的需要来统筹规划，不会因为那里正好有一块闲置土地，或者因为有了城市总体功能规划就能自然而然地形成产业集群。因此，对市场化主体而言，只有实现有效供应才能生存，如若盲目供应，即使对法规、政策、技术都很熟悉，也仍将无法适配市场需求。对于地方政府而言，只有千姿百态的环境和场域才能吸引更多高素质企业和人才。未来，产业园区建设应该首先强调空间的人文生态价值，对城市面貌的文化贡献，以及企业承载空间的独特性，这才是真正的高质量。只有建设这样的园区才是有效的供应。要做到这一点，首先应评估抽离房地产价值后是否还有剩余价值。如若没有这样的剩余价值，那就没有继续存在的必要，就需要促进变革和转型。

今天就跟大家分享这些，谢谢！

产业园区低碳化与数字化转型的探索

2023 年 10 月在兴业银行"园区金融峰会"上的讲演

观点

- 产业园区本质的复杂性和功能的多样性决定了既与实体经济有关，也与虚拟经济有关，但与实体经济的关联度更高。

- 企业转型是企业的核心价值理念、结构形式和运营模式发生根本性的转变。

- 中电光谷在最近十余年完成了三种转型，即低碳化转型、数字化转型和轻量化转型。

- 要真正实现园区数字化，就要实现从设计、建造到运营的数据完全打通的数字化。

- "OVU 产业云"作为中电光谷数字化实践的核心产品之一，它既可提供给产业园区的开发主体使用，也可提供给产业园区的运营主体、服务主体使用，还可提供给入驻园区的企业使用，帮助相关参与者提高经营效率。

- 谁能利用人工智能，对客户需求和空间使用状况进行及时准确把握，谁就有可能在未来的竞争中取得优势。

- 我们坚信 AI 技术将对产业园的发展方式深刻变革产生重大影响，未来两者的深度融合一定会使"准确的需求"与"及时的服务"结合得更加紧密，形成更具针对性的有效供给，从而引领行业进步。

首先感谢兴业银行邀请我参加"绿色金融万里行园区金融峰会",还要感谢主办方给我出了一个好题目——《产业园区低碳化与数字化转型的探索》。此次峰会在武汉举办,说明武汉在产业园区建设方面有独到建树,为地方经济高质量发展作出了突出贡献。的确,武汉的产业园区经济在全国的影响力是比较大的。有这样一组数据供大家参考:由园区开发市场主体(包括政府主导的投资主体和市场化主体)所形成的产业载体资产规模达到了所有产业基础设施(不含生产设备)资产规模总额的50%,而全国的数据不足40%[①]。这说明园区建设在武汉经济发展和产业组织中发挥着更加重要的作用。我认为,"绿色金融"意味着可持续发展的理念;强调"园区金融"意味着金融服务对产业基础设施建设的高度重视。中电光谷作为产业园区建设领域的代表性企业,多年来致力于低碳化与数字化转型,并取得了一些实效。下面我从三个方面向大家作一个简报。

一、什么是企业转型?

　　涉及产业园区,不能回避它具有的"金融属性"或"不动产属性",但更大程度上是产业的基础设施属性。产业园区本质的复杂性和功能的多样性决定了既跟实体经济有关,也与虚拟经济有关,但与实体经济的关联度更高。如何看待产业园区的开发模式与风险控制?如何看待开发模式的转型?回答这些问题很有现实意义,跟今天会议的主题也非常契合。我想围绕"转型"问题谈一点个人的理解。

　　我认为,企业转型是企业的核心价值理念、结构形式和运营模式发生根本性的转变。我们可以将这样一种转变称为转型。转变有三个主要特征:一是内涵的改变。如某一种业务转变成另一种业务。如做手机的做智能车;做白家电的做黑家电;做药品的做食品等都属于业务的内在逻辑发生了根本性的变化。

[①] 资料来源:中电光谷产业生态研究院对部分城市和区域的调查结果。

二是组织方式的改变。既有的组织方式已不适应新市场环境的要求，需要开创一种新的组织方式。例如，对于企业的土地要素配置，从政府直接供地企业自建为主转变为以专业开发主体集中规划建设，以租售两种方式向企业提供空间方式为主。这种转变至少解决了中小企业的发展空间需求集约化供应问题。再如，化工、生物等一些专业化园区建设集中解决了热力、污水处理、危险品库等集中配套问题。三是交易结构的改变。例如，企业的赢利结构、收入结构等发生了重大变化。再如，以前以房屋销售收入为主变成了专业化服务收入为主。这三个特征是界定"什么是转型"以及"什么不是转型"的非常重要的标志。接下来，我将从两个不同角度切入，进一步探讨企业转型问题。

第一个角度是一般房地产企业转型角度。近年来，有一批原来专注于住宅开发的企业陆续进入产业园区开发领域。这算不算转型？广义上讲，的确发生了内涵的根本转变，而企业的经营方式也发生了重大变化，是一种转型，更准确的说法是"转行式的转型"。因为住宅开发所服务的对象主要是家庭及个人，而园区的服务对象则是企业，因此，这样的转变涉及企业整体的经营机制都要随之变化，比通常的转型要深刻得多，也要困难得多。而另一些情况，如从事物流的开发营运商，转型为服务制造业的开发营运商，即从做库房到做厂房；还有服务科技企业的开发运营商转型为服务数据存储或计算的开发运营商，即从做研发办公楼楼宇到做数据机房，如此等等都可称作转型。共同点是服务的客户均为法人主体，也都属于实体经济。

第二个角度是中电光谷的实践经验。中电光谷在最近十余年完成了三种转型，即低碳化转型、数字化转型和轻量化转型。因为本次会议的命题是"低碳化和数字化"，这两项我后面会逐一阐述。仅简要提及一下轻量化转型，也就是去地产化转型。从交易结构上讲，地产化的收入模式体现为不动产的销售和租赁。去地产化就是减少对房地产销售和租赁的依托，开拓新的服务方式和收入渠道。中电光谷的轻量化转型从财务结构的变化可以清晰地看到，2014年的时候，物业销售收入占总收入的90%以上，而现在我们各类围绕园区发展的服务型业务带来的收入占比已达到 50% 以上，轻量化转型取得初步成效①。未来几年有望达到 70% 左右。今天因为时间关系，这一部分内容就不展开讲了。

二、低碳化转型的基本路径

大家都知道低碳化是重要的国家战略，也是未来产业经济持续增长将要面临的硬约束条件挑战。中电光谷的低碳园区实践始于 2010 年，当时在武汉的光谷软件园的开发过程中，我们遇到一个比较突出的问题，即如何在武汉"冬冷夏热"的气候条件下，克服通行的分散部署空调设备"能耗高、体验差、影响建筑美观"等问题，我们着眼于通过集中部署，有利于节能环保的解决方案，增添项目的竞争优势，率先在中部地区采用了集中供冷供热的区域能源供给方式（即 DHC 系统），不仅提升了园区的建筑品质，改进了空间体验，而且降低了投资成本。我们由此组建了中电节能公司，成为"园区供冷、供热整体解决方案的专业供应商"，经过十多年的探索，成为中国区域供冷供热先行者。

1. 着眼于顶层设计，中电节能参与多项行业标准编制

目前，区域能源系统暂无专项的"国家标准"，但已有多项"行业标准"和"团体标准"发布，其中电节能参编了"中国国际科技促进会"批准颁布的团体标准：《T/CI 036 - 2021 建筑区域能源系统动态设计规程》。同时，中电节能还参编了区域能源细分领域和低碳园区建设的相关标准，其中已发布 2 项：《T/CABEE 031 - 2022 能耗限额供暖空调设计标准》《T/CAQI 250 - 2022 无霜空气源热泵冷热水机组性能要求及试验方法》；还有 3 项标准正在编制，预计 2023 年能够发布：《区域更新改造零碳技术规程》《园区低碳规划设计标准》《建筑碳排放计算细则与评价标准》。

为共同解决全球气候问题，我国于 2020 年 9 月明确提出"碳达峰"与

---

① 资料来源：中电光谷内部资料。

"碳中和"目标，而园区是产业集聚发展的核心单元，也是我国推进新型城镇化、实施制造强国战略最重要、最广泛的空间载体，成为我国实现"双碳"目标必须牵住的"牛鼻子"。在此时代背景下，中电节能认真研究国家战略，根据国务院、国家发展改革委、住建部关于低碳园区建设的目标要求，从"碳规划、碳消减、碳运营等"方面切入，于2022年12月编制完成《中电光谷联合控股有限公司低碳园区建设规划指引》。它从低碳的发展目标、发展体系及行动方案等方面明确了未来的发展方向，根据国家、省市规划，结合地方实际，进行碳指标分解与任务分配，已成为中电光谷园区低碳发展的指导性文件，为加快园区低碳转型发展提供重要参考。

中电节能参与的"低碳智慧建筑区域能源关键技术装备及集成应用"于2021年获得了中国制冷学会科学技术进步奖一等奖，参与的"低碳建筑区域能源系统全周期全链条关键技术及集成应用"于2022年获得了中国科技产业化促进会科技创新奖一等奖。

2. 着眼于实践探索，中电节能已在全国形成"10＋20"布局

目前，中电节能在全国10余座城市，已运营20座区域能源站，总运营面积超1200万平方米，服务客户超5000家，每10万平方米可降低二氧化碳排放量约5000～6000吨/年，总运营面积可降低二氧化碳排放量约60万～72万吨/年①。

经过数十年的实践，中电节能持续推动节能技术的创新，已成功打造武汉市区域能源研究中心、武汉市企业研究研发中心、中国建筑节能协会系统控制中心，成为区域能源协会副会长单位，获得DHC关键领域知识产权52余项，其中发明专利13项。

当下，在技术层面，我们正从区域能源向综合能源进化，在持续优化集中供冷供热系统的同时，我们亦创造各种条件，利用各种资源，以综合能源数字

---

① 中电节能为中电光谷下属公司，数据来自公司内部资料。

化系统为底座，广泛推广及应用分布式光伏系统、新能源汽车充电系统、储能系统及众多衍生应用场景，已正式发布 OVU 低碳云建设标准，正准备在全国进行推广。目前，这套系统在整个低碳技术、制冷制热等综合能源应用方面已经走在行业前列。中电光谷在 2021 年和 2022 年连续两年获得社会价值五星评级，其中，低碳园区的推行发挥了重要作用。可见，企业在创造社会价值方面，绿色低碳是能够得到社会价值的普遍认同的。

三、数字化园区建设的目标与框架

下面我再简要向大家汇报一下，中电光谷在数字化园区建设方面的一些做法和想法。中电光谷的数字化转型始于 2015 年，我们以园区服务的数字化为切入点，逐步延伸至设计建造的数字化环节，目前已成功打造"建筑物联服务产业互联"的数字园区平台——OVU 产业云，O（open）是开放、V（vison）是远见、U（union）是联合，体现了中电光谷的核心价值观。我们把这两个重要的转型方向都用到了我们的核心平台，同时出版了数字园区相关的专著。因为这个结构比较复杂，我也只能简明扼要地给大家做一点提示性的介绍。

什么是 OVU 产业云？首先，我们希望在一个类似于浓缩的城市里有这样的一个园区，它有几十万平方米的规模，涵盖各类功能建筑，包括厂房、实验室、办公楼、酒店、公寓、运动设施、文化设施等，我们希望在这种空间中实现开发的数字化、建造的数字化、运营的数字化等数据在底层的全面打通，即真正做到在数字化的空间中实现设计的 BIM 与竣工交付的 BIM 存在于同一个数字化体系，而不是两张皮，各是各的数字化。我们所运营的数字园区系统是基于同一个底座的数字设计和建造系统。要做到这些很难，我们大概用了 4 年时间。这是未来的发展方向，中电光谷是先行者。要真正实现园区数字化，就要实现从设计、建造到运营的数据完全打通的数字化。所以在这样的构架里，我们总结出 10 类具体的应用场景，这些场景对于一个园区来讲，需要掌握 5 类核心要素，在未来数字化时代要实现数据与产业化空间的高效匹配，它们是最重要的、独具特色的、最有价值的要素。

一是人流。进入一个园区，所有人的进出数据，无论是从整体维度还是聚焦到一个建筑单体，这类数据会成为我们的一项基础数据。既可用于管理，也可用于服务，亦可用于园区内人的活动状况分析，来判断园区的运行质量，人员的效益，以及它的发展态势。二是车流。三是货物流。四是能耗，究竟用了多少电，用了多少天然气、热力等。五是税收。通过上述5个要素指标的变动情况就可以判断这个地方的经济活力。预测出相关区域内经济和产业的发展态势如何。

"OVU产业云"作为中电光谷数字化实践的核心产品之一，它既可提供给产业园区的开发主体使用，也可提供给产业园区的运营主体、服务主体使用，还可提供给入驻园区的企业使用，帮助相关参与者提高经营效率。

2015年至今，我们已累计投入3.5亿元用于产业云平台的研发，专职研发人员200余人，数字化招商运营团队700余人[①]。在此过程中，我们参与了3项国家课题，编制了7项行业数字化应用标准，获得了25项软件著作权；并获评国家发展改革委国家双创支撑平台，入选工信部工业互联网创新发展工程、物联网与智慧城市国家重点专项计划支持。

2023年伴随人工智能热潮迭起，我们意识到"以大模型为支撑的新AI或将成为革新园区业务发展的关键"，两者的深度融合将代表产业园未来发展的最高标准，赋予园区更强的生命力。2023年以来，我们也加强了人工智能在园区的应用，特别是在园区的招商环节，发挥决定作用。我们希望用1～2年的时间构建一个具有AI特色的园区成功实践。

目前产业园区的建设从全国整体上看，最大的问题是产能过剩，突出表现为楼宇的空置率提高、租金下跌。供给过剩与供需错配形成叠加效应。从这个意义上讲，任何企业与地方政府都无力解决整体问题。但我们也要看到，无论

---

① 资料来源：中电光谷内部资料。

情况多么复杂，"二八定律"终将存在，即20%的资源贡献和80%的价值的基本规律不会变。只要你能够设法让你所做的工作处在20%的价值框架内，无论风浪多大，整体资产价格如何变化，你都能规避周期性资产价格的波动风险。从这个意义上讲，你要保持勇立潮头，立于不败之地，未来的着力点在哪里？依我看，就在于谁能利用人工智能，对客户需求和空间使用状况进行及时准确地把握，谁就有可能在未来的竞争中取得优势。中电光谷数字化转型的重点，从2023年开始已经从系统部署逐步转向以人工智能为抓手的应用环境建设。

1. "园区 AI" 赋能精准招商

一方面，园区楼宇的空置率居高不下；另一方面，我们又常听到企业抱怨找不到合适的办公、生产空间。显然，这之间存在信息、需求的错配。那么我们依靠所掌握的海量园区数据、产业数据、政策数据和企业数据，通过人工智能大模型去做分析匹配，精准获取企业市场拓展、人员增加和投资动态、增购、扩租及迁址意向，抢占招商先机，准确判断园区企业与各地新布局园区项目的关联度和需求意向，构建目标企业画像，精准评估企业价值，再通过打通股权、乡缘、校友、供应链等关系，找到关键决策人，为招商人员精准招商提供辅助工具。

同时，我们可通过 AI 技术全面系统地跟踪不同企业"在探索期、爆发期、稳定期、转型期等不同发展阶段的需求侧重点"，提供包括但不限于"选址、人才、空间、融资、市场、创新、技术"等助力，针对企业所处的发展阶段，提供"一企一策"式的精准服务。

2. "AI" 可助力敏捷定制

如何使可供给的空间与客户需求精准匹配，我们从实践中得出的答案是——"敏捷定制"。"敏捷定制"是在产业园区开发过程中，基于项目策划及规划（可称之为预规划），根据客户的需求做出的包括但不限于建筑规划设计、建筑单体设计等进行设计调整，高效组织工程设计、建设和交付，所推行的一整套建设服务方法。在敏捷定制的过程中，我们持续收集客户关于空间的多维度需求信息，如承重、层高、柱距、道路交通、配电、停车等，这些需求与企业所处行业、所需布局的产线息息相关，当数据积累达到一定量级后，一个以园区空间需求为特色的大模型应用便呼之欲出，这个大模型能够指导园区开发，只需输入一家企业的名称或输入当地主要行业的产业链结构，即可自动生成可能是多功能的建筑方案，充分满足企业多维度需求的空间设计。这样就有效避免了供需错配所导致的空置问题。

3. "AI"可助力提高产业组织效率

存量与需求错配的另一个重要原因是建立在对需求的抽象理解和对资产价格不断上涨非理性执念上的地产思维。谁愿意付更高的租金就租给谁或供给谁，这是资产价格上涨周期中供不应求的一种市场准则。在这里价格成为甄别企业质量的标准。而产业园与之不同的是，产业园的核心目标是产业集群，应在产业主题的基础上，注重产业链的完整性，充分发挥龙头企业的带动作用，构建具有竞争力的产业生态，而不能把不动产的售价、租金作为唯一标准。而在供应过剩，资产价格调整或进入下降通道时更应该注重核心目标。通过人工智能及大模型对区域内的产业进行分析，形成产业链图谱，加强对产业发展现状及趋势、创新资源的掌握，加强对本地产业发展需求的了解，分析当地产业重点环节，并与其他标杆地区进行比对，寻求错位及协同策略，精准匹配创新资源，通过"强链补链延链"，进而通过高质量发展的产业生态保障园区的持续繁荣。

总之，我们坚信 AI 技术将对产业园的发展方式深刻变革产生重大影响，未来两者的深度融合一定会使"准确的需求"与"及时的服务"结合得更加紧密，形成更具针对性的有效供给，从而引领行业进步。

我们希望更多的市场主体、更多的地方政府和地方国资平台以及产业园区专业运营公司携起手来，共同构建一个具有世界影响力的园区 AI 大模型，能够对中国市场经济的动态状况和发展趋势作出准确判断。这样，涉及园区建设投资的决策将会更加理性、更加科学，发展更具可持续性。投资的周期性波动更趋平缓，风险得到有效控制。

今天就跟大家分享这些，谢谢！

以方法论构筑护城河

2023 年 11 月在正和岛探访中电光谷分享交流会上的讲演

观点

- 什么是方法论？方法论是介于实践与真理之间的工具理性，是以概念、观点、论述方式存在的知识系统。没有概念的经验注定是盲目的。所谓理性就是经过阐述之后，可以没有歧义地进行交流的语言系统。方法论具有时序性和有限性，本身不是真理。如果把方法论视为真理，就意味着永远失去了方法论。

- 企业发展的方法论是企业为实现发展目标所建立的独特的价值逻辑、行为逻辑和前瞻逻辑的框架以及一系列的可操作性行动工具。首先要有明确的发展目标，脱离目标谈不上方法论。一旦确定了目标，就须建立独特的价值逻辑、行为逻辑和前瞻逻辑。价值逻辑决定做什么；行为逻辑决定怎么做；前瞻逻辑是决定未来何为。

- 就我个人而言，企业存在的根本意义不在大，也不在强，甚至无关存在的状态，而在于伴随自我价值的发挥长期存在、始终存在，在于存在本身，在于存在的智慧。

- 错综复杂的不确定性系统是动态的，不断发展变化的。没有标准答案和固有范式。我们经常赞美纯粹，但实际上纯粹是一种理想的短期状态。现实中没有先验的纯粹。对纯粹的价值依赖是最大的认知成本。

- "灰色"价值的另一种表现形式是业务的跨界，即打破既定行业和专业属性，在一个领域和多个领域间有机组合。有限的经营是生意，无限的经营是事业。

- 回望创业历程，我最深的感触是，如果说企业家精神是企业的灵魂；那么，方法论则是企业的命门。没有一套独特方法论的企业必然走不远，即便幸运地达到一定高度，也有可能重新回到起点。

欢迎大家来到中电光谷，感谢大家抬举我们，以学习的名义来，希望从中电光谷的实践和探索中找到一点有启发性的内涵。大家刚才的介绍和互动体现了交流的意义，也体现了正和岛的意义。经过三年的新冠疫情，大家都期待经济尽快恢复。究竟大家的切身感受如何？我先请教各位：今年大家在经营管理工作中与过去相比感觉是轻松一些，还是更加困难？（现场的岛亲多人表示感觉更困难，大约占到六成以上。）

我们看到宏观经济的数据前三季度仍有4%~5%的增长，但为什么实际感觉却更困难？这可能就是现阶段中国经济错综复杂的关键问题——宏观经济指标已经无法直观地表达微观经济实践的具体问题了。宏观经济指标跟我们的切身感受之间产生了较大反差。如今，我们已找不到什么与企业发展有关的事情是确定不变的，不再有什么不言自明、不思而晓的经营逻辑。当然，我依然相信"二八"定律存在，即在任何情况下都有20%的关键性因素创造80%的价值。而我们现在面临的情况是80%的问题。80%该如何走出困境？是否应该从20%中找答案？

过去几年，我跟主办方的各位一直保持着一些联系，我非常理解正和岛的创始人长期关切的问题，是关于企业家和企业发展的底层问题、本质问题。他们一直希望我能多参与一点工作。我很感谢他们的信任，但的确分身无术。我想借今天这个机会，尽可能为正和岛的企业案例研究多提供一些素材，也算是尽一点岛亲的义务。

思考企业应对危机的凭借时，我忽然想到巴菲特的一个重要判断依据——护城河理论。我认为护城河理论是回答大家当下普遍关心的关于企业生存力和可持续增长问题的答案：如何在困难境遇中，在不确定的市场条件下，实现可持续增长。现实中，持续增长困难的企业是多数、为生存而奋斗的企业也不在少数。护城河理论的核心观点是：如果企业不能建立一种无可替代的竞争优势，不可能实现可持续增长。护城河所指正是不可替代的竞争优势。

在巴菲特看来，"护城河"有五个要素：第一是无形资产。巴菲特多次以可口可乐和吉列为例，强调通过建立强大的品牌影响力的重要性。当然，对于大多数中小企业来说，难以形成足够的品牌影响力或者说以品牌为核心的无形资产无法构成不可替代竞争优势的情况下，独特的技术和产品就是可能的无形资产经营选项。第二是客户转换成本。指的是客户忠诚度。无论对品牌的忠诚度还是对服务和产品的忠诚度，所带来的心智认知价值就是护城河。第三是网络效应。当然这跟企业经营的产品种类和规模有关。本质不是规模，而是通过一定规模的经营所形成的体系支撑能力。第四是成本优势。这个跟规模直接相关。压倒性的成本优势是形成"垄断"的条件。第五是监管。在无序的市场竞争中谈不上护城河，只有在监管到位，讲规则的市场环境中所形成的优势具有市场价值。

构建护城河的前提是形成一套适合自己的方法论。当我们遇到较大的市场环境挑战，经营受挫时，需要来自实践的独特方法论的指引。企业经营的方法论在一个企业发展的关键节点，尤其是在遭遇困境时显得格外重要。构建方法论这件事，只能靠自学、自悟、自用，别人没有办法教你。因为只有你最了解你的企业和行业，只有你最了解你自己的内心所想——要把这个企业办成一个什么样的企业。

什么是方法论？方法论是介于实践与真理之间的工具理性，是以概念、观点、论述方式存在的知识系统。没有概念的经验注定是盲目的。所谓理性就是经过阐述以后，可以没有歧义地进行交流的语言系统。方法论具有时序性和有限性，本身不是真理。如果把方法论视为真理，就意味着永远失去了方法论。我们所强调的是来自经验而高于经验，是对经验的认同和超越。

一个理性的实践者对自己所从事的工作的成效总是不断反省并通过新的实践不断改进。我刚才看到正和岛的宣传片，东华老师讲到"反求诸己"。"反求诸己"就是一种非常重要的思维方式。只有不断反躬自省，才能客观判断自己所为究竟正不正确，是否真正立得住，是否有能量面向未来？

什么是企业发展的方法论？说到企业，理解五花八门。处在不同行业、经营不同产品、从事不同服务的企业，如何反复在自己的实践中思考和探索，构建自己的方法论？在我看来，企业发展的方法论是企业为实现发展目标所建立的独特的价值逻辑、行为逻辑和前瞻逻辑的框架以及一系列的可操作性行动工具。首先要有明确的发展目标，脱离目标谈不上方法论。一旦确定了目标，就须建立独特的价值逻辑、行为逻辑和前瞻逻辑。价值逻辑决定做什么；行为逻辑决定怎么做；前瞻逻辑是决定未来何为。

企业发展方法论的形成是自觉地将切身的实践经验转化为能够解释问题、改造现实和远见未来的知识。首先来源于实践，但是不能满足于一般经验，而是要将经验转换为工具理性。如何解释困难，如何改变现状，如何远见未来？这就是我们对方法论的态度以及借助方法论解决的问题。

制订和执行企业战略，首先要据理、明道，还得把道理讲明白、说透彻——必须要触及几个维度的边界和底层。如果你的思考无法触及到几个维度的边界和底层，即认知不到位。坦率地说，认知不及，商业的较高境界是不可达的。对于企业可能带来的发展机会或风险，如果缺乏系统认知，仅凭直觉决策，这在当下的市场环境中，风险一定要比机遇大。

所以，今天我想结合个人经历和认知，重点是创业过程中的思考与抉择，向大家做简明的汇报。

一、我的三次创业

今天在座的各位岛亲大都很年轻，让我感到欣慰。越来越多的年轻人参与创业的时代是充满希望的时代。我要告诉大家的是，跟我同期的创业者，现在还在经营一线工作的已极为少见——有的已成"先烈"，有的已远离了江湖，有的已失联多年，也有返回学校当老师的。

1988 年是我创业的开端。我本科是学理工科，后来又学了教育。创业时做青年心理研究，是咱们国家改革开放以来最早的心理咨询工作者。那个时候随着改革的深化和社会转型，大学生的心理问题逐渐普遍，大学生思想政治工作开始重视心理疏导。

当时的湖北省委高校工委为科学展开这项工作，组建了湖北青年心理研究所。研究所是以改革的新生事物出现的，是无财政拨款的自负盈亏事业单位。我的第一次创业就从这个时候开始。

1988 年 10 月研究所注册成立了第一个企业（那时还没有公司法），叫湖北青年心理研究所咨询服务部，我是法人代表。有了营业执照和银行账号，具备了从事经营活动的条件。之前，我们的收入来源主要是稿费。有了这个咨询服务部，我们就可以经营自己出版的书。当然，卖书比写书赚的钱多。

后来，研究所主办的杂志《青年心理咨询》公开出版发行，我是首任主编。《青年心理咨询》曾经月发行量超过 10 万册，是当时湖北科技期刊里为数不多盈利杂志。

出版发行青年读物是我们主要盈利的业务，比办杂志赚的钱多。到 1995 年，年营业收入近 3000 多万元，利润 300 万~500 万元。

后来，我在高校工委科研处的成果档案中寻找线索，找到了武汉大学生物系张廷璧老师的一个从蚕沙提取卟啉镁并通过替代反应获取卟啉铁的技术。当时张老师想做成天然植物色素，但植物色素价格高没有市场。我们认定搞成功能食品有前景。这就是"红桃 K"产品的来历。

"红桃 K"生血剂自 1994 年开始进入市场。1995 年就达到了一个亿的收入，成为武汉东湖高新区的明星企业。

1996 年我毅然放弃了杂志社的出版发行业务，全力以赴投入到"红桃 K"的事业中。就我个人而言，内心的意愿是做一个有足够研究条件的学者，更愿意在书斋里工作。全力以赴做一个企业经营者——作出这样的抉择并不容易——完全是改革开放大潮的推动。

1996~2004 年是我的第二次创业。这期间包括 1998 年东湖高新集团在上交所上市，我在 1998 年 10 月到东湖高新担任董事长，直到 2004 年。在东湖高新集团工作期间，我首先主抓了生物科技产业。1999～2001年开创生物科技业务，一个是生物农药，另一个是兽用生物制品，还组建了一个植物转基因科技公司。但我没有时间等待生物科技产业的春天。从2002年开始，我的主要精力就开始用于产业园区建设，策划并主抓了东湖高新区第一个主题产业园区——国际企业中心。

2005年东湖高新重组，新股东要搞能源。我又一次作出选择，开始了第三次创业——从光谷软件园建设开始，探索产业园区专业化发展之路。虽然在东湖高新集团的工作经历中包括城市基础设施建设业务，但我在这个领域中的积累很有限，准备并不充分。尽管如此，我毅然决定迈进一个新的领域。2005年我创办了光谷联合，历经十年努力，公司于2014年在香港联交所主板上市，是香港联交所主板上市的第一个园区开发集团。2016年与中国电子信息产业集团的园区业务重组，更名为中电光谷。我的三次创业的基本脉络就是这样。

二、"长寿"至上论

创办企业有三个价值维度——大、强和长。二十年前武汉举办过一个论坛，主持人邀请三位企业家圆桌对话，我是其中一位。一位讲只有把企业办得足够大，才会屹立不倒；另一位讲只有足够强，才会坚不可摧，强是根本价值。轮到我讲，大和强都让人讲了，逻辑上似乎已没有什么新鲜的内容可讲了，只剩一种选择，就是"长"。我不假思索地讲起"长"的意义。当时虽是不经意而言，后来，我沿着这个"长"字的内涵深入思考下去，越发觉得这个价值维度更符合我自己内心的诉求，也更有现实意义。

我们可以比较一下三个价值维度的差异：把企业做大通常要凭资源，没有足够的资源不可能形成规模优势，无论是资本、人才、原材料、渠道，还是市场准入或政策垄断等，都是大的优势。但近年来我们都看到，一味追求规模的企业，终究会成为规模的奴隶。规模的意义何在？价值何在？极端追求规模必然走向笨重虚胖，积累转型转向风险。对于企业的创始人而言，不遗余力地追求规模至上，到头来很有可能是竹篮打水一场空。

再说强，什么是强？我们经常讲的世界500强，其实主要依据是营业收入，依然体现的是大。强的主要凭借应是质量。对企业发展而言，拥有核心技术就一定强吗？产品毛利高就一定强吗？高层次人才多，现金流充足就一定强吗？在一定阶段是；长远看，未必。某一方面占据优势，就被当作企业强的标志，很大程度上也是一种误导。

企业办得"长"，若没有什么特有的资源可以凭借，只能凭借创办人的智慧；只能凭借公司的文化生命力，对环境的适应力；只能凭借决策的敏锐性。我经常自我警示：力戒规模虚荣，不逞一时之强，决不做强弩之末。"长寿"是第一标准。当环境不利于发展时，能够养精蓄锐、顺势而为。今天我所讲的"长"的含义，不是指如日本那些家族企业通过不断的血缘关系传承成为长寿企业，而是说一个企业的创始者，如何在有生之年能够无限施展自身的创造力，最大程度影响一个时代。验证的方式就是不管企业如何变化，无论干哪个行业，无论做什么业务，只要始终保持着内在的生机和活力，就是我说的"长寿"的意义。

就我个人而言，企业存在的根本意义不在大，也不在强，甚至无关存在的状态，而在于伴随自我价值的发挥长期存在、始终存在，在于存在本身，在于存在的智慧。这里需要解释的是，当一个企业不能按照创始人的文化价值理想而存在时，不是我所指的存在。

作为企业的创始人，只有着眼于"长"，对于外在世界才更有理解力，更具有精神包容性，才能真正懂得对于底线边界的自律和"止"的价值。儒家讲的"恕"，即宽恕。"己所不欲勿施于人"①，这在我们遇到普遍困难境遇时是非常重要的道德准则。对别人多一点理解，少一点苛责；对自己多一点宽容，不要自我死磕。只有这样才能真正懂得对于底线和边界而言的自律。现在大家

---

① 纪连海：《纪连海谈论语：子罕·乡党·先进·颜渊篇》，石油工业出版社2019年版。

经常讲自律，本质内涵就是康德所讲的精神自由。企业创始人出问题大都是因为不自律，忽视了边界；只知道踩油门，不知道踩刹车。不受投机心理的诱惑和支配太难，但至关重要。

三、"灰色"价值论

我在 1981 年非常有幸读到华中工学院邓聚龙老师的一本书，叫《灰色系统理论》，这本书给予了我极大启发。当时，控制论、系统论、信息论"三论"思想在中国开始传播，邓老师提出的灰色系统理论很有理论前瞻性。其基本观点是阐述这个世界的存在状态绝大部分都不是白系统，不是信息已知的系统，不是通过输出、输入两端的已知条件就能够看清楚一切的系统，而是"灰色"的、不清晰的、模糊的系统认识，理解并解决无法看清的东西非常重要。

人的世界是一个有意识、有情感并且离不开主观判断的世界。用灰色系统思维来理解可以让我们茅塞顿开。研究变化中的不确定性问题就适合采用灰色系统理论。这里所说的灰色不是昏暗的意思，它所揭示的是确定与不确定性之间的关系，是两种价值极端的融合折衷。

中国改革开放四十多年以来，走上中国特色社会主义市场经济的道路，关键的理论突破是解决了社会主义制度与市场经济的对立统一问题。中国特色是什么？我归纳了五个方面：第一，五千年文明。我们的历史很长，传统积淀很丰厚。第二，十四亿多人口。人口大国，资源相对匮乏。第三，中国共产党领导。第四，多民族国家。第五，发展不均衡。基于这样的国情，我们该如何与时代相处，与文化环境相处，如何找到最有利于发展的方向和路径？我觉得这都与灰色思想有关系。

错综复杂的不确定性系统是动态的，不断发展变化的。没有标准答案和固有范式。我们经常赞美纯粹，但实际上纯粹是一种理想的短期状态。现实中没有先验的纯粹。对纯粹的价值依赖是最大的认知成本。

企业创始人的重要意义是什么？是为企业注入了灵魂。因此，你的认知将决定企业的命运。如果把纯粹作为战略选择的底层逻辑，就有可能失去企业在特定环境下做出正确选择的机会，就有可能使自己成为历史转机的局限。从心理上讲，固执地追求纯粹也是一种投机。

在我看来，社会主义初级阶段的企业性质是纯粹的公有还是纯粹的非公有都存在一定缺陷。正因为如此，国家既强调支持民营经济发展，也强调壮大国有经济。片面极端化理解并选择"集体取向—个人取向""社会优先—资本优先""长期主义—当下主义"都有失偏颇。我相信"灰色"的现实意义和文化力量。多年来，我始终将灰色价值论作为分析复杂事物、选择正确路径的方法论。

"灰色"价值的另一种表现形式是业务的跨界，即打破既定行业和专业属性，在一个领域和多个领域间有机组合。有限的经营是生意，无限的经营是事业。

我结合个人情况，给大家作一点直观解释。三十五年一路走来，我历经了三次创业，突出的特点是跨度大、无局限——最早是文化出版领域，从研究写作到杂志编辑，再到图书出版发行；后来是生物科技领域，从保健品到生物医药，再到生物农药、兽用生物制品；再往后是产业园区发展领域，从园区开发到园区综合运营，从股权投资到能源服务和园区数字化。每一次创业的跨度都非常大，没有什么一成不变的自我设限准则。在持续创业选择的过程中，每一种创业经验都成为成就下一个价值目标的重要基础，也都形成了能力的加持效应，不断丰富对于世界的认知，也不断丰富对自己的认知。

四、"三进"结构论

什么是企业家的战略思维？我的直观表达就是：嘴里吃一个，筷子夹一个，眼睛盯一个。我所说的企业家首先是企业的创始人。只有这样的文化角色在思考任何问题时，才会习惯于系统思考、长远思考。我把这种以吃东西为例的进取思维直观概括为"三进"结构。中电光谷的战略规划里就采用"三条曲线"进行了描述。

下面以光谷联合2014年在香港联交所主板上市后的几项重要举措为例来解释什么是"三进"结构。

公司上市以后，我们并没有沾沾自喜，而是更清楚地发现了我们的战略短板。因此，我们在2015年就提出了转型，希望尽快摘掉"内房股"这个标签。我们明确提出产业园区发展的本质是产业组织和产业服务。后来有了"跳出地产思维""回归运营根本"等战略目标。首先要改变的是以不动产销售为主的财务结构，努力实现收入和赢利结构多样化。所以从那时起，我们就开始自觉地从房地产开发业态向园区服务的多业态转变。

首先要建立的是项目策划和规划咨询能力。当然，我们与那些纯粹的策划公司相比，核心优势在于园区招商运营能力和建设管理经验。因此具备对结果负责的能力和信誉。策划与设计密切相关。好的策划创意只有变成规划和建筑图纸才能令人信服。这就需要相关的城市规划与建筑设计资质。中电光谷的转型正是从组建建筑设计院开始的。

2015年以来转型的着力点是展开全方位的专业能力建设。基本原则是"遇山开山、遇水架桥"。我们先后组建建筑设计院和数字化事业部，收购吉天建设、发展光谷节能、战略投资慧联无限等。这个过程几乎是白手起家，需要时间积累，只有坚定不移才能不断进步。

要完成转型，我们需要更为雄厚的产业资源背景。正好在这个关口，中国电子找到我们，希望园区业务深入合作，并直接提出要做公司第一大股东。我在不到一分钟的时间内就给予明确答复：可以。为什么这么爽快？企业转型的目标使然。脱离房地产方式的产业组织与产业服务在很大程度上是服务国家区域协调战略，仅凭我们已有资源是不够的，必须尽快取得服务国家战略的资格。现在民营企业遇到的最大困难之一，实事求是地说，是普遍被作为一个仅仅以赚钱为目的的市场主体看待。除非你掌握的核心技术为国家所需，能够服务到国家战略，否则，难以得到社会价值认同。如果我们的努力所代表的是国家意志，深度参与地方的产业组织和产业服务，那么一切就名正言顺了。在企业创始人眼里，企业根本利益始终是至高的。

加入中国电子并不意味着一切重要问题都迎刃而解，终究还得靠自己努力探索符合企业实际的转型之路。2017年我们提出把构建产业资源共享平台作为战略目标；2019年"提出跳出地产思维"。我们以自觉、彻底、明确的方式创新业务范式。

从2020年开始我们推行系统规划、园区综合运营服务和敏捷定制。系统规划是我们在园区开发业务实践中总结的方法论，用于园区咨询策划顺理成章。综合运营是对一个项目从策划开始到建设运营全生命周期、体系化服务方式。

经过若干项目的非标化尝试后，2021年，我们把园区综合运营业务模式统称为"POEPC"。从此作为谋求在不确定的市场环境中获得可持续增长的"第二曲线"。对于中电光谷而言，园区开发业务至今仍是业务支柱，特别是赢利的压舱石。转型带来的直接成效是严格控制规模，有效提升了质量并控制了风险。与此同时，园区各类轻资产业务得到快速发展，收入比重已从2014年不足10%提升到2022年超过50%。我们到2025年的目标是达到70%。2022年，我们把园区数字化业务——"产业云"和园区综合能源服务业务——"低碳云"明确作为企业发展的"第三曲线"，正在加大培育力度。2023年，我们发布了"产业云"和"低碳云"建设标准，总之，我们以"三进"结构思维致力于走好中电光谷可持续增长之路。无论市场风云如何变幻，有了这样一个战略结构目标，我们的业务持续增长就有了保障。

回望创业历程，我最深的感触是，如果说企业家精神是企业的灵魂；那么，方法论则是企业的命门。没有一套独特方法论的企业必然走不远，即便幸运地达到一定高度，也有可能重新回到起点。有生命力的方法论，不仅要在逻辑上讲得通，在理论上立得住，而且要容易记忆，方便传播，有深入解读的空间，有启迪人心的力量。

今天在座的各位岛亲都有非凡的创业经历，大家都不妨从自己企业的实践出发，根据自己的经验、认知，自己的愿景来思考、总结、归纳，提炼自己企业发展方法论，挖掘出企业精神内核的能量。衷心祝愿大家在这方面能够有新的收获，有所建树。

谢谢大家！

都市工业园建设的五个关键问题

2023 年 12 月在成都现代都市工业发展大会上的讲演

观点

- 都市工业园建设，主要目标是提供复合性产业承载功能，盘活空间资源存量。其着眼点在于更新形态、完善功能、增加活力。

- 传统 CBD 的办公楼宇几乎都是为金融贸易和城市服务业设计的，而不是为新型科技企业而设计的，坦率地讲也不适合科技企业。都市工业园恰好可以弥补这一城市功能短板。

- 都市工业园建设走在时代前列的重要标志就是率先实行园区建设的数字化，并通过园区的数字化运营促进产业的数字化转型。

- 强调市场准入审核，提高市场主体的专业能力和资格标准要求是符合市场规律的做法，也是有效监管的前提。在微观实施环节应充分发挥市场主体的能动性和创造力，压缩行政监管环节的任意裁量空间，限定监管边界，减少摩擦系数，让市场主体更好地适应需求作出正确选择。这是最大限度凝聚社会共识、稳定社会预期、形成社会合力的基础。

- 无论多么聪慧的政府官员，无论怎样有为的政府机关，都不是全知全能的，也无法预知市场发展过程中的微观矛盾和生产组织变化方式的内在需求。

- 动力来自宽松，活力来自包容。发展是包容的产物。提振社会信心应该从创造更好的行政监管环境着手。激发和增强社会活力的关键在于营造创新环境，避免基于主观臆断的形式主义和官僚主义的行政行为增加市场环境的不确定性。

大家好！很高兴来到成都参加关于现代都市工业发展的研讨。很高兴看到在都市工业园建设的相关产业政策方面，成都市已从观察者和跟随者变成潮流的引领者。通过荣生常委的致辞和经信局发布的"成都现代都市工业发展行动计划"让我们看到了成都谋求开创新型工业化新模式的雄心壮志。我个人理解，我们今天的议题主要是基于这样一个共识：现代都市发展驱动的底层逻辑正在发生改变——以产业创新发展为基础的高质量城市化必然取代以房地产业发展为驱动力的快速城市化。什么是现代都市的新型工业？如何开拓现代都市工业发展的新路径、新模式、新业态？下面，我将从中电光谷的园区建设实践出发，结合宏观经济分析视角，从都市工业园建设层面探讨现代都市工业发展的现实与未来，题目是：《都市工业园建设的五个关键问题》。

首先，我想对"都市工业""都市产业"及"都市工业园"等概念作出必要的解读和限定。几位专家都谈及"都市工业"和"都市产业"概念的差异。我赞成大会采用"都市工业"这个概念。因为，强调"工业"就是明确以制造业为基础的都市经济发展理念，与"新型工业化"国家战略一脉相承。实际上"产业"这个词是滞后于"工业"产生的，适用范围更广，涵盖了一二三产业，是第三次工业革命以来三类产业逐渐融合创新的集中表达，特别是制造和服务融合的体现。如果要深究，"都市产业"和"都市经济"也可以辨析出不少异同，展开讲要很长时间。我们理解"都市工业"这个题目的时候，希望把问题焦点建立在超大、特大城市的中心城区，如何发展以制造业为主体的新型产业形态。这样一个立足点可避免概念理解的泛化，甚至误读。

刚才，来自美国纽约的专家详细介绍了纽约的城市更新案例。其实，纽约的都市工业，从经济形态和产业形态的变化与发展阶段的特色看，适用"都市产业"概念。因为纽约的城市中心几乎已经没有规模化的制造业了。我去考察过几次，以 SOHO 区为例，过去的纺织品制造中心经过几十年的发展和演变，已经成为一个新型的都市艺术时尚社区，主要功能是时尚消费与居住。我相信这不是成都今天要讨论都市工业发展的主要样板。让城市的微观空间增强活力，有多种方法，如果泛用"都市产业"这个概念，很容易跟打造某一种城市生活形态混为一谈。

我们今天的议题应该建立在以制造业为基础的城市产业形态的创新上，从这样一个角度来展开就避免了概念的歧义。

按照住建部2014年发布的城市分级标准，"都市工业园"所指是超大、特大型城市的中心城区新建或利用存量厂房建设的以满足新型产业研发、设计、办公、展销、生产、仓储及各种新型服务功能需求的具有一定规模的以制造为基础的综合性产业承载体。

近年来，一些超大、特大城市为解决城市经济可持续发展所面临的新增工业用地短缺和存量工业用地利用效率低等问题而努力探索的一种新型工业承载空间建设模式——"工业上楼"，作为提升经济密度、破解要素制约、增强城市活力、促进产业升级的重要手段。

"工业上楼"是"都市工业园"发展的重要路径。

一、业态融合发展问题

2011年，我国制造业增加值超过美国，成为世界第一制造大国，占全球制造业的比重接近20%。到2022年，这一比重已提升至30%[1]。同时，产业资本过剩向劳动力过剩和金融资本过剩传导，形成"多重过剩"。要素的优化配置就成为高质量发展的核心手段。

从成都看，我理解经信部门讨论这个问题的出发点，以我们今天所在的天府新区为例，这个区域的建设，更大程度是着眼于城市形态和环境的未来，但是未来的合理性在一定程度上有可能妨碍了现实发展的可能性。我们看到有很多高品质的大楼，但会出现一定范围的空置现象，这种抽象甚至虚化的供求关

---

[1] 《关键词一：第一制造大国》，共产党员网，2012年9月18日；《工信部：2022年我国制造业增加值占全球比重接近30%》，载《新京报》，2023年3月27日。

系可能会成为发展过程的尴尬。

倡导发展都市工业，实际上是要解决那些中心城区，特别是在城市更新中整理出来的发展空间如何提升可持续发展价值。也就是说新的增长点在哪里？新的发展动力在哪里？

我们看到，我国的产业结构在成为工业增加值世界第一之后的十多年已发生了深刻变化，以劳动密集型轻工纺织产品为主（占比约70%）已变化为具有较高技术含量的产品为主（占比达80%以上）。我国高铁和电动车领先全球就是最好的证明。的确，我国已进入了一个全新的发展阶段，其重要特征是GDP结构的历史性变化，服务GDP大于商品GDP；而商品GDP中生产服务价值将超过制造环节本身的价值。也就是说，生产性服务业和技术性服务业成为最重要的增长点。这就决定了产业组织的空间结构必须与这样的变化趋势相适应。

另外，狂飙突进的城市化持续了二十多年，不动产泡沫越来越大，普通办公楼宇的空置率不断提高，一些城市的中心城区相继出现了"产业空心化"问题。

实践证明，都市工业园建设，主要目标是提供复合性产业承载功能，盘活空间资源存量。其着眼点在于更新形态、完善功能、增加活力。在城市功能格局框架基本成形的前提下，都市工业园不宜将承载大工业作为目标，也不必过度纠结基于已有经验的产业和行业定位的准确性。应着力于在"新模式"和"新业态"，在"空间异构""业态融合"方面下功夫。

可以断定，都市工业园发展的最大机遇来自战略性新兴产业发展，特别是制造业与生产性服务业融合发展。从某种意义上讲，在"过剩时代"，具有复合性产业功能的产业空间反而是供不知求、供不应求的。

二、创新生态培育问题

在"过剩时代"，经济增量和城市活力的主要来源是科技企业和创新人才。

科技企业对空间环境的需求显然不同于传统的金融、贸易和城市服务业,往往既需要较高环境质量的研发办公空间,也需要一些特定的轻型生产和服务空间。传统CBD的办公楼宇几乎都是为金融贸易和城市服务业设计,而不是为新型科技企业而设计的,坦率地讲也不适合科技企业。都市工业园恰好可以弥补这一城市功能短板。因此,都市工业园应成为中心城区培育新质生产力,构建现代产业体系的重要空间承载体,多种生产要素创新性配置的主要场景,应同时具备科技企业孵化器、加速器及众创空间等多样化科技创新生态培育功能。

不久前,我看到一个资料,分析近几年高新技术企业国内流动情况(见图1~图3)。

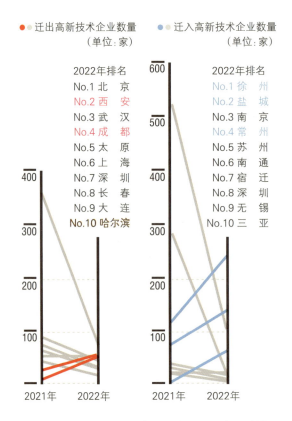

图1　2021年和2022年高新技术企业国内流动情况
注:数据统计时间分别为2021年、2022年全年。
资料来源:新一代产业数据库。

图 2　迁出高新技术企业数量最多的 TOP10 区域

注：数据统计时间截至 2023 年 9 月。

资料来源：新一代产业数据库。

图 3　迁入高新技术企业数量最多的 TOP10 区域

注：数据统计时间截至 2023 年 9 月。

资料来源：新一代产业数据库。

一方面说明流出地科技人才和科技企业资源相对丰富，有必然性；另一方面也说明在新的市场竞争中企业流出地的创新生态培育环境面临新的挑战，对相关的产业组织工作提出了新的要求。

有研究表明，上述城市中约40%的迁出的高新技术企业曾获得迁入地的投资[①]。其中，苏州、杭州、合肥等城市的股权投资机构最为活跃，已成为创新资源引进的主要抓手。

创新生态培育的另一个重要特点是围绕战略性新兴产业，通过特定空间载体进行价值链整合。

中电光谷正在武汉建设一个叫"中电智谷"的综合性创新中心，就是一个新型都市工业园——定位于人工智能和物联网技术应用，可称作新一代孵化器和加速器的合体。

三、空间形态优化问题

都市工业园是都市产业升级的主要功能承载体，也是增强城市经济活力的重要引擎。过去二十年，快速城市化留下的突出文化遗憾就是"千城一面"现象。优化城市空间形态，彰显城市文化个性的机会很大程度上可以指望都市工业园的发展。无论是新建项目还是更新改造项目都应该把优化城市空间形态作为出发点和落脚点。应按照"一园一策"原则，打造城市活力地标。

第一，区域文化对于区域经济持续发展的深远影响远在产业政策之上。都市工业园的规划建设要跳出"就经济谈经济，就产业谈产业"的狭隘思维框架，始终坚持将传统产业升级和新兴产业发展与激发城市活力、增强城市魅力结合起来。

第二，都市工业园建设不能继续走标准厂房建设——也可称作传统产业地产的老路。所谓标准厂房，客观上是出口加工产业发展的产物，是劳动密集型产品加工生产组织条件下的空间承载方式，既不能满足重要生产力布局的服务性功能要求，也不能适应科技企业主导的工艺独特制造功能要求。而都市工业园——作为工业地产的一种升级方式，提升质量的先决条件是解决功能单一、

---

① 资料来源：新一代产业数据库。

形态单调、模式僵化等问题。

第三，要着力解决建筑规划的整体性和建筑形态多样化的矛盾，努力将专业化的定制服务贯穿建设的全过程。从我们近年来的实践经验来看，总部功能、研发功能和生产功能融为一体的科技企业的需求是目前产业园区最突出的需求，几乎没有标准化的设计方案和建设方案，都必须从不同行业、不同规模、不同工艺要求甚至不同文化价值取向出发，来做有针对性的定制化解决方案。如何把这种方法放到都市工业这个新的发展空间的建设上？我觉得是巨大的机遇。

第四，坚持开放性原则，因为都市工业的承载体跟城市的核心功能紧密相连。要增加城市活力，就要让这样的空间成为开放的公共空间。只有当开放的工业空间和开放的城市空间相互融合的时候，它才能够真正成为城市活力之源。

四、园区数字化问题

都市工业发展是新时代产业高质量发展的必然。这个时代最鲜明的特征是数字化和智能化。都市工业园建设走在时代前列的重要标志就是率先实行园区建设的数字化并通过园区的数字化运营促进产业的数字化转型。

中电光谷着眼于将产业园区作为整合应用数字化技术的平台和窗口，在有效实施数字化设计、建造、运营服务，全面提升经营管理效率的基础上加大力度对接一流技术服务商和园区企业，将数字化贯穿产业组织的全过程。我们去年公开发布了"产业云"和"低碳云"，今年又发布"产业云"和"低碳云"建设标准。目的都是加快园区数字化建设，进而带动入园企业数字化转型。

以武汉中德国际产业园的数字化平台建设为例：我们与地方政府、西门子及园区科技生态企业组成联合体，打造工业互联网赋能中心。我们提供平台，政府提供政策支持，西门子提供基础技术和解决方案。

五、监管方式改进问题

都市工业园建设触及多种政策的交错空白处或矛盾处。一些城市对于工业地产开发方式持谨慎态度是可以理解的，总体上讲，积极发展工业地产的城市在服务中小企业方面成效更加显著，至于一些项目存在建设水平不高的问题在发展过程中在所难免。而常见的问题是行政管理部人员的焦虑心态造成过度监管，给经济循环和要素配置造成新的堵点。从发展质量的角度讲，强调市场准入审核，提高市场主体的专业能力和资格标准要求是符合市场规律的做法，也是有效监管的前提。在微观实施环节应充分发挥市场主体的能动性和创造力，压缩行政监管环节的任意裁量空间，限定监管边界，减少摩擦系数，让市场主体更好地适应需求作出正确选择。这是最大限度凝聚社会共识、稳定社会预期、形成社会合力的基础。

我国的工业化、城市化及参与全球化都取得举世瞩目的成就，很大程度上是因为改革开放的政策环境有效降低了体制成本，形成了改革红利，并充分释放了生产成本优势，从而将人口负担变成了人口红利。目前，经济发展所遇到的重要瓶颈是生产成本优势的减弱制约了竞争力。而监管过度造成体制成本上升，就会进一步制约竞争力。

地方政府的积极作为对于经济可持续发展总体上是好事，但也容易产生一种认知误区，即产业政策制定者往往会自认为比企业经营者更懂需求，更懂市场，热衷于凭主观判断和个人经验有意无意地干预市场甚至试图主导市场。其实，无论多么聪慧的政府官员，无论怎样有为的政府机关，都不是全知全能的，也无法预知市场发展过程中的微观矛盾和生产组织变化方式的内在需求。凡是不具备实践经验支撑的认知都是市场发展的风险，而严格监管的思维逻辑往往建立在道德价值判断的基础上，必然脱离市场实际。滥用政策工具最终必然干扰市场的有效性。正如查理·芒格所说："对于那些手里拿着锤子的人，全世界就像一颗钉子。"①

不久前召开的中央经济工作会议特别强调："必须坚持依靠改革开放增强内生动力，统筹推进深层次改革和高水平开放，不断释放和发展社会生产力，激发和增强社会活力。"② 这一论断准确切中了当下的时弊。

我国改革开放以来的实践反复证明，但凡经济发展遇到困难与矛盾交织，经受挑战或爬坡吃劲时，各种保守主义、民粹主义及狭隘的保护主义就会抬头，这正是真正考验政府部门监管方式和监管能力的时候。

动力来自宽松，活力来自包容。发展是包容的产物。提振社会信心应该从创造更好的行政监管环境着手。激发和增强社会活力的关键在于营造创新环境，避免基于主观臆断的形式主义和官僚主义的行政行为增加市场环境的不确定性。毛主席说："人民，只有人民，才是创造世界历史的动力。"③ 只有下决心稳定政策预期，真心相信合格市场主体的发展意志和自我约束能力，让市场主体在更大程度上自己掌握自己的发展命运，理性约束"看得见的手"，勇于放开"看不见的手"，才能不断释放深化改革的红利，促进都市工业园建设实现高质量发展。

---

① 作者翻译自查理·芒格的《穷查理宝典》引用的马克·吐温的名句：Everything looking like a nail to someone with a hammer.
　　——from *Hacking Life – Systematized Living and its Discontents*（page108）
② 《统筹推进深层次改革和高水平开放》，中国政协网，2023 年 12 月 21 日。
③ 毛泽东：《论联合政府》，人民出版社 1975 年版。

第二篇

战略思考
STRATEGIC
REFLECTIONS

变革时代的系统规划方法论

2020 年 4 月《规划的变革》前言

观点

- 正确的规划取决于宏观哲学理念与微观实践经验在系统思想框架中的正确会师。

- 对于园区开发企业而言，你的工作成果如果不在地方产业组织的价值核心框架内，而又必须依赖于局部的不动产市场环境，由此建立的商业模式的可持续性便值得怀疑。产业空间要素只有嫁接到核心价值链中，才能形成一个有效的价值支撑点。

- 要真正做到产城融合，就必须将顶层的规划思想、中层的规划编制与底层的规划建设实践策略完整打通并有效整合。

- 我们之所以强调"以终为始"的原则，就是要求先想清楚"终"，再来动手"始"，也就是说空间的功能、形态、秩序及布局方式，首先取决于运营经验和建设目标的判断。

- 必须想明白的是，现在的房子卖得好或租得好，凭的是什么，很大程度上因为所营造的环境更具空间魅力，更符合新兴企业的需求。由此形成新的区位空间逻辑和新的园区价值逻辑。

- 曾经创造过一些成功案例的园区建设主体，不能停留在过去，特别是不能停留在曾经创造成功经验的原地。而应该真正把握住曾经创造这些经验的思想和方法，并与之保持"共时性"。

改革开放40多年来，我国的城市化进程在创造前所未有的城市建设速度的同时，通过逐步解决发展中的各类"不协调、不充分"问题，不断丰富科学的城市规划思想、理论和方法，提升建设的质量。

2013年12月，习近平总书记在谈及城市规划体制改革时，曾提出"多规合一"的理念①。2014年3月，《国家新型城镇化规划（2014～2020年）》进一步明确，经济发展总体规划、城市规划、土地利用规划等要实行"多规合一"的规划方法。随后，中共中央、国务院或开会、或下文，不断强调"多规合一"对于提高城市规划质量的重要性。

实行"多规合一"，本质上是要从理论与实践的结合上增强城市规划的科学性，彻底解决城市规划工作中常见的诸如上下位规划成果脱节，多种专业规划工作组织机制相互脱节，甚至相互矛盾的问题。宏观规划编制缺乏中观知识背景和微观经验支撑，无形中使得产业规划被削弱甚至被抽象化。另外，非科学的长官意志必然导致规划变更的随意性和主观性。提高资源的配置效率，使"创新、协调、绿色、开放、共享"理念在实践中落到实处，切实实现可持续发展。

正确的规划取决于宏观哲学理念与微观实践经验在系统思想框架中的正确会师。

城市规划的复杂性与矛盾性在于，它既是一门综合性学科体系，又是一种具有可操作性的专业行为规范。就城市功能而言，城市规划涉及产业、人居、文体、教育、医疗、交通、能源、安全、自然环境等诸多领域；从理论基础而言，城市规划涉及产业经济学、城市学、建筑学、统计学、政治学、社会学、管理学、文化人类学、生态学等学科知识背景。

任何一种城市规划工作都是在既定国情条件、独特区域资源结构和一定时代背景下展开的。其一，传统的规划理论与方法已不适应当今时代经济、科技、产业、社会、生态等多方面相互作用的错综复杂的格局；其二，国外的城

---

① 畅婉洁、徐英子：《从海绵到韧性，让城市更安全》，载《民生周刊》2022年第16期。

市化经验并不完全适用中国；其三，世界级城市的规划典范在绝大多数城市实践中不可照搬照抄。因而，挪用过去城市规划的成功实践案例，无法有效解决特定城市发展中的动态结构问题；"对标"式的追赶思维，往往模仿了一些表面形式而未得其思想精髓。有效贯彻、实施"多规合一"原则，就必须对各种分别实施的规划工作进行整体把握和系统整合。

国民经济和社会发展总体规划、城市总体规划、土地利用总体规划等总规与环境保护规划、交通规划、能源规划、科技创新规划、教育规划、医疗规划、文化与教育设施规划等专规是上下文关系，只有结合具有可操作性的产业规划（核心是产业集群方式），才能构成相互支撑的有机关系。其中的大前提是编制国民经济和社会发展总体规划不能脱离产业规划搞"纸上谈兵"。前者是一个复杂系统，涉及各行各业，包罗万象，既关乎区域发展战略问题、产业结构调整和产业升级问题，又关乎新兴产业的培育引进和集群发展问题，还有创新生态的构建问题。既要有客观指标体系结构性布局方案，还得充分考虑实施的策略及相应的配套政策体系。

城市规划的动力是城市发展。城市发展的基础是人口增长和劳动力素质的提高。产业发展的质量对人口增长和劳动力素质提高具有决定性作用。反过来说，城市发展的质量（包括城市服务功能和质量、人居环境、自然生态保护等）直接关系到对高水平人才的吸引力，从某种意义上又决定了新兴产业集群的方式和产业升级的水平和效率。因此，城市规划和产业规划密不可分，必须统筹整合，相向而行。

我们通常所说的科技园区或产业园区（包括产业地产相关项目），从城市规划的宏观层面讲，是城市发展的重要功能区，也是重要的经济资源聚集地；从微观层面讲，是直接服务于产业发展的空间载体，是一切宏观规划的最终落脚点。只有使这些空间载体真正符合产业发展的需求和企业聚合的要求，宏观规划的主要目标才能实现。

从经营模式上看，目前大部分具体项目总体上还是按房地产的基本框架和业务流程运作——不外乎是找地、规划设计和组织工程建设、招引企业（销售和租赁）、园区运营服务等。有的项目与住宅开发绑定；有的则与基础设施建设投资绑定；有的与税收增量绑定；等等。形形色色的绑定，其根本目的是发展产业，而实际操作中错位现象比较普遍，有的甚至是假借产业发展之名行住宅开发之实。当然，我们不能否认相关框架所遵循的规律仍然发挥着市场化方式产业组织的某些基础性作用。但是，在今天这个产业结构和产业形态已发生深刻变革的时代，在产能过剩（包括产业空间资源过剩）普遍加剧的情况下，如果我们仍然是在产业地产的框架内思考和运作，那么，地方政府所希望实现的产业高质量发展目标和我们所着眼于解决的产业升级、空间结构优化的问题，未必能得到有效解决，还有可能因此派生更多新问题。例如，地方政府对土地财政的路径依赖问题；都市产业空心化问题；产业园区建设的盲目性和投资的低效率问题；等等。

众所周知，我们正处于迈向第四次工业革命（即智能化革命）的关键时期。如果说以生产蒸汽机为标志的第一次工业革命解决了欧洲工业园的工业化；以电气化为标志的第二次工业革命解决了欧美、日本等工业园的工业自动化问题；以互联网和信息技术为标志的第三次工业革命促进了经济全球化，美国的科技竞争力不断增强，日本落伍，中国迎头赶上。那么，以人工智能为标志的第四次工业革命必然引领我国进入一个全新的时代，也必然改变世界格局。一方面，我们生活和工作的方方面面将发生无法预料的根本性变化——在带给人们无限新希望的同时，也将威胁人类的命运。另一方面，自然生态约束的压力日益严峻，制造业产能过剩现象更为普遍。突出的问题是：如何构建经济增长的新动能？产业园区又如何在新的变局中发挥更大的战略性作用？

在变革时代，因为互联网、物联网的广泛应用，几乎所有的企业都身处全球化体系中，传统经济形态对区位和工作两种空间的依赖关系正在明显减弱。

1. 企业对区位空间的依赖关系减弱

过去，一个企业在某个城市的某个区域创业便形成了对区位空间关系的依赖。一方面，在很长一段时间内它在这个区域活动，需要找什么人都熟，出现任何问题总能找到解决办法，长此以往便习惯满足于一隅之安。另一方面，长期依赖这种区位空间关系，不仅局限了眼界，也限制了建立解决跨区域复杂问题的能力。一旦离开了这个地位，做事便一筹莫展。现在，这种情况彻底发生了改变：很多初创企业借助互联网和物联网可以在比较短的时间适应跨地域管理，因而对区位空间关系的依赖性减弱。

2. 企业对建筑空间的依赖关系的减弱

经济发展的区域竞争特性决定了真正具有竞争力的企业总体上是不会缺乏经济活动空间的。那种以粗放的方式提供空间产品就能够普遍满足各种企业空间需求的时代一去不复返了。如今，企业经营所需的建筑空间市场基本是买方市场，即选择权和决定权很大程度掌握在企业客户（特别是规模以上的企业）的决策者手中，企业不可能像过去那样对特定工作空间产生依赖性。

与此同时，有几种需求又在明显增加。

1. 企业对价值链生态的依赖

对于初创企业和小微企业而言最有价值的资源或要素是什么？是市场、客户，是供应链、价值链，还是技术、人才、资金等——我们的调研表明，作为生产要素，产业承载空间排在比较次要的位置。对于园区开发企业而言，你的工作成果如果不在地方产业组织的价值核心框架内，而又必须依赖于局部的不动产市场环境，由此建立的商业模式的可持续性便值得怀疑。产业空间要素只有嫁接到核心价值链中，才能形成一个有效的价值支撑点。

多数中小微企业迫切需要那些能够使他们在创业关键阶段面对困境时获得茅塞顿开的指导，帮助他们准确找到市场切入点，获得综合性要素支撑，进入快速发展的轨道。这取决于基础服务的提供者能否将他们带入足够有张力的产业生态体系中。具有产业生态构建能力的平台是这个时代的稀缺资源。

2. 对良好营商环境的期待

以建筑空间作为业务构架的立足点，但不能直接决定营商环境的质量，这样的服务成效就存在明显的局限性。营商环境包括企业发展过程中所需要的各种公共服务和各种生产要素资源。其中，科技创新扶持、税收、人才、产业、能源、土地及公共服务采购等都是企业特别需要了解并与相关部门有效对接的。产业园区作为建筑空间载体客观上要求成为营商环境的重要信息枢纽和价值连接点。

产业园区对于高效率的产业组织发挥着基础性作用。因此，产业园区运营服务须提升综合性效益。实践证明，系统规划的思想与方法是产业园区实现高质量发展的出发点。没有系统规划方法论，就无法解决各种类型、各层次规划的脱节与矛盾，无法有效提高规划的效率，减少相关浪费。

3. 对地方经济社会发展的信心

城市建设水平很大程度上体现了城市经济社会资源组织能力。城市规划非常重要的内容是国民经济和社会发展总体规划，城市宏观经济管理部门需要作出整体宏观判断，提出整体规划要求。预测这个城市未来的经济与人口规模将有多大？怎样的经济结构能够支撑这样的经济规模？制造业应该占多大比重？服务业的业态如何创新？未来产业又该如何培育？等等，这些都是宏观经济规划中需要研究并回答的问题。

思考空间规划和专业规划具体内容时，基本的逻辑来自对这个区域经济发展规模增长和结构演化的判断。通常，宏观经济管理部门对此负有责任，都会按相关规则完成相关规划工作供决策参考。编制国民经济和社会发展五年规划，战略性新兴产业、地方特色优势产业发展规划等。城市经济要持续增长，需要什么样的空间结构和形态来承载。这是城市空间规划和土地利用总体规划需要深入研究的内容。

发展新经济，构建新动能。每一个城市都应有所为，也都可有所为。无论是致力于培育创新生态，还是着力于提升新产业集群效率，因地制宜、科学应用系统规划方法论，是实现高质量发展的有效途径。

系统规划方法论的实践原则主要包括以下五个方面。

1. 产城融合

现代主义的规划思想强调功能主导，主张城市功能分区要尽可能清晰而不要混淆。但在近几十年的城市发展实践中，比较突出的问题是大规模的功能分区导致的工作生活结构与公共交通等公共服务很难匹配，由此派生诸多问题，如人流潮汐现象导致交通拥堵，不少产业新区综合性服务配套设施建设滞后、人气不足、难见活力等问题。而在当代城市规划思想中，则比较强调功能的多样性和业态混合。产城融合的规划思想既是中国当代城市规划思想的重要实践，也可称作具有当代价值的中国式城市规划理念。

过去我们在工作中遇到的多种冲突、多种问题及城市发展中的各种矛盾，归纳起来讲，都可以统称为产城问题。有宏观规划阶段规划思想方法层面的问题，也有微观实践方面的政策保障问题。要真正做到产城融合，就必须将顶层的规划思想、中层的规划编制与底层的规划建设实践策略完整打通并有效整合。这是一个具有决定性意义的原则。一个地方的发展理念能不能贯彻"以人为本"？产城发展质量高不高？新旧动能转换是否有效？就要看是否使产城融合的规划理念真正落地。

2. 全生命周期的数字化

用智能化技术和手段获取一个区域产业发展的全生命周期的各种关键数据，并且通过对这些数据的分析和应用，有效推动该区域的产业组织科学化，这是系统规划方法论非常重视的关键抓手。从某种意义上讲，把线上线下资源充分结合起来，系统利用数字技术，形成新的要素资源。我们所说的空间，本质上是两种空间，一种是供人活动的物理空间，另一种是供应用服务使用的数字空间。数字空间用来保证物理空间的全生命周期价值。

3. 产业基础设施规划与城市基础设施规划并重并行

城市规划必须综合考虑两种基础设施——城市基础设施和产业基础设施。通常城市基础设施在规划中考虑比较周全，而产业基础设施却相对薄弱，甚至被完全忽略。

客观讲，即便是经济发展规模较大、质量较好的城市，在产业基础设施的规划上也是不够的。例如，规划一个电子工业园区，那么它需要哪些跟电子工业相关的基础设施？什么样的水、电、气、热力配套条件？什么样的污水处理能力？什么样的公共性研发和检测条件？而规划一个生物科技园区又需要哪些跟生物科技相关的基础设施配套？如果要打造机械制造或者智能制造产业集群，又需要哪些配套条件？哪些工业配套能力可以共享？哪些科技创新资源可以共享？既要考虑共性，又要考虑行业特性，还能发挥企业的突出优势。这些都是产业基础设施规划需要考虑的内容。未来区域产业竞争和城市活力竞争，本质上是产业基础设施建设效率的竞争。过去我们在一个局部开发中形成对产业集群规律的认识，如果上升到区域经济发展的高度，首先要把产业基础设施拿到战略层面、宏观经济层面思考；其次要把企业可能需要的一切重要东西罗列清楚、梳理清楚，一些不可或缺的要素都要在产业基础设施建设的规划中给予考虑，这样才能营造有利于产业创新发展的比较优势。

4. 充分发挥运营规划的先导作用

一些科技新城或产业新区建设成效不及预期，往往并不是对规划重视不够，而是因为规划方法存在明显缺陷。规划者往往一开始就没考虑规划实施的方式。规划者不是以建设成效为出发点想问题，自然就无法对建设成效负责。我们之所以强调"以终为始"的原则，就是要求先想清楚"终"，再来动手

"始"，也就是说空间的功能、形态、秩序及布局方式，首先取决于运营经验和建设目标的判断。必须想清楚，目标企业究竟是谁？他们有哪些具体需求？如何满足他们的需求？特别是如何满足他们对配套条件和产业生态环境的要求？怎么有序构建产业生态价值链关系等——一切能够共享的资源尽量采用有利于共享的方式解决，不能让企业单独承担投资成本；一切属于企业独特文化个性的追求，能够尽可能按企业的愿望实施。

5. 空间规划不能忽视微观体验

产业功能的空间组合，无论是办公、研发，还是生产制造、物流等，规划中都要注重人的活动方式与空间结构的关系，都要以人的空间体验为出发点。

在新型工业化阶段或后城市化时代，面向健康经济、数字经济和绿色经济的综合性空间布局，微观空间体验尤为重要。无论是提供增量，还是盘活存量，能够分辨出运营主体专业能力高下的首先就是对空间体验的理解。过去，众多项目建设主体把主要资源和精力都放在拿地、融资建房子和卖房子等环节，一些该想到的东西没有想到，一些该经历的磨难没有经历。现在突然发现大部分地方已不缺房子，而是房子多了，房子不好卖了，空置率高了。必须想明白的是，现在的房子卖得好或租得好，凭的是什么，很大程度上是因为所营造的环境更具空间魅力，更符合新兴企业的需求。由此形成新的区位空间逻辑和新的园区价值逻辑。仅凭简单地满足基本功能需求就能够立于不败之地的市场环境已发生根本改变，要满足更高水平的体验需求，我们就要有身临其境的工作机制，包括对空间秩序的理解力和想象力。我们今天看到的城市几乎都是崭新的，新的学校、新的医院、新的办公楼、新的立交桥、新的地铁、新的高速公路，包括新的园区。一切都是崭新的。但是二三十年以后则会变旧。规划工作不仅是看到新的样子，更要看到以后旧了的样子。怎样前瞻性地做好规划，是时代课题。

过去二十多年城市建设方式整体讲是粗放的，一片一片地拆了建，现在发现新建的大都长成了雷同的模样，像工业产品。这就是我们常说的"千城一面""千篇一律"。其中问题很多，也很大。先不说历史文化价值何在，就是视觉审美这一关也禁不起推敲。需要反思的是，我们究竟创造了怎样的历史？我们将如何向子孙后代交代？未来是不是还要重复一轮又一轮地"大拆大建"？如何让已有的无趣空间赋予新的文化内涵，注入新的生命力？这方面，一些先进国家和地区已有不少成功的"活化"经验，但在我国总体上还是新课题。我们处于大量建设新空间与亟待活化老空间并存的时代。今天的规划工作，特别是实施环节的规划工作肩负着特殊的社会文化使命。

进一步要强调的是，切实把握"一城一法"和"一园一策"准则，是正确理解"多规合一"思想和有效实施"系统规划方法论"的关键。我们不能习惯性地，甚至是僵化地将过去在某些城市的某些项目规划建设及运营方面的成功经验套用到其他城市或区位的产业园区建设新实践中，一定要从特定城市的实际情况出发，着眼于解决这个城市或这个区域产业高质量发展问题，针对这个城市、这个区域的具体问题，在特定的结构（无论是产业结构、资源结构、文化结构还是自然结构）中去找到适合的解决问题的策略，这样的方法才会真正有价值。简单照搬成功项目的策略而忽视本地实际，其结果很可能会南辕北辙。当然，这并不是说虚心学习借鉴世界范围内的成功案例本身有什么问题。旁征博引本身不是目的，只是手段。一切成功都是特定时空条件下的成功；一切照搬照抄都不会有好的结果。

更加重要的是，曾经创造过一些成功案例的园区建设主体，不能停留在过去，特别是不能停留在曾经创造成功经验的原地。而应该真正把握住曾经创造这些经验的思想和方法，并与之保持"共时性"。只有这样，才能继续沿着正确的方向前进。

恩格斯说过，"一个民族想达到科学的高峰，就不能没有理论思维"。[①]"系统规划方法论"是中电光谷十多年来在产业园区的发展实践中深入研究

---

① （德）恩格斯：《马克思恩格斯选集（第3卷）》，人民出版社1975年版，第467页。

"系统规划"的方式和手段所形成的思想和方法的总体概括，是经过 20 多个城市的产业园区项目不断探索，反复验证的可操作的技术标准体系。几年前我们就开始尝试推行包括区域发展战略规划、产业规划、空间规划和运营规划等整体规划的"四位一体"实验，以及包括产业基础设施规划、核心建筑产品规划、基石企业导入规划、生活配套设施规划、数字园区系统规划、展示中心规划、路网及停车规划、景观艺术规划等"八项规划"实验。为切实解决多个不同规模、不同产业结构、不同竞争优势的城市提升产业新区（或产业园区）的发展质量发挥了重要作用。令人高兴的是，由中电光谷建筑设计院牵头，集团所属规划发展中心、咨询管理事业部、数字园区事业部、产业经济研究所、文创研究所等单位的青年才俊在努力实干的同时，注意理论提炼，合作编撰了《规划的变革》一书，从方法论高度和可操作性层面对系统规划方法论进行了一定深度的阐述。尽管有些论述还稍显单薄，全书的整体结构还不够严谨，但相信他们的工作对于推动多规融合的城市规划实践，特别是对于推进适应后工业化时代规划与建设方式的升级转型都能够提供一些有益的参考和借鉴。

产业园区的使命

2020 年 6 月在集团专题党课上的讲演

观点

- 光谷的发展成就了光谷联合；同样，光谷联合的成长也成就了光谷。

- 什么是光谷联合的初心呢？就是为光谷的战略性新兴产业发展谋求最佳解决方案。这既涉及城市空间形态，也涉及科技创新服务形态，归根结底是为产业服务。

- 我们始终坚持自己的信念而不失信，坚守自己的价值定位而不失位，一心一意按照产业服务的能力提升要求，排除同质化竞争思维的裹挟，谋求品牌与服务的独特品格与价值。

- 变革的基本逻辑是，依托厚重的产业资源和数字化能力，通过要素整合方式构建联合创新的产业生态。

- 对于今天的中电光谷而言，把服务国家战略放在第一位，不仅是企业可持续发展战略的基本立足点，也是企业的核心价值所在。

- 我们的思想和能力准备好了吗？我们必须改变些什么、增强些什么？绝不能错过什么？正是这些问题让我们确定——中电光谷的历史使命是坚定不移地做产业生态创新的构建者、产业升级的策动者、产业资源共享平台的运营者和企业可持续增长的探索者。

- 一个企业的社会价值基础，首先在于自身意义的构建。

根据武汉市委组织部《关于在全市开展"开讲了党课"暨"初心如磐，使命在肩"主题党课活动的通知》的要求及东湖高新区党工委的具体安排，在庆祝中国共产党诞辰 99 周年之际，公司党委举办内容丰富的纪念活动——表彰 2019 年先进集体与个人，表彰在新冠疫情防控和复工复产中表现突出的先进集体和个人代表，还要开展集中的专题党课活动。首先，我代表公司党委和董事会向所有获得表彰的先进集体和个人表示热烈的祝贺和衷心的感谢！今天，我开讲第一课，题目是《产业园区的使命》。

一、光谷联合的成长是光谷创业文化的缩影

作为全国领先的自主创新高地和品牌，"光谷"不仅代表了武汉高新技术产业的发展历程，也代表了我国科技产业从引进消化到自主创新的时代精神。光谷联合，正是在中国光谷的创立过程中应运而生的，一开始就深深打上了"光谷"的烙印并伴随着光谷的快速发展成长壮大起来。我们见证了"敢为人先、求新求变、宽容失败"的光谷精神和"尊重创业者、善待纳税人"的光谷文化。可以说，是光谷的发展成就了光谷联合；同样，光谷联合的成长也成就了光谷。

21 世纪初，光谷地区的技术服务业和生产服务业刚刚起步，规模很小，是光谷联合的大胆探索以及所开创的产业园区开发模式为一大批中小科技企业和专业机构提供了优质的创新创业空间，承载了一个时代的创新创业梦想。光谷软件园、光谷金融港成为新世纪头十年新兴产业发展的主要聚集地，由此奠定了光电子信息产业发展的重要基础，并带动了一批产业园区的开发投资者纷纷效仿投资光谷的产业载体。2010 年后的若干年，两个园区的 10 万名从业者为光谷的数字经济贡献了 60% 以上的份额①。

光谷生物城是光谷联合为光谷发展谋近图远的又一代表性成果，由此奠定

---

① 《从高新大道 999 号，看光谷产业的腾飞》，中电光谷，2021 年 10 月 28 日。

了光谷第二个千亿产业的核心基础。创新园成为光谷东扩的引擎；医疗器械园则开创了一个新的产业体系。由光谷联合策划与实施的未来科技城起步区是我们为光谷做出的第三项重要贡献，由此奠定了光谷科创走廊的大格局并确立了光谷地区城市形态的标杆。

在大光谷区域，我们还规划建设了"创意天地"和"研创中心"两个特色鲜明的主题产业园，重点整合培育"数字创意"和"艺术教育"产业发展，为武汉取得联合国教科文组织认定的"设计之都"及创意城市升级建设作出了突出贡献。

什么是光谷联合的初心呢？就是为光谷的战略性新兴产业发展谋求最佳解决方案。这既涉及城市空间形态，也涉及科技创新服务形态，归根结底是产业服务。十多年前，我们就叫响了一个口号："筑城、兴业、合创未来"。"筑城"是方法、是手段；"兴业"是目的、是根本；"合创"是理念、是战略。我们还将"开放、远见、联合"（OVU）的信念写在了自己的旗帜上。

多年来，我们一直坚守着初心，既抵御多种利益诱惑，也克制偏执的争强好胜之心；不与房地产企业比经营规模，也不比盈利优势，而是突出强调企业对于区域新兴产业发展的意义乃至对国家和社会可持续发展的长远价值。十多年来，我们始终坚持自己的信念而不失信，坚守自己的价值定位而不失位，一心一意按照产业服务的能力提升要求，排除同质化竞争思维的裹挟，谋求品牌与服务的独特品格与价值。

二、融入中国电子，创造平台价值

2014年，光谷联合作为第一家以产业园区发展为主营业务的红筹公司在香港联交所主板上市。尽管整个上市过程高效顺畅，但路演中投资人所提出的各种问题却引起了我们对产业园区发展模式可持续性的深刻反思，进而清醒认识到，产业园区开发模式发展顺利则很容易在不知不觉中滑入房地产扩张的思维逻辑；若不顺利，则很可能比一般房地产项目的投资风险更大——上述两种结果都有悖于光谷联合创立的初心。另外，随着城市化的深化，市场化的产业园区开发模式本身很容易产生异化而变形，方法上具有明显的局限性；战略上也有极大的不确定性。要坚守初心，不失使命，就必须大刀阔斧推动转型变革。因此，2015 年，我们实施了以增强数字化能力为特征，将空间服务与产业投资结合起来，构建全生命周期产业生态为目标的转型变革计划。

变革的基本逻辑是，依托厚重的产业资源和数字化能力，通过要素整合方式构建联合创新的产业生态。为了贯彻这样的思路和逻辑，2016 年，我们在各方股东的大力支持下，通过定向增发方式吸纳中国电子信息产业集团作为公司第一大股东，进而使光谷联合成为中国电子的战略性成员企业。"中电光谷"由此诞生并成为联合创新的产物。

四年来，我们的业务从 7 个城市发展到 30 余个城市；构建了国内功能最强大的数字园区系统；建成了 5 个国家级孵化器和 10 个国家级众创空间。我们的产业园项目从 2016 年初的 10 多个发展到 2019 年末的 40 余个，不仅销售收入实现了倍增，而且完成了历史性的结构调整，使产业园区的服务性收入从占比 20% 增长到近 50%。[①] 这就好比飞机在飞行中更换了新的发动机。

近年来，但凡涉及产业园区发展企业的综合实力排名，不论由哪一家机构或媒体主导评选，中电光谷都被列入领先的行列。什么是领先地位？在我们看来，是将别人试图去做和将要去做的困难事情率先付诸行动并取得成果的标杆。

加入中国电子集团体系，对于中电光谷而言，中国电子当然是重要的价值依托和方向引领；但是，中电光谷的责任伦理和价值理想的逻辑是，核心能力的形成不能凭"等、靠、要"，更不能躺在中国电子的大旗下形成依赖心理。我们必须经常告诫自己，企业的核心价值只有靠自己创造。我们也只有更好地发扬光谷精神，更加自觉地变革创新、自强不息谋未来，才真正符合中国电子

[①] 资料来源：中电光谷内部资料。

对我们的战略期望。

三、落实国家战略是中电光谷发展的立足点

我国的产业园区是在借鉴新加坡的科技园、工业园经营模式及香港的工业大厦开发经验基础上发展起来的。经过 20 多年的改进提升，无论是规模还是专业能力，都已走到世界前列。因此，产业园区的发展对于解决经济可持续发展的若干深层次结构矛盾，落实国家战略至关重要。从某种意义上说，它是促进经济发展的一种基础性的条件、形态和方式。

对于今天的中电光谷而言，把服务国家战略放在第一位，不仅是企业可持续发展战略的基本立足点，也是企业的核心价值所在。我们正在编制的企业"十四五"规划就明确把网络强国、创新驱动、区域协调、产业升级、生态文明建设和文化复兴六个方面的国家战略作为主线与企业的业务结合起来，进而积极探索提升企业价值的目标和路径。

中国电子是网信事业国家队，肩负着构建新一代网络信息技术（信创工程）的国家使命。我们在武汉、长沙、青岛、合肥、成都、西安等地布局的园区都与中国电子实施"信创工程"的布局紧密相关。特别是，长沙信息安全产业园作为中国电子与湖南省合作实施国产化战略的主要功能承载地；成都芯谷作为我国集成电路自主发展的新增长极和中国电子相关 IC 设计企业的主要聚集地，也是成都市创建高品质科创空间的示范项目；武汉的国家网络安全创新与人才基地扮演着网络强国的战略支点作用，是武汉市核心创新战略功能区。实施这些项目，不仅使中电光谷的综合能力得到充分施展，更让我们深切感受到历史责任重大，使命光荣。未来，上海、天津等地的在建项目，也将是"信创工程"生态建设的主要承载体，需要我们思考和探索的工作还很多，发展的空间也很大，值得我们继续努力。

创新驱动战略是一个管长远的战略。过去几年我们已经在创新生态规划和

培育方面积累了比较丰富的经验，形成了综合性的专业能力。我们要把这种能力发挥好，让它的价值得到充分的体现。重庆的智创园、深圳的中电智谷、莆田的科创城、延安的"红色筑梦"方案、银川的创新培育计划等都是很好的尝试。每一件事都受到当地党委政府领导高度重视和大力支持。最近我们正在帮助沈北新区谋划新旧动能转化示范区的规划和建设，还有参与怀柔科学城相关项目的策划工作，都需要我们以更加开阔的视野，在系统研究城市文明演进规律的基础上，有效整合多元创新资源，提供具有开创性的解决方案。在创新驱动战略落实的过程中发挥好中电光谷的整体专业价值大有可为。

在区域协调和产业升级战略方面，中电光谷更是具有广阔的施展空间。首先，我国有近三千个县级行政单位，县域经济占到全国 GDP 总额的近 40%[①]。要实现经济的转型升级和高质量发展，就必须实现县域经济的高质量发展。目前，相对而言特大城市的产业组织能力和发展水平普遍较高也日臻成熟，但总体上县域经济层面专业能力比较薄弱，思想观念及专业经验都跟不上时代发展的需要。自 2019 年以来，慕名找到我们的地方越来越多，有大量的探索性工作等待着具有开拓精神的团队去做。如哈尔滨的呼兰、运城的芮城、宜昌的点军、南阳的镇平乃至长春、自贡、长治、遂宁、金华、徐州、南通等地的项目，这些地方都十分看重我们的理念与经验，需要我们为当地的产业升级、空间规划及城市功能更新提供有效的解决方案。最近，宜昌、运城、徐州、南通等地再次向我们发出邀请，长治高新区还提出要将高新区的整体招商委托给我们团队，这也是很有探索价值的思路。

其次，我们都已看到，我国经济发展的根本出路在于实现产业升级。如何在制造业普遍结构性过剩的困难和复杂局面下，寻找一条适合中国的产业升级之路——是避开"修昔底德"和"中等收入"两大陷阱的关键之举。更多城市都要致力于构建促进制造业升级的空间载体，我们已经看到，不少地方的产业园区项目的实施理念与方法以及实施主体的专业水准，都与新时代经济与产

---

① 《一图读懂！中国县域经济有多强？｜新京智库》，载《新京报》，2022 年 8 月 8 日。

业高质量发展要求相去甚远。如何帮助这些地方正确谋划、合理实施、避免风险，并将空间、人才、技术、资本等要素完备结合，探索促进区域产业升级的新经验——已成为摆在我们面前的时代使命。通常人们都会优先选择那些创新资源更为丰厚，地方财力更加雄厚的城市作为发展目标；而那些发展相对落后，产业基础更为薄弱的地方或许更需要我们的专业经验和智慧。

积极探索区域能源模式的市场化运用是中电光谷践行绿色发展理念，推进生态文明建设和"能源消费革命"的重要举措，也使得我们的园区拥有与众不同的跨价值链亮点。目前，中电节能公司已在十多个项目中成功运用 DHC，成为国内区域能源领域的标杆企业。未来几年 DHC 业务将进入快速增长期，在城市更新中也将扮演重要角色。

我们从 2014 年创办合美术馆至今已近 6 年，社会影响力已经形成。其实，企业兴办社会文化事业是一种表象，更为深远的意义在于提升企业的品牌形象和思想文化素养。产业园区可持续发展的生命力在一定程度上取决于对城市形态视觉审美的理解力和掌控力，让"艺术为产业赋能"是我们增强内功的基础。

四、"智造·武汉计划" 是中电光谷 2020 年工作的着力点

2020 年的新冠疫情，武汉作出的牺牲最大。作为发端并成长于武汉的企业，帮助武汉早日摆脱疫情对于经济社会发展的负面影响，真正实现转危为机——是中电光谷责无旁贷的使命。在新冠疫情最严峻的时刻，我们有 3000 多名从事设备维护及物业服务、餐饮服务的员工与城市共命运，一直奋战在抗疫一线的社区和医院，成为令人称道的"逆行者"。复工复产后，我们又为在汉园区企业减免物业租金和服务费 5000 多万元，并压缩自己的开支，挤出预算，急企业之所急，在上半年完成了对几个重要项目的股权投资，投资额超过 1 亿元。更为重要的是，我们一直在谋划为武汉的未来产业做些什么。"智

造·武汉计划"——"工业倍增2.0"——就是我们对当下疫情后重振的关键时期所增添的中电光谷力量。近三个月，我们以超常规的工作效率，先后与蔡甸、新洲区签订投资合作协议，分别投资20亿元在蔡甸的常福工业园和新洲的阳逻开发区规划建设数字产业园和智造中心。两个项目都已完成项目策划，于2020年8月开工建设。我们还在积极研究在东湖高新区以及洪山、东西湖、江夏等区的产业园项目布局计划。力争2020年内还有一两个项目能够启动。"智造·武汉计划"不仅是全方位整合数字制造、5G、人工智能、大数据、云计算、AR/VR等技术，帮助传统制造业实现转型升级，而且是通过推动跨区域产业合作方式整合提升制造业集群组织方式，构建新的产业互联版图。"工业倍增2.0"既是一个规模增长概念，也是质量提高的标志，更是组织方式转变的代表。我们要在一个完全开放的格局中优化产业转移，在结构调整中促进产业升级，充分发挥科技进步对于产业升级的决定性作用。

武汉正处在一个集产业升级、结构调整、营商环境改善三大任务于一体的大城市治理转型升级时代。我们要全力助力武汉于变局中开新局，抢占制造业数字化升级的先机。

五、使命感决定未来

2020年上半年，全球产业都受到新冠疫情的巨大冲击，势必加速经济新秩序产生和新格局重组的步伐。产业园区领域的发展方式和格局也必将发生重大变革，价值重心将很快转向那些善于适应变化，具有较强数字化能力和产业资源整合能力的企业。

今天，中电光谷的新增长期规划，开启了一次新的计时，我们又一次强烈感受到产业园划时代的时间"开始了"。这些都需要我们更加深刻地思考我们的思想和能力准备好了吗？我们必须改变些什么、增强些什么？绝不能错过什么？正是这些问题让我们确定——中电光谷的历史使命是坚定不移地做产业生态创新的构建者、产业升级的策动者、产业资源共享平台的运营者和企业可持续增长的探索者。我们既不能在已有的成功经验的框架内固步自封、墨守成规，也不能因为受到一些投机性房地产运作套路的诱惑就忘记初心，放弃自己的战略使命。实践已经证明，并将继续证明，只有经营活力不殆、创新动力不竭、克难毅力不减、创业初心不改，我们方能不辜负这个伟大的时代，走出一条中电光谷独具特色的产业园区发展之路，为产城高质量融合发展贡献中电光谷的解决方案和理论思考。我坚信，缺乏社会价值使命感的企业不可能成为经久不衰的优秀企业。如果一个企业仅作为一种盈利机器存在，那么这种机器也许会盛极一时，但终究将会被历史遗弃；而无论风云如何变幻，能够始终把社会价值使命作为立身之本，始终保持战略定力的企业才能基业长青。我也相信，使命感是企业最高形式的成就感，是持久的动力之源。我们要使企业经营的持久意义提升为社会价值的意义和时代精神的意义，才能真正赢得社会的尊重。

一个企业的社会价值基础，首先在于自身意义的构建。今天，中电光谷比以前任何时候都更需要培养、成就大批具有创新精神和事业使命感的优秀人才；更需要具有远见未来的战略定力，更需要创造更多联合创新的新鲜案例。

我们要将习近平新时代中国特色社会主义思想自觉作为自身意义构建的思想指南，将"一平台两方法论"作为企业战略的核心纲领和实现可持续增长的价值根基，发扬"明知难为而为之"的光谷精神，为团队中的每一个成员赋能，使他们成为转型变革中能够齐心协力"推石上山"的使命担当者。

谢谢大家！

"综合运营"如何由混沌走向有序

2021 年 4 月在综合运营培训班上的主旨讲演

观点

- 综合运营是在城市化进入存量时代之际，为应对产业园区建设的结构性矛盾，有效解决复杂利益主体的多样化需求，以构建全过程、全价值链协同的一体化经营组织体系，完善以高质量发展为目标的园区方法论。

- 为一个项目建设而组建的投资主体绝大部分都是不合格市场主体。

- 一体化经营是最高形式的组织协同。

- 我们所面临的产业园区运营问题没有标准答案。当你独自面对各种复杂问题的时候，如何正确求解？不是靠一个专业、一门学科的知识和经验就能解决问题。你在大学无论学了哪个专业，无论是学到本科还是硕士博士，仅凭专业知识已经没法解决问题。

- 有个薛定谔的猫的故事讲出一个道理——当你拿着榔头的时候，觉得哪里都是钉子。这就是专业视角的局限性。手里拿的是榔头，关注的当然是钉子，看到螺丝的时候就不敏感，甚至熟视无睹。这样的片面性自然不适应复杂的需求结构，就会错失许多机会。

- 只有保持着对事物本质的认知兴趣和对市场需求的高度敏感，才能像海绵一样自觉吸收各种信息，主动整合各种资源，解决产业组织的效率和质量问题。

混沌，指的是一种认知不清的状态，也是新事物的开始状态。有序，体现为确定性和规律性，对本质的正确把握。我们的综合运营业务正在从混沌走向有序。2018年，我们提出了"综合运营"这个概念。由此，大家开始深入理解产业园区建设的新模式。过去我讲过，不要急于给综合运营下定义，让不同的认知广泛交流逐步达成共识。但是，2021年的业务发展形势和任务超出了我们的预期，需求的外延更大了；有些过去已经看到了，但解决方法不明晰的问题，迫切需要找到合适的商业模式来推动解决。我们在经过了几年的思考和实践之后，需要反思一些本质问题，进而自觉推动组织性放大，充分把握住市场机会。

一、园区综合运营的本质

综合运营是在城市化进入存量时代之际，为应对产业园区建设的结构性矛盾，有效解决复杂利益主体的多样化需求，以构建全过程、全价值链协同的一体化经营组织体系，完善以高质量发展为目标的园区方法论。权且算是一种定义，我抛出靶子来，以求大家结合实践不断修正。

这段话有四层含义，展开如下。

1. 存量时代

最近的一些工作交流都谈到存量时代问题，看来我们对存量时代还需要进一步加深认识。所谓高质量发展，所谓新时代，放到城市发展、放到空间业务领域，实际上就是如何有效应对存量时代。当中国的房地产业每年生产的建筑空间规模超过15亿平方米，当城市人口人均的居住面积超过40平方米，人均办公面积超过20平方米（人均是指有效办公人员，不是以全体为基数计算的）时，实际上就进入了供大于求的存量时代。

存量时代的特征是什么呢？首先，过度的资产化和资产的金融化会产生流动性危机。就是大量货币固化成不动产了,不动产空置率提高,资产收益率下降,再转化成货币的数量减少,速度减慢了,流动性变差了。最显著的标志是,若干区域中心城市近10年积累的超量投入市场的办公楼都在千万平方米级别。近年来,特别是2021年,像深圳这样的经济最活跃、创新活力最强的城市,竟也出现比较严重的甲级写字楼空置,不动产收益水平大幅下滑的局面。

前不久我们还了解到一个情况,在深圳的光明新区,厂房的租金大概能达到每天3.5元,而甲级写字楼也就是3~5元①。显然,如果我们把更多地资源放到这个办公物业里,至少是不可持续的,甚至已有现实风险。我们在不少地方都看到,政府平台公司投资建设了一些高标准的产业载体。当房子临近竣工的时候,管理者普遍都有很强的焦虑感与危机感。

一个GDP在5000亿元水平的城市,当考虑投资建设百万平米量级的办公空间的项目时,一定要高度警惕。这样规模的空间,出现在这样经济体量的城市的时候,通常都需要10年以上时间的消化。当我们遇到这类问题时如何判断需求的增长前景、如何选择适合的经营方法非常重要。如果还是习惯于像10年前那样,找到一块不错的地盖办公楼,盖了再去考虑如何经营,这样的思维方式放在今天一定会出问题。这是由发展阶段与市场需求结构变化所决定的。判断整体的存量特征很重要。

另外,目前制造业所面临的结构性产能过剩,体现为厂房市场总体进入了存量时代。也就是说,"标准厂房"的标准化问题还没解决好,"非标时代"就已经到来。用做标准厂房的方式无法适应制造业升级的新需求。当然,政府的投资积极性不会减弱,但要求更高,选择性更强。也就是说,用房地产方法不足以满足新时代的产业发展的承载需求。当然,这个市场还在深入发展。最近几年,我们选择参与的项目比较多,也探寻了一些新的方式,为我们展开综合运营业务积累必要的经验、还掌握了不少案例资源。这个优势价值如何发

---

① 资料来源:中电光谷产业生态研究院对部分城市和区域的调查结果。

挥好？

2. 结构性矛盾

过去十多年，经济领域改革的核心任务是通过结构性改革解决结构性矛盾。什么是结构性矛盾？貌似短缺，实际上过剩；真正缺乏的，却往往被忽视——就是这样一种状态。结构性矛盾意味着一方面要补短板，另一方面要提高效率，这既是一种挑战，也是一种机遇，就看如何把握。

综合运营是应对结构性矛盾非常有效的手段。新产能不能与新动能画等号；创新驱动不是靠盖漂亮房子驱动；传统产业不是必然淘汰的产业。这些来自经营实践的判断对于解决结构性矛盾十分重要。我们经常看到，一些地方一边在高谈创新驱动，一边习惯性地把资源固化在房子上，甚至不顾实际情况搞地标性建筑。若能经过专业论证和策划，找准定位，可以减少很多损失。我们经过几十个产业园区项目实践磨炼所积累的丰富经验是一笔宝贵的财富，可以结合具体实际提供给任何一个地方的决策者，使他们对项目建设决策的考虑建立在科学分析判断的基础上。在此基础上，我们还能超越一般咨询机构"纸上谈兵"的局限，以结果为导向，提供全生命周期建设和运营服务。

3. 主体需求多样化

产业园区发展涉及的主要利益主体有：地方政府、开发投资者（包括招商运营者和各种服务提供者）、服务提供者和入园企业（园区空间使用者）。政府看重的是入园企业的影响力、税收和就业，以及园区开发者的资源整合能力；服务提供者感兴趣的是企业聚集所带来的各种服务需求，开发投资者在意的是投资收益水平和变现速度；入园企业关注的是营商环境，包括能否降低生产要素和商务成本，是否获得优惠的产业政策，是否获得较高的行政服务效率以及是否有利于市场开拓。

上述相关主体中，通常政府的积极性最高。即便区域条件还不成熟，发展地方经济的原动力以及受到别处成功案例的激励，也会激发政府投资热情。问题也恰恰容易来自对别人经验的简单照搬。

当然，政府对待产业园发展也持有不同角度的价值取向：站在城市经济管理者的角度是政绩导向，需要的是产业功能和税收潜力；站在国有资产管理的角度是资本收益导向，强调的是投资回报和资产的流动性；站在平台企业经营的角度，既有业绩导向，也有任务导向，但凡领导决定离开的即会作出安排。明白的人可能把事情做对；不明白的人很容易出错，付出巨大代价。

坦率地说，为一个项目建设而组建的投资主体绝大部分是不合格的市场主体。驾驭一个动辄几十万平方米，甚至上百万平方米的产业空间谈何容易，尤其是到了过剩时代。我们已有几十个项目的经验，可以说身经百战，但遇到了新项目，仍要做很多基础性的研究工作，进而作出谨慎的市场判断。而一个完全没有经验的团队，仅凭建筑师的理解和经验，随意选用一个方案去实施，很可能会变成图好看，实质上却并不可行。这种情况下，犯错误是必然的。这样的案例我们看过很多，且有一些是正在发生的。

还有一种建设主体是拥有存量土地的企业。按照城市更新的需要，产业功能要升级。如建筑现状是较低标准的厂房或产品交易市场用房，需要升级以承载新型产业，这类企业就很需要得到专业的综合运营服务。

4. 一体化经营

我们这次研讨会希望大家重点思考并有效解决的是一体化经营方式如何实现组织放大。

综合运营作为一种经营方式，涉及不同专业的团队。既有规划与建设管理，又有招商组织，还有物业管理、能源、餐饮、酒店、职业培训等服务。具体项目实施时，只有统筹上述的各种专业工作，形成一体化组织统一面对客户，才能有效经营。

我们这几年一直在讲组织协同，一体化经营是最高形式的组织协同。首先，要形成一体化意识；其次，要形成一体化组织文化。具体讲就是当需要跨经营单位组建团队时，相关单位如何构建有序的配合机制，遇到问题如何找到协调解决的途径。

二、园区综合运营亟待解决的问题

1. 内部协同机制

以国家网安基地为例。我们之所以能够中标网安基地的整体运营服务业务包，主要凭借两个条件：一是数字化能力。起初中信工程领导在寻找运营方的时候，我们解决问题的能力尚在建立过程中，却给他们留下了深刻印象，他们认为我们的理解是超前的，符合他们的认知。二是我们兼有物业管理、DHC运营、团体餐饮服务这三种业务能力。中信工程的领导希望这些专业能力是经过整合的、是一体化的，不需要交给三家公司分别管理。而我们正是集团化经营方式，有能力整合内部各专业力量。如果委托方不能采取整体招标方式，而是分别招标，我们很难分别中标。上述每一种业务单独竞争都是红海，能做团体餐饮的公司很多，从事数字化解决方案及DHC的也不少。

但能够把这些业务整合在一起的，唯有我们一家。强有力的协调机制形成的整体信用成为我们突出的优势。什么叫客户第一、客户至上——真正理解客户需求，想方设法满足客户需求的，才能叫客户第一、客户至上。那种一门心思找关系，而不是把功夫放到如何满足客户需求上的做法已经落伍了。这一点如果我们现在还不能深刻意识到，我们综合运营的独特竞争力就没有办法在新的市场条件下充分发挥优势。按一体化经营管理需要设立公司，但这并不意味着经营负责人能够驾驭复杂的经营局面，其关键在于认知是否到位，是否具备统筹经营的能力和胸怀。

集团必须为大家展开业务、设计一套好的内部协同机制。当然,人力资源中心要主动作为。充分调动节能公司、物业公司、全派餐饮公司、数字园区事业部的积极性,把四种专业力量有效整合起来,让大家都自觉发挥各自的技术与管理支撑力量。

现在,建设协同文化的主动性还远远不够。另外,还要与外部利益主体搞好协同。众人拾柴火焰高,只要我们有机会主导经营的格局,各种方式都可以商量。

2. 内部结算机制

当我们采用整体力量取得经营权后,搞好经营组织工作需要得到大家的共同努力和支持。内部结算机制必须建立好,要用协议方式予以明确。内部各单位之间的交易更要有契约精神,更应该讲究信用。各经营负责人要善于设计相关交易细节,善于把内部的协同效率提高。

这件事很复杂,可以分成三段来处理:第一,取得业务,主要取决于整体品牌价值和商业模式形成的竞争力;第二,完成这个业务所创造的价值;第三,经营管理(如收款)需要构建评价模型。

关于交易结构问题,从 2020 年开始,我们通过咸阳 EPC 项目的总结,下半年提出了将"P + EPC + O"作为综合运营的主要推动模式,2021 年要通过几个项目的验证,把交易结构和组织方式确定下来。这就是综合运营的基础建设。

战略合作协议由中电光谷来签。

第一份执行协议是策划及产业规划协议。主要由武汉光谷联合集团公司或中电光谷建筑设计院公司来签,特殊情况也可由其他公司来签。

第二份执行协议是规划方案。由咨询主体主导实施。

第三份执行协议是 EPC 协议。为了有效增强工程建设与招商运营的无缝衔接,落实招商运营的前置意见,EPC 协议由中电光谷建筑设计院牵头。关键是要明确设计牵头者的建设项目管理职责，合法收取项目管理费。工程总包单位可以是吉天，也可以由投资方推荐，总之是多元化的。当某个地方选择工程总承包单位是一个敏感问题时，我们不必触及其敏感部位。

第四份执行协议是招商运营协议。这是最重要的执行协议。之所以重要，一是执行期长；二是评价标准明确，便于建立结果导向机制；三是涉及各种奖励和业绩兑现。当然，我们只有形成对结果负责的工作机制，才能取得投资方的信任。但是，我们不能盲目承诺具有约束力的指标条款并由此承担不确定性风险。这一点要讲清楚。权利义务一定要对等。通常的办法是，以酬金制为基础，用分级达标的评价方式进行激励机制设计。干得好，投资方或政府给予一定奖励；否则只保证基本费用。考核基数设定很重要，设置得过高，就难以发挥激励机制作用了；而基数设置过低，投资方也不会满意。这需要通过简历互信达成共识。

例如，某地的平均税收水平每亩能达到 20 万元。我们用 20 万元作为基数比较合适。当然，人家按 30 万元的标准要求也很正常，为什么？因为人家之所以请你来，就是想让你帮助提高发展质量。但是在机制的设计上，若以 20 万元为基数，超额的部分计提奖励，越往上激励越多。这种机制就可以调动团队的积极性。地方政府也是会理解并支持的。

以税收为标准划分，园区大体上可分为三类：一类是有金融功能的，税收比较高，每亩可达 100 万~200 万元；第二类为科技公司比较集中的，每亩 100 万元是有可能的；而第三类以制造业为主的，要达到每亩 20 万元在中西部地区已很不容易。前不久，我在长沙了解到一个数据，比亚迪在那里的一个汽车工厂，占地 2700 亩，税收较低，说明提高质量是有潜力的[①]。我们在谋划综合运营项目时，如果内心里对税收目标没有概念，是不合格的。最终看运营的成效，落脚点就在税收，必须在策划阶段做前置判断。

---

① 《比亚迪工厂及产线情况》，有驾网，2024 年 4 月 28 日。

3. 多渠道与多种积极性

我们现有的综合运营项目大部分是地方政府的领导找上门来。通常，来访者在参观了我们在各地的标志性项目并与主要领导交流之后，即会产生强烈的合作愿望。这听上去有点像"守株待兔"。但这的确是我们实施这类项目的主要方式。大家要知道，我们的若干标志性园区开发项目知名度都比较高，在当地均为产业地标，具有无可争辩的影响力，也是我们与各地方政府重要的交流平台。但仅凭"守株待兔"还不够。应该采用多种方式，或者说要鼓励大家采用多种方式、主动寻求新的合作，把朋友圈做大。与当地具有一定优势的企业合作也是一种好办法。

2021 年，我们重点抓"P + EPC + O"业务拓展，能够实施的项目不少于10 个。已在接触推进的项目还有好几个。客观地说，当有 20 个新城市和新项目摆在大家面前的时候，大家应该怎么思考？这就是我们今天要讨论问题的关键所在。转型变革的主要门道我们已经找到了，甚至已经跨进去了，但如何高效组织落地，把事情干成干好干大，需要大家共同探索。

4. 提高认知水平与组织能力

现在的突出问题是，我们的中基层干部对综合运营业务的认知程度还跟不上业务发展的需要。坦率地讲，作为一种经营方法，综合运营的确复杂，甚至艰难。难在哪里？难在能力结构和思维方式不适应。为什么这么讲？我们在座的各位都是在应试教育环境下成长起来的。这种教育培养的最大问题是，按标准答案搞才行；离开了标准答案系统可能一筹莫展。善于考高分，未必善于解决问题。我们所面临的产业园区运营问题没有标准答案。当你独自面对各种复杂问题的时候，如何正确求解？不是靠一个专业、一门学科的知识和经验就能解决问题的。你在大学无论学了哪个专业，无论学到本科还是硕士、博士，仅凭专业知识已经无法解决问题。客户看中的是如何把园区建设好，如何把产业引进来，达到亩产税收的新水平。

以一个具体场景为例：园区管理能力当然重要，物业公司的子华总经理肯定也很自信，丽岛物业就是一流的，因为基本具备了单独上市的条件。而就一个在建或拟建园区项目而言，地方政府不在乎把物业交给谁管理。你再优秀，人家没兴趣，不跟你谈物业管理；人家关心的是怎么把产业搞起来。你说我管理了这么多园区，把物业交给我肯定给你管好。人家说，这我相信，但首先是如何把产业规划好，其次是如何把企业招进来。在这样的逻辑中，物业公司的优势就不突出。怎么办？你得先关切人家关切的核心问题，并能帮助人家解决问题。这就需要组织起一种体系化能力——从产业规划开始，到定制服务，再到招商运营——要把相关专业能力整合起来，聚焦到项目上。你能做好这些，承接物业管理便是水到渠成的。

我们要想清楚，什么是真正的需求，什么是真正的市场，地方政府最关心、最急迫的问题是什么？如何有效解决？我们解决问题的能力如何放大？有个薛定谔的猫的故事讲出一个道理——当你拿着榔头的时候，觉得哪里都是钉子[①]。这就是专业视角的局限性。手里拿的是榔头，关注的当然是钉子，看到螺丝的时候就不敏感，甚至熟视无睹。这样的片面性自然不适应复杂的需求结构，就会错失许多机会。现代产业园区发展的本质是基于产业承载空间的产业服务。产业服务的价值是什么？是提升地方经济发展的质量和产业组织质量。以此为出发点，我们要思考的是：我的综合优势怎么发挥好？"手握榔头"，则要学习理解螺丝刀，建立螺丝刀思维。

只有保持着对事物本质的认知兴趣和对市场需求的高度敏感，才能像海绵一样自觉吸收各种信息，主动整合各种资源，解决产业组织的效率和质量问题。希望今天参加培训的每一个学员，随时都能根据需求组建并带领团队，奔

---

① 作者翻译自查理·芒格的《穷查理宝典》引用的马克·吐温的名句：Everything looking like a nail to someone with a hammer.
——from *Hacking Life – Systematized Living and its Discontents*（page108）

赴任何地方，解决产业园建设运营问题。

如此，中电光谷将会变得更加强大。全国有近300个地级市，接近3000个县和县级市①，每一个城市都需要产业园区的组织能力。我们有责任去帮助这些地方把产业园区建设好、发展好。机会就摆在那里，关键在于我们的认知是否到位，组织能力是否具备。

三、促进综合运营业务加快发展的几项举措

1. 加快产业规划与咨询业务能力建设

加强产业咨询与规划业务，主要是提高"P＋EPC＋O"中的"P"的承接和交付水平。这项工作不久前已经做过专门部署，今天再次强调一下，是为进一步引起大家的重视。咨询与产业规划工作非同小可。

地方党政领导，不仅政治素养较高，对当地的经济和产业发展状况比较了解，见识也广。咨询与研究报告中常见的那种纸上谈兵的东西以及学生强调的东西他们能够分辨得出来。我们必须心怀敬畏，以真心尊重客户为出发点展开工作，要在理论与实践的结合上达到相当的高度，才有可能得到认可。

"P"的重要性在于通过研究报告，将我们的见识、方法论及整体能力完整表达出来，促进与地方领导深度交流，达成关于重大问题的战略共识。系统能力才会真正成为解决问题的力量。要让所有关键人物充分认知和信任并全力以赴参与其中，形成最强合力。

"P"做得好，对于后续的空间规划及EPC和招商运营就会有积极的推动作用；如果"P"做得不好，不仅有可能把整个项目带入歧途，还有可能失信于客户，影响后续业务展开。所以，我们要建立研究相关的总部评审机制。我们要善于调动各种智库和社会力量，高效率做好理论研究和调研工作，更加注

---

① 资料来源：中国统计年鉴2023年数据。

重知识积累，使"P"真正成为综合运营业务的开路先锋。

2. 完善 EPC 流程管理

完善 EPC 流程管理，推行项目总经理责任制是关键。2021 年，若能实现 10 个 EPC 项目启动建设的目标，对我们的建造组织能力是巨大挑战。几个关系需要尽快理顺。

首先，集团总部职能管理部门，主要是项目管理中心、财务中心、人力资源中心跟 EPC 项目经营部门的关系。既要充分发挥项目总经理的经营主动性，让总经理有职有权真正履职担责，建立高效的组织管理的机制，同时，又要发挥好总部相关职能部门，特别是项目管理中心的技术支撑和关键节点管控作用；还要发挥好两个大区相关直属城市公司和规划发展中心的经营协调作用。要从经营管理实际出发，及时完善相关流程。

2021 年我们要启动 10 个项目 EPC，组建 10 个综合运营团队并不容易。需要更多立志于在综合运营业务中有所作为，以及在建设运营方面有一定经验的青年才俊更快脱颖而出、独当一面。干部的培养一定要跟上我们事业发展的节奏。

3. 全方位加强招商运营队伍建设

招商运营队伍建设，主要包括以下四个方面。

第一，要尽快组织建立面向全国各园区的上海、深圳等中心城市的常设招商队伍。如果说 2020 年讲这个目标，还是一种前瞻性考虑，到了 2021 年就十分迫切了，要坚决落实。

人力资源中心和产业合作中心要尽快跟上海公司和中电智谷公司负责人一起研究——如何在这两个城市团队的基础上迅速增加人手；如何把费用分摊机制迅速建立起来，借助"园区通""招商通"两个数字化工具，促进各城市招商协同。

第二，依托城市公司的组织力量发展区域综合运营能力。目前，成都芯谷公司的拓展意识比较强，在自身项目发展的同时，一直重视拓展成都周边城市的园区综合运营业务，取得了一定成效。实际上是建立起以成都为中心的、辐射更广域、具有带动能力的招商体系，最终也会增强成都芯谷项目在这个区域中的影响力。这是一件相得益彰的事情，值得相关中心城市团队重视。

能力建设走在项目开发的前面，我们就有主动性。反之，战略上就会陷入被动。重庆公司由"轻"到"重"的过程以及"轻重并举"的方式都值得学习与推广。青岛公司通过开发项目运营提升能力，已经具备了很好的基础，走出去就能形成力量；合肥公司正在积极推进这项工作，今天雍总还去跟彩虹在谈合肥的项目，闲置用地合作发展非常好，希望早日有所突破。

第三，积极发展"3 + 1 + N"中的"N"。"3"是三个主要做园区产业咨询和规划的部门；"1"是建筑设计院平台；关键是发展"N"——有动力、有能力的单位都可以尝试开展综合运营业务，无论是城市公司还是产业链公司。

我们要找一个专门的时间来研究"N"的发展问题，包括合作机制问题。当我们能够用开放的格局去整合更多社会力量和优势资源，共同把生态构建起来时，就会形成巨大的张力，有利于业务可持续发展。只要我们把干部培养放到更加重要的位置，我们的经营能力就能得到有序增强，"N"的加快发展就会有保障。这是一个相互促进的过程。

第四，人力资源中心在 2021 年做了很多工作，但面对新的形势任务，围绕综合运营可持续的分级培训体系还要加强，特别要注重实战性培训。要使更多年轻干部不仅在实战中自己领悟，也能及时得到答疑和解惑，得到更多赋能，加快成长的步伐。

项目策划"三点论"

2021 年 12 月在园区"P + EPC + O"业务年度预算专题会上的演讲

观点

- 项目策划的出发点主要指产业发展的愿景、方向和路径；产业生态形成机制与城市功能的关系。出发点由愿景决定，没有可靠的出发点，就意味着项目发展方向的缺失和目的性的缺位，这是项目建设的大忌。

- 中电光谷致力于谋求从理论与实践的结合上探索产业园区建设方式转型，是基于对产业园区发展规律和趋势的当下认知，是对产业园区建设模式变革时代要求深刻理解前提下的战略选择，其商业逻辑的根本目的是发展产业；成功的条件是与地方政府形成合力；基本方法是按市场经济规律行事。

- 真正的可行性必然包含选择适合的建设方式。

- 理想结果的意义高于一切。

- 强调项目策划的落脚点也就是要坚持"问题导向"，彻底摒弃那种脱离产业组织的实际为策划而策划和为设计而设计的"纸上谈兵"式的策划咨询方式，从一开始就让客户从方法论高度建立信心。

- 我们坚信园区策划不能缺少"制高准则"，当下的"制高准则"是"更高质量"和"更高效率"，典型特征是"可持续城市"和"可持续产业"的有机融合。只有通过系统调研发现问题，结合一切经验解释问题，并合理设定一以贯之解决问题的长效机制，综合运营的经验质感才得以显现，商业逻辑才能在过程中得以确立。

今天，我们用一整天的时间专题研究以"P＋EPC＋O"为主要模式的综合运营项目2022年经营预算的思路和基本框架，希望从方法论角度研讨"P＋EPC＋O"项目经营的基本规律。

刚才听了大家的发言，很受启发。我先谈一点感想。园区"P＋EPC＋O"业务由策划咨询、设计施工总承包和招商运营三个部分业务构成。其中，招商是根本，策划为核心，EPC是基础；运营质量评价的关键指标是税收。

为什么我们对于探索这种商业模式寄予如此高的期望，并以此作为我们转型升级的战略抓手，最重要的原因是这种商业模式有利于把我们的突出优势和核心价值发挥出来。中电光谷的突出优势在于丰富的产业园区建设实践经验，核心价值是长期积累形成的多种专业能力。"P＋EPC＋O"业务正是一种能够承载我们突出优势和核心价值的经营模式。

在我们过去尝试过的各种产业园区综合运营形态中，"P＋EPC＋O"具有特殊重要的方法论意义。我们由此找到了一种有效与地方政府负责人多层级接触交流的"客观立场"，有利于减少战略误解，降低沟通成本，是实现规模化经营的方法突破。

2021年，我们以前所未有的力度拓展以"P＋EPC＋O"为主要模式的园区综合运营项目。到目前为止，已有咸阳、成都、宜昌、宁波、郴州、哈尔滨、淮安、太原等地8个项目在完成了"P"之后正有序落实"EPC"进程，其中2021年落地项目6个；各种适合当地情况的具体方式在落实中又有创新，形势喜人。尽管各种新情况、新问题层出不穷，但大家锲而不舍、以不饶岁月的精神在探索中推进，取得了历史性突破。

2022年，我们既要抓好一批综合运营项目的建设管理和招商工作，又要以更高效的组织方式拓展并进一步落地一批新项目。从经营组织的角度讲，项目策划（即"P"）我们的经历最多，深知这一环节的工作质量对于整个项目的推进至关重要。

"P"不仅可以从一开始就确立中电光谷作为产业服务者的身份定位，避免与地方政府产生战略愿景误解，而且有利于尽快找到当地产业发展方向、策略方面问题的症结。更重要的是，利用这一工作机制，可以与地方政府领导和相关方面的人员展开深入交流，建立互信并达成一些重要共识，有利于推动相关的后续业务有序展开。

为了进一步抓好新项目的策划工作，提升项目经营组织的有效性。今天，利用预算研讨会这个机会，我想从三个方面梳理一下项目策划的要点，姑且称之为"三点论"。

一、出发点——突出目的性

项目策划的出发点主要指产业发展的愿景、方向和路径；产业生态形成机制与城市功能的关系。出发点由愿景决定，没有可靠的出发点，意味着项目发展方向的缺失和目的性的缺位，这是项目建设的大忌。认识同一事物，不同的视角可能会作出不同的判断，看问题的角度不同以及经验背景不同产生意见分歧很正常。基于扎实经验的专业观察与分析有利于找到分歧的根源，打开了问题的大门，凝聚共识，找到解决问题的办法，以"想要做什么"和"能够做什么"这样的现实问题为根据提出理论假设。当然，研究成果回到经验与实践，并通过实践取得验证的机制作保证，这样的价值判断才是值得信赖的。

1. 将产业地产开发作为主导方式容易迷失方向

目前，各地政府主导产业园区建设常见的有两种方式：其一，设立国有公司，主要依靠举债投资，通常只租不卖；其二，选择一家或几家公认的行业头部市场主体，设定规则，提供环境和条件，由其自主投资，这也算一种招商引资。实践证明，这两种方式都有一定缺陷——前者效率低，政府的包袱重；而选择后者并不让人省心，反而容易陷入"房地产投资悖论"。事实上，令人失望的项目越来越多。

在地方行政体系内，只有当司空见惯的工作方式积重难返，并由此产生深刻的内在不自信时，才会真正看重具有可信度的专业策划和咨询。一些地方领导对于产业组织方式的认知往往陷入一种深刻的矛盾中：一方面，他们普遍对规律性的判断需求强烈，因为符合规律方为政治正确的前提；另一方面，这些具有丰富地方工作经验的干部内心并不相信脱离当地实际的经院式推演或象牙塔式的"智库咨询"能够对地方经济发展产生决定性作用，他们更为相信的是身体力行的实践经验和解决实际问题的能力。但是，在围绕目的和结果进行评估的基础上权衡和决策是一件非常困难的事情。

中电光谷致力于谋求从理论与实践的结合上探索产业园区建设方式转型，是基于对产业园区发展规律和趋势的当下认知，是对产业园区建设模式变革时代要求深刻理解前提下的战略选择，其商业逻辑的根本目的是发展产业；成功的条件是与地方政府形成合力；基本方法是按市场经济规律行事。丰富的产业园区建设的市场化经验是我们最大的优势；商业模式的可靠性和商业理念的先进性将是有利于地方政府高效决策与我们合作的主要原因。

每一个从事综合运营项目的拓展者和谋划者必须熟练掌握并深刻理解已有项目的实践经验，从项目策划开始就密切联系当地实际，洞悉各种形成合力的机遇和机制，通过研究报告准确表达出解决问题的针对性和可信性，减少在"目的"和"手段"之间的错配风险，并让客户坚信我们具有将正确判断与有效整合调动优势资源贯通实施的能力。

2. 有目的的和目的性

从项目当地实际的角度看，产业发展趋势判断首先取决聚集的若干关系。要达成"目的"与"手段"、"动机"与"结果"的适配，取决于策划团队在与地方相关领导在坦诚相待和信息对称的条件下深入交流，充分阐述双方的关切，必须在方向目标等关键问题上取得共识。

确立正确的出发点是项目策划的思想基石。我们要善于从国家战略的制高点、上级政府要求的发展方向和地方现实条件之间寻找产业组织的适应性契机。

3. 一切可能性与一种可能性

项目策划工作应该面对"一切可能性"。要通过有效的调整研究，在混沌或莫衷一是中排除"坏的可能性"，找到最好的一种可能性，即当下认知的必然性。对于可能性的认知，我们的理念、经验和眼界都会发挥作用，但不应作出先入为主的判断，而应在研究过程中逐一进行"假设过滤"，从提出问题到形成概念，再到提供答案。必须明确回答——为什么要实现这种可能性而不是那种可能性，如何将好的可能性转化为可规划和可实施的必然结果。

二、着力点——强调可行性

项目策划的着力点强调的是解决问题的"合理性"与"合法性"，即透彻分析项目建设的愿景、条件、标准、时序与机制的内在关联；明确提出项目实施的组织方式和运作机制，即回答"如何做"的问题要比阐述"是什么""为什么"这样的问题更为困难，也更为重要。真正的可行性必然包含选择适合的建设方式。

1. 着力于当地要素实际的实践观

从实际出发，首先要充分考虑当地的自然资源、科技人文和区位环境与确立产业发展方向和具体目标是否立论有据。毋庸讳言，各地产业发展战略方向雷同、目标雷同和措施雷同的现象比较普遍。如果不能根据当地具体实际进行深入调研，科学分析发展战略愿景与可行性的关系，而是盲目拔高功能定位，按照似是而非的规划框架，人云亦云地对具体项目建设计划作出判断时，很有可能就会出现宏观正确，微观失据；抽象合理，具体偏颇的问题。

找准着力点，需要深入了解当地相关当事人的集体经验，有针对性地展开调查研究尤为重要；"现场顿悟"要比"从别处拿来"更为有效。对项目可行性的正确把握取决于先进的理念、充沛的经验以及与当地政府、企业、社会多方面可依靠力量的广泛接触和充分交流。

2. 着力于实现地方政府发展实体经济的战略目标

对于500万人口以下的城市而言，发展经济几乎等同于发展实体经济，脱离了实体经济框架的城市建设很容易失去着力点。句容市枢纽经济核心区建设案例就非常具有代表性。该核心区规划用地4.96平方公里，辐射面积20.13平方公里[①]。我们受托作产业规划。依我看，问题不在发展实体经济，而在于空间布局如何体现枢纽特色并满足城市形态要求。仅仅规划服务业功能显然不行，而布局先进制造业需要调整总体规划，调整安排一些工业用地。我们的咨询报告的着力点就应该放在如何落地实体经济的战略目标上。尽管句容到南京的地铁以及从上海到南京的南沿江高铁在句容交汇，但判断句容市未来经济发展最大的可能性仍然在先进制造业。生产性服务业和技术性服务业有没有机会？有，但有限。这就是我们的判断。枢纽经济核心区的产业规划（特别是产业结构考虑）和城市设计就应该基于这个判断。

3. 着力于发挥中电光谷数字园区系统的作用

中电光谷采用"P + EPC + O"方式参与地方产业园区建设，能够持续发挥赋能作用的工具是"数字园区系统"，即"产业资源共享平台"，把所在地产业集聚区与中电光谷遍及全国的产业园区网络及企业资源相关联就能形成一种典型的体系赋能状态。希望洪泽和襄阳两地的多个园区合作模式能够率先做出这种赋能示范。在这两个地方采用数字园区系统工具建立当地的产业生态建设的数字治理体系，这种探索是具有战略意义的探索。要将"P + EPC + O"业务

---

① 《句容"枢纽经济区"，呼之欲出》，搜狐新闻，2021年10月15日。

作为产业资源共享平台建设的一种有效抓手，加快推广步伐。

"P + EPC + O"项目的经营预算须搞出一个新模板，从项目策划开始，要突出强化带动效应，相应的激励机制也要考虑带动效应指标。长尾价值也应从项目策划的框架中体现出来。区域能源系统、区域产业云、众创空间、孵化器等都可以考虑作为标配。

4. 着力于发挥中国电子的网信产业生态的赋能作用

作为国家网信产业的核心力量和组织平台，中国电子服务国家战略的方式之一就是促进地方产业升级和经济结构优化，这也是中电光谷业务创新的动力。

网信产业本身就是产业资源共享平台建设的一个战略抓手。如何举起网信产业组织平台这面旗帜，还需要在实践中思考，数字经济与智能经济当然是着力点。不少地级城市在"十四五"规划中都将数字经济的比重大幅度提高到50%以上[①]，这是大趋势，未来应该从更广范围和更多领域来解读。产业生态建设离不开空间组织，我们要进一步深入理解国家战略意图的内涵。

三、落脚点——体现必然性

理想结果的意义高于一切。对于建设主体而言，沙盘推演出来的可行性不能真正令人信服，对于必然性的认知和承担结果责任的追溯—激励机制才是投资计划的终极保证。强调项目策划的落脚点也就是要坚持"问题导向"，彻底摒弃那种脱离产业组织的实际为策划而策划和为设计而设计的"纸上谈兵"式的策划咨询方式，从一开始就让客户从方法论高度建立信心。

1. 综合运营的核心价值是对结果负责

"P + EPC + O"这种模式，从本质上讲就是以"O"的担当方式对结果负

---

① 《多地规划数字经济占 GDP 比例达到 50% 1100 万人才缺口成最大瓶颈》，财联社，2022 年 7 月 20 日。

责的"策划—规划建设—运营"全过程、全生命周期服务。从这个具体业务结构体系讲,"P"是出发点,"EPC"是着力点,"O"是落脚点。落脚点与出发点的对望和相互提示是项目策划全过程中不可忽视的思维方式。P 是 EPC 的前提,更是 O 的开端。P 的工作不仅是学者的工作,更是招商运营者角色担当的一部分;不仅关乎研究报告学术性的精神气质,更关乎招商运营工作的实际成效。只有全过程、全生命周期思维和对项目建设结果负责的心态展开策划咨询的具体工作,才能取信于客户。

2. 经营管理的要点是全过程控制

为什么强调 EPC 是基础?要想做成长尾商业模式,从头到尾必须过程可控。过程控制者定位是实施这个商业模式的要点。这不仅是经营意识问题,而且是商业模式的内在要求。一旦放弃过程控制的角色意志,无法做到对结果负责,不确定性就增大了,效率也变低了。这不符合建设方的本质要求。

3. 组织方式重在可持续

"P + EPC + O"项目的业务结构和经营规模在很大程度上是由项目策划,即 P 所定义的。目前,产业经济研究所已将其作为主要业务,北方区业务结构中的比例也会迅速扩大;规划发展中心和设计院既要发挥平台支撑作用,也要承担直接经营任务。整体架势已拉开,势头不错,极有可能在一两年后真正成为中电光谷业务发展的规模主体。业务的可持续取决于组织发展能力的可持续。在 2022 年预算中,要充分考虑人力资源的保障和准备,要探索各种针对性的人才培训方法。集团各职能单位的预算也要考虑对这项业务管理的支撑和保障,要充分创造机会让各类具有一定经验的专业人才以及新引进的各种高文化素质人才优先安排到相关项目上去增长施展才干。

EPC 业务有两个难点:一个是由设计牵头管理的项目既要争取合并收入,又要规避工程款支付的违约责任,还要以合规方式向建设方或总包方收取必要的管理费。提供数字化系统的云服务就是一种不错的方式，结构设计要尽量简明，易于操作。

二是解决动态规划和设计变更的便捷化问题。当然要经得住严格审计。

无论是出发点、着力点、落脚点，还是目的性、可行性、必然性，这些概念的近似性和结构化可以为我们提供围绕为什么做、凭什么做以及做到什么程度的系统认知方式。我们坚信园区策划不能缺少"制高准则"，当下的"制高准则"是"更高质量"和"更高效率"，典型特征是"可持续城市"和"可持续产业"的有机融合。只有通过系统调研发现问题，结合一切经验解释问题，并合理设定一以贯之解决问题的长效机制，综合运营的经验质感才得以显现，商业逻辑才能在过程中得以确立。我们不能满足于凭已经成功的项目可能形成的晕轮效应，对每一个新问题的思考也不能满足于浅尝辄止的概念粉饰。要把一切新的认知充分体现在综合运营业务的预算思维中，强化项目策划环节价值判断的有效性，使经营预算真正成为一个思维启发的过程，方法探索过程和资源协同的过程。

园区咨询的基本商业逻辑

2022 年 4 月在集团园区咨询专题研讨班上的讲演

观点

- 我们所讲的"综合运营"是从方法论角度提出来，是一个着眼于变革产业园区开发模式的企业战略框架。核心所指是——针对产业园区建设领域普遍存在的供需失调、供给侧整体专业化能力不适应发展需要及区域经济协调困难等问题。

- 园区咨询所涉及的知识和资讯不是一般认识论的理论范畴，而是产业组织实践的组成部分。

- 无论多么奇妙的想法，离开了经验的证明和落地的保证，都无法获得投资主体的真正信赖。

- 《华严经》中所言的"一切的一"和"一的一切"在方法论意义上的耐人寻味是启示我们要努力找到"一"并透彻理解"一"。

- 价值主张和解决方案的可靠性至关重要。要认真体会"聪者听于无声，明者见于无形"的道理，要相信具有丰富地方经济工作经验的领导的分辨力，也要相信，具有丰富园区建设、运营经验及实施能力对于增强咨询意见可信度具有决定性影响。只有达到让建设方真正言听计从的信任程度，才能保证咨询成果一以贯之。

- 所谓跨学科思维，狭义讲是采用不同学科的方法论解决问题；广义讲是要分别用科学家、艺术家、政治家和企业家等四种眼光看待世界及分析事物。这是典型的"问题学术"，而不是"学科学术"。

今天，我们专题讨论有关园区咨询的几个基本问题，也是普适问题。希望能够帮助大家消除一些困惑。孔夫子说："四十不惑"①，我看未必，因为我已经60岁了，还有不少困惑。正是这些困惑促使我思索并寻找解惑的办法。

之前，我们先澄清几个常用概念：第一个是"综合运营"，第二个是"P＋EPC＋O"，第三个是"轻资产"。把这几个概念的特定含义弄明白，有助于明确"园区咨询"的战略方位。

我们所讲的"综合运营"是从方法论角度提出来的，是一个着眼于变革产业园区开发模式的企业战略框架。核心所指是——针对产业园区建设领域普遍存在的供需失调、供给侧整体专业化能力不适应发展需要及区域经济协调困难等问题。中电光谷凭借多年来在多个城市、多种类型产业园区开发运营实践中积累的经验和形成的体系化能力，以"数字园区系统"为基础，为地方政府或地方国有平台公司提供园区策划和规划、建筑设计与工程建设管理、园区招商运营服务等全程式并可灵活组合的多样化专业服务。其中园区运营服务包括股权投资和人力资源服务，还有综合能源、装饰工程、物业管理、团体餐饮、公寓、酒店等服务内容。

我们所讲的"P＋EPC＋O"，是立足于招商运营服务的园区策划与规划咨询以及建筑设计牵头的设计施工总承包和园区招商运营的全程一体化服务模式，是园区综合运营的完整形态和我们希望采用的标准流程化业务形态。

我们所讲的"轻资产"是指，我们不作为园区投资主体而作为园区运营主体参与项目规划建设，并为投资主体提供体系化专业服务的方式。

今天要讲的园区咨询业务是园区综合运营模式下的一种轻资产服务方式，是"P＋EPC＋O"结构的切入点和"试金石交易"。

我们从事园区咨询工作由来已久，2008年就曾为武汉国家生物产业基地建设提供咨询顾问服务。正是因为这种服务的有效性高效率诞生了"光谷生物城"创新园。后来，武汉建设未来科技城，我们又一次扮演了咨询顾问的角

---

① （春秋）孔子：《论语·为政》引自《论语》，黄朴民译注，安徽文艺出版社2021年版。

色，进而成就了"未来科技城"起步区，其中就有光谷的地标建筑"马蹄莲"。这两个项目，我们都不是凭借通常理解的咨询顾问公司的专业生意身份参与其中，而是凭我们在产业园区规划、建设、运营方面公认的经验和良好的社会声誉，赢得了地方政府和建设投资主体的认同和信任，类似于一种社会"公知"的方式参与其中。其实，在这两个项目的立项过程中，政府与建设方都曾委托国际知名咨询公司提交了专业研究报告及相关咨询成果。我们被特邀参与工作的缘由正是这些国际咨询公司所提的意见不能满足地方政府的需求。

实践证明，园区咨询所涉及的知识和资讯不是一般认识论的理论范畴，而是产业组织实践的组成部分。即便是知名的咨询公司，因为缺乏园区建设的实施经验，只能作为参与其中的理论背景或"外围视角"，所提供的研究报告的可信度难以取信，对于建设项目决策的作用成效很大程度上仅停留在报告的文本形式。无论多么奇妙的想法，离开了经验的证明和落地的保证，都无法获得投资主体的真正信赖。而我们凭借的是园区建设的实践经验、对待利害关系的负责任的精神以及所提主张得到普遍认同和重视，并成为实施过程切实得以贯彻的原则，因而成为取得竞争优势的保证。

2016年以来，我们设立了园区咨询管理专门机构开展咨询顾问业务，逐步形成了规划发展中心暨设计院、南方区暨产业合作中心、北方区暨产业经济研究所及产业生态研究院等多业务群开展这项业务的多元组织格局。目前，这项业务不仅已形成了一定规模，而且与更多相关业务产生了密切的协同关系，促进了我们内部"多维协同机制"和"体系化能力"加快形成。

2019年以来，有不少同事找我讨论有关园区咨询业务的一些基本问题。集团一些领导也希望我能向大家提供既有针对性，又具有普适性的战略思想和方法论工具。坦率地讲，这样的理念和工具在历史的仓库中恐怕找不到现存的。但我相信，这个时代注定有这个时代的一般规律，也可以作出反映时代特征的趋势性判断。我们更需要从实践中发现问题，寻找有效解决问题的办法，并努力将这些经过实践检验的办法凝聚成理论。

2020 年春节后，尽管新冠疫情有所加剧，各单位的咨询项目却显著增加。不少地方的园区发展遇到一些复杂甚至艰难的问题等待着我们去解决——显然，机遇中包裹着挑战。可以毫不夸张地说，我们正站在一个重要的战略转折点上。我们如果看清了前面的路，并且通过有效的组织突破各种制约，完成有可能登上新的高度；也有可能看得到，始终达不到。《华严经》中所言的"一切的一"和"一的一切"①在方法论意义上的耐人寻味是启示我们要努力找到"一"并透彻理解"一"。为了加快提高团队整体咨询业务水平，及时纠正一些"认知偏差"，更好发挥园区咨询对于综合运营业务发展的先导作用，进一步提升中电光谷在产业园区领域全方位为客户创造价值的能力，扩大竞争优势，很有必要对园区咨询业务的战略意图和基本商业逻辑进行梳理并作出阐述。老子讲，"道生一，一生二，二生三，三生万物"②，阐明了事物生长发展的内在逻辑。我们不仅要弄明白"一"，也很有必要沿着"一""二""三"的递进逻辑梳理相关的思路。

一、关于业务定位与工作原则

我们关注过的咨询公司多为战略或管理专业咨询公司，也有城市规划与建筑、工程咨询方面的专业公司。涉及园区发展的咨询顾问服务类型大体包括：区域发展战略研究、整体产业规划、园区产业定位方案、区域空间规划、城市设计、建设项目规划方案等，还有就是某一具体产业（或行业）的区域发展规划研究（如电子信息产业、装备制造产业、健康产业、数字创意产业等）。各种规划的时空视角也不相同，既有区域的长远战略规划和阶段发展规划，也有具体项目的建设规划等。在国内，实际提供上述服务的咨询公司多为国际化的房地产中介公司，如戴德梁行、第一太平等，还有就是以清华、同济、东南等

---

① 高振农校注：《华严经》，东方出版社 2016 年版。
② 黄朴民译注：《道德经》，安徽文艺出版社 2021 年版。

大学为代表的城市规划研究机构。一些国际知名战略咨询公司如麦肯锡、贝恩、BCG 等以及国内的后起之秀如前瞻、长城、赛迪等，所从事的工作大多是宏观或战略规划方面的工作。

中电光谷的园区咨询（或称策划）不是一种孤立的业务，而是产业园区发展业务体系的组成部分。对集团内部，先是通过市场环境分析，提供开发投资决策的依据和经营策略，同时也是政策研究和园区经营人才培养的重要发源地。对外，主要是作为开展园区综合运营项目工作的第一业务切入点，即以咨询顾问的服务方式与地方政府及园区建设全体建立的合作交流机制。

中电光谷的园区咨询服务要突出三项优势：其一，树立"对结果负责"的指导思想，提供有针对性的调查研究和解决方案；其二，以体系化能力和丰富的实践经验为支撑的可实施验证机制作为方案实施的保障；其三，按照客户认同的建设方法和实施方案提供可以灵活组合的专业服务（体系化服务）。换句话讲，离开了园区领域，上述优势就不复存在。我们开展咨询业务不能脱离园区范畴。这样的咨询服务在过程中须遵循的工作原则有以下五项。

1. 牢固树立"以客户为中心"的思想，力戒"以自我为中心"的思维逻辑和从空洞概念出发的"纸上谈兵"

早在 1993～1996 年，我担任《青年心理咨询》杂志主编时，就曾直接做过心理咨询工作。我知道，高明的心理咨询师往往不是直接向来访者提供看待问题和解决问题的答案，而是千方百计帮助来访者了解自己的问题并且由自己得出解决问题的结论。因为只有自己找出的问题，自己才真正有动力去解决。

这一点对于取得合作共识至关重要。在客户对问题认知尚未达到一定程度时，不宜直接拿出协议文本；也不要以为我们已熟知"P + EPC + O"模式，客户就应知，生硬地套公式效果不会好。

更重要的当然是研究报告究竟能不能打动客户。近年来，我读过不少出自知名咨询机构的区域产业研究报告、产业定位方案和专题性城市设计成果。我非常理解那些认真负责并务实的地方党政领导及建设方负责人在听取这些成果汇报以后的困惑和犹豫。尽管报告通常是作为科学决策程序的组成部分，但面对这种常规性（即放在哪里似乎都说得通）的研究模式和结论，特别是面对那些空洞而抽象的战略目标及永远貌似"正确"但不解决实际问题的产业定位方案，的确无法作出理性判断。在城市（和区域）竞争日益同质化的条件下，这种与实施后果没有任何利害关系的咨询工作价值的心理判断落差必然令人生疑。只有建立必要的共同利益机制，合作的基础才会更加牢固，才有可能避免咨询意见的局限性造成对决策的误导。

在园区咨询领域，孤立的咨询业务因无法超越"医者尚且不能自医，何以医人"①的质疑，必然动摇咨询服务创造价值的根基。如果把咨询者比作艄公，客户为乘客，乘客当然关心"船驶向何方"，也同样关心"艄公何在""同行者还有谁"。开展园区咨询，要让客户相信，我们不是"隔岸观火者"，我们与客户始终在一条船上。但我们必须坚决摒弃传统咨询公司言不由衷、华而不实的形式主义作风和克服自以为是、不求甚解、挑三拣四、避重就轻等市侩习气，从建立战略沟通语境开始，将中电光谷的园区建设思维逻辑贯穿咨询业务的始终。

2. 杜绝任何巧舌如簧的推销和不切实际的承诺

咨询服务是一种市场行为，而在客户主导的市场中必须明白——园区咨询所针对问题的不确定性和实施过程的复杂性使任何具有科学意义的假设无法通过真实的实验环境证明或伪证。价值主张和解决方案的可靠性至关重要。要认真体会"聪者听于无声，明者见于无形"的道理，要相信具有丰富地方经济工作经验的领导的分辨力，也要相信，具有丰富园区建设、运营经验及实施能力对于增强咨询意见可信度具有决定性影响。只有达到让建设方真正言听计从的

---

① （明）李梦阳：《梅山先生墓志铭》引自《空同先生集》，台北伟文图书出版社1976年版。

信任程度，才能保证咨询成果一以贯之。每一个从事咨询工作的成员必须十分珍惜中电光谷的品牌形象和行业声望，要培育团队理性务实的自信和本色的谦虚品格，坚持事实标准，尊重调研数据，严谨阐述我们的价值理念和主张。要坚定树立对结果负责的思想，慎重单方面作出整体性指标承诺；要杜绝出于单纯的生意目的，脱离客户实际条件和根本愿景，将已有的研究方法甚至成果改头换面推销给客户，而根本不关心如何实施甚至不关心最终结果的行为。出于对研究方案和发展前景判断的信心，可能作出对结果负责的承诺。一旦承诺就要保证做到"一诺千金"，千方百计也要确保目标实现。

我们的制度文化不仅要关注如何以好的方式开始，更要关注如何以好的方式继续和结束。

3. 摆脱"学科式"认知方式的束缚，要从战略高度和长远角度提出问题，并用跨学科思维找到解决问题的"最佳答案"

所谓跨学科思维，狭义讲是采用不同学科的方法论解决问题；广义讲，是要分别用科学家、艺术家、政治家和企业家等四种眼光看待世界及分析事物（见图1）。这是典型的"问题学术"，而不是"学科学术"。实践证明，我们采

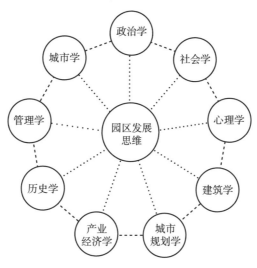

图1 园区发展思维

用跨学科的思维方式不仅产生了"系统规划"和"综合运营"两种具有中电光谷特色的园区方法论以及"一城一法""敏捷定制"等经营理念，促进中电光谷构建更具竞争优势的商业模式，而且也奠定了中电光谷开展园区咨询业务的战略基础。过去管用，现在适用，今后更要用。

4. 以事实为依据，在"给定的"条件下提出清晰而明确的主张

园区咨询最看重的"事实"包括资源禀赋、产业基础、政府认知、政策环境和文化气质等。只有以科学的态度发现"事实"、尊重"事实"，深刻理解具体产业园区建设项目的复杂性和特殊性，要立足于"事实"例证提出解决方案，充满敬畏之心找到正确的方法和策略。

5. 重视"试金石"的战略意义，使解决方案与实施方式保持逻辑的一致性和连贯性

我们之所以将咨询业务称作推行园区综合运营方式的"试金石"，一方面是因为有效的园区咨询与园区开发的实践经验具有千丝万缕的联系，脱离了开发实践的母体，咨询业务将会变成无源之水和无本之木。从企业经营角度讲，可以将咨询业务作为园区综合运营整体业务的"破局"环节，即通过咨询环节的工作就园区发展的理念与方法与客户方达成认知共识的过程。更重要的是通过咨询沟通环节充分了解客户，特别是地方政府领导的思维方式，决策风格和组织经验，有利于选择合适的建设、运营方式，从而使方案与实施相互印证，使咨询工作有序往运营延伸，使"一致性"和"连贯性"得以保证。也有利于提高与客户进一步整合的效率。倘若双方本质认同又都有保留意见，就意味着揭示城市（或区域）竞争战略的内在逻辑并达成实施方式的共识并非易事。咨询工作的过程要达到一个重要目的，就是让地方决策者相信，中电光谷的全程参与是获得竞争优势的依靠。

二、客户与需求的结构

通过客户与需求结构分析要明确的是，考虑以什么方式开始之前，先想清楚到什么程度和以什么方式结束，这样的结束是否与我们的战略目标和发展初心吻合。

1. 客户的多元化

（1）特殊客户——地方政府。例如，行政区县暨各种开发区管委会。政府是区域经济的主要组织者和责任承担者，也是主要获益者。

（2）直接客户——建设主体。即与我们真正签协议的客户，例如，地方政府设立的平台型公司或项目公司。建设主体与我们签约的是法定上可执行的合同；政府与我们签约，就应该在协议中明确承诺的条款。

（3）终极客户——入园企业。例如，基石及龙头企业、普通中小企业及初创企业、要素服务及生活服务企业。这就是"P＋EPC＋O"区别于一般咨询的地方，不考虑入园企业的需求，项目就有可能无法落地。具体讲，客户以什么方式入园，是购买物业、租赁物业，还是先租后买等，都可能成为我们提出咨询意见的重要依据及策略。

2. 客户需求的多样化

需求是园区咨询的逻辑起点，需求结构的澄清不可或缺。只有厘清了需求结构，才能找到有效的建设模式与合作方式。

首先，政府的需求是多元的，而理性是有限的。地方政府是地方经济的宏观主导者和公共资源配置的决策者，也是地方经济增长的主要责任承担者。市场由看得见与看不见的手共同打造。要素配置的复杂性及市场机制的不完善，必然使政府为推动地方经济增长发挥更重要的作用。产业园区建设往往成为政府组织产业的基本手段。

政府的需求直接与区域经济发展目标相关。主要包括三类：其一，经济增长。包括税收增长，充分就业等；其二，城市发展。包括城市功能完善，形态优化和治理有序；其三，创新生态兴旺。为未来奠定基础，增长方式转型需要有新抓手。无论甲方以何种形式出现，咨询业务的实质客户是地方政府。满足地方政府有效组织产业的需求，帮助地方政府实施上级领导、本级决策层及干部群众都满意的决策，得到地方政府的根本认同至关重要。

其次，园区规划与建设的开发投资主体通常是地方政府设立的国有平台公司，或专门设立的项目公司。开发投资主体的需求与政府的根本需求本质上应该是一致的，但表现方式不同，认定机制也有区别。地方平台公司的首要目标是地方政府满意，同时，也要避免投资失误，包括建设组织方式错用、资源错配及廉洁风险等。满足合理投资回报要求与地方扶持政策要有效挂钩。在分担政府工作目标富有成效的基础上，须充分考虑市场化机制方式与政府作用发挥方式的协调。平衡效率与平台，质量与速度的矛盾也是平台型地方国有企业经常考虑的内容，也可以理解为一种策略性需求。地方国有企业最需要的是园区运营的专业化帮手。

最后，入园企业的需求是根本需求。包括获得特殊优惠政策，特别是吸引人才的政策、科技创新及技改扶持政策等，降低投资和经营成本，入园计划要等到团队拥护才能保证决策的有效执行。

目标企业对空间多样化和个性化的需求，以及对空间文化氛围体验的日益重视是趋势、是未来。

我们应该当仁不让成为入园企业需求的专业"代言人"。

三、业务的流程逻辑

什么是问题？即需要解释和解决的课题。企业创造的所有价值都始于问题。出现了问题，才有解释的兴趣和解决的动力。问题是咨询业务的核心。解释问题靠科学思维，靠认知能力；解决问题则靠企业的经营行为，靠商业智慧和方法。通常我们所遇到的与园区建设有关的产业组织问题，均为牵涉面较广，具有复杂性和矛盾性的疑难课题或麻烦的问题。例如，合肥科创CBD产业规划是在中央商务区的全新建设，我们要从细化战略目标上作出贡献；洪泽生态经济示范园规划要解决承载与培育的关系，能够在苏北地区找到一种经济增长的新方式；保定高新区发展战略研究要回答如何与雄安新区建设的错位。

1. 发现问题，设置课题

分清问题的表象与本质，抓住特征，找到"真正的问题"，甄别愿景、战略与方法。如何给问题分类？其一为历史遗留问题，通常原因是决策者认知局限，实施者经验不足，体制机制局限、定位不准或资源错配等。例如，如句容枢纽经济核心区产业规划要解决长远合理性与现实合理性的关系。普遍的方法面对具体项目没有针对性，要解决根本问题；其次是要找到有效的产业组织方式解决区域经济发展不平衡的问题。其二是已经过长期考虑和准备，但错综复杂、意见分歧较大、莫衷一是、举棋不定的问题。例如，武汉警官职业学院要解决校、产两园协同规划问题，有效结合教育资源和培育产业的发展。其三是谋划开新局，基本思维是把握理想与现实的"度"，使现实的期望与目标兼容未来的理想。谋新局的原则：避免为解决显性问题而造成潜在问题。例如，武汉中德国际产业园研究要解决如何把一个项目变成一个项目体系，与时俱进地提供新的发展理念，就有可能使我们的业务走向更加广阔的舞台。

设置课题及提高课题研究成果始终不能忘记，什么是课题研究的根本目的，不能为搞课题而设课题。例如，咸阳西部智谷的战略思路是优势放大。主要课题类型：其一，区域发展战略研究；其二，区域产业规划与空间布局研究，包括一些行业或产业（如电子信息产业、数字经济、健康产业、装备制造、生态经济等）专项规划；其三，园区产业定位；其四，城市设计；其五，园区规划方案。

设置课题的四要点：其一，抓住核心问题，逻辑起点清晰；其二，问题梳理结构化（采用问题树）；其三，问题表达图表化，一目了然；其四，目标反推法，先明确目标再选择方法。

2. 调研、分析并提出具有说服力的方案

文献系统框架，数据库支撑，调研聚焦，访谈成效。

调研分析的真正难点在于，缺乏足够时间达到足够深度，对首要问题和关键环节要作出洞察式判断和强有力的解释，这对承担者的理论素养和实战经验都提出了较高要求。任何装腔作势和隔靴搔痒都不能解决问题。

提出任何一种假设，在求证过程中都有可能遇到始料未及的情况，需要作出新的判断。关键是说服力。我相信逻辑的力量。

3. 评估、汇报，达成共识

内部评估的重要性，整体经验与相互启发，团队提升。

汇报研究成果至关重要，高水平的研究更需要高水平的表达。强调四点要求：第一，要着力于讲好产业集群发展和产业生态建设的故事。汇报内容要通俗生动，切不可堆砌学术概念和枯燥的逻辑推理；第二，要按统一的版式设计，注重文本的视觉效果；第三，选择合格的汇报者和发言方式，汇报内容要作内部沙盘推演，反复琢磨；第四，汇报内容编排要体现思路贯通，主题与观点突出。只有准确说出大家想到但未能说出的话，才能引人入胜。

成功的课题研究汇报的首要目的是要让每一个听众都愿意听，即便有刺耳的犀利话语，也要以建设性的方式与和颜悦色的语气来表达。能够让决策者恍然大悟，让执行者幡然猛醒当然是咨询工作的重要任务，但更重要的任务是让听者全盘接受解决方案。

4. 目标的设定

目标是进步的动力，也是体现咨询成果理论联系实际成效的落脚点。缺乏有效的目标，一切发展都无从谈起。

第一，经济增长目标。主要是税收、产业、功能、地位等（包括龙头企业、国家支持的重点项目、标志性项目等）。

第二，城市发展目标。主要指城市人口与人才、城市面貌、医疗水平、教育质量、文化与商业繁荣、交通便捷等。

第三，科技创新生态培育目标。"政产学研"项目、国家级科技企业孵化器建设、"专精特新"企业数量，地方治理现代化与技术应用场景有效利用。

5. 协同实施，过程负责

咨询成果不是最终成果，最终成果是达到区域产业发展目标。目标实现的过程评估，强调体系化支撑和结果导向（见图2）。

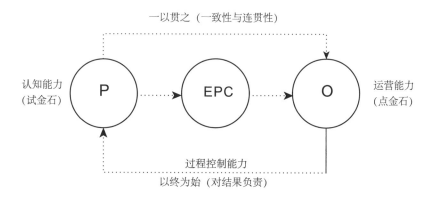

图2 园区综合运营结构

其中，"P"为园区咨询；"EPC"为设计牵头的设计施工总包；"O"为园区招商运营。"一以贯之"与"以终为始"是园区综合运营模式的闭环保障（见图3）。

图3　园区综合运营模式的闭环保障示意

下面，我们再简要回顾一下今天所讲的主要内容：（1）园区咨询的业务定位和工作原则，强调咨询是园区发展业务体系的组成部分，是"P＋EPC＋O"模式的"试金石交易"。五项原则的出发点是以客户为中心，强调理论联系实际，着眼于解决实际问题，切实找到问题的症结，拿出有说服力的主张；不能以自我为中心，不能搞先入为主，照搬照抄，不能为调研而调研。（2）客户与需求的结构，着力分析地方政府、平台公司、入园企业三类客户及其关系，强调落脚点在于入园企业的根本需求。（3）业务流程逻辑，明确了园区咨询业务的五个环节。目前，集团相关部门正在编制综合运营业务管理办法，涉及园区咨询业务部分，重点正是流程制度。要保证园区咨询业务不出次品，并且不为后续业务留下风险隐患，必须有规可依，加强管理。

坦率讲，我们要保持转型变革的良好势头，首先就要提高园区咨询业务的实力，我们一定要真正举起这个"纲"。目前，我们之所以有较高起点，很大程度上是因为过去十多年的丰富积累。未来，我们要想通过园区咨询带动一批高水平的综合运营项目，就需要以高效率完成并成功交付一批高理论水平、高技术含量的咨询成果，这就需要组建更高质量的咨询团队。首先寄希望于今天与会的各位加强学习，勤于思考，提高对于园区发展规律的认知能力，在实践中增强园区规划、建设、运营的组织能力。我始终相信，实践出真知，实践是最好的老师；也相信，若干年后，将从今天到场的各位中涌现出若干园区咨询的大家。

产业规划的思维框架——以生物产业为例

2022 年 6 月在集团咨询专题研讨班上的讲演

观点

- 认知的边界决定了咨询成果的上限。任何人都不可能在认知范围之外做正确的事。谋划生物产业时，既要对产业本体有深刻的认知，也要对园区发展趋势有正确的判断。大家常常最先感到的工作难度就在这里。只有以"局内人"的见识，"局外人"的视角看问题，才不会出现误判。

- 咨询是达成凝聚共识的必要过程。我们工作中的很多困惑都是因为缺乏三个共识：学术共识→社会共识→决策共识。

- 具有丰厚历史沉淀的城市，到一定阶段，将会加速历史文化积淀转化为现实生产力的过程，这种裂变有其必然性。

- 咨询业务，要靠理念和观点立信。经过充分沟通，令人信服了，就有了施展的机会。有了服务机会也就掌握了话语权，才能把事物引导到正确的轨道上。

- "无中生有"是把"双刃剑"，很容易把自己装进去。但凡无中生有的事都是奇迹。轻易不要出这样的狠招；但是实在找不到有效策略的时候，不妨一试。某个地方要干某一种产业，一点基础都没有，能不能干？咨询的最高境界，就是引导客户敢于干无中生有的事并且干成。

- "极化"与"活化"理论应该成为丰富园区方法论的研究方向。

2022 年 4 月，我们在这里专题讨论园区咨询的商业逻辑，对于如何看待园区咨询在综合运营业务中的地位和作用，如何全面认知需求、理解客户以及按照什么思维逻辑展开相关工作，展开过一些讨论。近两个多月来，我和在座不少人分别参与了若干新的园区咨询工作。总体上，我们现在面临的局面是——需求撑着实践，实践撑着理论思考，理论思考倒逼我们拿出实用的方法论。今天所讲的内容是上一次议题联系新的实践的进一步深化。

首先，我们想强调的是，我们要讨论的问题不是纯粹的理论问题，而是来自实践，来自处于经济发展阶段不同、资源结构迥异的各类城市。并且是基于不同认知背景所产生的不同类型的需求，所以，实施难度比较大。我能够理解大家的一些困惑，关键在于如何将需求转化为合同，如何有效执行合同，如何让园区咨询合同引领综合运营业务有序展开？若干问题都需要从方法论角度作出回答。今天，我就针对大家在这一阶段所遇问题做一个系统回答。

近年来，全国多地发展生物产业热情高涨，都希望在"十四五"期间布局生物经济。大多数地方已不满足于规划落在纸面上，但苦于理不清头绪、找不准方向。我们先后与河北保定和潍坊、陕西咸阳和西安、河南洛阳、江苏徐州和无锡、安徽滁州、成都新都、宜昌秭归和当阳、武汉硚口和黄陂、湖南常德和浏阳、江西九江、云南昆明、广西南宁、佛山南海等地政府达成了一些合作意向。涉及 19 个城市，其中有 9 个城市是近期新接触的。

集团内部除了过去已经展开综合运营业务的北方区与产业经济研究所、南方区与产业合作中心、规划发展中心与设计院外，现在产业生态研究院、上海公司等单位也开始展开相关业务。总体判断，我们现有的经验及我们团队的组织效率，要把上述这些城市的项目完成好非常困难。而且，未来几个月这个目录还会继续延长。面对千载难逢的发展机遇，我们必须首先过自己这一关。

园区咨询快速增加的新需求说明问题的复杂性和有效解决方案的重要性。第一，如何深刻理解各地的需求，分别从什么切入点来思考问题。第二，我们应该形成怎样的思维框架，能够比较快速地对各种问题形成判断，同时能够有效组织调查研究，寻找解决问题的方案，并且在过程中不断增强我们解决问题的能力。近期已经有了一个综合运营的制度文件，主要是从以往的经验里面来归纳出一些规律，让大家在展开这项工作时可以依据一些基本准则，同时也是对相关问题作出进一步明确。

上述所列城市的发展愿景大都涉及生物经济，并且发展的愿望非常强烈。其中，咸阳西部智谷五期正在策划咸阳生物城；武汉公司正在为武汉市硚口区提供推进数字医疗产业园建设的咨询意见；青岛公司正在谋划与地方国企合作建设数字医疗产业园。因此，我们对于生物产业的全球发展态势、我国的国家战略和发展趋势应有系统的认知。

20 年前，以基因工程为标志的生物科技产业开始成为国际科技竞争和经济竞争的焦点。1999 年，正当中国阔步迈向城市化和工业化，争取成为世界工厂之时，以克林顿为总统的美国政府就提出了以生物科技为基础的经济；2000年，美国联邦政府发布《促生物经济革命：基于生物的产品和生物能源》报告。这个报告实际上对近 20 年来生物科技、生命科学有重大历史影响。英国政府也在 2000 年发表"基因技术制胜——2005 年预案和展望"战略报告；目标是保持其基因技术世界第二的地位。德国将 2001 年命名为"生物科学年"。对一个科技领域用这样的高度来界定，是比较罕见的。2002 年，美国决定把每年的 4 月 21～28 日定为"生物科技周"，并确定主攻"人类基因组计划""国家植物基因组计划""微生物基因组计划"等。基因组计划正是生物科技革命的基础。法国将基因技术和环保技术列为本国高新技术产业规划的重点。日本甚至提出了"生物产业立国"思想。这些大体都发生在 20 世纪初。

麦肯锡研究院有一个报告分析预测，生物革命将在未来 10～20 年内产生 2万亿～4 万亿美元的直接经济影响，其中一半以上来自医疗卫生以外的领域，包括农业和纺织业等①。实际上这个报告在业界也有很大影响，说明我们过去从健康、制药、公共卫生等方面理解生物产业其实是很狭隘的。生物革命几乎

---

① 李斌：《生物经济：一个革命性时代的到来》，中国民主法制出版社 2022 年版。

无所不在，影响着所有事物。

我国生物医药产业发展从创新角度讲起步较晚。2012 年底，国家发展改革委出台了《生物产业发展规划》；2016 年，《"十三五"生物产业发展规划》明确了生物医药产业的战略地位，比美国和西方国家晚了 15 年左右，同年还审议通过了《"健康中国 2030"规划纲要》；2017 年，明确实施"健康中国"战略；2021 年 3 月，国家"十四五"规划和 2035 年远景目标纲要在"构筑产业体系新支柱"中提出"推动生物技术和信息技术融合创新，加快发展生物医药、生物育种、生物材料、生物能源等产业，做大做强生物经济"[①]；2022 年 5 月 12 日，国家发展改革委向社会发布《"十四五"生物经济发展规划》，明确到 2035 年生物经济综合实力稳居国际前列的战略目标，正式在国家战略中提出了"生物经济"的概念。近期，我查阅了一些资料，有人指出生物经济将产生"10 的 10 次方"[②] 的巨大效能，形成一场不同于以往的"产业革命"。

现在，我们有理由相信——生物经济将是"疫后经济"复苏的关键动力；中国有机会成为全球生物经济发展的引领者。这里所讲的"生物经济"是指涵盖生命科学、生物技术、生物制造与生物安全的跨行业经济形态。2017 年以来，我们接触"数字经济"概念，更多地是从经济学理论的角度。数字经济把相关产业表述的很有整体性。这一次，生物经济从国家经济政策层面所作的表述，是一个更具战略高度、更具概括性的表述，可以打开我们思考问题的天窗，让我们在理解各种新的发展理念时思维更加开阔。

早在 20 世纪末就有人预言，21 世纪是生命科学的世纪。每次谈到重大问题，无论是学界还是企业界，必谈生物的 21 世纪。看来，着眼一个世纪太长了。现在这种时代感、紧迫感、机遇感比 20 年前要强烈很多。今天，我们可以作出判断：生物经济与数字经济的深度融合将成为未来产业革命的最大动

---

① 《（两会受权发布）中华人民共和国国民经济和社会发展第十四个五年规划和 2035 年远景目标纲要》，新华网，2021 年 3 月 13 日。

② 李斌：《生物经济：一个革命性时代的到来》，中国民主法制出版社 2022 年版。

力。对中电光谷而言，这也将成为我们未来产业园区发展的最大机遇。

尽管生物产业发展动力巨大，当下的发展机遇前所未有，但竞争格局与15年前谋划光谷生物城时期已有区别。那时候，我们主要是凭多年在生物科技产业多领域的经验和一定的前瞻性眼光即可作出正确判断，提出有效策略；而今天，面对新的发展态势，特别是全国性的趋于同质化的发展愿景，使每一个地域的发展面临的复杂性都在加剧，不确定性也会增加；"熟知"与"真知"的反差加大。在这样的背景下，纸上谈兵难以令人信服。中电光谷的若干典型成功案例以及发现问题、分析问题和解决问题的独到方法论应该成为赢得越来越多地方决策者价值认同的主要凭证。

我们所要做的是在实事求是破解地方高质量发展难题的过程中，在正确认知和系统分析客观条件的基础上，顺利取得并圆满完成每一项产业规划的咨询工作，继而为后续参与园区建设和招商运营奠定坚实基础。要使每一项产业规划咨询成果均立于不败之地，取决于咨询组织统筹的升维和研究方法的改进。这就是我们今天破题的出发点。

恕我直言，之前的一些通用分析工具和常规咨询组织方式几乎无法完成上述工作。因为每一个具体咨询工作既有共性特点，又有排他性要求。今天，我们集中讲一讲应对思路——首先是如何构建产业规划的正确思维框架，以期相关工作的参与者能够按照正确的框架行事，减少重复劳动和无效劳动，节省认知资源，提高工作效率并保证每一项咨询成果的独到性及统筹实施的有效性。

一、认知框架——OVU 七问

认知的边界决定了咨询成果的上限。任何人都不可能在认知范围之外做正确的事。谋划生物产业时，既要对产业本体有深刻的认知，也要对园区发展趋势有正确的判断。大家常常最先感到的工作难度就在这里。只有以"局内人"的见识，"局外人"的视角看问题，才不会出现误判。但凡出现"手上拿着锤子，看什么都是钉子"的现象，恰恰说明存在认知的局限。

先讲一讲六个基本判断。

其一，已有的产业园区发展经验无法解决日益复杂的现实问题。特别是当下生物产业发展的空间组织问题。

其二，从生物经济的角度理解生物产业具有跨行业特征，发展方向的选择至关重要。为什么说过去从事房地产策划的公司，从事产业园区策划成效甚微，首先就在于无法准确选择发展方向，无法提出有效的空间规划要求。前一个是行业认知，后一个是建设经验。这两个方面现在都已经进入到深水区。

其三，慎始方可善终——研究咨询的环节不可或缺。这一点应该成为我们应对当下新发展要求的一个基本原则。

其四，直接供地自建方式只适合少数较大规模的生产制造类项目，生物产业发展所需要的是中小科技企业集聚模式——产业园区是最佳组织方式。这就是我们未来发展的目标所在。

其五，市场化的房地产开发方式的局限性日益显著，直接服务生物产业更不适宜。

其六，咨询是达成凝聚共识的必要过程。我们工作中的很多困惑都是因为缺乏三个共识：学术共识→社会共识→决策共识。

第一是学术共识。如果我们提出来的分析框架、基本判断和基本策略，无法在学术上立足，那我们的研究报告是难以令人信服的。第二是社会共识。发展生物产业，社会共识很重要，包括服务对象和社会各个方面（包括舆论）。第三是决策共识。主要是地方领导和投资主体。不能达成"三个共识"，就难以取得一份像样的咨询合同。早期沟通，特别是我们提出服务建议书的过程，就是初步完成"三个共识"的过程。通过咨询成果达成深度共识，为后期正确选择建设方式创造条件。我们不仅要知道什么有道理，更要知道怎么才能获得各方面的认同。更多的经验意味着更大的说服力。任何陌生地域都脱离不了基本的认知框架。

提出七个问题，首先是自问。只能有效回答这七个问题，我们才有资格为一个园区建设提供有效的咨询意见。过去房地产咨询公司都要回答三个问题——"我是谁""做什么""怎么做"。现在说明这三个问题已经不足以让人信服。姑且称作OVU七问吧。强调的是来自中电光谷（OVU）的实践。七问包括：是什么？将如何？有什么？何阶段？做什么？何程度？怎么做？以下逐一进行说明。

1. 概念认知——是什么

首先要弄清楚"生物产业""生物医药产业""健康产业""生物经济"等概念的异同及关系。

（1）在上述概念里面，生物经济外延最大，既涵盖全部生物产业，也包括生命科学和人类各种生老病死的公共服务；既包括健康产业（即人类健康、动物健康、植物保护），也包括生物材料、生物能源、生物环保、生物安全等产业。

以健康产业为例罗列一下。

首先是直接服务人类的品类。最多的就是药品（包括中药、生物药和化学药等）。现在，生物医药产业中重点是生物药，还有疫苗、医疗器械等，以及健康服务（包括心理服务）、医疗服务（包括美容、整形、化妆品）。传统医药正从传统小分子、非重组疫苗、自然萃取物发展阶段走向靶向细胞及基因治疗。

其次是针对动物的有宠物产业（包括食品、用品等），市场潜力都很大。畜牧业生产资料（包括兽药和兽用生物制品、动物育种、饲料添加剂等）这个市场的增长比我们想象的要快。

最后是涉及植物的有农作物（包括生物育种、生物肥料、生物添加剂、生物农药等）生产资料，还有林业和城市园林景观用材料。未来粮食安全如何应对极端情况挑战，这是国家粮食安全战略中非常重要的部分，都是生物产业的组成部分。

（2）"大健康"概念。在"健康"前加上一个"大"字，实际上是扩大健康产业边界的思路和方式，如康养产业就使健康产业与房地产范畴挂上了钩，成为房地产经营获取开发用地的一种策略。这往往成为令人生疑的原因。像这种事在过去 20 年或许行得通，现在基本上已经没有多大作用。

（3）生物产业与健康产业是交叉关系，如图 1 可以说明。生物医药实际上隶属于生物产业的范畴。

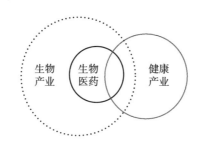

图 1　生物产业与健康产业的交叉关系

生物科技除在健康领域应用外，还在农业、化工、材料、能源、环保等行业有广泛应用。

（4）"生物医药"实际上是在生物科技产业基础上增加了医疗器械和化学药。所以并不全指生物药。未来一个项目中可能用到两种技术。不仅是物质概念，也是技术概念。

（5）生命科学和生物技术均为学科概念，前者指基础科学，后者指应用技术，更接近产业。

（6）园区名称。光谷生物城——创新园、医疗器械园、生物医药园、生物农业园、国际医疗园。也有地方叫国际生物城、生物谷；还有生物科技园、健康产业园、生物产业园、数字医疗园等。

2. 看清趋势——将如何

任何地方的任何一种发展都可以作为一定时代，某种趋势下的发展。趋势判断至关重要。当下生物产业规划的依据很大程度上是看趋势。仅从生物医药行业看就有四个小趋势。

（1）增长呈加速态势。2021 年我国医药行业实现营收 3.37 万亿元，同比增长 18.7%，增速在各行业中领先；实现利润总额 7088 亿元，同比增长 67.3%；

科创板上市企业中生物企业占比达 1/3[①]。

（2）创新驱动质量激增。2020 年 727 件国产一类创新药临床申请获批准，较 2019 年增长 114%；医疗器械行业利润增长超 70%。2 家企业（恒瑞医疗、迈瑞医疗）市值超 5000 亿元；11 家市值超 1000 亿元[②]。现在很多投资机构预测未来生物科技，中国一定会有万亿市值的企业，很可能跟基因治疗、细胞治疗这类技术有关。

（3）新业态加快发展。基因检测、基因编辑、精准医疗、智能辅助诊疗、远程医疗、合成生物等。随着大数据基因组学的发展，一些遗传病、传染病及早期肿瘤问题都能得到解决。

（4）产业聚集度进一步提高。长三角地区、粤港澳大湾区、京津冀地区 + 山东、成渝经济圈"四级"占比进一步提升（见表 1）。任何一个地域的发展应充分考虑与这个格局的关系。

表 1   **2020 年四大板块占比数据**   单位：%

板块	占比
新增上市企业	89
新增国家一类新药证书	92
新增通过仿制药一致性评价品种	78
创新医疗器械	88

资料来源：中电光谷产业生态研究院对部分城市和区域的调查结果。

3. 了解条件——有什么

任何一个地方的发展，最大风险往往来自脱离实际。我们今天所要展开的产业规划，不仅是在特定地域资源禀赋、特定产业结构现实、特定历史文化底

---

① 《工信部：我国 2021 年医药工业总营收超 3 万亿元，增速创 5 年新高》，中国新闻网，2022 年 5 月 10 日。

② 《制度发力 中国制药业送走创新成就最大的一年——2020 证券时报药物创新年度报告》，全景网官方微博，2021 年 1 月 8 日。

蕴的基础上展开的，而且是在外部条件不确定、结构性战略竞争日益加剧的大背景下进行的。我们面临着地域先天条件和外部竞争环境的双重约束。只有清醒地认识这些约束条件，通盘考虑比较优势和发展基础，运筹帷幄，才能找准方位和路径。如果我们意识不到客观的约束条件，缺乏基于现实情形的考量，更大程度凭想象和未经论证的假设，由此产生的规划成果是不可信的。

4. 判断特征——何阶段

我们所服务的地方处在什么发展阶段？显然发展阶段不同，采用的方法应不同，工作方式与重点也应不同，产业组织的逻辑要有针对性。国家正式使用的时代性概念顺序是"农业经济—工业经济—数字经济—生物经济"。生物经济是数字经济基础上的一种新的经济样式，既有现实所处的不同历史发展阶段的个性特征，也有当今时代的普遍同步特征和叠加特征。

5. 明确方向——做什么

究竟某个地方可能做什么，应该做什么？我们主张做什么，愿意助力做什么？这是核心问题。围绕生物经济，我列示5种可能性：（1）综合性生物制造（食品、农业生产资料、生物材料、药品制剂及医疗器械等）；（2）原料药制造（化学合成、生物合成）；（3）生物科技研发；（4）医疗器械研发与制造；（5）医疗服务（具有广泛性及与数字经济的密切关联）。

6. 设定目标——何程度

园区咨询成果如果不能设定清晰的目标，就很难有说服力。产值、税收、企业数量（包括基石、头部企业数量）、标志性人才引进数量、科技企业数量、创新生态目标和产业集群（生态）目标等都是很重要的指标。

7. 选择路径——如何做

（1）当地要明确相关政策，例如，除重大项目直接供地以外，50亩以下用地规模的建设项目一律纳入园区统一规划建设。

（2）专项债支持的整体建设模式。最近这两个月我们在几个地方的尝试发现，这是帮助相对落后地区、通过生物产业发展实现更高质量发展的一种有效办法。

（3）用统一规划、统一建设、统一管理、统一运营的"四统一"办法实施"敏捷定制"，对生物科技类园区取得成功的可能性会比较大。

二、产业发展的态势判断——"3＋4＋4"分析框架

1. 突出三个观照

做好产业规划，必须看清发展态势。

（1）历史视野——从过去观照当下。地方新兴产业发展有没有过成功案例，是否具备一定基础，有没有清晰的战略思维，是否作出过战略性决策，有没有明确的政策支持环境等，要进行系统梳理。如果该使的劲都使过了，实践证明还是发展不起来，就说明这个地方不具备产业集群条件。应实事求是寻找可能的发展方向。

（2）域外视野——从全局观照地域。我们分析生物产业发展状况的时候，尤其要有这样的思维框架。最近我增强了在相对落后地区发展生物产业的信心。很大程度上是因为生物制造，如发酵工业、生物合成和原料药生产等的环评和安评都要求远离大城市。

（3）未来眼光——从趋势观照未知。我们看不到未来究竟会怎么样，但是我们可以看趋势。在趋势观照中发现可能性就是正确选择的基础。

谋一域不能缺乏域外视野；取当下不能脱离历史角度；看趋势必须具备未来眼光。

2. 划分四个层次

第一是全球，第二是全国，第三是区域，第四是地域（见图2）。只有从四个层次进行分析，才能把问题的实质看清楚。我们现在就要按这个框架进行分析。"全球"和"全国"这两个部分的分析工作由产业经济研究所来完成。要从已有的各种研究报告中进行梳理综合，尽快从生物经济角度搞出一个综合模板，供相关团队编制报告共享。这是提高效率的办法。然后，通过一个项目把区域情况搞明白。如此，架子就搭起来了，研究周边地区情况就可以共享其成果。例如，西北区域情况可以通过咸阳项目梳理积累。兰州、洛阳等地的相关研究，就可以直接引用。所谓知识共享，就是遇到问题通过已有成果支撑新的研究。这就要求我们植树木要想到造森林，每一棵树木都要为成就森林作出贡献。园区咨询是一个从局部到整体，从整体到局部的思维过程，这样才能真正看清局部的事情。

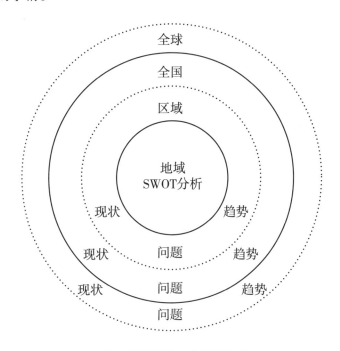

图2　四层结构产业状况分析

3. 着眼四个维度

不同维度形成的递进关系是分析的必须。分析问题，如果不能形成递进深入的关系，得出的结论就值得怀疑。（1）洞察清楚——发展趋势；（2）梳理清晰——约束条件；（3）判断准确——最大可能；（4）动态选择——要素组合。其中，容易被忽视的往往是约束条件。很多项目失败的决策原因就是考虑约束条件不够。另外，找到最大可能和组合要素的脉络至关重要，这是产业规划的核心价值所在。

三、地域能级五力评价框架

评价一个城市的能级，直接关系到判断什么样的产业可能形成集群，而什么样的产业无法形成。特别是战略性新兴产业。评价方法可以通过下面五个方面基本讲清楚。

第一，要素统筹力。例如，能不能聚集一定的产业投资基金？有没有较大的空间承载条件？能不能构成必要的技术体系？能不能有效组织劳动力？等等。要素统筹能力很重要。

第二，人才吸引力。人才愿不愿意到一个地方工作，跟这个地方的城市功能和文化氛围有直接关系，如城市的建筑文化个性、自然生态、气候、饮食文化特点等。

第三，产业聚合力。我们对当地产业资讯进行梳理，就能判断这个地方的总规模、行业竞争力、有没有头部企业、哪些企业转移到这边来取得了成功，而哪些企业却并不顺利等，整体体现这个地方的产业聚合力。如果没有产业聚合力，搞产业集群将会非常艰难。

第四，创新内生力。首先看科技企业的数量和影响力，其次看是否掌握了核心技术，包括企业科技人才结构、申请专利等情况。国家层面认证的科技企业不可能完全依赖外部科技创新资源发展。

第五，文化影响力。我坚信具有历史文化底蕴的城市未来更具竞争力。这个因素可能成为前面四个因素的集中体现。咸阳、西安、邯郸、洛阳、保定等城市目前发展还不够充分，但未来潜力很大。我相信，具有丰厚历史沉淀的城市到一定阶段，将会加速历史文化积淀转化为现实生产力的过程，这种裂变有其必然性。

四、战略结构框架——"3+2"组合

一个园区，大一点的用地1~2平方公里；小一点的用地200~300亩。选择发展方向是咨询成果的关键。在当今时代，无论何等能级的城市，单一的产业定位已不合时宜；无所不包则难有特色，且配套功能很难有针对性。按一定逻辑，形成一定的组合形式则比较符合实际。

（1）在现有基础上筛选排列三类具有一定比较优势的新兴产业和两类支柱产业。

（2）使已有基础的潜力充分发挥，生产规模和就业进一步扩大，比较优势更加突出。

（3）支柱产业比较优势不突出的地方可以考虑将食品或机电列入支柱产业选择范围。

（4）若新兴产业发展基础薄弱，但凡有一定苗头，尽可能列入新生态培育范围。

现在很多地方的政府工作报告或者一些重要文件，通常在发展愿景方面列的战略性新兴产业范围都比较广。实际上，即便聚焦三个，也未必能做好。所以，县区级行政组织规划战略产业方向时，不可超过三个；也不要丢掉传统优势，另起炉灶搞脱离已有基础条件的东西。这不仅违背规律，而且会增加投资风险。最好的方式是聚焦。也不要把方向定得太窄，应充分考虑灵活应变的空间。

五、生物产业园的空间规划要点

凭借有限的调研成果对空间布局展开想象，是一项极具挑战性的工作，需要丰富的案例经验累积，也需要借助大量间接案例经验。总体来讲，没有可以照搬的解决方案，靠的是分析框架基础上的发展预见。

（1）综合性生物制造园区。除需要符合特殊环评、安评要求的生产条件外，还要满足生产所需的基础设施条件。例如，生产用蒸汽，城市热力管网须到位。场地内要考虑分类集中的污水处理设施。要对相关企业的建筑设计案例进行系统研究，从资料库中选择适应性比较强的典型平面组合进行模拟规划，保证园区整体规划的开放性和建筑形式的多样性有序布局。呼兰、宜昌、郴州等项目均属于此类，容积率1.0~1.2。

（2）具有一定公共技术服务配套设施的研发、办公、生产综合园区。包括生物安全实验室，生物资源保藏中心、产业孵化平台等产业基础设施，专业技术检测功能以及医学救援中心、传染病防护和隔离设施等应急保障设施等，需根据不同项目的具体情况进行专题研究。咸阳项目应属此类，容积率1.2~1.5。但公共技术配套设施的能级要低于光谷生物城创新园和生物医药园。须在此判断的基础上形成专门研究报告和设计任务书。

（3）远程医疗、在线医疗等新业态，如桃子医疗，适合较低密度办公形态或老厂房更新改造，容积率1.0~2.0；在中心城市，容积率可达到2.5~3.0。

（4）发酵工业、生物材料工业和合成生物等。此类项目为生物大工业，即需特殊生产条件，有可能高温高压需专门安全评价研究。这是我们要重点研究的。

（5）以机电产品加工为主要功能的医疗器械园，需根据不同城市和区位考虑，容积率1.0~2.5。

（6）以服务中小企业为定位的特殊食品产业园。新的项目有这种可能，考虑以此项目咨询为契机做一个食品产业园布局专题研究。

六、产业规划策略框架——实用六法

为地方政府提供战略咨询意见，要有使意见立得起的方法。在现有经验上，这六种方法能够有说服力，有一定理论新意，也有一定普遍性。

1. 将地方愿景上升为国家战略

我们对哈尔滨呼兰经开区所做的咨询报告的突出特点就是比较准确的找到了与国家战略要求的关系。产业经济研究所经过调研以后提出了明确的意见，与黑龙江省委和哈尔滨市委对呼兰区的要求是完全一致的，我们的咨询报告就立起来了。相关工作得以顺利展开。

2. 空间重构促进产业重构

过去那些适合小规模生产的标准式厂房需求面临升级，我们通过空间重构的方式，把这些企业有序组织到建筑多样化的园区里面来，对城市的可持续发展是大有裨益的。在更多地方，这一做法可以作为重要策略提出来，尤其是现在制造业比较发达的地区。

3. 差异化战略假设

迈克尔·波特的差异化战略在我国传播已比较普及；各种文件中也时有出现。现在仅凭差异化概念，可以与地方领导对上话，他们也能接受，但缺乏新意和针对性。对于理性认知水平比较高的地方领导，可以侧重讲非对称思维和反虹吸策略。

4. 非对称思维和反虹吸策略

我前两个月做了一些交流试验，发现用"非对称"思维和反虹吸策略寻找地方经济发展的突破口具有针对性，能够取得"一针见血"的效果。这是增强咨询工作说服力的经验。咨询业务，要靠理念和观点立信。经过充分沟通，令人信服了，就有了施展的机会。有了服务机会也就掌握了话语权，才能把事物引导到正确的轨道上。现在，我们遇到句容、当阳、滁州等多个围绕大城市周边的县区级行政单位的发展计划，有机会将"非对称思维"和"反虹吸"策略进一步理论化。

5. 无中生有

"无中生有"是把"双刃剑"，很容易把自己装进去。但凡无中生有的事都是奇迹。轻易不要出这样的狠招；但是实在找不到有效策略的时候，不妨一试。某个地方要干某一种产业，一点基础都没有，能不能干？咨询的最高境界，就是引导客户敢于干无中生有的事并且干成。充分发挥生物科技的无穷想象力，未来有可能在一些地方出现无中生有的事。大家不要忽视"无中生有"与生物经济在未来建立联系的可能性。

6. "极化"与"活化"

什么叫"极化"？就是打破均势，取得突出优势。增长极理论只讲到在某一个局部可以取得比其他地方更高质量、更快速度，发展成效会超越其他地域，但并没有讲过程，也没有讲程度。在一些发展相对比较好的地方，如中心城市，如何在已有优势上进一步"极化"出新的优势，这是可以考虑的策略。即已经有条件了，但是没发展到更高水平，可以理解为"极化"不够。怎么"极化"呢？采取一切可能的措施，例如，更好的空间形态，更好的发展环境，促进人才聚集、资本聚集、技术聚集、公共资源聚集。

再者是"活化"。这是最近咱们要解决的汉正街历史遗迹更新的课题。城市古迹如何发挥作用？这是一个文化的"活化"问题。"活化"，关键是"活"，历史文化的沉淀只有"活"着，才有意义。"极化"与"活化"理论应该成为丰富园区方法论的研究方向。

　　为客户提供具有创造力的策略，必须超越客户既有的思维框架。这是一个不断丰富，不断充实，不断蓄力，不断升维的过程。高质量完成这十多个园区的咨询项目，采用这六种方法大体管用。总能从中找到一个对得上路的方法。未来遇到了新的问题，我们再来探索新的方法。

关于产业园区发展的经济学问题

2023 年 3 月在"理工大讲堂"的讲演

观点

- 产业园区建设离不开土地资源。土地是基本生产要素，跟地方政府的经济政策、产业政策密切相关，所以，作为产业承载空间，其功能具有双重特性，既有产业基础设施特性，也有不动产的金融属性。

- 在产业园区发展领域始终存在"两只手"的共同作用，这或许体现了中国式产业经济发展的基本特征。

- 以专业化服务帮助地方政府做正确的事，缩小政府的作为意识和作为能力之间的距离。做正确的事，包括真正让市场在资源配置中发挥决定性作用。越是在市场机制作用出现问题时，越需要捍卫市场。

- 曾经主导房地产市场化的思维最突出的商业模型是什么？是资金滚资产，高周转、高杠杆，这种商业模式就使得市场的非理性缺陷很容易被贪婪和无知无限放大。

- 把专业化的具有体系化能力的产业园区发展模式作为协调"两只手"的重要力量并在供给侧形成结构性能力，就可以改变目前因为供应过剩以及供应和需求脱节的矛盾所产生的园区投资边际效应递减的状况。

- 当企业的战略思维离钱很近时，离麻烦就不远了；而与钱保持距离就是将思维逻辑建立在社会价值、未来趋势和时代精神上，赚钱就是水到渠成的事。

- 协调发展是社会理想，不均衡是社会常态，在不均衡和追求均衡之间正是追求社会价值的可作为空间。

今天非常荣幸到"理工大讲堂"与大家交流关于产业园区发展的经济学问题。

　　说到产业园区这个概念，大家无论从各自的社会经验还是理论直觉出发一定会有不同的认知。今天下午我们与经济学院和管理学院的各位老师围绕产业园区高质量发展的九个产业经济学课题展开讨论时，我已经感觉到大家对产业园区概念存在不同角度和不同层次的理解。总体上讲有广义和狭义之分。大家常见的诸如高新技术开发区、经济技术开发区、出口加工区以及一些城市新区都是广义的产业园区，规模大的有上千平方公里，小的也有上十平方公里。以武汉东湖高新区为例，现在的管辖范围是 518 平方公里；小一些的，可称作产业功能区，如光谷生物城，约为 11 平方公里左右，这样的产业园区规划建设管理主体一般是地方政府派出机构①。

　　狭义的产业园区以一宗或多宗用地的开发建设为主要任务，采用租或售的方式经营管理，通常由企业作为建设主体，是市场主体的市场行为。因为产业园区建设离不开土地资源。土地是基本生产要素，跟地方政府的经济政策、产业政策密切相关，所以，作为产业承载空间，其功能具有双重特性，既有产业基础设施特性，也有不动产的金融属性。我们在说到产业园区市场化经营问题时，更多指的是不动产的金融属性。从土地到在建工程再到竣工的不动产可以作为抵押资产和转让标的，也可以作为企业资产结构中的固定资产。但是产业园区直接的最基本的功能，仍然是承载企业生产经营活动的基础设施。所以，产业园区并非功能单一的金融资产，而是关联到多方利益的结构复杂的系统——包括地方政府、开发建设主体，也包括企业客户及各类服务提供者等。一个产业园区关乎多方利益的平衡，因而不能按房地产逻辑分析理解。

　　中电光谷与武汉理工大学建立的联合研究中心，专门研究产业园区发展问题，这是一项具有历史意义的合作，对于中电光谷和经济学院（包括管理学

---

① 《武汉东湖新技术开发区管理委员会关于印发全区应急体系建设"十四五"规划的通知》，中电光谷，2023 年。

院）具有双向能力提升的促进作用。中电光谷目前在产业园区的经营实践中走在全国前列，无论是经营规模还是园区实践的丰富性，以及体系化能力建设和商业模式的创新方面具有行业进步的引领作用。客观来说，一个企业的经营能力和管理水平可以决定企业发展的下限，只有对这项业务本质规律的深刻认知和全面把握才能决定企业发展的上限。能够在多大程度上引领行业？保证可持续增长的价值核心是什么？如何达到战略认知的制高点？这些都是中电光谷战略架构的关键问题。

理工大经济学院如何在以工科专业为主体的大学里走出一条独特的发展之路？在我看来，不能仅仅作为一种学科的存在，只有紧密结合中国式现代化经济体系的构建，解析各种新时代的经济现象，提出中国式理论框架，才能够吸引一流人才追随。刚才听魏龙院长介绍，经济学院的产业经济学早就具有博士学位授予资格，这是非常重要的学术阵地。我们共建研究中心，就是要促进学院的学术资源与生动的经济实践相结合，寻求中国式产业经济理论创新。现代产业园区不仅是战略性新兴产业集群发展的主战场，也是产业升级的主阵地，是发展产业经济学理论最好的观察点和实验场。希望我们的合作从宏观到微观，从西方话语到中国语境，从实践智慧到理论思维，寻找构建中国式产业经济学的崭新框架。我作为校友和产业园区建设的实践者和方法论思考者，将促进中电光谷与经济学院的合作，为母校的改革发展作出贡献。

今天回到母校，跟大家汇报关于产业园区发展的经济学问题的思考，还是比较忐忑的，抱以求教的心情，结合中电光谷在产业园区建设方面的实践作一个汇报，如有无知之处，请大家批评指正。

一、"两只手"问题

大家都知道"两只手"指的是一只"看不见的手"和另一只"看得见的手"。"看不见的手"是指市场机制，"看得见的手"是指政府行为。在产业园区发展领域，始终存在"两只手"的共同作用，这或许体现了中国式产业经济发展的基本特征。结构主义强调政府作用，凯恩斯主义加深了人们对于政府干预经济，特别是在经济下行、做空力量占据上风时，能够发挥主导作用的期望。新自由主义强调市场的决定性作用，但近二十年来，许多新兴经济体的发展所遇到的挫折证明弱势政府和无为政府无法保证发展中国家能够按照自由市场经济原则后来居上。过去40年，中国的市场经济总是被西方的偏见所定义。结构主义和新自由主义的争端也从来未停息。中国改革开放以来的产业创新使这种学术争论成为解放思想并取得共识的过程。直到林毅夫提出新结构主义让后人们进一步认识到，中国的产业经济实践需要新的产业经济理论作出解释。这是两种截然不同的经济学思想平衡与妥协的结果——既是中国的产物，也会对人类的进步产生影响。

多年企业经营管理实践给予我的认知是，理性的企业经营实践总会自觉或不自觉地以市场的名义促进地方政府正确作为。现在，地方政府通过建设产业园区实现产业集群的意愿十分强烈，我们跟地方政府交流合作的机会特别多，目前已超过50个城市，直接有过交流的地方党政领导也有数百人。我们非常了解政府官员的思维方式，包括如何学习领悟国家战略，回应上级要求和绩效考核等；也非常了解地方政府主导经济建设容易出现的主观判断和因为专业经验不足作出错误决策的原因。这正是我们工作的价值所在，也是职责所在。归纳起来便是，以专业化服务帮助地方政府做正确的事，缩小政府的作为意识和作为能力之间的距离。做正确的事包括真正让市场在资源配置中发挥决定性作用。越是在市场机制作用出现问题时，越需要捍卫市场。

在我看来，企业家和一般企业经营者的本质差异在于，企业家是真正愿意并能够对经营结果负责的人。企业家不一定必然是企业的创始人，也未必一定是股东，只要企业经营管理者具备对结果负责的坚定意志，在经营过程中表现出义无反顾的经营主动性和创造力，就具有企业家精神。当然，市场化的制度环境不可或缺。不可否认，企业家精神也是制度环境的产物，但任何情况下都不可低估企业家的社会责任感和主观能动性。对中电光谷来说，以市场化方式与地方政府合作，着眼于地方经济发展和产业组织效率提升，我们自然会把成效看得比形式更重。

为什么说从整体上看产业园区建设不能看作完全意义上的政府行为，也不可能看作完全意义上的市场行为呢？因为参与的主体多元化，利益多样化。产业园区建设谋求成功的基本逻辑是取得共同利益的最大公约数。这就决定了产业园区建设不可能是完全意义上的市场行为，更不可能是纯粹的不动产金融行为。过去20多年，中国的房地产市场获得了前所未有的发展，其发展过程也始终伴随着政府与市场的相互作用，保持市场机制的健康和健全是政府的重要责任。也就是说，政府工作的底线是不能让市场失灵。曾经主导房地产市场化的思维最突出的商业模型是什么？是资金滚资产，高周转、高杠杆，这种商业模式就使得市场的非理性缺陷很容易被贪婪和无知无限放大。前两年房地产宏观政策调控出现若干企业、包括一些"胆大"企业也面临灾难性结果，正是非理性的财富扩张冲动被无限放大的结果。如果按这种思维从事产业园区的开发，可想而知，生产要素的配置将被扭曲成什么样子。所以，高质量发展本质就是要求"两只手"的共同作用理性而协调。

尊重地方政府更好发挥作用的最好方式，是帮助其能够按照正确的方式有效作为——基础是因势利导发挥好市场机制的作用。新结构主义经济学认为最重要的目标就是有效的市场和有为的政府并存。当然，这是一种理想状态。我们可以按这个目标，使"两只手"的作用方式进入充分理性的轨道。

今天下午，我们讨论的一个重要课题是如何通过产业园区建设提高生产要素配置效率。显然，我们是把产业园区作为促进生产要素更高效配置的平台和工具。具有经济学专业素养的老师和同学们很容易理解市场机制的作用对于配置资源的重要性。但也必须看到，简单的土地资源配置方式的致命缺陷。如果多种生产要素不能整合成良好的结构，粗放的土地供应方式必然难以跳出主观盲目的行政权力运作的怪圈。有效的产业园区的发展模式必然改进土地资源配置效率并促进与其他要素配置的有机结合，形成良好结构。这种结合的方式是产业经济学非常重要的研究方向。如果我们能够通过建设实践，提供实证性数据，就能为中国式产业园区现代化理论的形成和发展作出贡献，以丰富中国式现代化思想。

把专业化的具有体系化能力的产业园区发展模式作为协调"两只手"的重要力量并在供给侧形成结构性能力，就可以改变目前因为供应过剩以及供应和需求脱节的矛盾所产生的园区投资边际效应递减的状况。经济学有一个重要的原理叫边际效应递减——即达到一定产值，投入越大，产出效率越低。现代经济学的核心目标是什么？是提高全要素的劳动生产力。但是，完全靠投入驱动，就会出现投入越大，见效越不明显的现象。完全寄希望于增加投资的产业园区发展方式存在巨大缺陷。我们的工作，包括我们共同努力的实践与理论的结合方式，有可能在解决供给侧结构性能力方面发挥更大作用。

赚钱是经济学的本质，但是赚钱并不完全是自利的事。而不以自利为出发点，是否违背了赚钱的规律？亚当·斯密的《国富论》阐述了其中的道理：讲经济人、理性人，其实讲的就是自利行为。人是自私的，只有自私才是赚钱的动力。这样的逻辑几乎成为市场经济不容置疑的逻辑起点。我国的市场经济发展新的历史阶段，完全的自利行为不意味能赚到钱，也不容易赚到钱了。我跟魏院长讲，经济学家不必追求成为赚钱的行家，只需要成为解释赚钱的行家，即把赚钱的逻辑解释清楚即可，这是学问。就像哲学家解释人的本质一样，可以把最好的人、理想的人说清楚，未必你就要成为最好的人和理想的人。企业家的社会职能是赚钱，说得好听一点是创造财富。但从现在到未来，两眼紧盯着钱赚不到钱；以赚钱为出发点将赚不到钱；不能深刻把握赚钱的本质，也将赚不到钱。也许到了经济学家更容易赚到钱的时代，因为经济学家不仅擅长揭示赚钱的本质，而且擅长分析价值如何产生，成本如何控制，客户需求是什么等，这些都是经济学最基本的东西。经济学家更容易把这些关系结合起来思考问题，想明白了，可持续赚钱的智慧就自然产生了。正因为如此，我们的合作才是有意义的。

2022年，中电光谷有幸被权威机构确定为企业社会价值五星评级，这几乎是国内最高的学术评级；同时，中电光谷也被香港主流媒体评为香港上市公司最佳ESG奖。这两项荣誉让我们进一步认定了一个赚钱的道理——当企业的战略思维离钱很近时，离麻烦就不远了；而与钱保持距离就是将思维逻辑建立在社会价值、未来趋势和时代精神上，赚钱就是水到渠成的事。今天在座的各位，都有可能成为既能解释赚钱又能实际赚钱的人，这将是未来比较有幸福感的人。

二、增长极与过剩问题

增长极理论大家都比较熟悉，20世纪50年代产生于法国，是近30年在中国应用最普遍的，也是公认最有说服力的经济学理论。各种开发区政策，各种产业园区战略规划框架，都曾受到增长极理论的深刻影响。如今，中国的新型工业化方兴未艾，增长极问题将是促进地方经济均衡发展的重要经济学理论工具。

区域协调是一项重要的国家战略，着眼点是区域经济发展不协调。今天的中国大概有4亿多人口已经接近发达国家的现代化水平，占到中国总人口的25%左右[1]。但是还有广泛的比较落后的地区，6亿多人口的收入水平还非常低[2]，跟现在的发展中国家的平均收入水平相当。南北地区和东西地区的差距在扩大。按照联合国的标准，中国实现了整体脱贫，这是一项非常伟大的成就，但是不均衡问题仍然突出。从经济学角度讲不均衡是市场经济的绝对规律，解决不均衡问题正是我们发展的机会。均衡是对相对落后地方的福音，把先进地区的相对过时的东西转移到落后地区，同时促进先进地区着力创造未来

---

[1] 资料来源：《国家治理》周刊及人民论坛网（rmltwz）。
[2] 《颠覆认知：总理称6亿人收入不足1000，真相太残酷了!》，和讯，2020年6月4日。

价值，这些都是我们的工作内容和发展空间。

协调发展是社会理想，不均衡是社会常态，在不均衡和追求均衡之间正是追求社会价值的可作为空间。

如今，中国经济面临的市场环境是绝对的产能过剩和相对的生产过剩，产业结构调整是一个长期而艰难的过程。在产能过剩的条件下谋求发展，只有转型升级。如何在产能绝对过剩的情况下找到转机，这是产业经济学应该重点关注的问题。"过剩"本身并不可怕，市场经济就是过剩经济，可怕的是社会心理满足于低水平的均衡。

面临过剩经济，提供有效供给的始终都是少数，这也是经济学问题。所谓关键少数原则，所指的是：其一，只有少数人发挥着关键作用；其二，只有少数人在做正确的事；其三，只有少数企业的努力是具有创造价值的。能成为关键少数，就有机会、就有希望、就有未来。对于学习经济学的同学而言，早些意识到这一点，早些产生危机感，早些明白我们既处于最好的时代，也处于最糟糕的时代，就会早些变得清醒而理性。为什么这个时代会如此分裂呢？是因为人工智能的爆发，许多的工作将被人工智能替代，任何人都将在人工智能的辅助下工作，唯有人所特有的创造性工作才不会被人工智能所替代。人的创造性的工作是什么？这正是产业经济学须回答的问题。寻找答案的过程正是在座的老师和同学们难得的学术建树机会。

坦率讲，自改革开放以来，我们的高等教育规模增长很快，但在培养学生的创造力方面一直是短板。我们的学生应考能力一流而解决实际问题的能力却不足。创造性劳动是没有标准答案的。靠标准答案训练出来的学生往往高分低能，一旦需要面对错综复杂的现实，离开了标准答案就会一筹莫展。希望大家高度重视这一点。凡有标准答案的一切工作都将是 AI 的事，没有标准答案的才是人类的事。能不能承担没有标准答案的工作，取决于我们能不能成为"二八"定律中的"二"的部分。联系实际的学习，融会贯通的学习，知行合一的学习，才是这个时代所需要的学习。这是未来我们能够成为 20% 的一部分的重要保证。

中电光谷十分需要具备创造力和创新精神的人才。希望我们共同努力，在解释各种崭新的产业经济现象，把握产业经济新发展的趋势的过程中"不拘一格降人才"。

三、反虹吸思维

经济学所讲的虹吸现象，是指中心城市周边的中小城市，因为大城市的能级更高，对资源的吸纳能力更强，在与相邻大城市的竞争中处于不利位置而难以获得更好的发展条件。随着城际交通条件的改善，现在这个现象更加突出了。近年来我们遇到多个地方的案例，不仅需要作出理论解释，也需要找到破解之道。在我看来，反虹吸问题是有效解决区域协调发展、均衡发展的应有之义，是解决中小城市产业升级，壮大县域经济的重要方法论。如何帮助特大城市、中心城市周边的中小城市在城市群架构中能够更多从外部吸纳能量，而不是被吸走能量。我们在实践中尝试了两种有效的策略。

1. 差异化导向

差异化战略是竞争理论的核心内容。发展经济学强调比较优势的动态构建过程，新结构经济学也看重这个。如何在具体案例中着眼于比较优势的动态构建，是制订城市产业经济发展战略的要点。以临近武汉的鄂州为例：鄂州位于武汉东部，紧邻"光谷"，二十多年前葛店经济开发区就打出"中国药谷"的牌子，但没有打响，产业规模也很有限。武汉搞光谷生物城，仅十年时间便享誉全国。2013 年，鄂州的同志提出追随光谷生物城搞生物科技创新中心，似乎要建立对标武汉的创新竞争力[1]。显然，在科技创新方面鄂州不具备与武汉竞

---

① 《市人民政府办公室关于印发鄂州市生物医药产业倍增行动方案（2013－2017 年）的通知》，鄂州市政府网，2013 年 12 月 27 日。

争的条件。后来放弃了这样的追随，认定了差异化的道路。我们 10 年前到鄂州建设科技企业加速器，看中的不是科技创新环境优势，而是要素成本较低的优势。这里是承载制造业产能的理想地。经过十余年努力，我们在葛店形成了制造业集群。把成本优势转化为集群优势，反而让光谷地区很羡慕。这就是典型的通过差异化资源禀赋进行差异化定位找到比较优势，实现高质量发展的案例。

2. 非对称集群策略

关于帮助落后地区发展产业的问题，我个人一贯反对用搞慈善的方式帮扶落后地区抓产业，也不赞成企业以搞慈善的心态发展业务。企业的经济职能是为社会创造物质财富。企业办得不好，就会给社会发展带来损失。任何一个企业产生重大信用危机都是巨大的社会成本。这样的慈善是伪慈善。但是如果一个企业能够在非均衡的经济格局中，采用不同寻常的市场化方式发现并放大经济落后地区的非对称优势，发展地方经济和产业，这样的企业行为才是真正有意义的"善行"。

什么叫非对称？找到一种方法让具有竞争优势的地方无法用同样的方式与你竞争。核心是不可竞争性。在中心城市周边的中小城市，如果追随中心城市的发展战略，他要发展什么，你也发展什么，永远也不具备优势。而采用非对称策略，抓准"冷门"，通过产业园区建立形成增长极，高效率组织生产要素，才有可能异军突起。希望更多的老师和同学们参与到我们的行列中来，为更多县域经济高质量发展服务，为资源禀赋相对不足的地区寻找非对称发展机会。大家可以算一算账，中国有两千八百个县级行政单位，县域国土面积占国土总面积的 93%；经济总量占到全国 GDP 的一半；人口占到总人口的 70%，这些地方不能实现高质量发展，中国经济就不可能真正实现高质量发展[1]。这是产

---

① 《一图读懂！中国县域经济有多强？丨新京智库》，载《新京报》，2022 年 8 月 8 日；《中国县域统计年鉴（乡镇卷、县市卷）－2021》，国家统计局，2023 年 2 月 15 日。

业经济学不可忽视的问题。

四、"四化同步"问题

"四化同步"指的是新型工业化、信息化、城镇化、农业现代化协调同步发展，是学习党的二十大精神的重要内容。关键是要共同推进，不能单兵独进、各自为政。

我们这一代人经历了工业化驱动城镇化和城镇化支撑工业化的两种实践。城镇化驱动工业化过程带来的问题比较多。一个很重要的原因是通过房地产形成了经济的虚拟化路径依赖。今天，事实以不可辩驳的方式证明这种脱离购买力的开发供应方式不可持续。尤其是对三四线城市，过度的房地产开发还需要相当长时间的消化。我们在 10 年前就讲过危机迟早会来，现在终于来了。实践证明违背经济规律必然付出代价。

新型工业化的实质是理性应对资源与环境约束的理性的工业化。如何解决资源和环境约束？只有通过技术进步和新的产业革命推动产业升级。如何构建双循环、特别是如何构建基于统一市场的国内循环，是产业经济学亟待回答的关键性问题。我们认为，从普遍意义上，制造业的数字化和智能化，包括产业园区的数字化和智能化，将打破空间界限，构建全新的产业生态关系，成为"四化同步"的引擎。

五、关于现代化产业体系

现代化经济体系涉及分配问题，基础是现代化产业体系。党的二十大报告将现代化产业体系归纳表达为实体经济、科技创新、现代金融和人力资源——第一次从生产要素角度揭示产业体系的本质。实体经济概念大于工业概念。我梳理了一下，实体经济包括工业、生产性服务业和技术性服务业。其中，工业包括制造业、采掘业和城市水电气暖的制作服务等；生产性服务业指一切为工业生产服务和产品后服务的新业态；技术性服务业包括有一定技术的资质和要求的服务业。这些统称为实体经济（见图1）。

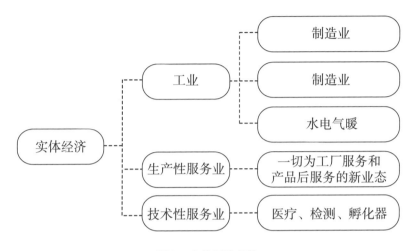

图1 实体经济架构

今天，实体经济概念超越了工业和制造业，其实更能够反映产业经济的本质。为什么？产值、工业增加值、企业收入等主要概念都有直接产品的价值贡献和服务的价值贡献。西方主要工业国的生产性服务收入占第二产业的比重均在50%以上，有的已高达60%[①]，但是在我国的产业结构中，非产品本身的其他服务价值含量还非常低。这是未来实体经济发展的巨大潜力所在。

把实体经济和现代金融、人力资源、科技创新这三个体现生产要素的部分区分开来解读，突出强调科技创新对于实体经济的影响和决定性作用。这里所说的科技创新是从0到1的创新，是基础科学研究和原创性的科技创新。而实体经济本身应有产业创新，包括生产技术环节的工艺技术和产品技术的创新。两种科技创新作用不同，一个具有本质性，另一个具有实用性。只顾应用型科技创新是不够的，还需要着眼于长远从基础科学创新抓起；而忽视应用型科技创新特别是产业创新，将会严重制约科技创新成果的有效转化，也会违背产业

---

① 资料来源：《中国统计年鉴》（2022）；中电光谷产业生态研究院对部分城市和区域的调查结果。

经济学的基本规律。

产业经济学的发展既要解释产业经济的新问题和关系，也要从实践中产生新思想和新理论以改进新的实践。愿在座的各位老师和新同学身在象牙塔却能更加关注中国产业经济的崭新实践，为中国式产业经济学的理论创新作出贡献。

产业园区经济学的分析框架

2023 年 8 月在联合研究中心项目中期汇报上的讲话

观点

- 从经济学角度看，均衡永远都是相对的。因为不均衡才出现市场机会；因为不协调，才有资源优化配置的需求。无论是先进地区还是后发地区都要借助市场力量促进发展。我们的发展机会就在于均衡与不均衡之间，协调与不协调之间。

- 中国经济的现实问题，包括产业园区发展的质量问题需要植根中国的理论解释。不解释清楚就无法判断未来的方向，也无法找到具体的路径。这正是我们呼唤——应该建立一门中国式的产业园区经济学的原因。

- 中国改革开放以来的产业园区建设实践已经成为中国经济增长的一种普遍的基础性组织方式——无论是建设规模、建设速度，还是对产业集群和产业升级的深刻影响，在人类工业文明史上都是前所未有的。我们当下的实践已经是世界级和现象级的，具备催生高水平理论成果的条件。

- 具有区域竞争力的产业生态构建是产业园区建设的根本目的，也是衡量产业园区建设成效的根本标准。

- 具有文化包容性的产业生态是让不同企业的文化个性得以充分彰显。千篇一律的建筑、刻板的公共空间氛围和无个性的人员聚集场所不是新时代年轻人所喜爱的。既要有整体形象和区域荣誉感，又能彰显鲜明的文化个性。这才是最佳的产业创新环境。

- 一切脱离了市场竞争现实的商业模式，仅靠补贴维持的业务都值得怀疑。

今天我们用一整天时间听取了"中电光谷—武汉理工产业园区发展联合研究中心"第一期项目课题成果的中期汇报。九个课题负责人分别介绍了中期工作情况。魏院长作了清晰的归纳和总结，阐述了系列课题研究的总体思路。大家围绕于高质量地完成课题任务展开了热烈讨论。我非常赞同魏院长所提及的两个重要目标：其一是形成白皮书，其二是学科建设和人才培养。我接受经济学院的邀请，担任兼职教授，也是为学校的学科建设和人才培养尽力做一点工作。

研究中国产业园区发展的经济学问题，中电光谷具有独特的视角。首先，从实践经验看，中电光谷历经二十年在全国数十个城市发展近百个不同类型的产业园区，并且逐步形成了自己的方法论。中电光谷本身就是极好的研究对象。

其次，到目前为止，国务院国资委所管辖的中央企业中还没有一个是以产业园区为主营业务的公司，中电光谷作为中国电子的成员企业毫无疑问具有突出的竞争优势，以服务国家战略为例，我们具有高度的自觉性。具体来说，我们的工作跟五项国家战略关系紧密。

第一是网络强国。中国电子作为国家网信事业的核心战略科技力量，其核心主业围绕计算产业以及跟网信相关的核心技术。围绕网信事业构建产业生态是我们的重要任务。

第二是制造强国。中国经济高质量发展的基础在实体经济，特别是制造业。切实减少对虚拟经济泡沫的依赖，稳定发展实体经济，关键是落实好制造强国战略。近年来，我们把促进制造业数字化转型作为园区发展的重要方向，在促进东部沿海地区产业向中西部地区转移的同时，将推动数字化转型作为我们的工作目标。中国已是世界第一制造大国，但要真正成为制造强国，就必须在高端制造领域掌握核心技术，提升数字化水平，促进科技成果实现产业化，同步实现数字化。这是产业园区建设的重要抓手。

第三是数字中国。我们把数字化作为产业转型升级的战略要点。中国经济未来增长的非常重要的动力是数字化，特别是数字产业化。对此，中国的普遍社会认知在世界范围内是领先的，对于数据要素成为公共资源的包容度也是最高的。中国的数字产业化之路将会走在世界的前列，并且加快了在通用计算、智能计算、处理器、芯片等领域技术上的追赶步伐，数字中国战略成效显著。中电光谷以产业园区应用场景为出发点，应该为服务数字中国战略作出更大贡献。

第四是区域协调。一方面，中国经济社会发展的突出矛盾就是地区差异比较大，不充分、不协调问题普遍存在。从经济学角度看，均衡永远都是相对的。因为不均衡才出现市场机会；因为不协调，才有资源优化配置的需求。无论是先进地区还是后发地区都要借助市场力量促进发展。我们的发展机会就在于均衡与不均衡之间，协调与不协调之间。现在不协调现象比较突出，因而出现增长极问题，某些区域产业集群度会更高，发展得会更好。总体来说，东西部地区差异较大，东北地区发展相对滞后，二十多年来人口不断流向东南部沿海地区。帮助相对后发地区赶超，有很多工作可以做，对于我们而言就是机会。

另一方面，着眼于产业园区实践创新。我们多年来始终走在中国式产业园区建设实践的最前沿，是这个行业发展的引领者。我们的团队有一种强烈的开创意识，坚定不移走在行业前列。这就决定了我们必须在认知上超前，能够始终把握住时代的脉搏和行业发展的规律。最近几年我的疑惑渐多，一些新的现象无法在现有理论中找到解释。今天再用亚当·斯密的"经济人"逻辑和"道德情操论"解释中国的经济持续增长现象以及中国与世界的关系显然已经不够。当然，国家主义对亚当·斯密的批判中也有许多疑问。中国的改革几十年来，一些像我这样读过一点书，相信系统知识的人，曾把亚当·斯密的学说作为改革的逻辑起点，是认定古典主义观念和氛围的，特别是相信亚当·斯密对国民财富论的特殊解释——老百姓富裕是国家富强的基础。

亚洲金融危机之后，世界进入了新世纪。凯恩斯主义的深刻影响助力解决了中国经济持续增长的活力问题，同时解决了政府主导、干预经济的信心问题。但也客观滋生了行政官员的盲目自信，尤其是一些中基层行政官员，以为自己比企业家更懂商业，更懂市场。因而导致政府这只看得见的手动作幅度比较大，也比较多，难免出问题。现在潜藏的不少宏观经济危机都与此相关。所以凯恩斯主义在中国的影响力也许走到尽头了。

哈耶克是21世纪以来对中国学界影响深远的西方经济学家。人们更大程度上把他当成一个政治哲学家或是社会学家来看待。他提出的一些思想，特别是对市场经济本质的赞美影响了两代人。但是他（包括米塞斯）的学说显然解释不了中国道路和中国模式问题。中国经济的现实问题，包括产业园区发展的质量问题需要植根中国的理论解释。不解释清楚就无法判断未来的方向，也无法找到具体的路径。这正是我们呼唤——应该建立一门中国式的产业园区经济学的原因。

今天听了课题研究的中期成果汇报，我很受启发，进一步增强了基于中电光谷的产业园区建设实践，建立了具有鲜明中国特色的产业园区经济学的信心。首先看研究对象，中国改革开放以来的产业园区建设实践已经成为中国经济增长的一种普遍的基础性组织方式——无论是建设规模、建设速度，还是对产业集群和产业升级的深刻影响，在人类工业文明史上都是前所未有的。我们当下的实践已经是世界级和现象级的，具备催生高水平理论成果的条件。我们今天坐到一起，把这件事作为我们共同的工作目标，是具有历史意义的事件。

这一批课题的目标如何实现？正如魏院长所说，不要把每一个课题当作单独的项目来做，而是要着眼于理论与方法的整体，让每一个课题都能发挥关联性作用，相互补充，相互印证。我相信，如果把建立中国式产业园区经济学作为学术目标，每一个课题都能以终为始，我们的工作将会更富有成效。

我赞成将工作划分为三个阶段：第一阶段，即今年的课题任务完成以后，初步构建产业园区经济学的基本框架，为明年的课题任务进一步深入做好有针对性的准备工作。第二阶段，即明年的工作可以按照概论展开，力争在明年年底拿出一个框架性的初稿。第三阶段，即2025年的任务，进一步完善一些文献研究和深入的调研，补充论证、验证，到 2026 年中完成书稿。

目前已经出版的相关书籍，我大部分都看过，目前还没有找到一本令人满意的，相信我们的工作一定有填补空白的意义。未来，希望至少经济学院研究生可以开设这门课，从培养人才的角度，把这个方向的研究引向深入，为现代产业体系的构建作出贡献。可以设想，没有产业园区的高质量发展，构建现代产业体系是难以想象的。

当然，要建立一门新的学科，独特的研究方法也是必要条件。我们从现在开始，就应该有意识地从方法论角度考虑一些必须一以贯之的分析框架。我初步考虑了一下，今天拿出一个靶子供大家研究批判。

一、产业生态分析框架——生产关系视角

这里所说的产业生态是指一个行业或一种产业的纵向供应链、价值链关系，横向竞争与合作关系以及各种生产要素之间的协同关系，包括由这些关系所决定的一定空间范围内的人与人之间的关系。这只是一种初始的学术探讨意见，不作为定义，仅供大家参考。

具有区域竞争力的产业生态构建是产业园区建设的根本目的，也是衡量产业园区建设成效的根本标准。我们现在与地方领导沟通，说到产业生态概念都有共鸣。说明这是一个具有范畴意义的概念，构建产业园区经济学可以作为基石之一，包括三个维度的内容。

1. 共同利益的文化认同

建立园区共同体意识至关重要。一个产业园区，大到开发区、城市新区，小到一个具体建设项目，都离不开几个利益主体，一是政府，二是入园企业，三是开发建设主体，四是运营服务主体，这样就构成了"四位一体"的共同利益关系。

四个主体，既有共同利益，又有各自不同的利益诉求，园区建设中出现各种矛盾和问题通常是因为这四种主体的利益博弈所造成的。只要存在不同利益主体就必然存在利益博弈。寻找最大公约数，构建共同利益是首要机制。我们的实践经验是，项目策划阶段的核心任务，就是着眼于理性分析、致力于构建园区共同利益关系，并谋求从利益共同体到命运共同体的体制机制安排。我们发现，不少地方引进市场化的开发主体时诉求的核心是责任转移和利益对赌。表面上看似乎很合理，但实际是将利益攸关设定为利益对立。这样的机制注定无法取得好的结果。弄不好一开头就破坏了互信氛围，造成一些不必要的合作成本。我们认为，健康的关系是建立在可持续的共同利益基础上的政企关系。围绕共同发展目标制订执行规则，而不是简单化地形成了某种包干、兜底、对赌关系就万事大吉了。关键是要建立共同目标意识和共同利益机制。无论是吸引人才、增加产值，还是创造税收、促进科技创新成果转化，都应纳入目标系统算大账、算总账。

一个国家和一个民族的团结靠文化认同。一个具有产业生态价值的园区也需要建立文化认同。没有文化认同的产业生态难以形成竞争优势，即便繁荣一时最终也会走向衰落。

2. "和而不同"的精神

"和而不同"的精神是园区文化生态价值的另外一个侧面。具有文化包容性的产业生态是让不同企业的文化个性得以充分彰显。千篇一律的建筑、刻板的公共空间氛围和无个性的人员聚集场所不是新时代年轻人所喜爱的。既要有整体形象和区域荣誉感，又能彰显鲜明的文化个性。这就是最佳的产业创新环境。只有每一个企业的文化价值诉求得到充分满足，任何与众不同的诉求都能得到尊重，这样的园区才能激发出生生不息的生机与活力。

3. 共享供应链价值

产业集群价值的基础在供应链。存在上下游关系就存在共同利益。所以，建立基于供应链的产业生态才具有无限可能。

在产业园区发展领域，空间供应的市场化机制和地方产业政策都不可或缺。"二八定律"的作用机制说明任何情况下只有少数关键因素发挥大部分作用。能够提升供应链价值的产业生态是园区发展的目标。让每一个园区都成功的标志之一是让每一个园区都进入园区网络体系之中。有效性才能保证始终处于"二"的范围内，才能在市场上获得话语权。

二、楼宇供应结构分析框架——资本效率视角

园区楼宇是不动产。从资产经营效率的角度讲，园区经营始终跟实体空间有关。讨论不动产范畴的事情必然要与金融挂钩。不能完全脱离金融规律性考虑园区经营，但也不能仅局限于金融属性思考园区资产。多主体共同利益的基础是税收。地方国企作为园区投资主体的突出优点是有利于不动产经营跟税收挂钩。减免租金的优惠政策一旦与税收挂钩，多主体都可以从引进企业的成长中分享利益。商业模式可以围绕这样的关系展开。

现在园区可持续发展遇到的突出问题是通用楼宇供应普遍过剩，成为产能过剩的组织部分，而特定楼宇的服务效率却无法满足需求。2023 年，我们重点关注有关楼宇供应过剩的问题，但是到目前为止尚未得到非常有说服力的数据，原因就跟供应结构有关。适合企业使用的楼宇供应大体上有三种类型用地：第一种是工业用地，包括新型产业用地；第二种是研发用地；第三种是新型商务用地，上海的分类叫"C65"。适合上述用地性质的产业载体有以下三种楼宇供应方式。

1. 企业自建自用，剩余空间出租

企业拿地自建，以企业自用为主，往往会多建一些向特定的市场主体进行出租或者出售。这也是一些行业头部企业构建产业生态的方式。腾讯、阿里巴

巴等都有这样的做法。有关资料显示，企业拿地自建的这一部分，在工业和科研用地总量中占比高达60%以上①，这部分楼宇的使用效率如何？因透明度不够，难以从公开文献中看清，的确值得深入研究。要把产业园区的经济性说透彻，首先得把这一部分楼宇的利用机制和效率说透彻。

20世纪末，苏州高新区厂房建设的投资主体是地方国企，20年后的城市更新中，土地升值的利益全部变成公共财政收入。尽管前20年左右的使用效率并不高，但城市更新中获得的土地溢价收益却相当丰富。这种现象将会给未来的建设模式带来什么样的启示值得深入研究。

2. 地方国企投资建设

地方国企近十年参与园区建设的积极性不断高涨，逐步成为产业园区建设的主力军。实事求是地说，地方国企从事产业园区建设服务存在天然的体制机制缺陷——能力强的干部有幸干成个别项目很快就会得到提拔；新来的干部又成了新手；如果干砸了就会被调离或免职，连改进的机会都没有。无论成与不成，都难以形成专业经验的"沉淀—提升"的过程。中电光谷的主要业务骨干都具有10~20年的工作经验积累。随着团队的壮大，不断增加的新人使经验得以传承；新的信息、新的想法、新的能力可以在集体中共享，所以才有生机和活力。

地方国企干部很少有人在产业园区建设和运营领域长期耕耘，成为经验丰富的专家。专业能力积淀不是短期能够解决的，专业能力缺乏的经营者在决策和执行两端都容易出问题。地方国企作为开发主体占到园区供应量25%左右的份额②，这个主渠道经营质量的提高关系到产业园区整体建设水平的提高。我们近年来不断深化与地方国企的合作，进一步提升了解决各种产业组织疑难杂症的能力。今后我们会将这个渠道作为重要的潜力市场。

---

①② 资料来源：中电光谷产业生态研究院对部分城市和区域的调查结果。

3. 市场化主体投资建设

中电光谷的主要优势在于市场化经营能力与央企的责任担当的结合。如何充分发挥这个优势，是新发展阶段产业园区经济学的重要课题。目前，具有构建全国性产业园区网络的市场主体屈指可数。其中有些还没有跳出产业地产逻辑；以散售方式经营套利仍然是主要盈利模式。市场化主体的发展进步对提高产业园区楼宇供应质量至关重要。我们的社会责任是把各种经验教训及时进行分析总结，提供给社会，推动市场化主体更快顺应时代潮流，变革经营方式，提升经营质量。

要实现产业园区的高质量发展，在很大程度上取决于市场化经营主体的能力提升。这是时代的课题，也是我们增长的机会所在。我们不仅要更好地服务中小企业，也要有能力服务大型企业，还要有意识服务地方国企的园区建设业务。将更多地方国企投资的园区项目纳入全国性产业资源网络中协同、运营，以这样的方式促进地方产业园区建设方式的变革。

三、产业政策分析框架——政府作为方式视角

促进产业园区建设高质量发展，我们必须深刻了解地方政府的行为逻辑。从政府行政作为的角度看问题。以下三个方面值得研究。

1. 政策性补贴的利与弊

政策性补贴的利与弊涉及产业政策，主要涉及政策性补贴。当然，有补贴政策通常是好事，但企业一旦依赖补贴，特别是将发展的希望完全系于补贴是无法持续的。一切脱离了市场竞争现实的商业模式，仅靠补贴维持的业务都值得怀疑。例如，在"双创"浪潮中应运而生的共享办公性质的"众创空间"就是典型补贴依赖型业务的例子。补贴政策诱惑一批企业搞起了办公楼宇的包

租、分租业务，其中不乏投机者。有些空间靠补贴可以维持，而一旦取消了补贴，就难以为继。WeWork神话破灭后优客工场等企业的经营状况就受到了普遍质疑。还有一例：有地方政府为了鼓励科技创新，搞出了针对专利注册的补贴政策，结果造就了一批擅长注册专利的公司，实际上跟科技创新没有任何关系。结果，专利注册了不少，财政补贴款也开支了不少，但真正具有转化价值的科技创新成果却很少。

泛用甚至滥用产业政策，是地方政府作为方式的常见误区。实践证明，凡是过度指望特殊补贴政策发展园区的，结果都不会太好。大家在研究发展机制时，重点需要考虑的是多方参与者的最大公约数，而不能将希望寄托于政策补贴。

2. 科技创新的主体是企业还是政府？

的确，中国的国情决定了政府掌握的资源多，企业的发展离不开政府支持，包括科技创新。现在的问题是促进科技创新，政府的积极性很高，甚至亲力亲为。现在，很多地方都在搞实验室，数量惊人，投资也惊人，而运行体制多为事业单位。这就带来了一个疑问，企业应该是科技创新的主体，采用行政手段推动科技创新究竟靠不靠谱？能否持续？政府（包括事业单位）是否普遍适合担当科技创新的主体。从某种意义上讲，这也是一种产业政策。未来应该如何改进？这些都是需要深入思考的。

3. 市场准入和未来预期

从2023年上半年的新增投资数据看，民营资本同比增长非常有限。民间投资为什么动力不足？是投资环境问题，市场准入问题，还是未来预期问题？难以下结论，但肯定跟产业政策有关。围绕产业园区建设运营制订有针对性的市场准入和稳定预期的产业政策是中国式产业园区高质量发展的当务之急。

四、发展过程框架——动态比较视角

产业园区的发展过程需要采用动态比较方法，及时评价阶段性成效和变化趋势，及时调整实施方案和策略非常重要。例如，实行某种政策成效如何，既要与实行类似政策的外地比，又要跟本地过去没有实行这项政策的状况比，才能找到一些有规律性的东西。建立一门具有理论说服力的学问，这种比较是不可或缺的。只有通过动态比较，把过程评价和预测的内容及时放进来，研究的现实意义就得以放大。实践中我着重以下三点。

1. 空间规划的长期性与现实性

这是我们现在在产业园区建设中遇到的普遍性问题。强调"一张蓝图绘制到底"很重要，但也会产生偏差，即过度重视长远的合理性，而忽视现实的合理性。沙盘、模型很壮观，但实施起来却事与愿违。往往钱花得不是地方，脱离了现实需求，利用效率低。因为地方政府领导当然喜欢高大上的规划和建筑设计，但超高层建筑很容易出问题。国家严格控制情况会好一些，但基本逻辑并没有变。探索能够兼顾长期合理性和现实合理性的方法是很有意义的工作。客观地讲，规划管理部门和宏观经济管理部门、工业经济管理部门的专业知识都有各自的局限，未能将产业规划与空间规划动态联系起来，造成宏观思考与微观操作相脱节，两种规划从传统方法论上也搞不到一块去。我们有机会参与到弥合的过程中，把"经验"和"语言"从实践的意义上统一起来，真正形成一种可操作的系统规划方法体系。

2. 不动产金融性的悖论

两年前，利用工业用地和科研用地开发的园区不动产已得到国家发展改革委主导的发行公募 REITs 政策支持，体现了国家的政策导向。发行公募 REITs，有力促进园区资产的金融化，盘活了建设运营主体的资金，让各方利益主体看到了新的希望。但这并不意味着园区资产将加速走向虚拟化。促进开发企业跳出投机性的不动产开发套利模式，着眼于项目长远发展，有利于提升建筑品质，是一件好事。如何让金融工具在产业园作为产业基础设施的建设中形成良好的闭环，促进地方国资优化资产配置，更好地借助专业性市场主体的运营优势，提升区域产业组织效率。而不是仅仅把目光放在楼宇资本增值和资本盈利的虚拟逻辑上。

3. 追求均衡与打破均衡

资源优化配置的前提在于不均衡现象的存在。这是园区产业组织业务的前景所在，但这并不排除打破均衡也是一种机会。产业发展好的地方谋求更好的愿景是合理的，也是符合经济学规律的。是寻求均衡，还是致力于打破均衡，取决于地区差异，是一个问题的两个不同侧面，也是需要产业园区经济学作出解释的重要内容。发现各种不平衡的机会，通过打破平衡寻找新机会，这是未来产业经济增长的内在逻辑。

我就讲到这里，请各位老师批评指正。

第三篇

解决之道
SOLUTIONS

从"大学城"到"科学城"

2018 年 6 月在重庆市沙坪坝区干部培训班上的讲演

观点

- "大学城"通常所指的是高等教育资源的聚集地。大学以人才培养和学科建设为主要目标。多个大学聚集在一个区域，有利于跨学科交流，有利于复合人才培养。实际上我们今天所讲的"大学城"，规划建设的目标正是这样。同时，集中规划建设也有利于促进带动城市新区基础设施发展，带动城市功能完善，是一种城市化的有效手段。

- "科学城"建设的切入点必然是从加强基础科学研究入手。只有更高能级的基础科学研究功能才有可能孕育未来大产业。

- 目前国际公认的六大应用基础研究方面的前沿领域，包括人工智能、基因测序（其未来的应用就可能是基因治疗）、合成生物学、医疗技术、新材料、量子计算等，这些领域又会形成一些创新的集群。在成渝地区，重庆科学城的范围应该是创新集群的关键节点。也只有作为创新集群的关键节点，才有发展的重大机遇。

- "科学城"建设是以科学发展为核心功能的城市发展新模式。科学与经济的关系，重要媒介就是科技企业聚集数量和质量。科学城的发展离不开产业创新基础，离不开先进的产业集群方式。从这个意义上讲，高质量产业园区不可或缺。

欢迎大家专程到光谷考察学习。这一次考察的重点是——武汉产业园区的发展状况；研讨的重点是——如何理解重庆建设科学城的战略构想。大家现在所处的地方是武汉的大学科技园核心区，华中科技大学科技园培训中心，周边还有武汉大学、武汉理工大学和华中师范大学等几个重点大学的科技园。这次培训活动还会安排大家参观中电光谷在武汉建设的几个标志性园区，包括光谷软件园、金融港、生物城、未来科技城及武汉创意天地等。我相信，通过这次考察，大家定能进一步深入理解高等院校成功将科教资源转化为产业经济发展的机制和路径。

　　武汉的数十所高等院校主要位于光谷片区。从 20 世纪 90 年代开始，一些科技人才带着源自大学的科技成果走出校园、走向市场，兴办企业，努力实现产业化。由此推动了科技产业的发展，兴起了一批具有独特竞争优势的"隐形冠军"企业。目前，这个区域的科技企业数量已逾万家，成为武汉经济增长的主要动力。特别是武汉成为继北京中关村之后第二个国家自主创新示范区以来，大学科技资源转化为经济社会发展要素的速度进一步加快，其经济规模在全国近 200 家高新区中一直稳步走在前几位，充分体现了科技人才、科技成果对区域经济社会发展的重大支撑作用。

　　位于沙坪坝区虎溪的重庆大学城是在近十多年的快速城市化过程中规划建设起来的，起步较晚，但起点却很高，快速形成了规模。目前，城市形态与城市功能逐步完善，已经展现出大学兴城的蓬勃朝气。但是客观讲，重庆大学城的科技创新成果、对区域经济增长的贡献及影响力都不符合大家的预期。我注意到，几乎每一所院校都有围墙，这些围墙有形无形地阻隔了学校与社会的联系。地方政府有责任有效促进学校与社会加强多维度联系，深入挖掘大学城的社会经济发展价值。

　　大家到武汉来深入了解武汉的高等学校与区域经济社会发展积极互动的机制以及对于地方产业创新所发挥的不可替代的作用方式很有针对性，相信大家一定能从中找到有益的借鉴，不虚此行。

武汉科技产业快速发展的 30 年，我是见证人也是参与者，最深的感触是，科技产业的发展离不开产业创新生态的长期培育。科技成果产业化绝非一蹴而就，尤其是起步阶段非常艰难。只有下定决心建立长效机制，久久为功才能逐步取得成效。

非常感谢沙坪坝区委区政府对中电光谷的信任，委托我们承担沙坪坝区科技产业发展和空间规划工作。研究课题的目的非常明确，就是依托大学城的科教资源基础建设聚集科技企业的科技产业城。我们如期完成了这项工作并得到了较高的专业评价。非常令人欣慰的是，我们明确提出的用 3 ~ 5 年时间，在现有的产业园区的基础上，打造西涌微电子产业园新时代升级版，实现科技企业数量和科技产业规模双倍增的目标，也得到在座各位的高度认同。

恰好在这个重要关头，重庆市提出了更高的战略目标——以大学城为基础，建设科学城。毫无疑问，这是一个鼓舞人心的目标。据我了解，科学城的初步规划范围包括沙坪坝区、北碚区和高新区，上千平方公里，形成三区共建机制。这是一个面向未来并能够在制高点上影响未来的发展构想。

从不久前我们在"科技城"发展规划专题调研中所提出的咨询意见看，跨越"科技城"迈向"科学城"，是战略思想的升维，必然促进沙坪坝区产业结构加快调整并实现增长方式转变。显然，"科学城"的立意更高、目标更远大，带动力也必将更大。下面，我从四个方面作一点解读。

一、"大学城"与"科学城"的国内外背景参照

我们首先要搞清楚从"大学城"到"科学城"，中间究竟间隔着什么？我们的工作思路和方式应该作出哪些改变？

"大学城"通常所指的是高等教育资源的聚集地。大学以人才培养和学科建设为主要目标。多个大学聚集在一个区域，有利于跨学科交流，有利于复合人才培养。实际上我们今天所讲的"大学城"，规划建设的目标正是这样。同

时，集中规划建设也有利于促进带动城市新区基础设施发展，带动城市功能完善，是一种城市化的有效手段。从"大学城"到"科学城"，应该强调的是如何将大学的人才培养及学科建设目标和城市产业创新及经济社会发展目标结合起来，更好地发挥人才聚集对地方经济建设的作用的发展模式。

"科学城"跟"科技城"的区别，首先是更加强化基础科学研究功能。这将会促进所在区域有条件的重点大学，特别是理工科大学超常规提升学科地位。同时，随着一些重要的科学研究设施的布局，必然增加对于相关领域高水平科研人才和科技企业的吸引力。这将有力促进城市功能的完善，也将有力促进企业科技创新条件的改善。只有科技企业和科技产业的实力更加雄厚，数量更加庞大，区域经济增长的后劲才会更加强劲。

欧洲和美国大学城的主要特点是名校兴城。例如，英国的牛津、剑桥，可以说是因一校兴一城。美国名城波士顿，是因哈佛大学和麻省理工而兴；旧金山因斯坦福和伯克利而名；洛杉矶的名气也离不开加利佛尼亚大学和南加州大学。欧美的一些大学城市规模并不大，但名气却很大，正好应验了那句话——"山不在高，有仙则名；水不在深，有龙则灵"。[①] 因为名校的人才水平高，城市成为独具魅力的地方。若你去英国观光，不去牛津、剑桥看看是遗憾；去美国考察，怎么也得找机会去哈佛、斯坦福看看。这正是大学城应有的文化价值。

我国历史最长的现代大学不过百余年，且多数大学设置了各式围墙，与城市的空间关系有所间隔。因一校而兴一城的案例并不多见。

近 20 年是我国高等教育发展最快的时期。无论是校园建设、招生规模，还是学科发展，都是前所未有的。其中就伴随着一些新大学城的建设。几乎都是在城市迅速扩容和大学迅速扩招的过程中的整体规划建设的成果。不少地方都将若干所甚至十多所大学集中规划在一个区域。大学城也就成了大学的汇聚之地。这几乎是我国独有的现象。

---

① 张世超：《陋室铭》，北方妇女儿童出版社 2020 年版。

这种大学集群式规划建设方式快速带动了城市功能的发展。若讲大手笔，首当其冲是广州大学城，各种配套功能（包括空调系统）都是集中部署的。武汉洪山、南京江宁、上海松江，还有西安、成都等地的大学城各有千秋。沙坪坝的重庆大学城跟这些大学城相比，建设方式和规模可谓等量齐观。严格意义上讲并不具备"科学城"的功能。

北京中关村地区，名校聚集，是一个真正意义上的世界级的科学城。中科院下属多个研究所从创立开始就是与北京大学、清华大学等十多所著名大学在这个区域内融合发展起来的，是我国乃至世界上智力密集度最高的地区之一，无论是科学家，还是科技企业数量、质量都首屈一指，对地方经济社会发展的贡献也最大[1]。海淀区也因此成为我国北京市经济实力最强的行政区，也是产业园区能级最高、规模最大的区。这是"大学城"和"科学城"两种功能形成的复合效应所带来的。北京正在大力建设的怀柔科学城，首先就兴建了中国科学院大学和北京电影学院；中科院的一些重要大科学装置也在此部署，所带来的巨大发展潜力很值得期待。科技创新资源聚集到一定浓度必然形成科技产业集群发展态势。假以时日，怀柔科学城的产业园区发展将迎来一个快速发展过程。

合肥科学城建设主要是依托中国科技大学，是从建设量子信息国家实验室而展开的，起点高，特色鲜明。合肥高新区也将因此成为我国量子计算、量子通信、量子精密测量等产业发展的高地。合肥高新区产业园的发展将获得新的动力。

而张江科学城的发展模式与中关村科学城和合肥科学城有所不同，这里是过去二十多年建设起来的上海城市新区，历史文化积淀并不雄厚，是一个典型的外向型科技产业新区，主要的科技创新实力是由企业聚集形成的，特别是因为一些国际性公司在这里设立研发总部而形成的。国内的一些新兴科技公司总部也逐渐往这里扎堆。

西安、武汉等城市也打出了建设科学城的旗帜，出发点也都是希望更好发

① 吴军：《浪潮之巅（第四版）》，人民邮电出版社 2019 年版。

挥大学、国家重点实验室和科技企业聚集的基础和优势。相信未来几年会有一批地方政府支持建立的新型研发机构陆续成立，一些重要科学装置也将随之建立起来，科技创新的内涵不断丰富。

反观日本筑波科学城，建设完全由政府主导，缺乏市场力量的推动，特别是科技应用环节企业助力，成效远不如预期。

二、重庆"科学城"的发展趋势

重庆大学城建设从 2003 年启动，至今 16 年。现在要按照科学城的新战略定位发展，哪些功能要完善？有哪些体制机制要创新？值得深入探讨、系统思考。我理解，除了战略目标更高、发展理念更系统之外，还有几个值得重视的趋势性判断。

1. 基础科学研究功能必然增强

重庆市按照国家创新驱动发展战略要求，主动承担国家战略使命，战略眼光具有前瞻性。从实际情况看，重庆的基础科学研究有些地方特点，但不够完整，优势并不突出。"科学城"建设的切入点必然是从加强基础科学研究入手。只有更高能级的基础科学研究功能才有可能孕育未来大产业。树立长期主义思维是必须的，立竿见影搞不了"科学城"。

当然，站在不同大学的角度，必然要思考自身的相关基础性学科如何借势发展，包括数学、物理学、天文学、地球科学、空间科学、生命科学等基础性学科，自然科学与人文科学等交叉性学科等都迎来了难得的发展机遇。重庆大学和西南大学基础更好些，机会也会更多些。

近年来，地方政府支持教育部所属重点大学在本地发展的力度很大，广东、江苏、山东等经济发达省份是这样，中西部地区也有一些大的动作，往往都是从基础性科学方面入手，布局一些具有重要战略意义的项目。

2. 应用基础研究上新台阶

我国的应用基础研究，特别是一些关键核心技术（现在称"卡脖子"技术）的攻关显得越来越重要。例如，中兴、华为事件所体现的核心芯片和操作系统的自主可控意义就是典型案例。关键核心技术的国产化是大趋势，没有这些重要的应用基础成果的支撑和知识产权保护，我们的技术系统就像是在沙地上建起来的高楼，外力一推就会倒。从某种意义上讲，应用基础技术在当下也是"国之重器"。重庆在这方面一定会大有作为。

在前一轮中国成为世界工厂的发展过程中，重庆就抓住了制造业发展机会，围绕笔记本电脑、手机产业链延长价值链取得了不少成果，得到经济发展的实惠。我相信，未来在应用基础研究突破关键核心技术方面，重庆一定会做出新的贡献。

目前国际公认的六大应用基础研究方面的前沿领域，包括人工智能、基因测序（其未来的应用就可能是基因治疗）、合成生物学、医疗技术、新材料、量子计算等，这些领域又会形成一些创新的集群。在成渝地区，重庆科学城的范围应该是创新集群的关键节点。也只有作为创新集群的关键节点，才有发展的重大机遇。

3. 一批掌握核心关键技术的科技企业形成创新集群

目前全球应用基础研究的创新集群，最有名的几个地方是：美国的太平洋地区，即西海岸，全球32%的化合物半导体专利和创业公司都聚集在这里，比如硅谷就是一个重要节点。在西海岸，全球50%以上的基因测序和合成生物学的专利和人才也聚集在这里。泛大西洋沿岸，拥有40%的人工智能专利和数字技术，如美国波士顿，也是一个重要节点，这里的人工智能集群度很高。[1] 再如英国牛津的智能网联车、无人驾驶技术，法国大巴黎地区的数字技术，大西

---

① 吴军：《浪潮之巅》，人民邮电出版社2019年版。

洋沿岸到德国黑森林，欧洲七大医谷涵盖全球医疗技术和器械，专利申报达到50%以上[①]。重庆主动建设"科学城"更应该着眼于产业创新集群。

前面讲的有一些应用基础产业集群，实际上是以企业主体实现的。这些企业的能级很高，其中很多也是由团队创业发展而来的。重庆的科技企业，要承担"科学城"的发展使命，就要勇于从跟跑到并跑再到领跑，必须掌握核心关键技术。刚才讲到的几大新领域，我们在哪个方向上会有机会培育领跑者，是我们大家都要面对的课题。

4. 产业园区建设要取得新的突破

客观讲，重庆产业园区建设的政策环境相对宽松，建设规模目前也不落后，但建设模式的创新和建设成效的提升还有很大潜力。

制造业集中的地方正是产业升级的着力点。目前，重庆服务制造业的园区，基本还是标准厂房的开发模式，建设和运营方式还比较粗放，建筑形态对现代城市风貌有所拖累，这些都需要创新突破，至少应该跟上时代发展步伐，不能落后于这个时代。重庆的产业园区建设能不能走在全国前列，发挥引领作用，要看我们大家有没有这个志向，有没有全局眼光。如果重庆的产业园区发展的创新环境能够走在全国前列，那么行业中有探索意愿和创新能力的企业，就愿意到重庆去参与到新的产业组织实践中，"科学城"的建设就有了新的动力，就更具有针对性，服务实体经济的手段就会更丰富，更有力量。不能忽视这种力量。

三、符合"科学城"标准的园区建设将成为重要任务

"科学城"建设是以科学发展为核心功能的城市发展新模式。科学与经济的关系，重要媒介就是科技企业聚集数量和质量。科学城的发展离不开产业创

---

① 吴军：《浪潮之巅》，人民邮电出版社 2019 年版。

新基础，离不开先进的产业集群方式。从这个意义上讲，高质量产业园区不可或缺。

培育战略性新兴产业，推进新型工业化，是科学城建设的基本任务。尽管已建成了一些服务于科技企业的空间载体，集中在高新区。但按"科学城"标准，停留在现有水平是不够的，需要研发更具包容性、更适合未来发展需求的新型产业载体。培育战略性新兴产业，直接的任务有三项。

1. 开创战略性新兴产业集群的新方式

战略性新兴产业发展，不仅取决于核心技术的突破，也取决于新商业模式和新业态的不断突破，还取决于各种创新要素的集群与融合。我们需要规划建设的项目不是一般的研发办公楼，也不是一般的标准厂房（都是过剩），而是制造业和服务业多业态混合，适应不同类型科技企业高效率聚集的产业承载体。业态混合是有规律可循的，不能想一出是一出，抓住一个新概念就随意做项目。例如，智能网联车、人工智能、合成生物、数字经济、集成电路等，这些概念作为项目名称现在都有可能是误导。目前区域竞争日益激烈，重要资源的争夺将导致资源的分布越来越不均衡，目前，大规模的单纯、面窄的主题性园区在几乎所有城市的发展条件已不具备。适合战略性新兴产业集群发展的空间承载体，应该选择综合性定位。

2. 促进城市化提质增效

不可忽视的是科技产业的聚集对城市风貌的影响。首先产与城应该是相互融合的，而不是格格不入的。好的科技创新环境，一定要有城市感，有公共感，是良好的城市文化环境。所以，新时代的产业园区与城市的相容性要更好。从这个意义上讲，制造业跟服务业的融合发展，特别是跟生产性服务业、技术性服务业的融合发展，业态融合——这个基本取向是营造良好城市形态的关键。

3. 加快制造业转型升级

服务先进制造业最高效的方法是什么？科学城建设如何促进重庆的制造业加快转型升级步伐，特别是数字化转型很值得探讨。若要讲比较优势，重庆产业经济的比较优势在制造业。所谓先进制造业，本质在数字化和智能化。我们讨论产业园区规划理念创新问题，首先就要跳出产业地产思维框架和标准厂房标准。标准化厂房无法满足各种工艺要求、不同产品规格、不同生产规模、不同功能需要的多元科技企业主体的集群要求。"科学城"建设的应有之义是营造更好的空间环境促进生产性服务业与制造业融合发展。这就是最好的营商环境。有了这种环境，"科技城"的发展基础就会更加坚实，发展的条件更加完善，我们在基础研究和应用基础研究方面就有更强的发展动力，政府的主导作用和市场的决定性作用就会结合得更好。这是科技城建设优先应该突破的思维格局。

关于高品质科创空间建设的几个问题

2020 年 9 月在成都东进大讲堂的演讲

观点

- 在数字化时代，新兴产业随商业模式的创新而兴。许多科技企业对空间的需求都是"办公、研发、服务"三种功能兼备。这些企业对于环境气质的要求也与传统金融、商贸等城市服务业有明显差异。

- 一个好的科技园区，或者说一个高品质的科创空间，一定是开放性的空间，是没有围墙的场所。这样，不仅为参与这个区域发展的企业提供更多公共空间和相互交流的氛围，而且有可能为这些公共空间塑造不同凡响的艺术气质。

- 文化意义的现代主义（或称机械主义）是工业化的产物，重要特征是强调功能性和实用性，习惯于一种秩序的重复使用。尽管效率较高，但千楼一面，单调乏味，与我们这个时代的精神气质并不契合。我们这个时代的鲜明特征是什么？是跨越工业化、电气化和信息化时代，迈向了数字时代和智能时代。这个时代的建筑精神和特征是什么？是多元共生。

- 任何新的产业功能建筑都应跟当地的历史文化产生联系。让人感觉从天而降，跟当地的地域文脉和历史找不到一点关系的东西是没有文化根基的空间异物。

- 园区运营的发展趋势是从专业化走向一体化。

- 只有站在时代的前沿，选择正确的方式，才能建设符合第四次工业革命所需要的真正意义的高品质科创空间。

大家好，非常荣幸应邀来到东部新区，跟新生的新区管理机构的朋友们交流高品质科创空间建设的相关问题。

我是第一次从成都市区穿过龙泉山来到位于简阳的新区。上午从酒店到这里的路上，韩超同志一直在向我介绍东部新区的形成过程。我知道大家现在面临的课题是，要在龙泉山以东，以建设天府机场为契机，在900多平方公里的范围内开创成都的未来。面对这样极不寻常的艰巨任务，应该用什么样的思路来谋划，在布局阶段应该充分思考哪些问题？避免哪些固有的旧理念或老方式？我非常高兴今天有机会跟大家来分享一些想法。

2020年9月初，范锐平书记带领全市各部门、各区县领导前往成都芯谷考察调研。这个项目是中电光谷在成都打造的第一个科技园区项目。那天，范书记跟我讨论了有关高品质科创空间的相关问题，因时间关系当场没法展开。今天，按张瑛书记的要求，把相关话题进一步深入下去。

一、高品质科创空间的提出

2019年12月，锐平同志率团考察深圳。2020年3月，他提出"高品质科创空间"建设概念，并将之写进了《2020年产业生态圈和产业功能区的计划》。我非常理解锐平同志到深圳考察，特别在南山科技园区以及访问企业过程中所形成的感想。我们不妨把这个感想及2017年以来从产业功能区建设到高品质科创空间建设的演进过程联系起来做一些分析。我这两天系统阅读了相关文献，并做了一些梳理和归纳，供大家参考。

自2017年成都提出产业功能区这一概念以来，无论是从城市经济学还是产业经济学的角度都有两个比较重要的相关概念——产业链和产业生态圈——这也是我所看到的最早的地方领导用产业生态圈作为分析工具来思考区域产业发展问题。在关于产业功能区的论述中还有两个重要的关键词："规模之势"和"细分之力"。"规模之势"所要描述的是整体产业的体量及各种支柱行业的结构；而"细分之力"更多强调的是在一个有限的空间内，如何更加专注于就某一个具有产业链价值的内容及有生态发展意义的新兴产业进行整合，更好发挥细分市场的集群优势。

另一个重要思考角度就是国家战略。从提出科学发展观开始，十多年来，国家持续推进创新驱动发展战略。党的十九大所提出的高质量发展，其本质就是创新驱动发展。对于成都来讲，如何建立开放型的产业体系，如何在成渝双城经济圈扮演更加重要的角色。显然，在构建成渝双城体系这个过程中，东部新区是成都东进的主战场，也是落实双城战略的主要承载体。这两个方面的共同作用构成了高品质科创空间的思维结构，这个结构归纳起来讲就是将产业生态圈提升到创新生态圈，将产业链提升到价值链。实际上就是说，高品质科创空间在一个产业功能区里面要更好地发挥引擎作用和带动作用。如果采用"平铺直叙"的方法，无论一个功能区有几个平方公里，都难以抓住引爆的核心。

在深圳南山科技园区，任何一个组团，甚至一个楼宇，都具有较强的科技创新和产业带动动能。当然，如果成都若干个产业功能区里也能产生这样的动能，使得无论是对于城市功能形态，还是经济和产业本身都会产生更大的价值，释放出更大的力量，进而更好地发挥增长极和动力源的作用。这实际上就让创新生态——增长极和产业生态——动力源成为高品质科创空间建设的本质描述。

锐平同志最近的一个讲话中提到高品质科创空间的空间形态问题，并从四个方面归纳了空间规划的特点：布局的开放性、设计的独特性、生活的适配性和服务的平台性，这个归纳已经涉及了城市规划的专业内容，论述得很有深度。这几个方面是理解高品质科创空间规划比较关键的概念。

二、高品质科创空间与经济增长新动能

我们现在面临的国际经济环境异常错综复杂，内外结构性矛盾深刻。对于

中国经济健康发展而言，过去高速增长所依赖的要素驱动和投资驱动方式难以持续，而创新驱动的抓手是什么尚不够明确，各地都需要创造条件获取抓手。在这种情况之下很容易出现把新产能当作新动能，把产能扩张当成新动能建设的误解。

要把高品质科创空间建设的立足点弄清楚，首先就要把什么是新动能弄清楚。高品质科创空间所承载的一定是新动能，而不是旧动能。新动能大致可以归纳为以下四种。

1. 知识经济

它是以知识生产消费为主要特征，以无形资产为主要的经营凭借，是经济现代化的重要标志。从某种意义上讲，我们要跨越中等收入陷阱，从整体上提高劳动力的素质，提高平均收入水平，我们经济的形态就得整体上转变成知识型经济。知识型经济是整体劳动者素质提高的一个非常重要的指标，只有劳动者素质提高了，经济的样式、经济的结构乃至收入的结构才会有根本性改善，也才有可能走出中等收入陷阱。

2. 数字经济

美国商务部在 1988 年就发布了《新兴的数字经济》报告，2018 年我国在福州举办首届数字中国峰会，并发布 2017 年数字中国建设发展报告，强化了数字经济的国家战略地位。过去 20 年，互联网、大数据、云计算高速发展；随着物联网的迅速发展，未来 20 年乃至更长时间，数字经济还将继续向纵深发展。数字经济是什么样的业态？什么样的形态？适合在什么样的地方发展？如何去营造有利于数字经济发展的环境？在成都，无论是高新区还是天府新区都做得非常好。东部新区如何在增长最快的领域有所作为，成为一个新增长极——仍然是一个重要课题。

3. 智能经济

当前，成都正处在智能产业和智能城市协同发展的重要时期。随着人工智能的广泛应用，智能经济将会深入到我们生活和工作的方方面面。在这个阶段是否能够通过智能化来提升改变空间地域的局限，形成跨越式发展的时代特征，实现弯道超车，是新区发展当前面临的时代机遇。

4. 健康经济

在目前阶段，国内人均健康消费潜力巨大。按全要素口径算，中国人均健康消费约为美国的 1/40，日本的 1/16，欧盟的 1/14。[①] 大健康领域将是未来二十年增长最快的领域。在新区的产业规划中，应该把生物制药与大健康放到更加突出的位置。尽管现在温江有一定基础，南向有科学城及国际生物城，但是未来在东部新区，尤其是在成渝双城的发展新格局中，大健康和生命科学领域依然是科创空间不可或缺的重要发展方向，是需要得到大家更多关注的领域。

这四个方向是新动能的主要体现形式，在思考高品质科创空间的时候，当然应该纳入主要战略性方向予以强调。

三、高品质科创空间的主要类型

提到高品质科创空间，大家很容易想到颜值高的办公楼宇。客观讲，成都在近 20 年的城市化进程中，已经诞生了一批颜值很高的办公建筑。颜值高肯定是高品质科创空间的基本特征，但要把建筑做得好看并不难。一个能较好理解规划、理解建筑、有一定审美眼光的团队就能做得到，但重要的是建筑里面将会发生的是什么。

我刚才来的时候，看到邻近这里的一个建筑群就立着"企业总部"的标

---

① 资料来源：中电光谷产业生态研究院对部分城市和区域的调查结果。

牌，这些建筑也做得很漂亮，问题是建筑里面企业的价值能不能跟深圳南山科技园那些建筑里面的企业价值相比较。对于今天的成都，特别是东部新区而言，高品质科创空间里面所承载的是否为高质量的科创企业是至关重要的问题。从企业经营活动类型需求的特点看，高品质科创空间大体可分为以下四种类型。

1. 基础科学研究场所

既然本质是科创，从全局看，中国人要想对人类科学技术的发展、对人类的文明有所贡献，当然应该从基础科学入手。这一直是我们的薄弱环节，也是被"卡脖子"的根本原因。当然，发展基础科学也许不是新区的主要任务，但放在整个成都来理解这件事的时候，就必须要从这里出发思考问题。当然从事基础科学研究任务的更多是大学，特别是一些重点大学的重点实验室，科学研究的成果大部分也在这样的环境中产生，但高品质科创空间一定要与这些科学研究的条件产生关联。高品质科创空间建设与基础科学研究的关联度也决定了空间品质的功能高度。从城市更新角度讲，环重点大学规划高品质科创空间是比较容易见效的办法。

2. 应用技术研发场所

这是我们应该考虑的主要方向。面对经济发展主战场，无论哪一个行业，具有国际竞争条件的经济主战场大部分都是应用技术的研发的用武之地。建设高品质科创空间所涉及的研发空间，主要是应用技术的研发场所。企业技术创新中心、工程技术中心及科技企业孵化器的公共实验室等新型研发机构都属于此类型。

3. 办公、研发、服务兼容的科创综合体

在数字化时代，新兴产业随商业模式的创新而兴。许多科技企业对空间的

需求都是"办公、研发、服务"三种功能兼备。这些企业对于环境气质的要求也与传统金融、商贸等城市服务业有明显差异。如果大家想深入了解深圳南山区的科创空间，我可以给大家推荐一个比较具有标杆性的项目，是深创投公司投资建设的深圳软件产业基地，在那个建筑群里面，很多建筑从外观来看它依然是一个办公形态的建筑群，但是内部却承载着很多重要的软件开发技术内容。数字经济的新业态、新商业模式的开创性企业已批量从这里诞生。

4. 办公、研发、生产（软件＋硬件）兼容的科创园

一个具有生产功能的科创空间，尤其是具有硬件生产功能的空间，是高品质科创空间建设过程中不可忽视的，这里也涉及如何为制造业集群发展服务和标准化厂房的规划建设方式等问题。在成都，各个区域都在响应高品质科创空间建设号召。而具体谋划项目的时候，我们应该想清楚自己的比较优势在哪里？这要从区位优势及功能错位的角度考虑，否则即使载体硬件建得好，运营质量也难保证。这里不妨跟大家汇报一下在规划建设"成都芯谷"这个项目时候我们的基本想法。

成都芯谷的规划起步于四年前，后面还规划有生产空间。当时，全市并没有把建设高品质科创空间作为战略性的任务。我们制定目标时是这样设想的：整合中国电子已有的集成电路设计企业，特别是新兴 IC 设计企业，构成具有公共服务功能的创新平台，去吸引来自亚太地区的，特别是日本、韩国以及中国台湾、香港地区、上海、北京、深圳的 IC 设计企业，构成一个新的增长极——这是我们三年前规划的基本构想。

现在高品质科创空间的建设项目多了，并且有可能出现一些同质化项目，我们则要作出一些调整。当然，我们首先会适度控制建设进度。第二要考虑功能及内涵的变化，也就是说过去大家对集成电路的产业集群着力不多，我们有条件在双流这个大区域内做成区域性集成电路的新增长极。这里所讲的增长极

是全球竞争意义的，也就是在中国如果有三个或五个主要集群地，成都是其中之一。但现在或许变了，若干主城区也要拿出一部分空间来服务集成电路设计，而这些地方的城市综合条件也许更好，对这一类的企业也许具有一定吸引力。那么，这个时候，"成都芯谷"就要从定位相对集中，转变为多元共生。当然，大家共同发挥作用，使得成都整体上变成集成电路人才、资金、技术比较聚集的地方，我们觉得这是好事。但是，整体环境跟我们过去的设想有所不同。外部环境变了，我们也需要作出相应的调整。

我们需要把项目服务的产业类型的范围扩大，不能依然局限于单纯的集成电路设计，更应加强智能产业的应用功能。但是，如果大家都按照前面所提到的"细分之力"的方式，也就是通过寻找细分市场从而形成相对集群优势，并把上述发展理念在城市整体范围内来进行实践的时候，大家都需要进行错位思考。

对上述四种类型的准确判断和正确选择至关重要。当我们策划任何一个具体项目时，都应该从整体环境出发，了解全球、全国正在发生什么，趋势如何，紧紧把握比较优势，深刻理解产业的生态以及城市形态的关系，顺势而为。

四、高品质科创空间选址条件

高品质科创空间选址是一项兼具战略眼光和专业经验的工作，在很大程度上决定项目的成败。适合高品质科创空间建设的用地区位条件主要包括如下六个方面。

1. 城市基础设施完善

城市基础设施主要是指交通、通信、能源等，这些城市基础条件跟我们要做的项目要匹配。

我们发现，一些项目在选址问题上比较草率，未经充分研究、论证便匆忙动工实施。过程中发现某些条件不具备时已无法补救，最终导致项目的实际效率很低。例如，若要建设用于大数据应用的机房，如果周边的供电条件不具备，或主干通信网跟项目所在地距离比较远，就需要重新考虑。又比如涉及生物制药的中试和生产条件，周边若没有能够提供工业蒸汽的热电厂，也不符合要求。

单就基本的城市基础设施条件而言，东部新区规划建设的决策不仅要从整体构架上进行相对比较超前的思考和布局，主要的交通、通信能源等设施都已进行各种专项规划。在这样的基础上，应进一步深入研究城市基础设施的一些细部区位条件。

2. 周边优质的医疗、教育资源丰富

对于高素质的人才，尤其外地人才，能不能足够有吸引力，优质的医疗、教育条件是重要的标志。即便是成都本地毕业的学生，是否愿意留在当地工作，以及选择在什么区位工作的时候，这些条件往往都是考虑的要点。

3. 城市生活设施健全

相对而言，现在城市生活设施建设（包括住宅、商业综合体等）通常会比较超前。这是住宅开发驱动城市发展的市场机制。而超越一般市场因素的优势就是提供物美价廉的居住条件（即人才房）。过去我们在论证双流作为"成都芯谷"项目选址的时候。除了要求一些其他的前置条件外，其中比较重要的就是棠湖中学和正在建设的医院，以及准备要建设的国际学校，这些都成为我们当时认为要引进海外人才比较重要的条件。同时，还专门设计了适合引进专业人才的居住优待计划，后来市政府统一制定人才房政策，执行过程的不确定性对项目实施的预定目标造成了一些影响。所以，我们现在比较担心的正是我们所期望的吸引人才的目标，是否能如愿达到。

4. 周边拥有大学的重点实验室及企业创新中心资源

大部分初创技术型公司与大学的重点实验室和行业的头部企业的创新中心都有依赖关系。选择在与大学重点实验室和重要科研机构临近的区位创业要便捷许多。相反，仅仅凭办公的房子漂亮、使用成本低这些条件是缺乏足够吸引力的。

5. 具有一定数量多元化人才基础

也就是说，区域创新氛围能够达到一定的浓度。如果没有达到这种浓度，就无法形成科创的氛围，要产生出好的结果就会很难。

包括我刚才讲的一些重要的实验室以及一定数量的多元化人才基础。我认为，在一些比较尖端的领域，如果要产生突破，这就是非常重要的条件之一。大家都知道，深圳在 20 世纪 90 年代中期普遍被认为是文化沙漠，当时只有一所深圳大学。但是，后来通过陆续的在高等教育领域的合作，包括与中科院、清华大学、哈工大等十几所大学共同举办各种研究生院和工程技术型研究院。近年来，在龙岗建设了一系列国际化的高等教育合作项目，使得深圳自身具备高水平人才产出条件。此外，对于人才环境还有一个非常重要的因素，那就是多元化。只有突破了某些狭隘的学科领域或专业领域，才能形成真正有活力的创新氛围。

当然，成都在总体上是具备上述条件的。但是，在我们项目所处区域，在人才发展方面的基础如何，从某种意义上讲，这也是我们要在具体项目策划方面须深入研究判断的事情。如果不具备条件又一定要做的话，可能就会事倍功半。

但是，这个过程中我们也需要权衡，哪些条件是具有超越空间障碍的力量，这些都是需要深入思考的问题。我们在武汉有一个非常重要的案例，是当时我们在规划建设未来科技城起步区的时候，项目距离城市建成区边界有十多公里，不符合高端人才工作环境要求。怎么办呢？一方面，要达到一定规模，功能要强大；另一方面，要有引领性企业和项目。我们与政府一起做了很多工作，把华为武汉研究所搬了过去，当然也给了很多优惠条件。最后，华为就将原来在光谷软件园的3000多人全部搬了过去，到现在已经发展到10000多人。华为的研究团队的引入，就把未来科技城在区域范围内的创新氛围支撑了起来。当这个科创区域有了5000名人才聚集时，对这个区域的带动力量就能形成。所以，如果格局足够大，付出一定的战略代价也能达到目的。

6. 公共服务条件完善

公共服务是一个城市治理能力和治理水平的集中体现，也是一个城市文明素养的标志。如果区域公共服务能力和条件是短板，应该尽快补齐。

五、系统规划方法论

系统规划方法论是中电光谷从过去十多年实践中所归纳总结出来的"从项目到城市，从城市到项目，宏观与微观互动，从项目运营反观策划思路"这样一种研究与工作方法。

1. 宏观视野与微观经验的结合

通常在从事整体规划抑或具体项目规划过程中都会面临一些困境。就是做总体规划的人，对于宏观经济即社会经济发展的整体把握，往往是通过一系列经济指标为依据的沙盘推演，而缺乏对具体空间尺度及产业的结构性关系的操作性理解。这样的单向度工作过程很容易成为纸上谈兵。

而从事空间规划者往往因为对产业的理解较为薄弱，特别是对于行业之间的关系，发展过程的产业链和产业生态关系认知的概念化理解，使规划成果的可操作性比较差。例如，要依托机场发展产业，大家很容易想到的是跟航空、物流有关的产业。但只有进一步深入下去,物流与哪些制造会发生关系?形成多大规模?物流与不同行业、不同形态的制造业在空间与集群结构上应该形成怎样的可持续关系?同时,还应形成哪些服务业的功能与生态?如此等等,这些内容都需要进行更深入的专题研究。

通过上述这些研究所支撑起来的经济与社会发展的总体规划、城市总体规划与各种专项规划才可能变成一个有机整体。所以,不仅一切微观规划的出发点必须建立在科学的城市功能定位的基础上,而且一切宏观规划必须由具备丰富微观经验的团队和专业人员参与,使微观经验在宏观层面上深刻发挥作用。那些脱离了微观经验支撑的宏观总体规划方案往往是值得怀疑的。

2. 产业规划与空间规划的融合

为什么一些地方的城市总规经常需要调整?主要原因,就在于规划过程和成果不具备系统性。但凡规划编制过程基础研究工作不够,部门协同不够,实施起来就会漏洞百出。

其实,产业规划和空间规划是有可能实现有机互动和良好匹配的。咱们东部新区现正处在谋篇布局阶段,需要真正下大工夫的地方,就是产业规划与空间规划的深度融合。

3. 基石企业的个性化需求与标准化建筑设计的动态协调

基石企业也可称作行业龙头、细分市场龙头企业或隐形冠军企业,是园区的产业基石。在规划一个产业园区项目的时候,我们要分析研究需求的一般规律,但往往我们不知道具体哪个企业会来?因此,必须要做实战性模拟。如果缺乏这种实战性模拟过程,所设计的建筑就缺乏贴近需求的针对性。也就是说,我们一定要清楚所模拟的企业的具体需求,这是建立在一定沟通深度和对企业业务,特别是工艺流程的深入理解基础上。具体那一家企业会不会来,我们事先并不知道,但对这一类企业的经营规律和空间需求的基本规律必须知道。这就是有效服务的针对性。

既要满足规模化建设要求，又要尽力满足服务基石企业的精准条件，这就是高品质科创空间的规划要求。如果找不到基石企业的目标，就无法避免建设的盲目性，也就无法保证建设投资的效率。

中电光谷科技园区的规划原则是，无论是怎样的园区项目，在项目开工之前都要确定基石性目标企业，并且一定按照企业的需求来进行设计。否则，规划方案无法审核通过。

4. 产业基础设施

这也是作为规划的构成要件。在考虑城市基础设施之外，任何一个产业园区都要考虑相应的产业基础设施。

可以肯定，在这个普遍产能盈余时代，有效的产业组织方式体现为在多大程度上实现资源共享。如果一个园区内若干企业因为自身的生产经营需要而重复投资若干科研和非经常性使用检测设备和生产装备，那么这个园区就没有足够的吸引力。

所以，我们也需要有针对性的做产业基础设施的规划。无论是能源、通信、数据等方面的设备，还是一些公共实验设备、产品检测设备等，凡是可以共享的功能都是我们在高品质科创空间的设计中应该认真研究考虑的。

5. 创新生态与产业生态相互促进

要把产业生态跟创新生态分别做一些结构性分析。包括在产能分布上我们如何考虑；在创新能力要求上如何考虑；哪些地方需要相互兼顾，相互促进。在一个项目的规划中，这种兼顾考虑得越具体、越深入，实际上拿出来的设计任务书就越具有价值。

6. 开放性与环境的文化气质

一个好的科技园区，或者说一个高品质的科创空间，一定是开放性的空间，是没有围墙的场所。这样，不仅为参与这个区域发展的企业提供更多公共空间和相互交流的氛围，而且有可能为这些公共空间塑造不同凡响的艺术气质。成都把公园城市作为城市形象的重要特征——我理解，就是尽可能营造更多优质的公共空间。同样，在园区建设中注入这样的理念，才能与我们城市的气质相契合。

六、高品质科创空间的建筑设计要求

高品质科创空间——品质二字最重要的内涵之一是建筑形态和功能。下面所列五个方面对建筑设计的要求尤为重要。

1. 建筑气质要表达时代精神

今天，中国科技园区（或产业园区）设计市场比较活跃的建筑师，无论出自哪个国家，大部分都深受现代主义的思想和方法影响，也有一些后现代主义思想的拥趸者。无论是现代主义还是后现代主义，都有时代的局限性。文化意义的现代主义（或称机械主义）是工业化的产物，重要特征是强调功能性和实用性，习惯于一种秩序的重复使用。尽管效率较高，但千楼一面，单调乏味，与我们这个时代的精神气质并不契合。我们这个时代的鲜明特征是什么？是跨越工业化、电气化和信息化时代，迈向了数字时代和智能时代。这个时代的建筑精神和特征是什么？是多元共生。大家应该想明白，今天，那些具有创新精神并希望引领未来的科技企业向往什么样的工作环境？

我们对数字创意领域的代表性企业做过调查，发现新一代的创业者不满足于简单的功能性和实用性，他们需要有独特个性、有突出艺术气质的和具有审美价值的空间。当我们构想高品质科创空间的时候，如果不假思索地照搬某种已有的成功模式，重复某些过时的经典建筑形式，一定会被当下的年轻人所抛弃。

2. 融入区域文化逻辑之中

这与后现代主义所倡导的最基本设计思想一致——任何新的产业功能建筑都应跟当地的历史文化产生联系。让人感觉从天而降，跟当地的地域文脉和历史找不到一点关系的东西是没有文化根基的空间异物。在设计展开之前，需要进行有针对性的专题研究，加深对地域文化的理解。在这样的基础上生成出来的建筑才有生命力。

3. 既满足科创功能和审美要求，又要满足经济性要求

倘若我们用市场化方式开发科创空间项目，一定要仔细算算经济账。建筑首先需要满足科创功能要求，也需要满足高品质的审美要求，但同时又必须满足投资的经济性要求。当然，经济要求通常有一个范围，不一定是绝对化指标性约束。从某种意义上讲，你要把项目塑造成什么样的品质，就应该付出什么样的造价。但仍有较大的优化空间。我们今天要讲的是谋求提高品质应有限度，要符合经济性要求。如果让建筑师完全无造价限制做建筑设计，往往投资预算就会失控，这是开发管理的失职。

4. 充分利用场地自然生态条件，善用自然采光和通风

充分利用场地的自然生态条件是当代建筑设计的重要理念。我相信，大家现在都接受这样的建筑设计理念——不以人为改变自然生态为前提，而是尽力尊重保护自然生态条件。应该指出，现在的公共建筑设计还是容易犯形式主义毛病，例如，不太注重利用自然采光与通风，这也是现代主义建筑惯于采用全幕墙及人工通风的后遗症。其实，成都有这么好的自然环境，自然采光和通风，既节能又舒适，应该成为这个城市的建筑风尚。

5. 注重项目建筑空间秩序整体性的同时，更加注重建筑

单体的多样性与差异性如何处理好整体性和个性化差异的关系是设计管理

水平的重要标志。如果能够做到每一个建筑单体都有所不同，但是又能通过空间和有序整合，营造出符合视觉审美规律的整体感，这就是应该追求的美学境界。

七、综合运营方法论

高品质科创空间建设不仅包括规划、设计和工程建设，更为重要的是可持续运营。因此，运营是建设的重要组成部分。

下面我想跟大家介绍一下综合运营方法论。运营是多样化专业服务的统称，而综合运营是采用数字化工具将各自独立的服务整合起来所形成的一体化组织方式。

1. 园区运营的本质是产业组织

显然，空间服务需要采用房地产经营方法，如房屋的销售和租赁等，但这只是手段而不是根本目的。科创空间建设的出发点和落脚点都是组织产业。那么，组织产业有效性的标准是什么？我看主要有三条：第一，提升区域经济竞争力，它所体现出来的核心指标是税收；第二，留住本地优秀人才并吸引外来人才，关键性标志是地方人口素质；第三，产生扎根于本地的新兴领袖企业（包括细分市场龙头、隐形冠军等）。

未来，东部新区会成为成都新增人口的主要承载地——可能会在 20 年内增加几百万甚至上千万人，但是这些新增人口是什么样的文化素质就会决定这里发展为什么样的水平。高质量发展要靠高水平的产业组织才能实现，你组织什么类型的产业？如何组织这些产业？最后实际形成什么样的人口结构？这是我们现在要明确的目标。以营造空间为出发点，如果能形成高附加值的产业结构并聚集高素质的人才，这才是高品质科创空间应该承担的发展使命。

2. 运营的核心是跨区域产业资源整合力

过去很多年，城市与城市之间产业竞争的焦点是争夺优质资源（包括高素质人才）——这个城市到那个城市去招商引资，那个城市到这个城市来造势引智——目的不外乎如此。客观地讲，这对于促进资源的优化配置是有作用的；可比较的优越条件最终对更多企业的发展也有利——要么有利于降低成本，要么有利于提高效率，要么有利于优化结构布局。通常，这些都是通过政府组织来完成的。显然，发生的概率并不高。单纯的政府招商方式，即便是把行业的头部企业都排出来并按图索骥地去找，效率也是极为有限的。有人做过统计，若拿出一个非常完整的产业地图并由地方领导出面，逐家登门拜访，成功落地的概率也极低。

现在，经济整体走向饱和、盈余时代，产能过剩似乎已成常态，有的甚至比较严重。在这样的情况下，我们如何去招募人才又如何去引入产业？其实，最有效的办法是推动跨区域产业合作。不同城市和区域资源禀赋不同，本质上讲并不存在你死我活的关系，更多的是互补协同的关系，是互相促进的关系。这是高质量发展的一个重要特征。

例如，像北京、上海、深圳这样的全球化城市，他们要构建新的竞争力就必须优化结构、提高效率，就需要把不适合当地发展的企业有序地安排到其他城市，以腾出空间发展新动能。特别是需要有序组织一些中低端制造业转移到其他地方。这就需要拥有产业组织能力的跨区域运营的专业运营公司跟双边的政府合作，共同把这些资源用一种高效的产业组织方式进行有序配置。这是一种超越挖墙脚式招商的产业合作新方式。当然，能够在多少个城市连接资源？能够连接多少资源？能够有效推动哪些资源实现优化组合？这才是运营能力的标志。

3. 园区运营的发展趋势是从专业化走向一体化

从能力建设的角度讲，相对而言，规划建设能力的形成比较容易，因为设计和工程建设的具体工作大都是外包并由专业公司实施的。只要对一些基本规律有所认知，凭借一些制度流程，可以保证一定的管理水准；但运营能力的建设就相对困难了。现在，我们的实践中遇到最大的问题是什么？是在专业化的基础上，如何打破边界，高效协同。例如，在一个园区里要协调 10 种专业服务，而这 10 种专业服务都有自己独立的作业规律，有自己独立的核算框架，甚至是相互独立的团队。他们之间的协同效率必然较低。只有打破边界，整合各专业化能力走向一体化才能实现高效运营。但对更多的平台性公司而言，各种独立的专业化能力还没有形成，就要走向综合化运营，难度就更大了。

昨天跟市产投集团石磊董事长沟通，了解到他们现在遇到运营能力的瓶颈——同时上马若干个项目的工程建设，规模达到数百万平米，建不是问题，而运营正成为大问题——巨额投资下去效率如何保证？如何同时有效招商，充分发挥这些空间的作用，促进产业升级和新经济发展？这的确是一个挑战。所以范书记提出推广管委会＋专业运营公司模式，看到了问题的症结。

4. 运营的技术基础是数字化运营系统

要采用一体化的方式实施综合运营，要凭借什么样的工具基础呢？最重要的基础就是数字化运营技术体系和平台。通常在一个单一项目的规划建设过程中，很容易就事论事匆忙解决问题：类似于一般弱电工程，找各专业的供应商来便是。最后，你要掌控的是这些分散的系统。当然，一般的物业公司可以在相对较低的数字化水平上完成相关工作，但整体成本高、效率低，反应速度也慢，特别是缺乏跨区域的资源支撑。也就是说某个园区仅仅是一个产业孤岛。

在开放性经济体系中，无论是内部的管理与服务还是与外部世界的联系都需要有效的数字系统来将其打通。成都市领导已从战略高度上认识到工业互联网对产业功能区建设的意义，要求通过智能化手段使若干个产业功能区之间构成产业互联的大格局，让数据成为有效经营管理和提高产业组织效率的工具——这是具有未来意义的宏大构想；同时，也是未来构成数字城市和智能城市，提升数字治理水平的重要方面。把产业组织的数据打通，提升服务效率，使各行业内部与各行业之间建立更广泛的产业互联，使几十个产业功能区构成城市整体的产业生态和创新生态体系——这正是本质意义上的产业高质量发展。

第四次工业革命带来的变化日新月异，新技术的产生和应用层出不穷。大数据、云计算及人工智能的应用都是构建智能化园区系统不可或缺的部分。今天所讲到的高品质科创空间的内容也大同小异，通常有七大管理功能，包括安防、消防、交通、能耗、人员、清洁、绿化。能耗在未来智能化体系中是一个重要指标，而单位的能耗指标可以在很大程度上判断企业的运行状态和质量。

园区有五大专业服务智能，包括人才、金融、技术、空间和政策等，还有五个方面的生活基础服务，包括公寓、食堂、酒店、快递和社交等，如何将它们整合到一个一体化的平台中，从而解决过去由不同的子系统独自运行的状态？当然，这样一个系统无论对于入驻企业、企业员工、园区运营者还是政府的若干部门都能提供大家所关心的动态数据并能及时互动，这样的产业组织效率才是全方位的。

我们实施数字园区系统的实践证明，能够在硬件基础投入成本不增加的基础上，降低管理成本10%，在反应及时性和解决内部不同类型服务之间的协同关系上提升工作效率30%。可以想象一下，当在一个平台上，聚集起1万家、10万家乃至100万家活跃企业用户的时候，这个平台功能将多么强大。如果说成都能够使用智能化手段，在几十个功能区优先构建起具有工业互联网意义的产业互联体系时，成都产业升级和新经济发展就一定会走在全国前列。

八、产业互联网平台

关于产业互联网平台，我有两个观点如下。

1. 数字运营系统能够构建产业互联网平台

大家都知道5G＋工业互联网是国家工信部在工业场景推动5G应用的重要

抓手。当前，困难在于无法深入到企业的具体生产流程中，原因是多数系统构建的出发点在于服务政府职能部门而非服务企业。数据要从企业来，不能为企业创造价值，企业就没有应用的积极性。只有真正立足于为企业服务的工业互联网思路并构建起具有行业应用价值的体系，能够为企业创造价值的时候才能受到欢迎，由此所获得的数据才能为政府的决策和精准服务产生作用。

政府平台、运营者和企业三者之间的关系是架构设计的重要基础。政府需要工业运行数据不仅是具有统计意义的，更是具有结构意义的——由此可以发现一些趋势性宏观规律，还可以找到公共政策和公共服务的可比性缺陷和短板。运营者可以发现一些需求规律，有效改进服务。企业可以及时得到发展所需的要素支持和帮助，也可以完善供应链系统。

2. 融入产业互联网平台是高品质科创空间形成的重要条件

我们今天所讲到的高品质科创空间，如果说还仅是局限在对建筑的理解上，或仅局限在开发的投入产出意义上，抑或是招商引进企业的价值上——都是不够的。真正的需要是，建立在数字化和智能化基础上所构成的线下和线上的两种空间所共同作用和服务对象的可持续生态价值上。

结束语

最后，我想说：只有站在时代的前沿，选择正确的方式，才能建设符合第四次工业革命所需要的真正意义的高品质科创空间。

什么是"一城一法"

2020 年 12 月在哈尔滨呼兰区产业园区高质量发展方法论报告上的演讲

观点

- 产业园区策划及运营工作须从实际出发，具体问题具体分析、实事求是，从容面对不可预测的变化，切不可简单照搬已有的模式，切不可轻信已有的经验。

- "按老地图找不到新大陆"这句话讲得很生动。所谓变革，就是应对新的形势、新的要求，必须找到符合实际的新"地图"。

- 我们面对新格局的要求，简单照搬过往的有效做法很可能进入盲区甚至误区。所以，要适应当下新形势的要求，就是必须联系具体实际地创造性学习。

- 任何一种高质量的产业组织过程，绝不是某一种单一能力能够实现的。协同效率越高，则执行效率就越高。

- 很多事情的内在逻辑中都存在有效性和合法性的深刻矛盾。

- 我们要追求的目标是，既要现实的经济性好、见效快，又要充分考虑长远利益和可持续性，尤其是为未来做充分的准备——这是一个系统工程。

"一城一法"是我们在 2017 年提出的关于产业园区发展的策划准则。这里的"法"既指技术层面的方法，也指理念层面的法则。"一城一法"是对 2017 年之前的若干年我们在 20 多个城市成功策划建设了 30 多个产业园区背后商业逻辑的总结；也是作为公司内部业务发展的指导性原则提出来的，具有方法论意义。当然，这是一种形象概括的提法。旨在时刻警示墨守成规的僵化思想，时刻强调产业园区策划及运营工作须从实际出发，具体问题具体分析、实事求是，从容面对不可预测的变化，切不可简单照搬已有的模式，切不可轻信已有的经验。《反脆弱》一书在论及秩序和随机性的关系时讲得比较透彻："当你寻求秩序，你得到的不过是表面的秩序；而当你拥抱随机性，你却能把握秩序，掌握局面"①。

从 2019 年十月我们参与呼兰经济开发区产业定位和发展策略研究的策划工作开始，"一城一法"准则就贯穿于我们工作的始终。一个多月前，党的十九届五中全会审议通过了《关于制定国民经济和社会发展第十四个五年规划和 2035 年远景目标的建议》，指明了在国内新的形势和新发展阶段的起点上如何构建新发展格局的方向。当然，我们并不否认一些共性的规律可以作为普遍的遵循，只是不愿意助长伴随工业化而兴的"格式化"风尚。我坚信，"格式化"价值观正是制约产业园区高质量发展的思想藩篱。

今天很荣幸与同志们交流。我将围绕"一城一法"原则，联系呼兰经济开发区发展环境和条件，解读我们所做的工作，并就未来工作的思路提出意见。下面所讲的内容也作为我们学习五中全会精神，特别是学习理解"建议"所阐述的以创新为核心动力促进新旧动能转换和产业升级有关论述的心得。

一、为什么要强调"一城一法"

经过 20 多年快速城市化和工业化发展过程，绝大部分城市的功能结构都

---

① （美）纳西姆·尼古拉斯·塔勒布：《反脆弱：从不确定性中获益》，中信出版社 2014 年版。

发生了根本性改变，形成了新的城市格局。不少城市规划建设的产业功能区却都存在发展质量不高的问题。

下面两种现象更显突出。

1. 转换发展动能的新要求与习惯采用旧方法的错位现象

中央提出转换发展动能，把经济社会的高质量发展建立在新动能的基础上的思路已有几年时间了。但是我们还是经常看到一些地方具体实施建设项目时，仍然普遍沿用过去所习惯的旧方法。因此，就出现了新要求和旧方法错位的现象。核心含义是什么呢？是说，尽管大家都懂得新旧动能转换的重大意义，但并没有形成运用新方法的紧迫感和自觉性。"按老地图找不到新大陆"这句话讲得很生动。所谓变革，就是应对新的形势、新的要求，必须找到符合实际的新"地图"。

2. 脱离实际，盲目照搬"他山之石"的现象

学习十分重要，但机械地学习也是误区。欠发达地区的同志往往特别重视学习发达地区、发达国家的经验，这固然不错。改革开放40多年的发展历程，实际上是一轮又一轮改革者放眼看世界、学习借鉴别人的先进经验、提高现代化建设水平的过程，这个过程的历史意义不可否认。然而，当我们的改革发展进入深水区以后，面临的问题更加错综复杂，简单地照抄照搬难以有效解决现实问题。发达地区的一些做法未必适合欠发达地区，过去的经验未必能适应当下和未来的挑战。

今天的国内国际市场格局发生了深刻变化，中央强调要构建国内循环为主，国内国际双循环相互促进的发展格局。我们面对新格局的要求，简单照搬过往的有效做法很可能进入盲区甚至误区。所以，要适应当下新形势的要求，就是必须联系具体实际地创造性学习。

什么是产业园区高质量发展的基本标准？首先，就要从本地实际出发符合

实际需要，做到"四个适合"。

1. 选择适合的发展方向

常见的突出问题是产业方向选择的同质化问题。很多地方但凡编规划，无论是支柱产业还是战略性新兴产业方面的规划，几乎都要面面俱到，唯恐不全面，不同地方的规划换个标签甚至可以相互替代。这种"放之四海皆准"的显然找不准适合本地实际的产业发展方向，很容易产生战略上的误导，造成重大损失。

2. 设计适合的功能结构

目前，各地在编制各种总体规划时，仍然难以自觉实现多规融合。而只有当经济社会发展的总体规划与城市总体规划、用地总体规划，以及交通、能源、教育、医疗等专项规划的相互关系达到深度融合，符合当地产业发展的功能结构要求和建设节奏要求时，才真正具备发展的科学前提。

3. 采用适合的运作模式

某些地方曾经成功的案例，是否适合别的地方，是否仍适合现阶段或者未来阶段的发展需要？只有深入研究才能得出符合实际的结论。适合的运作模式是确保项目健康发展的执行前提。

4. 形成适合的执行协同机制

任何一种高质量的产业组织过程，绝不是某一种单一能力能够实现的。协同效率越高，则执行效率就越高。所以从这个角度上讲，无论是发挥党和政府主导的政治力量和公共资源作用，还是体现当地国有企业投资主导力量和社会资本专业化力量，要形成一种能够让各方面积极力量都能充分协同作用的机制，在当下才有可能使得我们在产业组织上的效率更高。

适合的才是最好的！我们前一段的工作正是紧紧扣住适合呼兰产业发展未来的需要以及在呼兰经济开发区如何生长的一个主线展开的。

二、"一城一法"要立足于处理三种矛盾

1. 有效性与合法性的矛盾

很多事情的内在逻辑中都存在有效性和合法性的深刻矛盾。当我们在考虑建设效率的时候，不能忽视法律约束，否则事情干成了也不会有好的结果；当我们在遵守流程规范时，也不能忽视结果导向，否则是另一种不负责任的态度。面对矛盾时，我们始终要抓住主要矛盾和关键环节。例如，当需要突出强调效率时，我们则要设法找到在保证有效性前提下的合法依据；当必须按合规合法程序作为业务展开前提的时候，我们就不能抱任何侥幸心理盲目冒进。产业组织方式创新，在不同地方、在不同政策环境下所选择的策略是有所不同的。

2. 立竿见影与着眼长远的矛盾

地方政府在产业功能区发展的政策导向方面容易走极端。强调快速推进就要立竿见影，就要吹糠见米；强调长远利益的时候，就不顾过程中的经济性。我们要追求的目标是，既要经济性好、见效快，又要充分考虑长远利益和可持续性，尤其是为未来做充分的准备——这是一个系统工程。我们在寻找解决方案时，必须找到能有效处理好这两者关系的方法。

3. "两种作用"在动态协调中的矛盾

党的十八届三中全会确定"让市场在资源配置中发挥决定作用，更好发挥政府作用"的原则，实际上指明了中国特色社会主义市场经济的方向。但如何

把这两种作用真正协调好、发挥好，是一个非常复杂，需要不断在实践中探索的课题。也就是说，随着改革的不断深入，处理好两种作用的关系至关重要。尤其是在产业组织领域，涉及多种政策的交集，能否形成两种作用的合力在很大程度上将决定项目的成败。

三、四位结构分析法

一个具体的产业功能区项目如何策划？我们在实践中摸索出"四位"结构分析法，如下。

1. 上位——澄清战略前提，把握发展方向

我们研究任何一个区域的发展，或者去谋划一个具体项目的时候，不能忽视上位前提。首先是战略层面，国家对这个区域是什么样的期待，地方政府又有什么要求。以呼兰经济开发区为例，中央对黑龙江对哈尔滨总的战略定位是什么？哈尔滨对呼兰发展的具体要求是什么？脉络一定要清楚。如果对这个战略逻辑没有弄清楚，得出的任何结论，做出的任何选择，都可能出现偏差。即便从某一个角度讲有可能性，也不能作为基本战略选择。

2. 区位——认清资源禀赋，摸准城市脉络

世界上没有两片完全相同的树叶；从时间逻辑讲，一个人不能两次踏进同一条河流。每一个地方资源禀赋和产业结构基础都有差异性。只有充分认识差异性，找到具有比较优势的突破口，才能确立解决方案的逻辑起点。把一个区域的结构性特点弄清楚，"望、闻、问、切"四个环节，一个都不能少。

3. 定位——明确发展目标，寻找有效方法

要制订清晰的发展目标，就需要准确定位，这是科学规划的前提。不同的

定位，需要不同的产业基础设施和不同的建筑类型。如果定位错了，必然造成巨大浪费。许多失败项目共同的教训就是产业发展的定位出了问题。

4. 职位——设计组织方案，微观反推宏观

在上述基础上再来做职位设计，包括用什么样的机制和组织方式实施。微观只有在初始阶段就参与印证宏观的时候，过程中才能为宏观的判断承担责任。我们通常遇到的问题是，宏观上描述貌似正确，但是缺乏微观经验支撑，难以令人置信。

总之，如果"四位"结构出现问题，项目的实施过程将会出现反复并付出代价。任何认识都有一个不断深化的过程，但建设不能反复。2019 年刚刚接触呼兰课题的时候，我们的认知也比较肤浅，正是"一城一法"的理念提醒我们的团队，不能凭借以往的经验作出战略判断。

认知过程通常有三重境界，中国古典文学里面描绘得比较生动。

第一重境界：看山是山，看水是水。

什么是看山是山，看水是水？大家看到的是表面现象，呈现出来的也的确是山，的确是水，是完全客观的。用古诗词来说，就是"昨夜西风凋碧树，独上高楼，望尽天涯路"[1]。这样的一种认知，有迷茫、有困顿和无所适从，因为看到的只有表面，内在的成因不清楚。

第二重境界：看山不是山，看水不是水。

"衣带渐宽终不悔，为伊消得人憔悴"[2]，深入思考了，发现了百思不得其解的东西，所以会觉得看山不是山，看水不是水。这个时候往往会出现信心问题，会出现某种怀疑，会出现某种新的困惑。当有了一些主观色彩的时候，带有部分个人的体验和感情因素以后，往往看山不是山，看水不是水。

第三重境界：是看山还是山，看水还是水。

---

① （宋）晏殊：《蝶恋花·槛菊愁烟兰泣露》引自唐圭璋：《全宋词》，中华书局 2009 年版。
② （宋）柳永：《蝶恋花》引自唐圭璋：《全宋词》，中华书局 2009 年版。

"蓦然回首，那人却在，灯火阑珊处"①，这样的一种感觉就是看山还是山，看水还是水。认知从单纯的客观和主观走向了主客观统一的自由王国，突然就有豁然开朗、醍醐灌顶的感觉。

我们对一个项目、一个发展计划，或者一个建设计划的思考和研究的过程，实际上就是要经历这么三重境界的深化过程和自我拷问、自我否定的过程，最终可能把事物的本质抓住，在此基础上展开具体实施计划就必然靠谱。

四、什么是"呼兰方法"

我们的工作团队经过一年多两个阶段的工作，试图回答什么是"一城一法"理念下的"呼兰方法"，还得从背景判断说起。

1. 大背景：两大趋势下的机遇与挑战

今天，呼兰经济开发区的发展是在一个特殊的大背景下展开的。我们既要看大趋势，也要看小趋势。

第一，第四次工业革命的兴起是大趋势，食品加工业必将实现数字化升级是小趋势。

所谓第四次工业革命，它是从蒸汽时代、电气时代到信息时代走向智能时代。通过数字的产业化和产业的数字化走向智能化、智慧化，这就是第四次工业革命。从现在发展的情况来看，中国将会成为第四次工业革命的重要推动力量，同时也会成为经济发展最大的受益者。目前，经济学界判断主流是机会大于挑战，挑战不容忽视：中国第四次工业革命正在发生，不以人的意志为转移。这是大趋势。我们要做的是发现小趋势——各行业都必然要实施数字化升级——这就是小趋势。就现状而言，食品加工业和一些食药相关的产业数字化水平整体还是比较低的。通过数字化升级来形成新动能，这就是呼兰经济开发

---

① （宋）辛弃疾：《青玉案·元夕》引自唐圭璋：《全宋词》，中华书局 2009 年版。

区的发展机遇。

也就是说，在后疫情时期，全球供应链新整合中，将对中国未来的发展更加有利，机会更多，空间更大。我觉得，帮助食药或者是食品加工企业（也可以称大健康产业的企业）实现数字化升级，同时通过有效手段推动产能扩张，这两个机会的叠加正是我们可以施展的空间。什么是新动能？显然不等于新产能。核心是通过提升数字化能力提升竞争力，这才是新动能。

对呼兰而言，食品加工业与大健康产业产生融合发展形成食药产业新增长方式和多元共生格局有可能形成小趋势。呼兰在选择产业的战略发展方向过程中，曾考虑过一些耳熟能详的战略性新兴产业。如电子信息、机器人、无人机、金属材料加工、汽车零部件等。但这些领域并不是呼兰的优势，我们或许只能羡慕，但不可企及。

第二，在双循环格局中，三极更强（长三角及长江经济带、粤港澳大湾区、成渝经济圈），南北差距将进一步拉大是大趋势。

2020年，习近平总书记在论及区域经济发展和整体发展格局时，重点关注的是长三角及长江经济带、粤港澳大湾区，还有成渝经济圈。尽管南北差距明显，未来还将进一步拉开距离，这是大趋势。在这样的背景下，东北地区的机会在哪里？我们觉得在"扬长"，即抓住具有比较优势的领域进一步扩大优势，形成增长极。

2. 特殊背景下的新发展要求

设立呼兰经济开发区是哈尔滨发展大局的需要，也是呼兰自身发展的需要。当然，在一个缺乏城市功能基础的生地上组织制造业集群，困难很大，可供选择的办法也有限，我们先排除以下三种办法。

第一，以住宅开发价值为核心的建设模式不适合。

现在定位的经济开发区，是以产业（主要是制造业）承载为主要目标。如果一开始就把注意力放到具有开发价值的住宅上面，很容易在战略上本末倒置，跟省、市的要求会脱节。而且，这样的一种思路难以起步；如何实现住宅用地的土地价值最大化，在时间顺序上也难以把握。如果我们首先考虑住宅用地变现，实际上我们就放弃了产业发展带来人口聚集和土地增值红利的机会。如果我们不能够迅速地从未来的住宅的用地上去获得利益，产业功能区的建设资金从何而来？所有一级、二级开发联动模式的算账机制都是建立在住宅变现基础上，操作方式也建立在住宅变现前提下。通过调研，我们可以明确得出结论是——此路不通。利益兼顾及平衡机制本身没错，平衡的掌控者是政府，不可能完全交给市场。

第二，粗放出让土地的方式不适合。

姑且不讲目前大量出让土地的条件是否具备，在缺乏基本的产业基础设施的条件下发展产业，如果直接供地给企业去自建，不仅效率低，而且因为难以判断企业用地需求，很容易造成土地资源大量闲置，影响发展节奏。目前，马上能够使用的建设用地非常有限，如果用粗放的方式直接向用地的企业供地，一下子把可用土地资源用完，无法形成有效的园区公共功能和高效建设局面、建设的质量无法保证。从全国的情况看，过去20多年，无论是高新技术开发区，还是经济技术开发区，采用粗放出让土地方式组织产业，大都不太成功。

第三，常规的工业地产方式不适合。

我们起初也曾考虑过可否找几家有经验的工业地产开发企业，各自拿一块土地用开发的方式组织产业，经过调研判断，这种模式对呼兰来讲问题比较多。其一，尽管工业地产这个市场存在，但呼兰工业底子薄，难度很大，开发的进度和品质都不可控，很难保证所引入的企业的开发质量与开发区的发展要求相适应，如果以试验的心态搞，一旦干砸了，呼兰区承受不起。其二，在产能普遍过剩的条件下，以标准化厂房为主要产品形态的工业地产很难满足产业结构调整和产业升级的新需求，难以产生新的服务价值，也难以解决供求双方的利益冲突。

今天的制造业正在经历巨大的变革阵痛：毛利大都不足 15%[1]，别说无力创新技术，也没有能力实施技改，市场波动大一点就可能亏损。在这种情况之下，我们首先应该去理解这些企业降成本的需要，而不应该优先考虑如何盖房子卖给企业并由此谋利。

"五位一体"的管理体制既有利于让市场在资源配置中发挥决定性作用，又有利于更好地发挥政府作用，并使"两种作用"有效配合协同。五种机构社会属性不同，各有优势，也各有能力边界和局限，组合起来就完善了资源结构和能力结构，补齐了短板。其中，市场化运营主体是执行关键，专业支撑体系是达成高质量发展目标的基础。

下面介绍"P + EPC + O"模式的基本内容。

2020 年，湖南省几个部门联合出台了一个推动产业园区市场化发展的文件，推广一种办法：由国有公司作为园区投资主体，同时引入市场化运营主体，协同实施产业载体建设，以成本价将厂房产权提供给有需求的企业。这实际上是在开发环节植入了公共财政的产业扶持机制，补充了开发环节市场机制的不足；同时引入全过程市场化服务机制。另外，对承担投资开发工作的国有平台公司的评价机制也作相应改变，主要不看资本收益水平，而是看引入多少企业，产业发展如何，税收增长如何等。这就回归了产业服务的本质，充分发挥地方财政对实体产业的扶持政策导向。也是湖南省重点推崇的"PBOS"模式所要解决的问题。

"P"是定位，主要解决做什么及怎么做的问题。

"B"是建设，如何依法依规高效率低成本组织建设，符合需求变化，满足敏捷定制要求的过程控制方式是关键。

"O"是运营，好的运营是前置的运营。将真正对结果负责的机制引入建设的全过程是体现专业化水平的试金石。

"S"是共享，即所有参与者利益都要跟最终的成果挂钩。这样既让大家增

---

① 《毛利率 15% 硬拼智能制造，中国民营制造业究竟输在哪？》，金凡互联网科技娱乐，2018 年 11 月 14 日。

加责任感，也能够分享成功的果实。这个机制现在也是很多地方在研究产业园的体制机制设计的时候，比较公认的一种方法和模式。采用市场化的方法使初始投资能够有效地转动起来，达到应有的效果。

"PBOS"是一种功能性描述，具体组织实施可采用"P＋EPC＋O"组合方式。即项目建设实施可分三个阶段操作：第一，策划与咨询服务，明确"是什么""干什么""怎么干"等问题；第二，由设计服务主导的设计采购施工总包方式，实现对多头客户的有效对接和交付；第三是可持续综合运营。

呼兰经济社会发展未来的希望在经济开发区，经济开发区目前还是一张白纸，需要经历一个起飞过程。要克服"地球引力"，必须要有加速度，也就是说只有加速度才能保证高质量。不仅要有正确的方法，更需要大家共同加倍努力，按部就班不行。"十四五"这五年是重要的全面打造引擎的阶段，既要谋得缜密，又要干得高效。

我相信，持之以恒十几年，在 2035 年前一定能完成起飞！

关于工业集中区高质量发展的思考

2021 年 5 月应邀给郴州市苏仙区干部专题授课

观点

- 长期生活在一个城市，当然对这个环境是熟悉的。但是，熟悉并不意味着对它的某些本质和规律真正了解。"真知"是对内在规律和本质的了解，是一种理论性了解，但这样的了解并不等于按照逻辑设定的目标有效实施，还要取决于执行能力和执行效率以及组织机制等条件。

- 所谓战略性新兴产业，根本意义是需要长期坚持培育，对未来具有决定性意义，而不是唾手可得，吹糠就能见米的东西。当然，我们需要树立战略思维、未来思维，但要联系本地实际，避免泛泛而谈，言不由衷。

- 有些城区科技创新的底蕴先天不足，人才聚集的浓度也不够，但是发展的自我定位却很高，试图在科技创新上有更大作为。精神可嘉但关键是量力而行，要充分考虑实际条件及持续能力。强调高质量发展，一定要避免不切实际的发展目标。传统产业之所以能成为一种传统，说明是有生命力的。

- 现在"创新驱动"和"新动能"讲多了，不少人对传统产业有所忽视，甚至轻视，认为这些东西已经过时了，其实未必。整合传统产业并推动其转型升级是一种务实的产业组织策略，也是实事求是的发展目标。

- 追随，往往是跟在别人后面羡慕别人的成功，很容易忽视甚至放弃自己的优势，并有可能用自己的劣势去比别人的优势。

- 面对任何一个新问题，都需要用新的视角来重新认识。这是我们的基本思想方法。中电光谷不相信重复，也不追求重复的价值。

非常高兴到苏仙区跟各位领导交流新发展阶段产业园区实现高质量发展的思路和方法。

来到湖南，就想到岳麓书院"实事求是"匾。这里是我们党实事求是思想思路的文化策源地，令人肃然起敬。今天，我们要解决好各种复杂问题，仍然要坚持实事求是的思想方法。在新发展阶段，产业园区建设要实现高质量发展，所面临的市场环境、政策环境和专业能力要求比较复杂，困惑也会比较多。只要我们能够坚持实事求是原则，一切从实际出发，具体问题具体分析，就能找到正确的方法，取得良好的效果。

2020 年，湖南省出台了有关用市场化方法推动产业园区高质量发展的一系列文件。我觉得，这就是贯彻实事求是原则的具体表现，我们集团对此非常重视，并愿意到郴州来，帮苏仙工业集中区实现高质量发展。今天，我就围绕这个课题，跟大家谈一谈近期的一些思考。

首先，我想讲一个观点："让'熟知'与'真知'达成共识"。

黑格尔讲过，"'熟知'并非'真知'"①。我们长期生活在一个城市，当然对这个环境是熟悉的。但是，熟悉并不意味着对它的某些本质和规律真正了解。"真知"是对内在规律和本质的了解，是一种理论性了解，但这样的了解并不等于按照逻辑设定的目标有效实施，还要取决于执行能力和执行效率以及组织机制等条件。当然，前提是"熟知"和"真知"达成共识。

所以我今天来跟大家交换意见，从某种意义上讲，就是促进我们为共同推动苏仙工业集中区高质量发展凝聚共识的一个环节。

今天要讲的内容从以下四个方面展开。

第一部分，从历史背景上给大家分析一下四次工业革命和五次产业转移的总体框架，帮助大家聚焦产业转移和产业升级这个新的时代课题，更好地理解机遇与挑战。第二部分，讨论新时代产业转移的背景和质量评价标准。深入探讨一下什么是衡量发展质量的关键指标？如何确定适合苏仙的高质量目标？第

---

① （德）黑格尔：《小逻辑（汉译名著本）》，贺麟译，商务印书馆 1980 年版。

三部分，侧重讲一讲后发战略思维。最后，以中电光谷的实践为例介绍产业组织的方法论。

一、四次工业革命与五次产业转移

1. 第一次工业革命后英国制造业向美国转移

第一次工业革命以蒸汽机的发明为标志，工业革命成就了第一个工业国——英国。

工业革命兴起以后，随着殖民主义在全球的发展，第一次的产业转移是从英国转向美国、德国及欧洲的其他国家，但是最大规模的产业转移是从英国转移到美国。美国的工业基础正是在承接第一次国际产业转移基础上建立起来的。之所以美国能够为第二次工业革命作出重要贡献，正是因为第一次产业转移所奠定的工业经济基础。

这次转移使美国成为实际上的"世界工厂"。因为美国的国土规模更大，由此所形成的工业化的过程更广泛，也更深刻。转移的时间在 18 世纪末到 19 世纪的上半叶；转移的路径主要是英国向北美；转移的原因主要是新技术的广泛应用和市场的全球性开拓。

产品在英国生产转运到北美市场是一个遥远而漫长的过程，而把工厂直接搬到靠近市场的地方，满足所在地的市场需求，同时降低运输成本——迄今为止仍然是产业转移的重要原因。因为蒸汽机的发明所推动的第一次工业革命主要造就了钢铁、纺织及机械加工这样一些产业，那个时代也可以称为重工业时代或钢铁时代。

2. 电气化时代，美国制造业向日本转移

电气化时代是第二次工业革命的结果，也是第二次产业转移的原因。到了

电气化时代，市场应用的范围比第一次工业革命更为深刻，也更为广泛。这个时期比较重大的产业转移实际上发生在两次世界大战之后，在两大国际阵营分野的背景下，直接导致了美苏的冷战格局。

美国把电气时代的一部分制造业转向日本，由此推动构建全球性战略同盟关系——这是当时的国际政治格局所决定的。日本在第一次工业革命时主要向欧洲，尤其是向德国学习，积累了一定的工业基础，为承接第二次产业转移奠定了技术和工业基础。

20 世纪末，我们在日本所看到的先进工业体系比如说钢铁、纺织、机械及电子等工业体系几乎都是"二战"以后通过美国的转移形成的。这些过去都曾由美国的企业主导，后来形成新的国际分工逐步变成由日本的品牌主导，像松下、丰田、佳能、索尼等一系列品牌。中国改革开放以后最早看到的电气时代产品品牌几乎都来自日本，这就是通过第二次产业转移所形成的日本工业体系的缩影。

日本凭借自身的科技创新及优势，在这一轮产业转移中抓住了历史机遇迅速成为新的"世界工厂"。

3. 信息化时代的产业转移成就了"亚洲四小龙"的起飞

很快，因为日本的国土纵深不足，不能适应更大规模的制造业体量，出现了被称为"亚洲四小龙"的新兴工业体，即韩国、新加坡及中国香港和中国台湾地区。

"亚洲四小龙"是日本从 20 世纪 60 年代开始到 80 年代工业化提升过程所形成的产业转移造就的。中国的改革开放之初，我们看到，工业增长最快的亚洲地区就是这四个经济体，也是全球性工业化的成功标杆。

今天去中国台湾地区，我们还能看到，日本在几十年前的那一次产业转移中对台湾地区文化造成的深刻影响痕迹。日本人把全球的订单下到台湾地区，与台湾地区经济往来增多，促进了双边人员交往和文化交流。日本文化也伴随着工业的新结构渗透到台湾社会的方方面面，无所不在。"亚洲四小龙"实力是美国、日本在新的地缘政治框架和全球化过程中通过产业转移培植起来的。但是，这一轮产业转移并没有削弱美国和日本的经济实力，反而使其科技、金融等战略力量变得更加强大。

上述三次产业转移，有一个共同规律，即梯次转移与跳跃转移并行；有一个共同的特点，即终极转出地去制造业化，即产业由实（制造）转虚（金融），但试图牢牢把握价值链的核心资源。后发的国家（或地区）借机增强了实体经济竞争力。

4. 中国改革开放后，"亚洲四小龙"制造业向珠三角和长三角地区转移

中国改革开放以后尤其是20世纪90年代之后，"亚洲四小龙"和日本的制造业向中国转移，目的在于抢占中国市场和利用中国的廉价劳动力。在这个时期，长三角和珠三角地区优先发展的是加工贸易。这是原材料和市场两头在外的产业形态，中国大陆的廉价生产要素及环境保护管理宽松的条件成为竞争优势。

在2000~2010年约十年时间里，正是因为加工贸易的推波助澜，中国成为新的"世界工厂"。这个时期也是中国现代工业体系成型最快的时期。今天，为什么长三角和珠三角地区具有强劲的工业竞争力和产业创新潜力，首先在于其制造业集群的发展奠定了雄厚的工业基础，形成了若干个产业和行业的全球供应链中心。联合国工业发展组织所划分的19个行业大类、100多个中类及300多个细分小类，中国的产能大部分都是第一。这个结果离不开全球化过程中的大范围产业转移。

电子工业的供应链基础主要在珠三角地区，长三角地区主要聚集高端机械加工、装备制造业和以宝钢为龙头所带动的钢铁产业，其制造能力在很大程度都是通过技术装备引进及加工贸易所奠定的。

在2008年全球金融海啸之后，广东比较盛行的一种意见，认为加工贸易

的产业价值层级太低，应该主动撤换掉。现在回过头来看，强调结构调整和科技升级毫无疑问是正确的，但简单否定一般制造业是不符合实际的。正是因为这些看上去不够高大上的制造业的集群和积累，才奠定了制造业今天有条件走向高端的基础。

5. 2008 年金融危机后，珠三角和长三角地区制造业的区域内转移及向中西部及东南亚转移

中国东南沿海向内地的产业转移，近十年来有很多专家都曾展开研究。我们这一次承接苏仙工业集中区的规划与运营，也是在此基础上从分析破解产业转移的特点和趋势入手展开的。

我讲一个基本观点：不能忽视加工贸易对我国工业体系的完善，特别是奠定供应链价值基础和对制造业文化形成的深刻影响。从某种意义上讲，这是我们今天产业创新的立足点。

2008 年以后，广东省曾在全省范围内推动"内循环"式的产业转移。省里面很积极，转入地也很积极，但转出地并不积极，东莞、佛山等地一向都十分看重制造业的价值。广东地区自身的产业转移成效值得追踪研究。珠三角地区的产业转移的投入—产出对广东后发地区制造业发展的影响力以及对中西部地区经济增长的推动力究竟是怎样的作用机制，只有进一步深入研究，才能寻找到具有战略借鉴意义的规律。

显然，劳动生产率跟着要素市场走是基本规律。然而，降低了要素成本，却有可能提高运输成本——这样的产业转移的成效如何，取决于企业自己算账。可以肯定的是，大多数情况下，产业转移的成效会由综合因素决定，而不由单一因素决定。

若运用"双循环"的理念来理解产业转移，就能看得更清楚。什么是国内大循环？国内大循环就是国内工业经济体系整体优化布局的活力结构。我们为什么要以国内大循环的优化畅通为主？就是因为中国国内的市场潜力巨大；资

源优化配置的潜力也巨大。

二、新时代产业转移的背景与质量评价标准

1. 工业 4.0 及中国制造 2025

今天，我们正在面临第四次科技革命，以及所带来的工业革命浪潮，其突出标志是从信息时代走向智能时代。

德国人率先提出工业 4.0；我们国家随后提出中国制造 2025；美国、日本等工业强国也有积极应对。中国制造 2025 描绘了包括"十四五"在内的中国工业革命蓝图。这一次以智能化为特征的工业革命，从本质上讲，是对劳动生产率提升的一次更大的促进，也会带来更深刻的社会变革。大数据、人工智能、云计算、区块链等，实际上就是这一次工业革命的基础性技术。中国制造 2025 中所提到的先进制造和智能装备，实际上也是工业革命的集中表现。

2. 互联网时代意味着高效率，智能化时代意味着更高效率

互联网时代给我们最深刻的启示是——一切社会活动的效率都提高了；而智能化时代意味着一切效率将会更高。

最近我在思考一个问题：三年前中央提出来的历史性判断——"百年未有之大变局"的真正内涵是什么？

我个人的理解就是发明互联网的美国已经跟不上互联网所带来的巨大社会变革的时代节奏了。无论是社会系统还是经济系统，乃至政治制度，强大的美国已不能适应高效率的时代要求，并对更高效率的智能时代充满焦虑。我们都知道在近 100 年来，重大的科学发现和科技发明，从 0 到 1 的重大成果，大部分都来自美国。但是在一个更高效率的时代，从 0 到 1 固然很重要，但从 1 到 N 同样很重要，从 1 到 N 的方式同样具有改变历史的力量。更高效率的社会组

织制度和机制才能适应更高效率社会运行要求。

经过新冠疫情的考验之后，我们更深刻地认识到，中国为什么能够在新世纪的头 20 年来，也就是互联网快速发展的这个时代迅速崛起？其中十分重要的原因就是——中国今天的社会运行模式、政治经济制度的效率更高。无论是数字化技术在各行各业无所不在的广泛应用，还是全球华人引以为荣的中国高铁、地铁的飞速发展，都是美国可望而不可及的。

美国的精英阶层由此意识到了危机。如今，谋求在美国修建一条贯穿东西或南北的高铁，几乎不可能。为什么？决策过程十分复杂，要过州议会、联邦议会等多道关卡。仅听证过程就足以让任何计划化为泡影，更不用说两党博弈。过去一百多年，甚至更长时间，很少有人怀疑，美国实行的是世界上最好的社会制度，但今天很多人开始怀疑了，怀疑这个国家社会制度的生命力，也怀疑这个国家政府的公信力。这个超级大国已很难适应这个时代所需要快速响应的社会变革和产业变革。

前不久，我看到一项调查，中国人和美国人对重要科学常识的认知情况：知道"哥白尼的日心说"的美国人有 74%，而中国却有 80% 以上的人知道[①]。也就是说，基础科学知识的普及率，今天的中国很可能已经高于今天的美国——这是我们大家可能都没有想到的事情。

为什么会出现这种情况？其实就是在一个需要更高效率的时代产生了社会突变。一个国家、一个民族、一种文明完全有可能产生一种跨越式发展的局面。无论是观念层面，还是物质层面，以至整个工业文化层面和区域经济发展方面，都有可能在从 1 到 N 的加速过程产生了质变。后来者可以产生巨大的超越力量。

3. 智能化时代产业转移的特征："结构调整 + 数字化升级 + 深化改革"三位一体

智能化时代的产业转移主要有三个方面的特征。

[①] 资料来源：《中国公众科学素养调查报告》。

第一，结构调整。我们国家重视产业结构调整实际上是从"十二五"开始的，已有十余年了。产业结构调整既有一二三产业的结构问题，也有制造业体系内部的结构问题，服务业也有结构问题。一个地区的产业结构调整很难封闭起来自行完成，需要跟外部互动。近年来，深圳、上海、苏州等竞争力最强的地区都曾经设想把制造业所用空间腾出来，发展更有竞争力、更有时代内涵的新内容。但是难度很大，甚至举步维艰。为什么？土地已经依法出让给企业，想要收回来，尽管符合经济学原理，却不符合法治精神，代价非常大，需要跨区域产业合作。竞争力强的地区跟竞争力相对比较弱的地区，构成一种资源互补和要素合作关系。这将会成为产业结构调整的一种重要的战略手段。

第二，数字化升级。数字化转型是现在很多企业正面临的挑战。不能自觉经过数字化来提高管理效率，升级经营模式，就很难适应这个时代的竞争要求，可能被市场所淘汰。所以，我们所追求的"周到服务"方式里面，必然要包括数字化服务能力。如果离开了数字化基础谈营商环境，就不具备时代性。很多城市都在致力于通过提升数字化能力改善营商环境，可以说，数字化升级是地方承接制造业转移的一种新的基础能力、基础设施。

第三，产业组织方式变革。大家曾经习惯的产业组织方式是一种简单化的要素配置。企业生产需要土地，政府就直接把经过整理的土地供给企业；企业遇到了劳动力瓶颈，政府就设法疏通劳动力供应渠道；企业资金遇到了困难，政府就协调银行或其他的金融机构解决企业的融资问题。大体如此。按照当下的产业转移需要，这些服务的方式和深度都远远不够。其一，产业空间布局需要结合城市功能进行更加深入的谋划；其二，建设过程需要更高效率；其三，企业服务需要更多价值内涵。总之，需要借助专业化力量，构建一个企业可以依托的产业生态系统。在智能化时代，要实现更高效率的新型产业变革，构建新的产业转移格局，需要实现产业组织方式的变革。如何通过深化改革，促进变革？如何借力构建具有区域比较优势的产业生态？值得大家深入思考，认真探讨。

4. 产业转移的本质是提高资源配置效率

如何充分发挥好市场和政府两种作用？党的十八届三中全会确立的基本原则大家都耳熟能详。但遇到具体问题时，往往容易忽视让市场发挥资源配置的决定作用的原则。当然，政府作用如何发挥得更好，可以改进的空间很大。但凡公共行政权力，都很容易弄成该管的不管，不该管的乱管。如何使地方经济和产业发展的组织效率更高？这方面的认知往往是矛盾的。提高产业组织效率，首先是要规范好政府的作为，这应该成为我们思想方法的基础和逻辑起点。

5. 高质量的标准

什么是产业组织的高质量？应该确定客观的标准。但这个标准是多维的系统，非常复杂，甚至存在矛盾性。依我看，只要抓住了最关键的指标——税收，就能说明问题。

我们通过多个城市的产业发展情况调研，可以明确，有效工业用地每亩产出 50 万~80 万元税收，可以作为产业集群发展质量一级制造业地区；二级制造业地区税收产出大体在 30 万~50 万元；三级制造业地区是 10 万~30 万元；每亩 10 万以下的是四级制造业地区基本属于欠发达地区或者说是工业落后地区。

提升发展质量，主要是不同能级的地区在自身现实条件和基础上的质量提高。是自己跟自己比的显著进步，而不是脱离具体实际的对标攀比。

三、四层级地区实现自我超越尚存两个机会：一个是承接产业转移；另一个是促进产业升级。简单承接产能转移，是否能够适应新的产业变革？还是个问号；以降低企业要素成本为主要目标的产业转移，是否仍是产业转移的核心目的，还有待观察。但有一点可以肯定，地方政府借助专业力量提高对产业发展价值的判断力和组织力是一条必由之路。

近年来，中西部地区很多城市对于承接产业转移抱有极大热情，但不少地方成效并不显著；有些地方付出了极高代价引进的龙头企业却明显开工不足，远达不到预期效果，反而背上了沉重的投资包袱。根本原因在于，产业尽管实现了转移，但并没能提升企业的竞争力。仅靠优惠政策吸引企业，往往是短暂的，不能解决企业可持续发展问题，也不能解决地方经济的后劲问题。

有些外资企业，谋求梯次转移，根本目的在于享受多地政府提供的优惠政策，迎合的是地方政府不计代价急功近利要增量的心理。表面上似乎消化了一些当地的劳动力，加快了工业化进程，通过税收增量弥补了转移的成本，而实际上，这些企业是利用地方产业政策的漏洞，大肆投机。这样的产业转移实质上是一种产业漂移——企业的根始终没有扎下——这对地方经济发展的贡献极为有限，伴随而来的风险却不可低估。

三、后发战略思维

1. 对标龙南："后发"究竟是优势还是劣势

所谓"后发"，指的是经济振兴和发展滞后于大势的现象。这一次我们的项目调研团队拿出的考察报告，将赣州的龙南市作为苏仙区的对照研究样本。客观讲，龙南跟苏仙区都处在一个以广州为圆心的同心圆弧边上，具有空间关系的可比性，产业转移的基本区位条件也类似。为什么龙南发展的相对比较早、比较快，形成了气候？龙南目前面临主要问题是什么？我们如何看待苏仙的潜力和机遇？应该用什么样的思维和方法加快发展？我在这里给大家提供一点背景资料，帮助大家理解报告①的分析工具。

---

① 指上文提到的"项目调研团队拿出的考察报告，将赣州的龙南市作为苏仙区的对照研究样本。"未提及全称。

2. 三种发展经济学理论

第一种，后发优势与后发劣势并存论。作为后发者，如何从全局上把握重大战略要点至关重要。这一理论认为，后发者既有优势又有劣势，问题在于，如何客观认知优势与劣势，更好地将后发的现实变成优势，从而回避劣势。

常见的后发优势是什么呢？第一，要素成本低；第二，更为强烈的发展愿望；第三，改善服务的积极性和主动性。后发劣势是什么呢？第一，科技、人才与产业基础相对薄弱，投资吸引力不足；第二，在供应链体系中的位势较低导致企业投资信心不足。我们需要深入理解这一理论，形成辩证分析比较优劣势的思维方式。

第二种，潜在后发优势论。即后发优势理论中所讲的后发优势是潜在的而非显现的，是需要转化契机的而非自然而然的。只有在一定限制条件下才能实现转换或裂变，如技术要素差距、社会组织及应变能力差距等。我们今天在选择相关政策工具的时候，需要思考和借鉴这个思路，客观认识自身的历史条件和人文环境，避免照搬照抄别人的成功经验或机械对标不切实际的理想目标。

第三种，后进利益论。后发有没有好处？当然有。一则，在社会互助的制度条件下，后发者往往不仅不会因为起步晚而受到惩罚，反而会获取特有的利益补偿和经济援助，这也是社会主义制度的好处。二则，发展缓慢的同时，需要付出的生态环境破坏的代价也相对较低，可以少走弯路。

以上都是对比较优势研究有借鉴价值的理论，也是对产业转移有启发意义的发展经济思想。

3. 打造先进制造业高地，要优先解决产业集群度问题

过去20年，中国从具有一定工业基础的新兴经济体成为具有完整工业体系的"世界工厂"，即世界上最大的工业品制造国和消费国。我们最大的优势

在制造业，创新驱动发展的落脚点很大程度上也在于进一步放大制造业的比较优势。

现在大家都喜欢谈及战略性新兴产业，似乎不提战略性新兴产业就达不到政治战略高度，就显得思想落伍。其实，所谓战略性新兴产业，根本意义是需要长期坚持培育，对未来具有决定性意义，而不是唾手可得，吹糠就能见米的东西。当然，我们需要树立战略思维、未来思维，但要联系本地实际，避免泛泛而谈、言不由衷。

真正具有竞争力的战略性新兴产业需要最有利的科教和人才环境，一般情况下，高级科技人才匮乏的地方执意要搞由自主核心技术支撑的产业，就很有可能违背规律，很容易犯错误。在科技革命的转折时期，对新技术、新模式的科学认知非常困难，试错的代价是极大的。咱们苏仙工业集中区支付不起，也没有必要支付这样的试错成本，而适合发展相对技术比较成熟，且能发挥经济支柱作用的产业。

有些城区科技创新的底蕴先天不足，人才聚集的浓度也不够，但是发展的自我定位却很高，试图在科技创新上有更大作为。精神可嘉但关键是量力而行，要充分考虑实际条件以及持续能力。强调高质量发展，一定要避免不切实际的发展目标。传统产业之所以能成为一种传统，说明是有生命力的。

现在"创新驱动"和"新动能"讲多了，不少人对传统产业有所忽视，甚至轻视，认为这些东西已经过时了。其实未必。整合传统产业并推动其转型升级是一种务实的产业组织策略，也是实事求是的发展目标。

看待别人的成功经验，借鉴别人的创新做法？"差异化"是非常重要的思路。在考虑未来发展的时候，无论是规划框架、路径还是具体策略，"追随"的风险往往比较大。追随，往往是跟在别人后面羡慕别人的成功，很容易忽视甚至放弃自己的优势，并有可能用自己的劣势去比别人的优势。我们要看清问题的本质，充分发挥自身的比较优势，以一种正确的方法加快发展，避免追求不切实际的目标和模式。

四、中电光谷的产业组织方法论

下面我向大家扼要介绍中电光谷在产业组织创新方面的一些思路、原则和做法，主要有如下五个方面。

1. 科学认知，动态定位

我们到 2021 年已经积累了 30 多个城市近 50 个产业园区的规划建设和运营经验。尽管规模已不算小，园区类型也有十余种，由此建立起来的经验可以说丰富，但我们不断自我告诫，面对任何一个新问题，都需要用新的视角来重新认识。这是我们的基本思想方法。中电光谷不相信重复，也不追求重复的价值。

来到湖南，之所以充满敬意，就是因为这里是实事求是思想的发源地。实事求是是中国传统文化最宝贵的精神财富，是我们党的思想精髓。实事求是，说起来容易，透彻理解并不容易；笃行起来、坚持下去非常难。我们面对问题，如何做到理论联系实际，从实际出发去寻找有效的解决问题的办法。对我们来讲，面对每一个产业园区项目，无论其规模大小，发展定位如何，都要思考这些问题。有些项目，初始定位的发展方向经实践检验并不符合实际，需要根据实际情况在实施中大胆作出调整。我跟大家举两个典型的例子。

第一，上海张江高科技园区。20 世纪 90 年代，张江的主要功能定位为生命健康产业创新聚集地。的确，那一时期外资制药企业大约近一半都落户上海，但并没有悉数到张江。即便更多企业落户张江，也远远不够填满张江这么大的空间。所以，前几年的建设效率非常低。后来，重新调整规划，大量承载电子信息产业。如今电子信息产业占据张江经济规模 60% 以上；而生命健康产业大概 20%[①]。上海的规划机构对科技产业的认知基础是好的，专业判断能力

---

① 资料来源：中电光谷产业生态研究院对部分城市和区域的调查结果。

也是强的；上海的城市容错能力无与伦比。即便这样，也未能做到准确定位，而是在过程中逐步调整到位。

第二，武汉东湖高新区。我在武汉经历了东湖高新区30年的完整发展过程。这里的发展战略定位也经过了两次重大调整，最早定位光电子信息产业。光电子在电子信息产业框架里是一个面比较窄的领域，主要包括光通信的器件、设备，如光纤光缆、光通信器件等。十多年前，武汉产的光纤光缆就占到全球份额的1/3以上，位居第一[①]。即便如此，产业规模也很有限。后来第一次扩大发展范围从光电子到消费电子和现代服务业，引进了富士康、联想、天马、TCL等，就是这一指导思想下发展起来的。吸引几十家金融机构设立后台中心，几百家软件开发企业聚集；以及一大批互联网头部企业的崛起；等等，这些新产业扛起东湖高新区发展的"半壁江山"。这是战略定位调整的成果。

第二次调整是从2008年开始大力发展生命健康产业，那时企业总收入规模只有100多亿元。武汉高校生物专业毕业的博士几乎没有留在武汉企业工作的。2008年10月启动"光谷生物城"建设后，经过十余年奋斗，企业收入规模达到了过去的十多倍，在企业工作的博士达到5000多人；孵化了400多个创新项目。[②] 可以说发生了翻天覆地的变化。

这样的案例还有不少，都是及时调整发展定位带来的发展。动态定位是一种有效的办法。凭现实认知条件确定发展方向，经过一两年实践后再进行分析评估。做对的，继续坚持；有缺陷的，迅速修正；脱离实际的，及时改变。动态地发现新机遇，确定新目标，把资源向新目标倾斜，取得更好的效果。

就苏仙工业集中区的发展而言，我们目前的工作尽管时间比较仓促，但经历了一个科学的分析过程，明确了主要发展方向、发展目标和基本方法。我们有信心，由此得出的结论是可信的，但在实施过程中，仍然有可能出现一些新情况和新问题，需要及时作出调整。只有动态定位方法才能保证项目最终达到

---

① 《武汉：世界光电产业链上的中国巨阵》，ZAKER 湖北，2021 年 10 月 28 日。
② 资料来源：中电光谷产业生态研究院对部分城市和区域的调查结果。

理想目标。

2. 扬长补短，系统规划

扬长补短讲的是整体的合理性。按照木桶理论，桶能蓄多少水，是由最短的木板决定的，不让短板成为制约因素，在注意扬长的同时，必须补短。

"系统规划"是中电光谷谋求建立体系化专业能力方法论的集中体现。多年来，城市规划管理中涉及产业园区的多种规划脱节和失调的现象十分普遍；多规融合改革，特别是在项目规划管理层面不仅是城市规划管理的薄弱环节，也是园区开发企业项目策划的薄弱环节。中电光谷在实践中提出的系统规划方法论具有针对性。我们今天研究苏仙工业集中区产业定位和空间布局关系时，比较困难的地方正是过去产业规划和空间规划与城市规划的脱节造成的。这导致大空间与小格局的矛盾。我们希望用系统规划方法论将相关要点梳理清楚，考虑周全，系统解决好合理战略目标前提下的产业功能、城市形态的空间关系问题。

3. 以终为始，招商主导建设

什么是以终为始？即以战略目标确定的结果倒推结构、功能形态的起点标准和过程逻辑。例如，以税收指标为标志的高质量标准，按照这个标准，现实地分析落户什么类型的产业适合、什么样形态的生产空间布局合适、需要怎样的城市生活配套设施等。这既是工作目标的评价依据，也是衡量我们工作质量的标准。只管尽兴开头，不顾结局如何，指望后人填坑的工作思维，必然带来不堪的后果。

昨天跟市委志仁书记讨论城市规划时，我很受感动。志仁书记考虑城市发展问题很有前瞻性，他反复强调，建筑规划与设计要考虑到100年甚至200年。我们的规划工作，包括建筑设计，不仅要考虑目标企业现在的需求，还要考虑30年、50年以后建筑的可持续利用。即便到那时某一个行业或某一些企业消亡了，但空间依然有生命力，仍然传承着这个时代的精神。

今天的中国已经达到令世界瞩目的工业化水平，但最大的遗憾是我们几乎见不到完整的工业文明的发展过程。为什么？因为我们五六十年代以来建设的工厂很大部分已不复存在了，甚至，改革开放后建设的工厂，相当部分也已经拆除了。建筑应该是有生命的，可持续的存在，某一个时代的产业空间，尽管企业变了，产业变了，但空间仍然应该散发出历史的光芒。这是我们今天需要反思的，也是高质量发展的模式需要解决的问题。

招商主导建设是园区发展的一种有效方式。突出的好处，一是避免建设的盲目性，有利于土地集约利用；二是有利于配套设施提高效率；三是有利于形成更加完整、协调、开放的城市空间形态。

4. 招投结合，租售并举

招投结合，指的是一方面要靠好的营商环境和周到的服务吸引企业与人才；另一方面采用股权投资招募优秀的企业和人才。

2020 年，郴州市在广州举行的招商推介会上，志仁书记提到的"四到"（即不请不到、随叫随到、说到做到、服务周到）就给人留下深刻印象，落脚点是"服务周到"。作为营商环境的核心，真正的周到服务对于提升一个区域的经济发展效率而言是决定性的。不仅关乎服务态度和效率问题，也关乎机关作风问题和人文环境问题，应该引起高度重视。

企业需要什么？当然需要短期的优惠政策和投资补贴，但更需要高效率的要素配置机制，更完善及更低成本的供应链系统，更需要我们党政干部的理解和尊重。这才是战略意义上的"服务周到"。

中电光谷从 2015 年组建股权投资基金以来，对于招商引智能力提升很多。通过股权投资方式吸引企业落户，实际上是跟企业建立成果共享的合伙人机制。从长远看，这是一种可持续的产业组织方式。地方财政与其把宝贵的核心资源集中投到个别风险大的项目上，还不如有序分散，用于引进更多具有科技创新优势和高成长潜力的细分市场龙头和隐形冠军。深圳、杭州、合肥等城市近十年的快速发展都与高效率用股权投资工具吸引优质资源的做法分不开。无论我们现在的财力如何，都应量力而行进行股权投资基金，特别是引导基金布局。

租售并举。生产经营空间应该按照目标企业的需求，用最有效的方式提供给他们。我始终相信，对于企业家而言，"有恒产才有恒心"，所以尽可能要让企业来了以后真正拥有生产性资产，而不是简单提供廉价租赁性物业。如果企业把追逐短期税收优惠政策和降低生产成本作为优先选项，那么，逻辑上哪里政策优惠就会搬到哪里去——这就会造成产业漂移。漂移中的产业对地方经济发展而言，很可能具有极大的破坏性。

5. 敏捷定制，综合运营

敏捷定制是中电光谷近几年在产业组织的空间形式上比较推崇的一种技术服务方法。改革开放初期，香港的工业大厦是深圳建设标准厂房的主要借鉴。这种适合一般消费品、电子终端产品生产的通用型厂房形式曾经在工业化早中期发挥过积极作用，特别是在加工贸易快速发展的时期。现在深圳的蛇口工业区、华强北电子工业区，要么基本拆光了，要么早已面目全非改作他用了；苏州高新区20年前的标准厂房也基本上拆光了。通过标准厂房建设组织制造业的方法已经显现出明显的历史局限性。这种工业文明早期的产业组织逻辑，总体上已不适应走向智能化的当下制造业。

我们今天为了快速有效地组织制造业，还可以优先采用这种手段，但一定要保持克制，不要任由一种惯性盲目推动。低标准的通用型厂房如果不作根本性改进和变异，形成一定规模后，就有可能成为灾难。要更多地针对企业的实际需要来进行个性化设计建造。不仅要保证功能需要，而且要满足企业的文化个性和品质要求。

如果今天建设的园区厂房与研发办公楼都长得几乎一模一样，我们难以想象里面会诞生伟大的企业。没有鲜明文化个性的企业在今天不可能成长为伟大的企业。

综合运营指的是统筹调动各种资源，一体化面对企业的服务组织模式。我很高兴地看到，咱们苏仙区跟郴州高新区实行的一体化领导体制。这有利于两区战略联动，使得高新区的创新生态建设与苏仙工业集中区的产业集群组织形成良性互动，产生更高的效率，使产业组织的结合方式与众不同——既有分工，又有协同。

我们正在考虑如何利用好中电光谷位于深圳华强北的中电智谷（智能终端创新中心）为苏仙区专门设立一个离岸孵化器。着眼发现并培育一批未来可能到苏仙实现产业化的技术源头和具有前瞻性的项目，培育到一定程度再拿到苏仙区实现产业化。通过方法创新找到提高质量的基因，这是园区高质量发展的基本思路。我们非常愿意把我们的系统经验和资源带到郴州来，推动苏仙工业集中区在新的发展阶段融入新的发展格局，取得新的发展成果。

产业园区经营能力建设论

2021 年 7 月在武钢集团中心组学习会上的讲演

观点

- 人贵有自知之明，企业也得有"自知之明"。不能做超过自己能力范围的事，是一条重要准则。

- 品牌的领导地位不仅由视觉识别系统的设计水平所决定，更由品牌主张的动人力量和对价值承诺的坚定信念所决定。

- 任何产业园区，从产业集群角度讲，重要目标就是创造产业生态价值。脱离了生态整合提升这个出发点，产业园区建设就缺乏新动力，也会失去方向感。

- 企业的组织发展力是一种基于业务发展的组织扩张与构建能力。既要成体系，又要与实战挂钩。

- 关于经营人才的招募和任用，中电光谷的一贯主张是"培养重于引进，实战优于说教"。我们特别重视从具有 5 ~ 10 年工作经验的青年才俊中引进关键人才，在公司创业实践中培养和重用。我们历来对于空降高级管理人才十分慎重。实践证明，企业最大的内卷风险往往来源于管理文化基因。经营骨干的本企业文化养成尤为重要。要把培养放在更重要的位置，一流企业的文化都是靠自己实践、积累、总结、传承的，不可能靠引进。

- 对结果负责的经营文化，既要通过制度文化沉淀，也需要在通过"实战"培养时及时宣贯。只有在对经营文化价值观充分认同的前提下大胆使用干部，让他们大展拳脚，才有可能走出超常规发展之路。

今天，站在武钢集团的讲坛上探讨产业园区发展问题，我深感荣幸。武钢是新中国钢铁工业的一面旗帜；红钢城是新中国第一个钢都，是以产兴城、产城融合的经典案例，是中国工业化和城市化的里程碑。武钢博物馆记录了武钢的光辉历史，特别是 1958 年一号高炉出铁，毛主席亲自站在高炉炉台上见证——这是"以钢为纲"时代的历史缩影。

武钢从来就与武汉水乳交融，以郑云飞书记为代表，很多湖北省、武汉市的领导都是从武钢走出来的。2019 年马国强书记在武汉工作期间，在未来科技城接受中央电视台的采访时，结合他个人经历专门解析了武汉从钢铁时代走向数字时代的历史性跨越，憧憬武汉高新技术产业如何面向未来。那个节目录制的现场正是中电光谷园区建设的成果之一。

我个人参与和见证了东湖高新区近 40 年的发展全过程。从关东到关南，从国际企业中心到光谷软件园、光谷生物城、光谷金融港、未来科技城等，伴随武汉高新技术发展的每一个阶段。光谷联合公司从 2012 年开始走向全国；2014 年作为第一家产业园区的专业运营公司在香港联交所主板上市；2016 年加入中国电子。刚才陆总介绍了中电光谷的概况，实际上到 2021 年上半年，我们在全国运营的物业面积超过了 3000 万平方米，规模全国第一[①]。

今天与武钢集团的各位领导交流，希望深入探讨一些大家感兴趣的话题。

忠明董事长前不久在武钢集团党代会讲话中指出："武钢集团产业园区专业化发展还处在初始阶段，主要矛盾是加快发展产业园区业务的需要和能力不足的矛盾。"[②] 这一论断实际上明确指出了，能力建设问题是发展的核心问题。

我今天的话题就围绕"产业园区经营能力"展开，主要讲三个方面的内容：第一，战略核心能力及其要义。2020 年以来，习近平总书记多次倡导党员干部要不断提高政治判断力、领悟力和执行力，讲的正是能力问题。第二，基础业务能力的本质要求。第三，从结构能力看关键能力建设。忠明董事长在报

---

① 资料来源：中电光谷官网。

② 《传承钢铁荣耀，坚定信心决心！武钢集团第一次党代会胜利召开》，武钢集团官网，2021 年 1 月 25 日。

告中提到了五个关键能力，主要是从流程角度提出来的。在发展的初始阶段，这样梳理非常重要。我们进一步从未来角度看能力建设如何走向结构化。

一、战略核心能力及其要义

判断力、领悟力和执行力——既是重要的政治能力，也是必要的业务能力；既是战略能力，也是战术能力。遇到产业园区发展问题，我们无论是从政治和战略高度上进行判断，还是从具体项目定位上作出判断，方法论的本质是一样的。领悟和执行，也是这样的逻辑。我想联系产业园区业务的实际问题做一些解析，为大家深入学习习近平总书记的论断增加一个联系实际的角度。

1. 判断力

关于产业园区业务，首先要判断什么？当然是能干还是不能干的问题，是投资决策问题；其次就是采用什么方式实施的问题，这是商业模式问题；最后就是谁来对结果负责的问题，这是组织方式问题。下面从五个方面分析。

（1）宏观经济形势判断。

离开了对宏观形势和大趋势的判断，不可能看清楚我们今天津津乐道的事情究竟意义何在。宏观经济形势与产业园区的业务发展息息相关。若就事论事就会出现很多战略认知误区。过去多年的许多经验教训不断提示我们，产业园区建设若离开了对于国家财政政策、货币政策、产业政策的深刻理解，离开了对于科技革命、产业变革的基本认知，不可能制订正确的战略目标。当然，对相应的企业战略，包括发展规划、经营预算、经营策略等方面的理解也都将是茫然的。这方面武钢集团的各位领导都比较擅长，我就不展开讲了。

（2）区域产业要素和条件的判断。

我们见到更多的教训或者说问题，就是因为发展目标与策略脱离了地方产业发展的要素条件。例如，国家强调科技创新，重视发展战略性新兴产业，很多地方便不顾当地实际情况，连一个像样的理工科大学都没有，基础科研条件完全不具备的情况下，也大谈创建一流科技创新中心，要抢占科技创新制高点，就显得不够严肃。如何结合本地实际发展新兴产业？缺乏基本认知和判断能力，盲目投资上项目，很容易出现问题。

（3）产业地产政策环境判断。

产业园区发展与城市规划、土地利用方式相关政策都有直接关系，要考虑区域性开发或集约化建设，就必须考虑所在地是否具备产业地产开发的政策环境。例如，宗地是企业自用地，还是可用于开发的宗地，还是有限制条件的可开发用地；关键是产权分割的地方行政规定。涉及具体项目时都必须弄清楚并做出相应判断。如果不预先作出判断，很可能建设到一定程度的时候发现是不可预售的，有不能分割产权等限制，与经营预期完全不同，就会出现比较严重的危机。

刚才听忠明董事长介绍，武钢集团大量的不动产历史用途与现实使用需求不一致，如何利用城市更新政策解决相关问题，实际上也需要进行政策条件判断。另外，涉及土地权属或用途改变，很可能会产生高额土地增值税或其他税费；涉及在原来核定的建筑面积基础上加建，还会涉及城市规划约束，甚至没有办法申报和审批。总之，我们必须针对相关问题作出相关专业判断，才能有效展开后续工作。

（4）项目的产业定位判断。

某一区位应该发展什么产业？或者，发展某一种类型或某几种类型产业，在这个地方是否具备条件？主观愿望与客观条件能不能够达成一致？作为建设主体，需有自己的主观判断。这个判断有可能符合国家政策依据及宏观经济形势依据，但是脱离了这个地方的具体条件，或者说结合实际条件不够充分，都有可能导致项目在发展过程中出现严重问题。

（5）自身条件判断。

人贵有自知之明，企业也得有"自知之明"。不能做超过自己能力范围的事，是一条重要准则。当我们去做一件超越原有经验的事情时，应该冷静判断自身是否具备专业能力？是否具备投资能力？是否具备产业资源整合能力？如果不具备这些条件，我们未必能够满足市场需求，我们的行为就要更加谨慎。

总之，对于产业园区的项目，无论是新建项目，还是旧改项目，从宏观到微观，都将考验我们的判断力。

2. 领悟力

涉及产业园区发展事项，我们必须认真领悟的事项包括以下几点。

（1）国家战略需要。

如果产业园区建设计划不符合国家战略方向，我们一定要慎之又慎。目前，我觉得有四项比较重要的国家战略跟产业园区建设业务密切相关。

其一，创新驱动。武钢集团提出"把产区变园区，园区变城区"。这个逻辑，看重的是城市化价值。然而如何与一般房地产业务区别开来？关键在于空间承载的内容及功能。像武汉这样的城市，中心城区可持续发展很重要的一个核心功能就是科技创新，符合创新驱动发展的国家战略。如何跟我们的具体项目对上号，特别是有关城市服务业，如何发挥场景和地段优势，与培育创新生态建立关系。这就是我们的项目发展的意义所在。它不是简单的不动产经营问题，而是前瞻性地跟创新驱动的国家战略建立内在关系，这也是我们谋划若干城市更新项目时需要重点思考的。

其二，制造强国。武钢集团要盘活的存量资产，大部分跟工业制造关系密切。在制造业这个领域内，如何更好发挥空间承载作用，为制造业的数字化转型升级、为产业生态高质量发展作出更大贡献，这是一篇大文章。

其三，网络强国。习近平总书记指出，没有网络安全就没有国家安全①。发展基于安全先进计算的网信产业对我们国家来讲是非常关键的国家战略。数

---

① 《习近平出席全国网络安全和信息化工作会议并发表重要讲话》，中国政府网，2018 年 4 月 21 日。

字经济是网信产业的重要组成部分。武钢集团建设的大数据产业园就是网信产业的基础设施。这方面武钢有独特优势，围绕数字中国这条线索，相关资源可以发挥更大作用。

其四，生态文明。生态文明既是一种发展理念，也是一种发展方式。在保护生态的前提下发展经济，从某种意义上讲，是产业园区建设的使命；以数字技术促进制造升级是必由之路。期待武钢集团的园区业务发展为促进制造业升级创造新的经验。

以上四个维度的价值核心落实到每一个项目时究竟应该如何取舍，我们在思考问题的时候，特别是项目策划过程中一定要反复斟酌，并赋予实在意义。我经常在中电光谷宣扬的理念是，如果我们考虑产业园区建设项目投资时，找不到赚钱之外的意义，这件事就不能干，或者说不值得我们干。我们在这个时代就应该干与这个时代核心价值相称的产业园。

（2）地方发展愿景和比较优势。

任何一个项目都是在一个特定城市和特定产业功能区里规划建设的。我们的项目如何跟这个城市的发展愿景和战略目标建立关系，这是需要花相当精力去认真体悟和仔细琢磨的。项目成功的标志就是为这个城市的战略目标服务，并构建城市的产业竞争力。如果说做不到这一点，姑且不说能不能得到地方政府的重视，或给予政策扶持，它实质上发挥不了战略引领作用，即便可以盈利，也不值得我们为之奋斗。

从中央企业的视角看，如果建设一个产业园项目不能形成产业升级的带动作用和广泛的社会影响力，就没有什么战略意义。同时，我们在任何城市布局项目，首先就应该考虑如何把这个城市的比较优势更好发挥出来，构成这个城市的经济增长极。例如，武汉在我的印象中，30多年的发展愿景和发展战略都没有脱离"科教立市"这个基础。我们的工作如何跟"科教立市"的城市战略发生关系，把这个问题领悟透了，我们就能够找到这个城市产业空间需求增量的魂，就能够洞见市场发展的趋势。

（3）产业变革的契机。

产业园区是产业发展的承载体。产业发展具有时代性。当今时代，产业变革是科技革命的产物，每一次产业变革都是与科技革命相伴而生的过程。我们只有深刻理解这个过程，才能搞清楚产业变革的根本特征是什么，我们的空间服务如何适应产业变革的要求。例如，第四次工业革命以智能化为特征，那么未来的产业空间如何打造以满足万物互联要求？人的活动又有哪些新需求？如何满足空间需求动态化、柔性化的需求？当大量的简单重复劳动被人工智能替代之后，人的工作方式、社会活动方式将发生什么样的改变？作为产业空间策划者和建设者对这些问题都应有前瞻性理解。否则，尚未打开问题的大门就任凭建筑师自由定义，作为建设主体我们是不称职的。项目策划者或运营主导者如果没有把握项目规划的精髓，就不可能达到制高点。

（4）企业发展的需求。

这里讲的企业需求是指我们的客户需求。说到核心价值观，大部分新兴科技企业都信奉"以客户为中心"。如果我们不能深入理解、领悟客户对空间需求的要领，说明"以客户为中心"的价值观还没能深入人心。这是一个具有无限延展性的话题，随着我们对业务本质规律认识的加深，我们对客户需求的领悟也一定能够达到更高境界。

3. 执行力

执行力的要义主要有以下几个方面。

（1）用正确的方式行事。

战略方向清晰了，战略目标确定了，提高执行力首先要看方法对不对。如果方法不对，就有可能事倍功半、走弯路。

（2）建立对结果负责的机制。

国企市场化改革真正要解决的核心问题是建立对结果负责的制度文化。大家都很习惯对程序负责，更喜欢提出新口号，开工新项目，很少深入思考如何建立对结果负责的机制。"以终为始"就是一种承诺对结果负责的文化。什么事情没有想清楚，没有准备好就随意开启，结果一定不会好。或许开始就是风险。

（3）团队协同文化。

专业化是分工细化的结果。专业化以后要解决的最大难题是协同。不同团队都从各自的专业立场行事就难以形成整体竞争力，也难以保证整体效率。所以，团队的协同文化是提高执行力的文化保障。协同文化只有超越一般道德要求，成为制度文化的重要组成部分，并能有效确立内部不同单位之间的交易结构、利益机制和责任边界时，才能真正落实到业务流程的每一个环节。

二、基础业务能力的本质要求

我非常赞赏忠明董事长报告里面关于"三力"，即产品力、品牌力和生态力的提法。我觉得对这三个维度能力的概括集中体现了现在产业园区发展最重要的能力结构要求。我讲一讲对这三个维度能力的理解。

1. 产品力是产业地产开发管理的基本功

目标是如何使建筑与环境价值最大化，主要体现五个方面的内容。

（1）因地制宜确定项目定位。

发展一个建设项目，首先要选取合适的地段。作为房地产的核心价值，讲究地段是以不动产收益为目的。产业园区价值不能只讲不动产收益。地段很重要，却不是唯一的要素。举一个东湖高新区的区位例子。从空间架构上讲，鲁巷目前还是城市功能中心，光谷软件园的位置在关山大道末端，原曙光村和关山村所在地，地段价值远不及鲁巷。

光谷软件园项目2000年开始启动，当时举步维艰。我们接下这个项目后，思考最多的，就是营造科技企业喜欢的工作环境。实际上，对于产业组织而言，地段并不是决定性条件。相对偏远地段的缺陷可以通过建筑空间及产业生态环境来弥补。当然，在快速城市化过程中，不同发展阶段、不同产业定位与组织效率要求所形成的架构逻辑也有所不同。事后再来反观，就能对当时的选址眼光看得更清楚。实践证明，我们用了不到 10 年时间，凭借较高的规划建设、成本控制和产业组织水平，使光谷软件园的产业集群水平得到公认，由此形成了一流的要素聚集生态，也带动这个区域的租金，超过了以鲁巷为代表的传统城市中心区。我们建筑的水准不低，但造价却控制得很好，高性价比造就了全新的市场逻辑。就选址过程而言，地段是基础，交通条件、城市功能、商业配套设施等都很重要，但不是绝对的。总体而言，当下选址逻辑与 10 年前区别较大。现在，遇到比较偏远的区位要非常小心。把时间系数和土地成本系数统统算上，综合考虑城市能级、产业基础和战略愿景再作综合判断。

我们在产业园产品塑造方面所遇到的主要问题是什么？是每个城市都要搞战略性新兴产业，都要搞新动能、新经济，但大部分战略愿景不清，且基础薄弱。从这个角度讲，产业创新方式及经济形态演变等是研究产品力的基础。

（2）合理的建筑密度、强度和布局。

这是产业发展方向和定位明确以后的产业形态判断问题。我们有比较清晰的标准——不同产业发展水平的城市，适用什么样的容积率，什么样的建筑密度，只能做哪些类型的项目等都有专业说明。例如，中西部地区以机电制造为主的制造业类型项目，通常我们主张容积率不超过 1.2。如果说地方规划条件的强规要求不低于 1.5，甚至不低于 2.0，我们主张考虑规划为研发办公与制造的混合型项目，不能搞单纯的制造型项目。这与各地的制造业发展水平有关。我们的评价标准是，制造业发达的地方如长三角和珠三角地区的一些重要工业城市，亩产税收 50 万元以上，2.0 左右容积率合适[1]。但制造业亩产税收 20 万元左右的城市，建 5 层以上的厂房，上面 2～3 层就会空置。现在广东有些制造业发达城市出现了一些称作"摩天厂房"的产品，即容积率 3.0 以上，10 层左

---

[1] 资料来源：中电光谷内部对园区的判断标准。

右的厂房①。不奇怪，40年前香港地区就有。问题在于真正的需求是多少，哪些是主观想象的成分。如果一个城市在很短时间就要建几百万平方米"摩天大楼"，肯定不符合制造业发展的规律，应该高度警惕。当然建设规模跟布局、结构都有关系。在一定的密度、强度条件下，如何通过布局来提高空间价值并适应智能化趋势，这也是一个时代性课题。

（3）建筑空间的体验感价值。

空间产品离不开人的主观体验。从人的体验出发，而不是笼统从生产功能出发想问题——正是"以人为本"理念的具体化。提高产品力的关键就是要立足于更好的体验。

（4）建筑审美。

产业园区建筑设计，特别是研发办公类项目地建筑设计与一般写字楼项目的区别在于，前者更加注重在设计感、在建筑气质方面下工夫，而不是追求如何提高建筑材料的档次，或建筑单体的特殊造型。也就是说，要通过较高的建筑审美水准在有限提高造价的前提下显著提升建筑品质，满足创新环境体验要求，同时，满足科技企业有效控制商务成本的要求，这是产业园区的特殊价值规律。

（5）公共艺术气质。

建筑与自然环境的和谐关系直接关系到园区的文化品质。保护好自然山体和水系是一个方面，营造良好的园区公共环境，特别是塑造园区公共艺术气质，增强公共空间的吸引力，合理布局公共活动空间等举措都是提高产品力的重要方面。

2. 品牌力源自对文化传播认知规律的重视

这里所说的认知主要是指社会认知与客户认知。今天，我们不妨初步讨论一下，武钢集团的愿景是成为产业园区领域的领导性品牌，而与之相应的特质

---

① 《科普丨一篇读懂工业上楼，6大典型模式，7大代表案例，未来3大趋势》，TOP创新区研究院，2020年9月21日。

是什么？应该进一步深化。

我个人的看法，品牌的领导地位不仅由视觉识别系统的设计水平所决定，更由品牌主张的动人力量和对价值承诺的坚定信念所决定。

一个领导品牌，要么倡导具有号召力的主张；要么提出眼光独到的认知；要么作出令人震撼的价值承诺。武钢集团的主张是什么，是否可以凭这个主张提高行业站位。是否对经济社会发展规律的认知，对国家战略的理解，或对区域独特文化价值的理解高人一筹，引领社会对产业组织方式创新的认知。

中电光谷的品牌价值承诺，早期是——"产业集群解决之道"；后来是——"全国领先的产业资源共享平台"；还有——"网信产业生态的构建者"。由此表达我们的园区空间和服务既有的突出的比较优势，也有远大的战略愿景。当然，任何价值承诺并不意味着现在就能百分之百做到，但需要体现一种文化价值追求的方向感和自觉性。

3. 生态力的基础源自产业资源整合规律

生态力这个概念很重要，用于表达产业集群组织效率非常适合，对产业园区建设业务的价值描述也具有前瞻性。任何产业园区，从产业集群角度讲，重要目标就是创造产业生态价值。脱离了生态整合提升这个出发点，产业园区建设就缺乏新动力，也会失去方向感。这种生态力的基础源自对产业资源整合规律的认知以及与这些资源的关系。例如，宝武是钢铁业的世界老大，整合钢铁制造业或者对于有色金属材料有强烈依赖的制造业具有特殊优势，这就是通常所说的产业生态整合力强。现在，武钢集团要转型成为产业园区运营者，产业生态的组织者，显然应该超越钢铁业的本行，这是一个挑战。

就中电光谷的经验而言，我们在产业园区规划建设和招商运营等专业上都有一定积累，直到近年来才开始尝试从项目策划阶段就植入产业生态建设理念和目标。

今天，之所以我们特别强调产业生态建设理念，很大程度上是因为不动产已经进入过剩时代,只有从产业生态建设入手,才可能实现产业园区高质量发展。

说一个生态力的典型案例。在武汉,但凡从事软件开发或信息服务,首选一定是光谷软件园,其他地方无论是自然环境更好,还是建筑标准更高,都难以将这里的中小企业吸引走。这显现的正是生态价值。企业和企业之间形成相互依存关系:人才自由交流,需要什么样的人才马上可以找到;上下游合作比较便捷,同处一个生态圈,就有更多的生意机会。企业一旦脱离这个生态就成为一种损失,也是一种风险。

构建生态是一个非常复杂的过程。武钢集团具有突出的品牌优势,作为第二主业,产业园区业务如何围绕主业构建支撑主业的产业生态意义重大,这对制造业很多领域都会产生深刻影响。

三、从能力结构看关键能力建设

武钢集团明确提出要打造"项目策划、立体招商、项目管理、卓越服务、资本运营"等五项关键能力。产业园区发展所涉及的主要专业工作几乎都已包括其中,资本运营可以理解为广义概念。就产业园区培育企业、服务企业的角度讲,无论是产业投资还是风险投资,还是讲资本运作,都是园区运营的重要支撑。

1. 中电光谷致力于发展五种结构化能力

关于上述五种流程能力建设课题,中电光谷近年来着力于结构化能力建设,也分五种。

(1)系统规划力。

我们所策划或规划的产业园区项目,通常规模小一些的30万平方米,大的有100万平方米。建设方式呈现多样化,有直接投资开发的,也有提供策划、规划、建设和运营全程服务的。我们所遇到的问题，最多还是规划，尤其是规模较大的项目规划。究其原因：一方面是城市规划本身的问题，也就是上位规划对项目规划的影响；另一方面是项目建设主体自身经验的局限，或方法的欠缺，容易导致规划工作的内容缺失。

从 2014 年开始，习近平总书记多次强调城市规划的多规合一和多规融合问题。现在，总体来说，城市规划管理进步显著，城市总体规划与用地规划、能源、交通、产业、教育、医疗、商业等专项规划的融合和协调问题已有很大改观。但是，产业规划仍然是城市规划中的薄弱环节。特别是产业功能与城市形态的协调，发展过程的合理性与可持续性的矛盾都缺乏有效的解决机制。

中电光谷经历数十个项目，经验丰富，从实践中总结出以产业规划为核心的"八项规划"。充分体现了系统思想和产城融合观念，也成为自身专业能力提升的标志。

我们非常注重各种重要发展经济学理论在园区规划中的应用。例如，增长极理论。一个区域要实现高质量发展，凭什么提高质量？凭极化。要素集中度更高、科技创新浓度提高，就可以获得优先发展，就能获得更高质量。产业园区的根本作用就是使区域要素聚集度更高，产业组织更有效。就全国而言，长三角地区、粤港澳大湾区、成渝地区、京津冀地区、长江中游城市群等国家战略，实际上就是让这些具有比较优势的地方优先发展，这些地方是国家的增长极。而每一个产业园都应该成为所在城市或区域的增长极，这既是一种定位思路，也是规划策略。

产业基础设施规划是产业园区规划的要点。例如，要布局制药、生物制造、精细化工等产业，就需要热电厂提供高压蒸汽，没有这个条件，企业引进来了也开不了工。以服务创新创业为主要功能的园区，公共实验室是大部分初创科技企业选择的基本条件。另外，数字经济企业对网络基础设施及通信费用是有要求的。

有了这些基础之后，我们突出强调要做基石企业规划，支撑园区的龙头企业究竟是哪些？哪些是要重点培育的科技企业？离开了这样的规划过程就开始建设显然是盲目的，搞到一定程度就会出问题。

（2）数字化能力。

今天，任何一个跨区域或集团化经营的企业，数字化能力是必备条件。武钢集团对数字化转型有深刻的理解，几年前就开始利用存量资源建设大数据产业园，非常具有前瞻性。中电光谷的数字化能力建设主要体现在园区管理、经营和服务的整体数字化和平台化，这是我们的独到之处。

2015年时，我们推行"互联网＋"行动计划。我们的架构设计就是按智能化标准考虑的。后来，又加上了中国电子的国产化安全先进计算底座——PKS系统。园区有这么多的设施设备，人、车在这里活动，如何通过这些数据来提高管理水平，改善服务质量？这正是数字产业化的形态及数字治理重要的场景应用。

我们希望构成一种未来场景，即凭这个数字化平台，形成产业发展的评价指数、评价标准，解决园区发展质量究竟如何评价的问题，用数据来说话。比如说空间利用效率、人员活跃程度、车辆活动规律、能源消耗结构、税收结构等。我们相信，一大批高质量企业在这个数字化生态中，就具有吸引更多要素的生态效应，构成更大规模、更高水平的产业组织体系。武钢集团的园区发展战略刚刚开始实施，需要数字化建设的前瞻性思维，满足未来智能化标准来进行顶层设计。

（3）综合运营能力。

过去讲园区建设专业化的时候，主要讲的是开发能力的专业化，其中包括招商。现在大家开始重视运营，强调运营专业化，其中也包括招商。中电光谷强调综合运营，立足于建立综合化能力。综合运营的核心是招商，即有序组织企业客户，基础是服务，满足入园企业的各种专业服务需求。主要包括：厂房定制与租售服务、专项工程服务、设施设备维护服务、秩序服务、区域能源服务、团体餐饮服务、人力资源服务、供应链服务和数字化赋能服务等。之所以强调综合运营，主要是为了建立经营管理的统一领导机制，形成一套班子面对多元客户多元需求，统筹管理各专业服务团队，提高管理效率。中电光谷构建综合运营能力是一项着眼于长远、着力于解决提高产业组织效率的战略举措，是经过多年、多个案例实践才得以形成的一种方法论和实践模式。因为构建了这样一种能力，我们有条件直接为更多地方政府提供基于园区建设的产业组织服务；也有机会整体承担大型城市片区开发项目的运营服务，从而开创产业园区建设的"新专业化"之路。

（4）组织发展力。

企业的组织发展力是一种基于业务发展的组织扩张与构建能力。既要成体系，又要与实战挂钩。2021年，我们以前所未有的决心来抓组织发展，说明组织建设迫在眉睫，如果我们早几年就抓这件事，也许今天取得的成效会更好一些。我们在2021年要新进入十几个城市，干部培养和组建合格团队已成为摆在我们面前的最大挑战。

2021年，在纪念党的100周年华诞系列学习教育活动上，我们一再强调要把党的建设的优良传统和组织发展能力基因移植到我们的团队建设机制中去，这是特别重要的任务。武钢集团的园区业务现在重新出发，要优先把组织建设工作做好，对未来的可持续发展意义重大。

（5）产业投资力。

产业投资对于园区发展的支撑作用十分显著。我们从2015年开始就发展股权投资业务，从天使投资开始，后来跟中金资本合资组建了一个规模50亿的产业基金，专门做中后期股权投资项目，目的是通过股权投资增强对科技型企业、高成长型企业、引领型企业资源的整合力，创造更多的空间服务机会。我们正在探索园区空间与资本相结合的资源配置方式。

股权投资的资源组织方式也为产业园区发展提供了新的思维，即不是把房子设计好了再来招商，而是找到了企业需求才来做设计。这个逻辑的改变是一种根本改变，是园区发展业务转型的根本。从这个意义上讲，产业投资也许可以成为一切服务的逻辑起点。但凡逻辑起点不从土地开始，而是从企业需求开始，也许就是产业园区组织方式变革的真正开始。

我建议，武钢集团要深入发展园区业务，可以尝试组建股权投资基金，通过这样的方式发现、积累一批具有高成长性的科技企业，并深入参与其发展过程。我相信这种方式正是发挥中央企业对新产业、新经济、新科技引领作用的有效途径。仅从收益讲，科技企业的股权投资平均收益显然高于不动产平均收益水平。中国经过 30 多年的城市化，近 10 年，房地产市场的增幅全球第一，而我们的资本市场增幅却是最低的。所以从这个角度出发，把更多的资源放到与资本市场发展关系密切的科技企业上，才具战略前瞻性。

2. 关于能力建设的主要观点

（1）能力建设对于企业可持续发展具有根本意义。资产规模扩张可以靠并购，但是能力提升必须靠自我建设。

没有一个企业可以靠并购提升自身核心能力。20 世纪 90 年代末，我曾经对通用电气的传奇领袖杰克·韦尔奇比较着迷。通用电气给我们的印象似乎是一个产业公司，但实质上是一个投资管理公司，或者说是一个基金管理公司。通用电气是一个擅长投资产业并经营企业，最终靠退出盈利的公司，也就是一个买卖公司的公司。买下一个公司并提升其价值，然后把他卖掉盈利。我在 2000 年前后去看过通用电气在几个行业的代表性公司，当时非常羡慕这样的企业。但是后来才发现他们的核心能力是选人、用人，收购这个公司以后，知道这个行业世界上最牛的经营者有哪些，找这样的人来经营，实现根本性改观。资产配置和人力资源经营能力是其核心能力。看到被投企业的问题，重新构建了企业的核心要素，使得该企业实现凤凰涅槃，通用电气因此盈利。由此可见，通用电气并不通过并购增强自身的能力。它的能力是它自己已有的，是与生俱来的。

一个集团公司靠若干子公司的能力所烘托起来的能力——这是一种能力假

象，甚至是一种误会。我们只有把自身的能力建设放在首位，切实解决自身面临的主要矛盾，这才是务实的战略。

（2）常言"做大做强"，"大"主要指规模，"强"主要指能力。由强变大容易；大而不强持久不了。

人们经常讲"做大做强"。这一说法其实是值得商榷的。我认为需要增加一个维度的价值——"长"。"大""强""长"三个维度。"大"，比较容易，只要有足够大的资本或融资能力，购并一大堆企业，加起来就大了。例如，海航就曾经大过，北大方正、清华紫光、华夏幸福都大过，但那个大的过程实际上恰恰是一个逐渐变弱的过程，因为能力没有增长。靠资产堆起来的东西其实堆得越高管理越难，企业出问题的可能性越大。就像一个肥胖的病人，除了心血管会出问题，骨骼不能支撑时，摔一跤就有生命危险。所以，"大"和"强"的问题，"强"的根本内涵就是能力。在能力建设上的确没有什么可以取巧的。过去讲，遇到风口时，猪都可以飞起来。其实猪飞起来的时候，就是风险。因为风不能停，一旦停下来，它就会掉下来摔死。

（3）组织发展能力是能力建设的"纲"。要结合实战持续抓好多样化培训，关键是对项目经营负责人的实训。

现在我们很少谈"纲"了。过去强调钢铁对工业的重要性时，讲"以钢为纲"。后来强调阶级斗争的重要性，又讲"以阶级斗争为纲"。"纲"这个字仅就表达而言，很有力量。今天讲能力建设，用"纲"这个字，是希望把组织发展能力建设放在一个更重要的位置来看待。讲组织发展能力就不能不讲培训。要强调集中和多样化相结合的培训，要专门设计一些定制化的培训课程，重点对象是项目负责人。

我们把一个项目交给一个人负责之前，就应该明白这个人需要具备什么样的知识结构、能力结构、经验结构。应该提供一个详细的岗位说明书。如果要让他能够真正有能力承担责任，就必须为其提供必要的任职条件。领导者必须从更高角度思考，并以组织化的方式有针对性地让项目负责人明确岗位权责、做事原则和办事流程。

（4）高级经营人才要靠自己培养。

关于经营人才的招募和任用，中电光谷的一贯主张是："培养重于引进，实战优于说教。"我们特别重视从具有 5～10 年工作经验的青年才俊中引进关键人才，在公司创业实践中培养和重用。我们历来对于空降高级管理人才十分慎重。实践证明，企业最大的内卷风险往往源于管理文化基因。经营骨干的本企业文化养成尤为重要。要把培养放在更重要的位置，一流企业的文化都是靠自己实践、积累、总结、传承的，不可能靠引进。把"三观"一致作为人才选拔的主要标准，所强调的要领正在于此。

（5）统筹各项专业服务要靠一体化综合运营。

跨越式发展，取决于综合运营能力的整体提升。我们的经验是既要不断吸收新鲜血液，又要保持团队的整体稳定性。对结果负责的经营文化，既要通过制度文化沉淀，也需要在通过"实战"培养时及时宣贯。只有在对经营文化价值观充分认同的前提下大胆使用干部，让他们大展拳脚，才有可能走出超常规发展之路。

（6）项目策划，要通过"借外脑"促进"生内脑"。

在若干能力建设中，最难的是项目策划能力，只有通过大量项目实战经验积累方可形成。从武钢集团的实际看，有近 30 个项目需要重新策划，不妨先拿出几个试点项目，邀请富有"实战"经验的专业团队帮助策划。这样使自己团队的核心成员借助"外脑"加深对项目的理解，这也是一个学习培训过程。我个人的经验是，在缺乏项目实战经验的基础上，关起门来搞策划，即使是顶级聪明的人，犯错误的概率仍然很大。就项目策划而言，足够的经验和见识至关重要。从某种意义上讲，策划成果直接决定项目的成败。

关键能力中也包括建设管理能力。现阶段，采用 EPC 方式比较符合武钢集团目前建设管理能力的实际。既可以有效控制成本，也可以提高效率。建设环节，需要面对众多整合性工作，在团队专业能力不足时非常消耗主要领导的精力，从而放松或忽视更为重要的经营管理工作。

EPC 实际上就是设计、采购、施工总包，关键是要设计好建设投资的控制性指标。总包单位，如中建系统或者中冶、中交、中铁等，他们的施工组织能力都能符合要求。

找到设计跟施工较好的结合方式，只要把控住几个核心指标：第一，要什么样质量的建筑，限价设计；第二，希望什么样风格或气质的建筑，视觉上达到怎样的审美效果，功能结构要达到怎样的要求，阐明任务等，将产品力的判断融进去；第三，工期要求。只需要把上述这些要点研究清楚，并体现在招标文件中，就可以省出精力，抓更重要的工作，避免顾此失彼。

我认为运营服务能力是武钢集团目前应该着力优先建立和完善的经营能力。一是有基础；二是相对容易见成效。用 1~2 年时间构建起适应未来发展的运营能力是完全可行的。

今天就与大家分享这些，谢谢！

深度要素服务与产业生态构建

2021 年 8 月在深中电公司干部大会上的讲演

观点

- 如果说产业服务是产业园区发展的本质，那么，产业服务的本质又是什么呢？是要素配置。只有明了内核，形态优化才能做到有的放矢。

- 真正能够把生产要素进行有序整合的力量来自企业家精神，这是一种无形的要素。

- 什么是深度要素服务？就是在一般公共性要素服务基础上更好地利用专业化、市场化手段创新资源配置方式，推动质量变革、效率变革、动力变革，实现要素优化配置，从而提升经济增长质量和社会生产力水平的服务模式。这是供给侧结构性改革的重要内容。

- 建立区域性的产业组织合作机制必须坚持经营组织一体化、经营方式市场化和政商关系规范化三条原则。

- 解决供应链问题，不能不考虑产业链，也不能忽视创新链；研究创新链的时候，不能不考虑创新资源的产业化逻辑和产业链、供应链的关系。

- 有效的产业服务必须弄清企业内在要素组织脉络，明确研发、生产、办公等不同的基地在整体企业生产经营组织中的方位，相互之间的互动关系及条件。

全国各地几乎每个城市都有产业园区，各地都有国有企业从事这方面的业务。而在全国范围展开产业园区业务的企业不多，加起来也不足 10 家，中电光谷是其中一个。近年来，我思考最多的两个问题：一是选择做这项业务的立足点究竟是什么？二是这项业务的终极意义何在？实际上，中电光谷一直是在寻找相关答案的过程中成长的。2018 年，我们明确提出产业园区发展的基本任务是服务产业升级，是供给侧结构性改革的基本内容。2020 年，我们在研究"十四五"规划的过程中，明确把产业服务作为根本方向。后来才发现深中电也把产业服务作为基本战略定位，实质上我们是同行。

产业服务是一个很宽泛的概念，几乎所有的生产性服务和技术性服务都跟产业服务有关系，或者说产业高质量发展必然建立在各种类型的专业服务基础之上。如果简单地定义无助于找到问题核心，则需要从另一个角度来解读终极性问题——构建产业生态。2020 年，国家重新确立了中国电子作为"国家网信产业的核心力量和组织平台"的战略定位。对其中"组织平台"的解读，最后的落脚点必然是产业生态。所以，我们应当自觉地把产业园区空间服务跟产业生态建设从本质上建立起联系。只有这样才不会出现战略近视、短视和盲视。

为了让我们更顺畅地在同一个"频道"上考虑问题，今天我就以产业生态为落脚点展开讨论。题目是《深度要素服务与产业生态构建》。

一、产业服务的本质——要素配置

如果说产业服务是产业园区发展的本质，那么，产业服务的本质又是什么呢？是要素配置。只有明了内核，形态优化才能做到有的放矢。通常，政治经济学定义的基本生产要素是劳动力、资本和土地。后来邓小平同志讲科学技术是第一生产力[1]，人们把技术增添为基本生产要素，最近几年，权威部门认定数据也是生产要素。至此，就有了 5 个基本要素。我个人的看法，企业家也是

---

[1] 《科学技术是第一生产力》，中国共产党新闻网，2017 年 1 月 19 日。

生产要素。真正能够把生产要素进行有序整合的力量来自企业家精神，这是一种无形的要素。这个话题今天仅仅是点到，不展开了。

生产要素具有公共特性，基本生产要素服务可以作为公共服务产品对待。

其一，劳动力，包括职业培训和社会保障。职业培训是由政府主导的公共性的劳动力服务方式。有一些围绕职业培训的深度要素服务也可以企业化、市场化经营。社会保障也是公共性劳动力服务。

其二，资本，包括信贷、担保和资本市场。信贷是基本的资本服务形式，包括担保也是很多地方政府承担服务企业的内容。从政策环境上要构建一个多层次的资本市场，各地方政府希望寻找到地方参与资本市场或者资本服务的方式。

其三，土地。在土地公有制度条件下，土地当然是公共服务产品，是由政府主导的生产要素。

其四，技术。技术的交易形式多样，有形的知识产权交易市场主要体现一种公共服务方式。技术的场外交易往往更有效率。

其五，数据。走向数字时代，数据必然成为一种生产要素。如何落实"放管并重"原则，激活数据要素潜能，营造"开放、健康、安全"的数字生态，是公共服务方式变革的重要方向。

二、何谓深度要素服务

什么是深度要素服务？也就是在一般公共性要素服务基础上更好地利用专业化、市场化手段创新资源配置方式，推动质量变革、效率变革、动力变革，实现要素优化配置，从而提升经济增长质量和社会生产力水平的服务模式。这是供给侧结构性改革的重要内容。深度要素服务有以下类型。

1. 综合性生产空间服务

土地是核心生产要素之一，但是，行政化土地资源配置方式不仅程序复杂，建设过程管理的效率也比较低，容易造成土地利用效率低和空间组织杂乱无序。对于绝大多数企业而言，专业化的生产空间服务是有效扩大产能的要素保障。

产业空间服务方式是行政化配置土地资源无法满足的企业多样化发展空间需求，只有具备专业化过程服务能力的企业才能有效满足这样的需求。产业园区开发方式既是对企业生产要素配置需求专业化的响应，也是对政府推进公共服务方式改革，实现理性、高效产业组织要求的响应。这种服务能够达到什么程度，如何改变土地要素配置方式粗放、机制扭曲和错位的现象，如何使供给方式更具适应性和灵活性？这是一个值得深入探讨的理论问题，也是中电光谷近二十年来不断通过实践试图回答的问题。

2. 股权投资

从生产要素配置角度讲，资本的重要性和经常性都高于土地及相关要素。两者的协同作用至关重要。

对于科技企业而言，资金要素配置最困难的往往是直接融资。这是科技产业创新最突出的短板，也是园区建设最重要的协同要素。中电光谷从2015年开始就把股权投资作为要素配置的战略抓手，就是希望提升要素配置的整体能力。以股权为纽带与企业建立更牢固的联系以后，生产空间服务的可能性和有效性就会产生根本性变化。这是一般的房地产服务商业逻辑无法企及的。

3. 科技服务

在华强北，智方舟和中电智谷都很有名气，都是空间服务不断增加内涵的一种探索。科技企业孵化器和众创空间以及各种主题性的双创空间服务方式，对象是科技企业，本质是科技服务，可以延伸的领域非常广。我们这几年做了很多积极尝试，效果不错，现在，科技服务已成为中电光谷重要的业务发展策略。另外，千方百计与各种科技服务专业机构合作，比如光研院、高投集团、武汉生物研究院、联想、科大讯飞等，共同为空间服务注入更强大的动能。

举个例子：我们在重庆有一个由政府平台公司提供的3万平方米空间用作科技服务，叫"智创园"。我们与武汉光电工业研究院、联想人工智能部门合作，我们做基础性空间服务，他们提供具体技术平台服务。两种能力的叠加增强了对相关科技企业的吸引力，使重庆的科技产业创新的格局发生了积极改变。市里很多领导看了以后，都给予很高评价，称增强了建设西部（重庆）科学城的信心。建设科技创新生态的关键是要实现科技成果产业化，落脚点是推动产业创新。从科技服务角度提供专业化力量和方法非常重要。

4. 供应链服务

深中电的核心业务就是供应链服务，这是电子工业体系中具有显著地位的服务。近年来，中美博弈加剧，供应链安全的重要性日益显著，供应链服务具有巨大发展潜力，需要深入探索模式创新。这方面我们应该尽快探讨合作，形成供应链服务的更强综合能力。

5. 数字化服务

我们这几年一直在探索数字园区的平台化服务，打了一些基础。把广泛布局在多个地方、有一定产业聚集度的园区空间实现数字化，利用这些数据提高产业服务效率，具有数字化应用的重要场景价值。

三、产业生态构建：深度要素服务体系化

1. "四有"选址条件

产业生态构建，是优化区域产业链布局，引导产业链关键环节留在国内，提升产业链、供应链现代化水平的标志。什么地方适合布局？我们共同面临的

问题就是选址。如何选址？用我们的经验归纳起来讲就是"四有"条件。

（1）要有引领优势。

在我们现在的城市地图里，上海、深圳、重庆、天津、成都、长沙、武汉等中心城市或省会城市都被当作具有引领优势的城市，即对周边城市具有辐射带动作用。我们合作在华强北打造中电智谷，是希望以一种新的方式，在深圳找到对全国具有战略支撑意义的平台功能。

放眼全国，从结构优化角度讲，每一个城市的战略地位都不太一样。目前，上海和深圳是两个突出具有全局资源意义的龙头城市。所以，我们希望中电智谷的影响力不仅是在深圳，更多的是对全国各地的园区都有资源象征意义和带动作用。几万平方米的办公空间，从不动产经营角度看本身价值不大，并且政府已经确定了房租的最高限价，不动产经营本身不可能盈利。有算上政府的创新生态建设政策性补贴才有可能盈利，而补贴是具有不确定性的。我们看中的是深圳这个科技创新窗口城市的引领优势作用，看重的是区域科创资源的要素价值。发挥好这个平台作用就能创造更多可能性。现在的问题是如何把若干可能性与更多地方产业升级的必然性联系在一起。上海的价值也是一样的。2021年，我们把"发挥深圳和上海这两个世界级城市的辐射力和带动力"作为年度战略目标，道理就在这里。最近，我们的产业合作中心正在组建驻大湾区产业合作促进团队，依托中电智谷——充分挖掘"华强北"的丰富内涵，使之成为更多地方政府的"飞地"园区，为各地产业生态建设赋能。

（2）具有深厚增长潜力。

看潜力也就是看未来、看趋势。战略基础具备，而现状发展不充分，恰好是机遇。我们选择青岛、合肥、西安、沈阳、南通等城市布局，主要看中的就是这些城市的发展潜力。

以青岛为例，十年前，青岛在全国挑选有影响力的产业园区发展头部企业，找到了我们。前来对接的有高新区、经开区，也有城阳区等。高新区推荐给我们的地方，第一是东边崂山，第二是北边红岛，即高新区的拓展区。城阳区也邀请我们去看了。但我们最后还是选择了位于西边的黄岛（经开区）。那时候胶州湾隧道还没有通，胶州湾大桥也没有通，从城阳机场到黄岛要开一个多小时车，比较偏。但我们坚定认为青岛未来城市发展的主要方向是向西。因为，黄岛是青岛市海岸线最长的区域，是核心海港区，也是主要的制造业聚集地。青岛当时整个服务业占 GDP 比重不足 47%，制造业是城市经济的主体①。而这个城市真正要实现转型，必须是生产性服务业成为主要发展动力。黄岛的制造业基础好，但生产性服务业发展缺乏有效组织，这正是我们可以创造价值的地方。

从 2012 年开始，我们一路走来，已经十年了，我们参与并见证青岛产业结构调整和增长方式转变以及生产性服务业蓬勃发展的全过程。可以说，近十年青岛生产性服务业的发展史，主要策源地和生长地都在我们的软件园、研创中心和海洋科技园；2020 年，这三个园区的入园企业超过了 1000 家。

再举一个例子，就是合肥。合肥是我们走出湖北选择的第二个城市。当时合肥 GDP 不到 6000 亿元②，在省会城市中是比较弱的。我们为什么要去合肥发展呢？就是因为我们看到了合肥发展的战略潜力。当时，合肥市动用一切资源全力建设滨湖新区，拓展城市空间决心空前，力度空前。滨湖新区确定优先发展金融信息产业。省市主要领导亲自挂帅招商，将头部金融机构几乎都吸引到了滨湖新区设立金融服务中心。因为主要方式是供地自建，尽管声势很大，但到 2014 年末还没有一家机构建成开业，当时很缺乏人气。而武汉的光谷金融港项目比合肥起步晚两年，却已有若干机构开业。我们判断，滨湖新区当时尽管区位有些偏，但却是合肥未来的希望所在，潜力巨大。这些金融机构的业务部门功能完备，建成以后可以不依托于城市服务设施而独立运营，这个区域很快就会变成具有城市功能的新城区。最大的潜力在于，当地尚未找到高效的产业组织空间布局方式。一般性的写字楼开发逻辑无法解决生产性服务业的有效

---

① 资料来源：青岛政务网《2011 年政府工作报告》。
② 资料来源：合肥统计局网站数据。

组织问题。如果我们把已经在武汉成功实践的园区商业逻辑带去，就可以快速发挥战略支撑作用并与这个城市的未来建立起关系。因此，我们挥师合肥并在当地写字楼市场总体供应过剩比较严重的情况下迅速立起了标杆。

（3）具有强烈变革愿望。

在中电光谷近年来的实践中，接触到具有强烈变革愿望的代表性城市有咸阳、襄阳、宜昌、绵阳、洛阳、淮安等。

城市领导者的变革发展愿望是我们选择城市进行园区布局的另一项重要标准。无论是主要领导人的干事心态还是国家所赋予的发展战略使命都是判断其未来前景的依据。要实现战略目标，最有效的方法就是把这个地方的特色资源和外部优势资源进行嫁接，在经济循环大格局中发挥作用，让外部优势资源为发掘城市潜力赋能。最重要的是用正确的方式来做好正确的事。这些城市都迫切需要中电光谷的体系统筹能力以及我们的市场化产业组织方式带来的变革推动力。

从 2020 年开始，我们就把以综合运营为特征的产业园区全生命周期服务作为一种商业模式来推行。我们称之为"P + EPC + O"模式。2021 年增加了多个案例。从要素配置的方式讲，地方国企取得土地，开发的流程逻辑基本不变，由我们对结果负责的方式来牵头经营管理；过程中的建设融资也可以由我们来协调解决。我们的开发管理体系、招商运营体系、风险管理体系介入项目建设的全过程综合发挥作用，就能高效达成产业组织目标，有效控制建设过程风险。这种方式很适合在具有强劲变革愿望的城市的园区建设项目中实施。

（4）具有高度战略契合度。

我们的可持续经营理念客观上要求重大项目布局务必与所选择合作的城市在发展战略方面具有较高契合度和共同点。而选择项目需要一事一议。凡涉及高投入的片区开发项目，我们会选择更具融资能力优势的中央企业合作组建联合体参与。我们适宜专注于发挥自身在产业组织、数字化、区域能源和园区运营服务等方面的比较优势。

举个例子：成都双流区杨柳湖片区以集成电路和数字经济为主要产业功能的 10 平方公里开发计划，大概总投资 200 亿元左右①。我们经过反复论证，最终选择以联合体方式来实施项目，邀请中交集团来主持建设投资，而由中电光谷主导运营。以这样的方式将我们的产业生态组织的逻辑贯穿到区域策划、规划建设、运营全过程，从而发挥以产业兴城的高质量片区建设的关键作用。

2. "三新"结合的原则

这是构建产业生态的基本思路，强调的是对新发展理念认知共鸣所达成的关于产业组织方式和空间布局方式的共识。

（1）全新发展理念。

当然，这里所说理念，不是挂在口头的概念，贴在墙上的标语，而是符合地方发展实际的判断事物和解决问题的做事基本原则和方法。我们选址布局十分看重与这里的领导干部在发展认知上产生"共同语言"。

（2）全新产业组织方式。

好的产业组织方式取决于专业公司与地方政府密切合作，充分发挥好市场化配置资源和政府行政组织两个作用。这需要充分考虑政策环境、与政府的互信关系等因素。不可否认，与地方政府合作，既有层级问题也有责任边界问题。我们主张，建立区域性的产业组织合作机制必须坚持经营组织一体化、经营方式市场化和政商关系规范化三条原则。

（3）全新空间布局方式。

中电光谷的产业园区建设实践，用地规模从几百亩到十多平方公里，园区类型也有十多种，可谓经验丰富。这是我们最重要的无形资产。产业组织在物理空间上有序布局要比城市规划工作复杂得多，既要有城市形态规划的眼光，又要有解决企业具体生产功能要求的能力。这是中电光谷专业化素养的优势所在。在足够经验积累基础上形成了一系列原则、方法和严谨的审核流程，能够

---

① 资料来源：成都市公共资源交易服务中心网站数据。

保证任何项目的建设质量。当这样一种能力得到地方城市规划和建设管理部门充分信任时，就可以节省大量审批时间，加快建设进度。

当这三种"新"的要素有效整合起来，就形成了打造高质量产业生态的基本条件。

3. "三链"融合思想

三链，指的是产业链、供应链和创新链。

解决供应链问题，不能不考虑产业链，也不能忽视创新链；研究创新链的时候，不能不考虑创新资源的产业化逻辑和产业链、供应链的关系。现在，到处都在讲产业转移；到处都在讲建设创新高地。如果没有产业链的背景作为基础，如何讲得清楚，如何知道什么事该做，什么事做不了？例如，很多地方都想建设电子信息产业的供应链中心。

我们都知道，电子产品制造业的全球供应链中心在粤港澳大湾区和长三角地区，不可能搬去别的地方。某个城市是否有可能成为区域性有供应链价值的节点城市，需要研究判断，但若要成为供应链中心一定有问题。一个产业、一个行业的供应链中心的形成是一个非常复杂的历史过程。有一个硬标准，就是产业规模占整个行业的份额，尤其零部件的份额。不能想当然，赶时髦。

谋划"三链"融合的商业实践，我们正在两个城市进行尝试，一个是重庆，另一个是绵阳。

2020年，在重庆智博会期间，沙坪坝区领导邀我们去看青凤片区，这是西部（重庆）科学城的核心区。已经整理出来差不多5平方公里的土地。在山城，弄出那么大块的平地非常难。但是用地整理以后究竟要干什么没想清楚。伟大愿景和宏大目标与现实条件反差较大。当时，一个智能车的整车厂正在建设厂房。我理解，通过构建新的汽车产业格局，提升制造业的整体水平，是产业创新的有效举措，也是建设科学城的产业创新功能的基础性工作。问题在于，现在建整车厂思路上跟过去应该有什么区别，具有进步意义的方法是什么？现在应该马上做的就是围绕整车厂，构建智能汽车的零部件新型产业生态。市、区领导听到这个意见都很兴奋，重庆有上千家的汽车零部件企业，基础雄厚，但还没有系统研究如何整合提升。汽车的高质量发展离不开零部件产业生态的高质量发展。所以，我们就在青凤片区布局了一个围绕汽车零部件产业生态建设的园区。

还有一个例子是绵阳。大家都知道，绵阳是工程物理研究院所在地，国家设立的第一个科技城。近年来绵阳以长虹为基础，在显示产业领域进行了宏大布局。京东方的柔性屏工厂起来了；惠科8.6代液晶面板生产线也点火了；长虹的智能电视机厂也建成了。有了三大电子工业核心工厂，如何以新的方式整合供应链？市领导高度重视，几次提出具体要求，但操作机制是大问题。与长虹、京东方、惠科三家领导交流，发现他们都有围绕供应链做文章的积极性。后来跟市委书记刘超见面谈起来，大家一拍即合。深中电希望在显示产业供应链方面有所作为，绵阳是一个很好的切入点。

4. "三维"协同机制

三维协同指的是生产、科研和服务三个维度的协同。现在，真正具有竞争力的企业多为从事战略性新兴产业的科技企业，他们的产供销逻辑和对产业生态的需求与传统制造企业不同。首先，需要统筹考虑研发、办公、销售、生产功能布局。因此，园区的布局选址必须围绕这个需求特点来思考。

如果一个企业有增加产能需要，而新建产能，必须考虑与研发、办公、销售、服务等功能的空间关系，涉及的产业生态问题是广义的要素、文化、社会关系问题。有效的产业服务必须弄清企业内在要素组织脉络，明确研发、生产、办公等不同的基地在整体企业生产经营组织中的方位，相互之间的互动关系及条件。

产业生态建设是数字化时代产业组织的全新课题。网信产业生态是国家战略性新兴产业集群发展的基础生态，不仅包括以芯片制造为代表的硬科技，更包括基础软件和大量应用软件开发，还涉及装备制造、终端产品制造及一些新型材料制造。生态构建，对中国电子来讲意味着国家战略使命，这就要求我们相关成员企业联系自身业务增强产业生态建设意识，健全产业组织和专业化服务机制。总体来说，围绕制造业转型升级的产业生态建设和围绕软件研发基础的产业生态建设服务内涵和形态有所不同，但共同的要求是建设目标要更明确，特色要更鲜明，优势要更突出。

所以，应该坚定不移将拥有核心技术的基石企业作为生态构建的着力点，作为园区突出战略价值的核心抓手。我相信，我们两家企业要加强战略沟通，共同选择若干样板项目，协同构建功能更强大、服务更完善的平台型园区，进而发挥好中国电子构建网信产业生态的引擎作用。

以不可预知的方式"布局"和"培育"新经济

2021 年 12 月在成都市新经济委创新沙龙上的讲演

观点

- 无论是政府，还是延伸政府职能的企业，强调发展新产业，致力于构建新经济、新动能，毫无疑问是具有前瞻性的。在我看来，围绕新经济做文章离不开两个词——一个叫"布局"，另一个叫"培育"。

- 今天所说的"新经济"跟"旧经济"的区别，主要体现为"三低一窄"的特征。第一，低通胀；第二，低失业率；第三，低财政赤字。还有就是经济周期波动幅度收窄。

- 如何区别"新经济"和"旧经济"？"数字经济"提供了一个观察角度：传统的制造业是旧经济，但通过数字化升级后的制造业就是新经济。

- 大健康是一个跨行业的产业经济概念。概念的内涵非常丰富，包括药品生产、生物治疗技术、疫苗生产、医疗器械还有医疗康养服务等。用行业概念来讲大健康经济概念没法讲清楚，要用经济概念来讲大健康，因为大健康是跨行业、跨领域、跨技术概念。

- 习近平总书记提出"绿水青山就是金山银山"的"两山"理论，其实是对生态经济原理的形象描述，是满足保护生态多样性前提下的发展经济形态。这与不顾生态环境约束盲目发展经济的理念正好相反。但凡以保护生态环境为出发点的经济发展方式便可称之为生态经济。

- 新经济的发展最大的可能性在哪里？我以为是两链融合基础上的有效"布局"，即围绕创新链有效"布局"产业链以及围绕产业链有效"布局"创新链。

很高兴参加成都市新经济委举办的大健康产业创新沙龙。关注并研究大健康产业未来的发展趋势是有战略眼光的。听周成主任介绍，在成都，市里主抓国际生物城，温江区和东部新区也都规划了承载大健康产业的园区。今天上午大家参观了光谷生物城的创新园和医疗器械园，对武汉大健康产业超常规发展兴趣盎然。我有幸参与了光谷生物城从谋划到建设的全过程。我将进一步介绍一些大家感兴趣的内容。

我对成都设立新经济委员会和新经济研究院很感兴趣。据了解，全国只有个别中心城市设立了这样的机构。"新经济"这个概念最早出现在 20 世纪 90 年代，缘起于信息技术的发展和全球化浪潮。我们今天的话题就从这里讲起。

无论是政府，还是延伸政府职能的企业，强调发展新产业，致力于构建新经济、新动能，毫无疑问是具有前瞻性的。在我看来，围绕新经济做文章离不开两个词——一个叫"布局"，另一个叫"培育"。成都市的前两任领导都是"布局"高手。成都科学城、国际生物城、成都芯谷及东部新区布局，都体现了发展新经济的宏大战略构想。2019～2020 年，产业功能区建设计划作为新产业布局的抓手，也是新经济布局思路的延续。毫无疑问，布局是战略层面的举措。通过项目策划，找到具有趋势性的可能性是"布局"思维的基本脉络。然而，"新经济"的发展仅有宏观层面的谋划是不够的，还需要微观层面的机制性作用，这种机制性作用就是"培育"有核心竞争力的优秀企业。

今天讲的核心观点是——要以不可预知的方式"布局""培育"新经济。分三个问题展开如下。

一、什么是新经济

"新"是相对于"旧"而言的，今天的新经济或新产业，或许明天就成了旧经济或旧产业。因此，新经济也是一个相对概念和动态概念。新产业往往具有行业特征,如5G、大数据、人工智能、智能装备等,都是产业概念。也可以作为行业概念。新经济更大程度上是一种形态概念,基本特征是跨行业的。如果一定要为新经济下一个定义的话,那么以科技革命带动、高新技术产业引领的经济形态就可以称作新经济。

今天所说的"新经济"跟"旧经济"的区别,主要体现为"三低一窄"的特征。第一,低通货膨胀;第二,低失业率;第三,低财政赤字。还有就是经济周期波动幅度收窄。我们今天为什么特别强调发展新经济?多年来,中央始终坚持"稳中求进"的政策总基调,就是要推动国民经济持续增长,减小波动。而只有新经济才能有效抑制通胀、降低失业率以及财政赤字,才能支撑"稳中有进"的大局。

如何解析新经济呢?大体可以分为六种类型。

1. 数字经济

我注意到这次活动所列举的主要技术概念,5G、物联网、大数据、云服务、区块链、人工智能、量子通信、智能装备等,归纳起来可以统称为数字经济。也就是说,它是通过数字技术或信息技术革命所带来的经济形态的转变与提升。国家统计局将数字经济分为五类:数字产品制造业、数字产品服务业、数字技术应用业、数字要素驱动业和数字化效率提升业。前四类为数字产业化,即提供数字技术、产品、服务、基础设施及解决方案;第五类为产业数字化,即应用数字技术和资源为传统产业带来的产出增加和效率提升。

如何区别"新经济"和"旧经济"?"数字经济"提供了一个观察角度:传统的制造业是旧经济,但通过数字化升级后的制造业就是新经济。无论属于哪个行业的制造,农产品加工、食品加工也好,汽车制造、电器制造也好,抑或日常生活用品制造,通过数字技术提升后的经济形态就是新经济形态。新经济公共部门的工作抓手在于如何通过数字技术使各行业产生更强的创新竞争力和更高的劳动生产率。这正是产业数字化的基本内涵。

2. 健康经济

大健康经济是一个跨行业的产业经济概念。概念的内涵非常丰富，包括药品生产、生物治疗技术、疫苗生产、医疗器械还有医疗康养服务等。用行业概念来讲大健康经济概念没法讲清楚，要用经济概念来讲大健康，因为大健康是跨行业、跨领域、跨技术概念。如果以行业逻辑来讲，医疗装备、医疗服务、药材种植、医品加工、药品销售与流通等都是不同的行业，各自行规也不一样，隔行如隔山。

3. 生态经济

这是融合政治理念和经济理念的一种经济形态。习近平总书记提出"绿水青山就是金山银山"的"两山"理论[①]，其实是对生态经济原理的形象描述，是满足保护生态多样性前提下的发展经济形态。这与不顾生态环境约束盲目发展经济的理念正好相反。但凡以保护生态环境为出发点的经济发展方式便可称之为生态经济。生态经济的新意在理念，不在形态。例如，旅游业虽早已存在，但是以保护生态为出发点的旅游业，如一些美丽乡村建设项目，才恰恰符合生态经济逻辑。

4. 创意经济

"创意经济"是典型的知识经济。高质量发展的核心是提高全要素劳动生产率水平，核心在于个人劳动价值的知识化。成都相比武汉时尚生活优势显著，很大程度取决于成都的创意经济要素无所不在。无论是宽窄巷子还是锦里，都能让人体验到各种超越一般消费功能的文化吸引力，这是一种带有文化知识含量，难以言说的经济价值。

[①] 《深刻理解"两山"理念的科学蕴含》，载《光明日报》，2019年10月10日。

5. 安全经济

安全经济以国防安全和网络安全为首。"安全经济"涉及面广、政策性强，是创新驱动潜力最大，也是最为复杂的领域。

6. 枢纽经济

枢纽经济是我近年来关注的课题之一。不同城市交通枢纽格局不同，"枢纽经济"的表现方式也大不一样。很多地方规划临空、临港区或高铁新区都会对标上海的虹桥枢纽，其实有很大的误解。一切有益的对标只可能是获得思想的启迪和理念方法的智慧照搬、照抄甚至盲目追随，都是不明智的，也是不负责任的。虹桥枢纽最值得称道的是枢纽经济思想。虹桥地区的城市功能结构与形态是中国唯一，也是全球个别案例，适合上海城市的能级，却未必适合其他地方。成都天府机场围绕"枢纽经济"深化产业规划，找到适合成都的"枢纽经济"之路——是一篇了不起的大文章。

从近十几年全国多地高铁新城建设实践看，城市设计成果可以提供理想的形态和概念化的产业发展目标，但鲜有对于产业发生过程的可能性和结构的合理性进行符合实际的深入研究，拿出来的解决方案往往缺乏针对性。对于决策的帮助有限，甚至有可能产生误导。更为普遍的问题是缺乏建设组织方式的有效性与建设进程的有序性。通常采用市场化房地产开发方式（这样的案例不少），将开发用地分块卖给开发企业。或许起初建设效率较高，但大量住宅优先建成以后容易长期空置；更为重要的是产业组织滞后并且乏力。我们最近接触了几个县级市围绕高铁站的枢纽经济区规划案例，发现均存在产业规划停留于概念，缺乏实施增量可能性和结构必然性的分析，其根源正是对于新经济产生和发展的过程规律缺乏深刻认知。在这样的基础上不可能科学地确立符合当地实际的、有效的新区开发目标。

二、两链融合"布局"——最大的可能性

新经济的发展最大的可能性在哪里？我以为是两链融合基础上的有效"布局"，即围绕创新链有效"布局"产业链及围绕产业链有效"布局"创新链。当新经济尚未形成完整形态时出现机会的方式是不可预知的，要有所作为，就必须进行前瞻性"布局"。

今天上午大家参观的光谷生物城就是一个前瞻性"布局"创新链并围绕创新链"布局"产业链的典型案例。2008 年，武汉东三环线以东地区基本上还是农村。国家发展改革委批复武汉建设国家生物产业基地时，湖北省委省政府就决定沿高新大道东端规划 10 平方公里布局生物产业。后来，我们经过一个多月的调研和思考后，建议调整总规，在高新大道西段临近东三环处规划用地约 1 平方公里，建设生物科技创新中心，优先培育科技创新能力。当时我们就坚定地认为，如果没有坚实的创新基础，不可能造就有可持续发展的产业前景。

东湖高新区下定决心投资建设了以武汉生物技术研究院为核心，100 万平方米的研发、科技服务空间以及必要的配套设施。这正是武汉生物产业近十余年超常规快速发展的逻辑起点。有了这样的硬件，辉瑞来了，药明康德来了，华大基因来了，多个生物科技的跨国公司在这里设立研发中心，各类研发外包业务形成了快速集群。

武汉的生物科技实力总体上比较强，不仅有中科院下属病毒所、水生所、植物所以及国药集团下属生物制品所等高水平科研机构，还有武汉大学、华中科技大学、武汉理工大学、华中师范大学、华中农业大学、中国地质大学等拥有多个生物、制药及材料专业国家重点实验室和多个一流学科的大量高水平人才。光谷生物城创新园建设，激活了武汉的创新生态，大批高水平人才来这里聚集。截至 2019 年，仅在创新园孵化的各类新药和治疗技术项目就达 400 多

个，其中有 200 多项是具有可观产业化前景的项目①。

在创新园基础上布局的"医药产业园""医疗器械园""农业生物园""国际健康园"等与创新园形成了良好的要素配合。仅生物医药园就建设了 30 多万平方米各种规格的中试厂房②，促进产业化步伐显著加快。武汉生物产业基地建设，不仅带动了东湖高新区东进的节奏，也改变了高新区的产业格局。生物产业成为武汉市近十年增长速度最快的战略性新兴产业；光谷东片区已然成为武汉的城市副中心。

这是一个典型的创新链建设带动产业链发展的案例。优先布局创新链，再通过创新链构建产业链。整个光谷生物城正是凭借这个理念超常规发展起来的。从 2008 年破土，仅用 10 年时间光谷生物产业总收入就快速增加到 1200 亿元③。在新发展阶段，光谷生物城应该重点思考如何大力提升创新链，促进产业链高质量发展，尽快达到两千亿年产值规模。

三、培育创新链是园区运营的价值核心

园区运营的出发点和落脚点是什么？我的基本观点是，培育创新链。脱离了创新链建设这个目标，产业链建设就失去了战略方向。抓好三个方面的工作是当下要点。

1. 大力发展科技服务业

什么是新产业？总体上讲是由高新技术所主导的产业。要实现高新技术成果产业化，离不开科技服务。就规模和水平而言，现在的科技服务业恐怕还算不上统计意义上的行业。如何塑造科技服务业是新经济政策研究部门的课题。

---

① 《聚焦 | 光谷生物城近 400 个新药在研，26 个重磅一类新药进入临床试验》，搜狐新闻，2019 年 3 月 4 日。

② 资料来源：中电光谷产业生态研究院对部分城市和区域的调查结果。

③ 《武汉十年诞生一座国家级生物城叫响全球》，载《长江日报》，2019 年 2 月 26 日。

2. 科技企业孵化器的发展方式亟待升级

大规模的科技企业孵化器建设是我国科技创新生态建设的创举。中电光谷从2015年开始建设科技企业孵化器，现已建成7个由国家科技部认定的科技企业孵化器；由省、市科技主管部门认定的就更多了；还有10多个国家科技部认定的众创空间。这方面也算得上经验丰富了。但我们的自我评价不够专业。如果不能针对某一行业、某一类核心技术形成一些具有共享价值的创新生态条件，这种孵化器的发展，形式上的意义大于实际功能价值。

探索科技企业孵化器的升级之路是中电光谷建设创新生态的重要目标。武汉有一个光电国家实验室，算得上是"大国重器"。在这个实验室基础上组建的"光研院"，定位就是新兴科技服务业的主体。前两年，我们与"光研院"合作在重庆沙坪坝区建设了一个升级版的科技企业孵化器——"光谷·智创园"，不到两年时间，围绕光电子技术培育了十几个国家级的高新技术企业。重庆的大学不少，但理工科专业一流学科少，这个孵化器对于重庆的高新技术产业培育作用显著。成都的科技资源总体上比重庆丰富，无论是电子科技大学还是四川大学，创新生态的基础更好。中电光谷在成都的布局，除了位于双流区的"成都芯谷"，就是位于高新西区，电子科大附近的"阳光智谷"。希望能够加强与"电子科大"和"光研院"合作建立升级版的科技企业孵化器，进一步探讨如何利用当地重点大学的实验室的设备、条件和科研课题，加快科技成果转化，形成城市新经济发展的有生力量。

3. 创新生态建设的评价指标

这是一个很容易产生误区的地方。如谈到人才房①，很多地方都制定了以学历作为人才评价主要标准的条件，忽视了企业最需要人才的要求和标准。释

---

① 人才房是一种政策性住房，旨在吸引和留住优秀人才。它由政府或企业提供给符合条件的人才居住，旨在解决人才住房问题，提高人才的生活质量和工作效率，促进经济社会发展。

放政策红利是对的，但操作不当效果不会好。这是典型的脱离实际的形式主义。

还有一个常见误区，就是热衷于奖励专利注册及论文发表，并希望通过这些指标来体现创新成就。结果，大家的精力都放到申请专利这些形式方面的工作成效上，刺激中介服务很是活跃，专利申请增加了不少，但却极少有实现产业化的成功案例。这是典型的本末倒置。这也是形式主义搞偏方向的案例。说到底，是跟科技创新的本质规律相背离。

我提出几个指标供大家参考：

第一，从社会评价角度讲的核心指标有：（1）实验室资源共享率；（2）高新技术企业数量增长量；（3）科创板、创业板上市公司数量。

第二，从公共服务角度评价的核心指标有：（1）专利保护服务的有效性；（2）基础科研成果的公共产品化服务；（3）地方财政预算支持辖区企业科技创新和技术改造，包括以及支持首创性应用项目。

第三，从企业可持续发展角度评价的核心指标有：（1）企业研发费用的投入强度；（2）研发人员占比；（3）数字化应用水平；等等。

"再城市化"路在何方?

2022 年 6 月在九江市柴桑区党政干部大会上的讲演

观点

- 为什么称作"再城市化"? 从全国看,大规模的、速度空前的"城市化"过程基本已经结束,未来需要的是更精细、更集约、更低碳、更协调、更高效益的"城市化"。

- 政府依赖土地金融,企业依赖房价上涨,银行依赖房贷规模扩大。实际上,经济增长跟房价上涨深度绑定。

- 住房过度金融化的危害在什么地方? 在于它绑定了宏观经济,包括整个货币体系和财政体系,风险累计起来是不容忽视的。现在,银行贷款的 40% 流向房地产相关领域;地方政府的财政收入 50% 来自房地产。这样的结构是不可持续的。

- 现行的城市规划方法论的主要问题是无法有效解决长远的合理性与现实的合理性之间的矛盾,更不能适应中国式的建设节奏的要求。

- 产城融合的基础是"产",核心也是"产"。

- 不同能级城市之间的"虹吸效应"客观存在。从劣势地位的角度看,"反虹吸"的最有效办法就是采取非对称策略。从根本意义上讲,采用非对称策略要比盲目跟随的风险小。当然,独辟蹊径需要勇气,但经过努力,找到一条只有你干得好、别人不容易干好的路才是真正能够管长远、管根本的路。

首先感谢盛炜书记的邀请，今天非常荣幸来到九江市柴桑区，就同志们关心的城市化和新型工业化的关系问题与大家进行专题讨论，题目叫——"再城市化"路在何方？

伴随高铁庐山站的启用，九江迎来了城市发展的"高铁时代"。如何围绕高铁站高质量实施城市化，是大家普遍关心的课题。之前，我与几位主要领导交流，发现他们对于产业发展对于城市建设的决定性意义都有深刻的理解，并意识到过去那种实质上靠房地产开发驱动的片区建设方式对于政府和社会而言是一种高杠杆、高成本、高风险、低效益且不可持续的方式，正在致力于寻找产城融合发展，实现经济可持续增长的有效路径。高铁站建设对于城市发展无疑是历史性机遇。但我们也看到，借助高铁站建设所兴起的若干城市建设实践，大部分项目都遇到了问题。如出现一些烂尾项目，又如大量建成的写字楼空置等，这些问题为何产生？症结在哪里？未来走出困境的路在何方？都是我们今天讨论将涉及的问题。

先让数据说话——2021年柴桑区主要经济指标：地区生产总值完成204.4亿元，同比（下同）增长8.7%；财政总收入29.3亿元，增长14.9%；固定资产投资增长9.6%；规模以上工业营业收入458亿元，增长19.7%；规模以上工业利润总额33.7亿元，增长26%；规上工业增加值同比增长11.1%；社会消费品零售总额54.4亿元，增长18%；农村、城镇居民人均可支配收入分别达到20544元和41502元，分别增长10.9%和8.2%；金融存款余额212.3亿元，增长7.1%；贷款余额252.3亿元，增长14.6%；一二三产业结构比为11：44.8：44.2[①]。

坦率地说，从产业经济学角度，这些数据无论是增长率，还是产业结构比例都不错。但根本问题在于基数较低，质量也有待提升。

有一个关键指标非常值得重视，即人口增长为负。第六次全国人口普查为

---

① 《柴桑区2022年政府工作报告》，柴桑区人民政府网，2022年2月18日。

31.52万人，第七次全国人口普查为31.28万人，说明人口是净流出的[①]，这与九江市和江西省的情况大体相似。过去十年，经历了最快速的"城市化"，我们的人口为负增长，未来的"城市化"目的是什么，发展动力何在？

我想起了一个著名的经济学定律，叫作"刘易斯拐点"。这是英国经济学家威廉·阿瑟·刘易斯提出的人口流动模型概念，所指是劳动力由过剩向短缺的转折点。劳动力短缺的直接后果是劳动力成本增加，必然影响制造业的竞争力。柴桑区要实现高质量发展，首先就要解决人口流出问题。

这就要提到"再城市化"概念。为什么称作"再城市化"？从全国看，大规模的、速度空前的"城市化"过程基本已经结束，未来需要的是更精细、更集约、更低碳、更协调、更高效益的"城市化"。之前有一个人们普遍认同的说法，就是"城市化"的上半场和下半场。其中，一个重要判断是，当人均居住面积达到35平方米时，就将进入了"城市化"的下半场。过去我们主要讲增速、讲发展效率，未来将更讲效益。这也关乎一个重要经济学指标，即全要素劳动生产率。因此，应该系统分析和评价"城市化"、"工业化"和"信息化"发展的协调性问题，特别是探寻高质量"城市化"的方法论，以及"城市化"、"工业化"和"信息化"的融合发展关系。从趋势看，科技创新是未来经济增长的第一动力，人才是第一资源。针对柴桑经济社会发展实际，该如何谋划可持续增长？

盛炜书记和潘光区长紧锣密鼓先后赴武汉考核，拜访企业和科研机构，就是为了寻找经济持续增长的动力。缪向水教授是科学家，是搞集成电路产业化的专家。科技成果的产业化毫无疑问是重要动力。中电光谷从事产业园区建设事业，有效组织产业的体系化能力也是一种动力。实际上我们共同关注产业经济的可持续增长，致力于为促进区域经济高质量发展作出贡献。经济增长是宏观经济的第一目标，只有保持经济的持续增长，稳就业、稳物价、稳投资、稳

---

① 《全市常住人口460.03万人，九江发布第七次全国人口普查公报》，晚报汇生活，2021年6月12日；《官宣！柴桑区人口普查公报》，柴桑区人民政府网，2021年6月30日。

外资、稳外贸、稳市场主体等目标才能够实现。

由此产生两个问题：第一，"城市化"拉动"工业化"的发展模式能否持续？第二，"再城市化"与"新型工业化"应构建怎样的关系？下面，我们从以下四个方面展开讨论。

一、形势判断

1. "房地产驱动"模式积弊已深

在过去 30 年快速"城市化"过程中，大家对房地产发展过程有深刻印象：第一，房价不断上涨；第二，处处是工地；第三，居住环境有巨大改善；第四，城市面貌有巨大变化。总之，"城市化"对我们生活环境的改变作出了巨大贡献；房地产业也不由分说成为重要的支柱产业。但是，我们也应看到，经济社会发展对房地产的路径依赖也越来越严重。过去有一个说法，叫作"政府依赖土地金融，企业依赖房价上涨，银行依赖房贷规模扩大"[1]。实际上，经济增长就跟房价上涨深度绑定，这就使得我们用于居住的物业也被金融化了。中央提出"房住不炒"，实际上就是要住房去金融化。住房过度金融化的危害在什么地方？在于它绑定了宏观经济，包括整个货币体系和财政体系，风险累计起来是不容忽视的。现在，银行贷款的 40% 流向房地产相关领域；地方政府的财政收入 50% 来自房地产[2]。这样的结构是不可持续的。从 2020 年新冠疫情以来，很多业界企业都遇到了无法逾越的困难，看上去是防范风险的政策因素，实质上根本原因是开发企业高杠杆、高负债、高周转的商业模式。

一些代表性企业和诸多项目之所以会频频爆雷？根本原因就是这些企业不断通过资金滚资产，再加杠杆，再融资，再滚资产的经营模式，给宏观经济与

---

[1] 中电光谷产业生态研究院对部分城市和区域的调查结果。
[2] 《华泰周刊 | 房地产究竟有多大的冲击？》，华泰睿思，2021 年 11 月 27 日。

自身造成了巨大的风险隐患。如果解剖一下恒大的财务结构，但凡有一点经济理性的人都会惊出一身冷汗。长此以往，投机性的市场主体和不断放大的泡沫将导致不堪设想的后果。中央拿出强有力的调控市场措施，避免市场的非理性发展把整个宏观经济带进深渊，是非常有必要的。

2. "交通基础设施投资拉动"的成效正在缩水

在武汉、广州等先行城市进入高铁时代的十多年间，究竟地方产业经济、财政收支和交通基础设施投入之间构成了什么样的关系？可以肯定，交通基础设施的适度超前投入是必要的，对经济持续增长的贡献也是显著的，围绕交通枢纽建设城市功能中心的规划思维也有合理性。但功能的结构与建设的时序安排完全取决于房地产开发投资行为，定有巨大隐患。

例如，武汉站周边的杨春湖片区，在武汉市洪山区的辖区内，作为一个城市区域性功能中心。从建设方式上看，房地产开发的算账逻辑很明显，城市形态也充分考虑了长远的合理性，但考虑最少的是产业形成的内在逻辑。究竟要发展什么？看上去城市规划设计和建设主体都没什么问题，但实践的成效却跟规划的初衷完全不一样，无的放矢的痕迹明显。从城市发展的意义上讲，这样的建设，可以快速卖掉一部分住宅，却无法有序形成城市功能。缺乏产业要素的支撑，建起来的办公楼也会长期空置。这样的案例绝不止一个两个，应该认真吸取教训。

3. 成因分析

三十多年来，中国经济高速发展，主要动力之一是"城市化"。据分析，经济增量的 50% 左右来自"城市化"[①]。工业化在很大程度上也为"城市化"所带动。许多工业品生产都与房地产业增长相关。这一发展阶段的"城市化"主要特征体现为"四个前所未有"。

---

① 《黄奇帆：我国的国际贸易占 GDP 比例将降到 25% 左右》，证券时报网，2021 年 9 月 25 日。

第一，前所未有的城市空间扩张规模。有的城市版图扩大了一倍，有的扩大了 1.5 倍，有的甚至扩大了几倍。这样的城市化速度，中国历史上没有，人类历史上也没有。

第二，前所未有的房地产开发规模。近十年，中国的住宅建设规模几乎占到了全世界供应量的一半，这也是人类历史上没有过的。

第三，前所未有的城市交通基础设施投资规模。今天我们的高铁公里数、高速公路的公里数、地铁的公里数都在全球领先；用人均指标衡量也达到了中上等以上水平。

第四，前所未有的城市人口增长规模。我们的城市人口从 5000 多万人，到现在的 10 亿人左右[①]，这种变化在人类历史上没有过。

以房地产开发为例，2000 年商品房销售量为 1.8 亿平方米，到 2020 年达到 17 亿平方米，到 2021 年接近 18 亿平方米。中国城镇人均居住面积接近 40 平方米[②]，而韩国是 28 平方米，日本是 35.2 平方米，英国是 35.4 平方米，法国是 40 平方米，美国是 67 平方米。中国已成为人均居住面积的"发达"国家；而空置或低效率使用面积也名列前茅。这些数据已足以令人惊讶。

15.65 亿平方米意味着什么？按人均 45 平方米计算，可供 3500 万人居住，目前在建、待建面积还有 90 亿平方米，可供约 2 亿人居住。而目前中国的人口增长已基本停滞，加上区域发展不平衡，过去十年人口负增长地区的住宅空置现象未来还将更为严重。

如今，我国城市化率整体已超过 60%，因为户籍管理制度，农村老年人为主的人口结构等因素，实际可能已达到 65%。有人认为已接近欧洲 75% 城市化率——这几乎是城市化率的极限值[③]。这些足以说明，大规模的城市人口增长过程已经结束。可以肯定的是，二线以下城市房屋供应过剩矛盾大概率会进

---

① 资料来源：《中国统计年鉴》（2022）。
② 资料来源：《中国人口普查年鉴》（第七次）。
③ 《中华人民共和国 2021 年国民经济和社会发展统计公报》，中国政府网，2022 年 2 月 28 日。

一步加剧。如果今天咱们在座的同志们对未来高铁新区建设仍然寄希望于过去曾经有过的"城市化"传奇或者"城市化"动力，那么可以坦率地说，这样的传奇不会再有了。

4. "虹吸效应"使中小城市的经济高质量发展受到制约

从中小城市的角度必须要看到，即便是一二线城市也面临着提升劳动生产率的艰巨课题。而这些城市产业转型升级的基础更好、潜力更大。大家仅凭强烈的发展愿望是不够的。我们必须看到，未来提高全要素劳动生产力主要靠知识经济，靠人的创造力。显然，生产性服务业和技术性服务业是一二线城市优先选择的方向，同时，发展先进制造业，这些城市不仅不会放弃，而会进一步加强。在这种情况下，中小城市很难找到竞争的比较优势。那么，发展的路径又在哪里？我们应该如何扬长补短？毫无疑问，高铁加强了我们与外部世界的联系。但从产业经济发展的角度看，什么是机遇，如何抓住机遇？什么是新的挑战，如何应对这些挑战？我们今天必须认真思考这些课题。

二、现实条件判断

1. 发展阶段判断——四看

区域经济发展不能脱离现实基础和约束条件。首先要看我们所处的客观发展阶段。从刚才讲到的人均收入水平看，柴桑区大概处在工业化中期阶段，也就是说工业化还不够充分。

第一，从服务业结构看。今天九江的服务业结构总体上还是城市服务业形态，金融、贸易和其他各种生活服务是主体，生产性和技术性服务业所占比重较低，这样的服务业辐射带动作用有限。

第二，从制造业的质量和水平看。我国制造业竞争力强的地方如深圳，亩产税收在 100 万元以上，东莞的标准是 50 万 ~ 70 万元，佛山的顺德、南海都要 40 万 ~ 50 万元[①]。武汉前两年统计制造业价值时还不足亩产税收 30 万元，从质量角度讲是有问题的。但是柴桑区的制造业亩均产出已达 20 万元，这在 GDP 5000 亿元左右的城市[②]，已经相当不错了。然而，大部分企业还谈不上先进制造，这正是潜力所在。

第三，从地方财政对房地产的依赖看。与土地有关的财政收入占比下降 25%，现阶段是比较健康的。长远目标应该降到 20% 以下[③]。如果土地收益占到 50%，肯定是不可持续的。

第四，从企业的竞争力看。一个区域的产业竞争力主要看高新技术企业的数量和上市公司数量。如果没有像样的高新技术企业集群，没有若干行业头部企业或细分市场隐形冠军，这个地方的产业经济支撑力是不够的。

2. 发展能级判断——五力

只有看清楚一个城市处于什么能级水平，才能选择正确的产业经济战略目标，放弃一些不切实际的想法。否则，一味地追求最前沿的科技和最有价值的企业，即便是付出巨大代价也难以如愿。

第一，要素统筹力。如今的生产要素已经不仅仅是传统政治经济学里讲的土地、资金、劳动力这三大要素，还包括技术、企业家精神和数据等。对于具有现实意义的生产要素是否具有结构性整合能力关系到城市竞争力的根本。为什么深圳、上海的产业经济最具竞争优势？在很大程度上是因为要素统筹能够做到很精准。例如，为吸引一家科技企业落户，政府能够把所需的结构性要素精准提供给企业，这对企业来说是无法抗拒的吸引力。

第二，人才吸引力。创新驱动靠什么？核心靠人才。如果没有大量高水平

[①②] 资料来源：中电光谷产业生态研究院对部分城市和区域的调查结果。

[③] 《卖地收入下滑明显，房地产税应尽快试点，江浙两省首当其冲》，王五说说看官微博文，2022 年 11 月 18 日。

人才，就不可能兴起高水平产业。一个城市的产业竞争力的根本是人才的竞争力。当然，跟地方的文化影响力也有直接关系。咱们庐山得天独厚的地理自然环境、人文环境和历史底蕴将会对人才吸引产生重要作用。从改善营商环境角度讲的人才吸引力更多指的是提供有利于人才发展的人文环境，这或许比政策环境更重要。

第三，产业聚合力。从产业链竞争力的意义上讲，柴桑区并不具备优势。为什么珠三角地区、长三角地区的产业链竞争力强？就是市场长期发展所形成的产业聚合力。例如，发展电子信息产业，深圳、东莞就是世界级的要素聚集地，电子工业供应链的核心地带就在这里。因为成本、政策等因素脱离这个环境，对企业而言是非常困难的抉择。我们能不能在某些独特领域形成强有力的产业聚合力，成为国内一流并具有国际影响力的产业生态关键节点，这方面需要做一些深入研究，寻找到有利于提升聚合力的产业组织方向。

第四，创新内生力。为响应国家创新驱动战略，各地都制定了一些鼓励企业科技创新的政策。此举肯定有作用，但不少政策比较表面化，甚至有些是形式主义的东西。例如，开口闭口都是智能制造就有可能脱离实际。也许付出了不小的代价，未必有好的成效。企业始终是科技创新的主体，源自企业自身发展需要的创新动力才具有生命力。政府要做的不是取代创新主体的作用，而是激发创新主体的自主活力。

第五，文化影响力。对一个城市来讲，文化影响力是城市竞争力重要的方面，具有决定性作用。具有深厚历史文化底蕴的城市要珍视优秀传统的未来意义，谋求有效的转化方式形成具有现实意义的产业经济发展的促进作用。不同文化影响力的城市在产业创新方面应该积极探索适合发挥其优势的产业组织方式。

3. 竞争环境判断

第一，与周边城市经济结构的关系——互补还是竞争。从九江的地理区位看，上面有武汉，下面有南昌，左边有长沙，右边有合肥。而跟咱们经济最紧密的可能是黄冈、黄石、咸宁、安庆、景德镇这些城市。尽管这些地方没有武汉、南昌、长沙、合肥的政治经济地位高，也没有其科技教育发展水平高，但更要看到这些地方的发展和进步。特别要关注这些地方如何发挥自身优势，形成了什么新的发展模式，也许更容易找到适合的方法借鉴和互补机会。把这些因素考虑在工作框架内，针对性将会更强。

第二，不可替代的因素何在。一个城市真正具有产业链竞争力和产业创新价值的东西是不可替代性。某些企业、某些行业的发展若有这样的苗头，就要千方百计扶持壮大。

第三，形成产业集群效应的条件。中电光谷非常重要的理念就是通过产业园区构建产业集群生态。我们认为产业集群本身具有促进区域竞争力提升的价值，是一种现代化的新型工业组织方式。我国过去三十年的"城市化"过程中，普遍的经济增长方式是以土地资源要素配置为主要招商引资和服务产业组织行政化手段。这是一种原始的粗放的产业组织方式。对于中小企业而言，以土地为基础的资源配置方式，很容易形成资源错配，造成资源浪费，形成发展的阻碍。

三、高铁新区规划须回答的三个核心问题

1. 主体功能是什么？

对于那些活跃的规划设计单位而言，提出一些城市功能概念并设计出出彩的城市空间形态往往是容易的。我们的各级规划行政管理部门也很习惯于接受这些概念和理想的形态。看上去也都符合国土规划教科书的原则和标准；视觉形态好的方案也得到决策者的认同并迅速付诸实施。但实施成效却难以令人满意。坦率地说，现行的城市规划方法论的主要问题是无法有效解决长远的合理

性与现实的合理性之间的矛盾，更不能适应中国式的建设节奏的要求。在动态发展环境下，需要适应变化的城市规划方法。最核心的问题是确立现实的主体功能和周期性提升策略。

2. 人口增长的有效手段是什么？

从经济增长的角度看，中小城市面临人口零增长甚至负增长的不利局面。任何一个新区要实现高质量发展，必要实现在普遍人口零增长，甚至负增长的情况之下的区域经济正增长。产业经济发展需要引擎带动，产业功能区就要发挥引擎作用。一切围绕这个目标来规划。

3. 摆脱房地产依赖的建设资金如何筹措？

现在地方书记、区长的工作都非常不容易，须寄希望于片区开发模式，在不增加地方债务水平的基础上使得新区建设能够更快启动，更快见成效，也让老百姓能够更早获益。也许，当下已经难以找到省心省力的办法。透支未来也受到约束。要摆脱对于土地财政的依赖，就得密切关注国家宏观经济政策，柴桑区遇到的建设与发展问题也是九江市关心的问题，也一定是江西省乃至国家宏观经济政策关注的问题。不要指望用传统的办法找到新路径的答案。我相信一定会有行之有效的政策措施助力地方摆脱发展的困局。问题在于我们是否真正厘清了房地产开发逻辑与产业基础设施建设逻辑的根本区别，在正确的方向上充分准备，有所作为。

四、"再城市化"战略思维

无论是城市的基础设施建设，还是产业基础设施建设，都需要战略思维。这里所说的战略思维指的是自觉、主动地作出正确的发展路径选择。正确的选择取决于正确的认知。

1. 产城融合的基础是"产"，核心也是"产"

大家都接受产城融合的发展理念。但就产城关系而言，确立谁是第一位的、谁是第二位的更为重要。没有"产"何来城？要么就是空城。就九江的高铁新区而言，现阶段的主体功能只能是发展制造业，奠定产业基础。如果我们能够就此达成共识，实质上就明确了发展的战略目标，工作就有了针对性。如果不切实际地把发展城市服务业作为主要目标，建设一批脱离实际需求的办公楼和商业空间，一定会导致大量建设资金的积压和浪费。

2. 跟随式发展与非对称竞争

跟随有几种类型，首先是在世界上找样板。改革开放以来，中国的经济发展学过美国、学过日本、学过欧洲，还学过新加坡和韩国，香港和台湾地区也曾经被内地作为某些方面的样板。但是今天我们已经找不到可以直接照搬的经验了。因为经过了几十年，该学的都学得差不多了。现在要靠我们自己的实践来探索未来的发展路径。这个路径找得越准，方向越明确，成效就会越显著。

不同能级城市之间的"虹吸效应"客观存在。从劣势地位的角度看，"反虹吸"的最有效办法就是采取非对称策略。从根本意义上讲，采用非对称策略要比盲目跟随的风险小。当然，独辟蹊径需要勇气，但经过努力，找到一条只有你干得好，别人不容易干好的路才是真正能够管长远、管根本的路。过去多年，中电光谷是一直沿这样的思路走过来的。别人"一窝蜂"上的时候我们自觉退下来，选择适合自己的新方法，哪怕起步更艰难、过程更复杂、探索更辛苦，但更有价值。当别人发现凭惯性干不动的时候，才能真正认识到你走的这条路是正确的，但这时已经没有人能够追上你了。一定不要盲目跟随，走别人走过的路。无论是企业、个人，还是地方经济发展，道理都是一样。把握战略定力很重要。

3. 跨周期的功能区二次规划方式

"二次规划"是"再城市化"的一种有效方法。举个例子,苏州是中国的第一地级市,无论是产业经济规模还是产业组织能力都堪称第一。我们知道比较多的是苏州与新加坡合作建设的中新苏州工业园区。规划的前瞻性和基础设施建设的大手笔都使其成为标杆,但现在更新起来困难了。而苏州高新区,在20世纪90年代由地方国企出资建了大量算不上"高大上"的标准厂房,只租不卖。仅十余年就发现产业升级的机会,很快就进行的城市更新不仅迅速改变了高新区的城市形态,容积率增加两倍以上,且国有公司获得了巨大的土地增值收益[1]。如果一开始就按符合长远需要的规划建设方式,不仅帮不了当时的制造业,建出来的办公楼还会大量空置,开发企业的经营效益也会糟糕。这是城市"二次规划"的成功典型案例。

这种方式叫作"规划留灰"和"建设留白",是应对市场的不确定和规划动态适应性的有效办法,是将理想和现实的合理性统筹协调的一种规划方式。中新工业园区现在的 CBD 核心地块,20 年以前曾规划建设了一个两层楼的集中生活服务设施建筑组团,解决了工业园早期的生活配套功能。有效使用了 20 年以后,不仅建设投资成本早已收回,土地溢价全部归公共财政,还有效利用土地,而且适应目前城市形态升级的需要。要从跨经济周期的视角看规划,才能看得远。"二次规划"是城市建设中公共资产保值增值的有效办法。

4. 政府与市场两种作用的协调

"让市场对资源配置发挥决定性作用和更好发挥政府作用"——作为一项重要的国家经济政策——是改革开放四十多年的重要理论成果[2]。但落实起来

---

① 资料来源:中电光谷产业生态研究院对部分城市和区域的调查结果。
② 《中共十八届三中全会在京举行 中央政治局主持会议 中央委员会总书记习近平作重要讲话》,共产党员网,2013 年 11 月 13 日。

并非易事。一些公共服务部门，如医疗、教育等市场化过度；而一些重要经济部门却显得市场化不足。新区建设中如何处理好市场与政府的关系，尤为关键。该政府承担的由政府承担，适合交给市场的一定交给市场。具体来说，住宅建设应主要按市场逻辑开发，产业园区应按产业基础设施逻辑建设运营。

新冠疫情有所缓解后，大家便开始积极行动。柴桑区领导们的精神面貌使我们感受到了经济复苏的强大动力。我们也要清醒看到，受错综复杂的国际因素影响，未来的复苏会比两年前更为艰难。原因是，为了应对疫情挑战，避免经济衰退，各国政府都采取了空前力度的财政和货币刺激措施，但效果如何还有待观察。不知道有多少政策工具可以利用，以及在多大力度上采用。

我国政府采取了系列稳增长、稳就业、稳投资、稳外贸、稳外资、稳市场主体的强有力措施。我们的制度优势有利于应对危机。有识之士不仅应该做好应对更大困难的准备，更应该把精力放在寻找率先复苏的解决方案上。

著名的 F1 赛车手埃尔顿塞纳讲过这样一句话："天气好的时候你不可能超过 15 辆车，而阴雨天的时候可以。"① 这句话，符合我们现在遭遇的"雨天"情况。比较顺利的时候其实超越是难的，但是困难的时候却变得容易了。愿柴桑区能够尽快找到在阴雨天超车的方法。

谢谢大家！

---

① 《严峻时刻到来，复苏很漫长，从危机到机遇，强者可变弱，弱者可变强》，红杉美国，2022 年 5 月 10 日。

关于产业组织方式变革的思考

2022 年 8 月在洛阳市孟津区党政干部专题培训会的讲演

观点

- 从战略层面讲，从资源驱动走向创新驱动是一个复杂的质量和效率提升过程，实际上就是寻找更为有效的产业组织方式的过程。

- 现在谋划工业产能布局就得按照零碳工业体系应有的框架思维，重构的核心是供应链结构。传统制造业优势地区：珠三角地区、长三角地区、环渤海地区等，在内循环的框架中向中西部地区有序转移，这是大趋势。

- 从土地要素或房地产开发这两个角度定义产业园显然都失去了时代意义，应该从产业基础设施的根本属性定义产业园。

- 让具有公共服务功能的产业承载空间公共化，第一，有利于提高产业组织效率。产业载体建设适度超前，对于提升招商引资的专业化、市场化水平至关重要。第二，有利于降低企业落户成本。这是改善营商环境的得力措施。第三，有利于保证土地收益的固有本质。第四，有利于正确运用"灰色"规划理念，化解国土规划长远的合理性与现实合理性的矛盾，真正做到科学规划、有序更新。

感谢杨劭春书记的邀请和介绍，很高兴与各位讨论县域产业发展话题。34年前我来过一次孟津，是到印刷厂校对书稿。这次来印象非常深刻，孟津发生了翻天覆地的变化。

昨天我参观了市区，环境整治项目是大手笔，今天上午参观了经济开发区，对化工产业的形态有了初步认识。劭春书记介绍，孟津区"十四五"经济发展目标是GDP过千亿，实际上就是要实现工业倍增。这是一个鼓舞人心又具挑战性的目标。如何实现这个目标，是今天在座各位共同肩负的使命。

中电光谷十多年来专注于区域产业谋划和产业园区建设，对不同地方、不同资源结构条件下产业发展所遇到的问题提供解决方案，有一些心得和经验，也积累了一些产业资源。所以，我们这次来希望能够帮助孟津找到实现"十四五"规划目标的得力措施，也为未来可持续发展奠定良好基础。

今天跟大家分享的主题是，如何实现产业组织方式的变革。

目前，孟津区的工业组织方式基本上还是以单个项目引进和建设为主，组织效率有很大的提升空间。从战略层面讲，从资源驱动走向创新驱动是一个复杂的质量、效率提升过程，实际上就是寻找更为有效的产业组织方式的过程。效率驱动是从资源驱动走向创新驱动的重要战略桥梁。今天所讲的内容从以下四个方面展开。

一、新发展阶段的若干趋势判断

如何在新发展阶段按照新发展理念构建新发展格局，是我们必须深刻理解的时代课题。当然，敏锐看清一些重要趋势就成为基础和前提。以下三点甚为关键。

1. "双碳"目标下的工业体系重构

自从中国政府向国际社会庄严承诺，到2030年实现碳达峰，到2060年实现碳中和的减碳目标，实际上就规定了中国产业升级和产业体系重构的战略框架。未来 5~10 年，大家会进一步感受到这种战略选择所产生的深刻影响。对这种趋势认识得早一些，跟工作结合得更加自觉一些，我们的工作目标就会更加清晰一些；工作的方法就会更有针对性；可以避免一些产业组织方式上的盲目性。

中国的工业体系，特别是制造业体系是最完备的。作为负责任的大国，重构零碳工业体系是历史必然，要构建零碳工业体系就必然调整工业布局。从 2022 年到 2060 年还有 38 年，弹指一挥间。现在谋划工业产能布局就得按照零碳工业体系应有框架思维，重构的核心是供应链结构。传统制造业优势地区：珠三角地区、长三角地区、环渤海地区等，在内循环的框架中向中西部地区有序转移，这是大趋势。

今天吃早餐时，看到一个有趣的现象——两个并列的羊肉汤餐馆——一个排着长队，一个却门庭冷落。从经济学现象讲，这叫非均衡现象。改革开放以来的产业经济发展过程充分体现了非均衡性的特点。沿海地区因为制造业外向型的结构特征得到优先发展，所以中国的工业体系大部分集中在这些地区：珠三角地区、长三角地区、环渤海地区、成渝地区、中部沿长江城市群，大概占到 60% 以上的比重①。零碳格局将促进从总体走向均衡，但并不意味着平均意义上的均衡。我们的机会是在"整体均衡、局部非均衡"的情况下，通过有效的发展方式寻找更大的发展空间和机遇。当然，具有竞争力的发展方式将会优先发展，孟津区有机会谋求优先发展。

2022 年 1 月份，工信部、国家发展改革委等 10 个部门联合发布了《关于促进制造业有序转移的指导意见》。该文件指出，要引导各地发挥比较优势，承接产业转移，引导技术密集型产业、高载能行业和生产性服务业分别向满足其发展条件的中西部和东北地区转移。其中很重要的原因是国际贸易的碳关税规则及绿能结构的碳交易规则，企业由于考虑综合性的成本因素，会主动适应

---

① 资料来源：《中国统计年鉴》（2021）。

新的工业布局要求。有了碳关税和碳交易规则，过去以出口加工为中心的工业格局会发生变化——中西部地区既是市场的增长点，也更具成本优势。孟津区要下定决心抓住这一次千载难逢的历史机遇。

2. "逆全球化"挑战

"逆全球化"是当下国际政治和国际贸易的突出现象。"二战"以后，以美国为首的西方工业国家构建的国际分工和贸易秩序，实际上是符合美国利益优先的国际贸易秩序，美国也是全球化的主要推动者。但是随着去制造业化，现在的美国人在受益于全球化的同时也深刻感受到了全球化带来的挑战，出于大国博弈、遏制中国发展的原因，"逆全球化"成为美国推动的国际政治潮流。

经济学上也有"逆全球化"思潮，理论家要为这种新的国际秩序寻找依据，国际贸易也会拿"逆全球化"做文章。2018 年以特朗普、莱特希泽为代表的美国共和党政府向中国发起贸易战，结果，美国损人不利己，不仅没有讨到多少便宜，还造成了持续的高通胀。实际上，无论美国如何发力，制造业回归并非易事。无论是越南还是印度，在相当长的时间内都很难构建完整的工业体系，供应链竞争力远远不如中国。中国的优势当然会被美国当作威胁，而真正让美国人感到焦虑和恐惧的是中国工业体系的整体竞争力是不可能被美式强权所击垮的。

4.6 万亿美元的贸易规模，从 2020 年以来，并没有因关税而减少，实际却仍然是增长[①]。但从今往后，中国经济继续依赖出口增长将难以持续。中央前瞻性提出了构建"以国内大循环为主体、国内国际双循环"的新发展格局。一方面，我们不忽视出口、不忽视在国际贸易中继续发挥我们的已有优势；另一方面，要致力于构建国内统一市场，扩大内需。实际上这是应对"逆全球化"的有力措施。还有，人口负增长压力和人口老龄化等因素，在应对"逆全

---

① 《观察｜2020 年中国对外贸易分析》，中国一带一路网，2021 年 2 月 3 日；《我国连续 7 年第一！世贸组织发布 2023 年全球货物贸易数据》，光明网，2024 年 4 月 12 日。

球化"的过程中，地方经济如何在挑战中从实际出发，发现机遇、抓住机遇显得格外重要。

巩固经济回升向好趋势，中央决心大、力度大，政策工具运用得全面自如。对经济社会发展，核心是要坚定信心。信心的依据在哪里呢？"四个自信"中制度自信、道路自信是非常重要的，我们最大的制度优势就是在整体经济环境遇到重大挑战时，中央政府控制风险，避免经济下行的能力。无论是1997年的亚洲金融危机，还是2008年的全球金融海啸，都体现出有为政府保持经济稳定增长的强大能力。

2022年国家推行的突出政策工具是地方专项债。年初我们就做过专门研究，3.65万亿元指标的力度是空前的，但实际上仅半年就用到了大部分额度，所以下半年中央大概率要调增指标[①]。在稳增长、稳就业的政策框架下，这是最有效的政策工具。关键是，符合地方专项债条件的项目越来越少，交通基础设施投资的边际效应越来越弱。寻找对长远经济社会发展具有重要促进作用的新基建项目是用好政策工具的必然选择。产业园区建设就是一种对未来经济增长有直接促进作用的产业基础设施项目，应该得到高度重视。中央希望足额、及时地把钱用下去保增长，项目策划水平就显得至关重要，这是最考验地方干部工作能力的地方。

3. 数字经济与生物经济深度融合

从经济类型上讲，农业经济、工业经济、数字经济是经济形态演变的三个阶段。2022年5月份，国家发展改革委出台了《"十四五"生物经济发展规划》，第一次以国家政策方式明确了生物经济作为经济形态的战略意义。数字经济和生物经济共同处在从第三个阶段走向下一个阶段的起点上。对于孟津发展实际而言是四个阶段并存，农业经济仍是基础；工业经济还处于工业化中期

---

① 《2022年提前批地方债额度1.79万亿：专项债1.46万亿 一般债0.33万亿》，财联社，2022年2月14日。

阶段水平；数字经济和生物经济基础薄弱，均为超越现实的经济引擎，而两者的融合将会改变制造业结构，也会改变经济增长的方式。

在数字经济中，算力就是生产力。中国电子的重要国家战略使命就是承担自主计算、数据安全和数据要素化的国家队责任。传统经济学中，生产要素讲的是土地、劳动力、资本，后来把技术、企业家精神都作为生产要素。数字经济时代，数据也成了生产要素，具有交易价值。

今天，孟津的工业形态基本上是传统框架，以重化工原料为主形成的工业生产链状模式。这样的产业经济形态如何走向数字化？如何与生物经济有效结合？值得我们深入思考。

二、从土地要素配置方式看产业园区发展的三个时代

1. 1984～2002 年，以土地直接出让为主导方式的时代

1984 年，中国的城市改革全面展开，国家尝试在大连设立经济开发区。产业园区最早形态就是经济开发区。1991 年开始设立高新技术开发区，所以，经济技术开发区和高新技术开发区一直是作为国家组织制造业和高新技术产业的两个战略抓手，实际所体现的是新的产业组织方式。中国式产业园区起源于新加坡，但中国的实践，无论是产业空间组织还是科技创新生态培育方面都走在世界前列。两种开发区对于构建完善的工业体系发挥了独特的支撑作用，跟两个开发区的产业组织方式的有效性分不开。

这一时期的土地要素配置方式主要是直接向生产企业供地，由企业自己建设产能。

2. 2003～2019 年，以产业地产开发为主导方式的时代

以土地出让为主导方式自 21 世纪以来已经表现出明显的局限性。粗放用

地，甚至圈地现象比较普遍，土地浪费现象严重，影响了土地的集约化利用。2002 年颁布了新土地法，使产业地产开发方式逐渐形成风气。在不少地方以这种方式所组织起来的产业超过制造业新增产能的一半。当然，这个时期仍然保留一定比例的直接出让土地。

城市化取决于工业化基础，也是工业化提升质量的前提。过去三十多年，中国经济社会发展可以概括为城市化驱动的工业化和城市化带动的信息化。但是经过持续的城市化发展后所带来的突出问题也日益明显。

2017～2018 年已经进入房地产存量时代，住宅供应量达到了每年 17 亿平方米峰值，2018 年以后开始下降。到 2021 年中国城镇居民人均居住面积已达到 40 平方米[①]，也就是说，几年后中国城镇居民的人均居住面积即将接近 50 平方米。当下的日本是 33 平方米；韩国不到 30 平方米；欧洲也在 40 平方米以内；美国大概在 60 平方米左右。按土地面积算的人口密度可比性的国家来比较，中国的人均居住面积已经在世界上居领先水平。与之相对应的是人均办公面积、人均厂房面积也都过剩。在这种情况下，未来的产业经济组织应该选择什么样的方式？

3. 2020 年以来，进入产业基础设施建设时代

以房地产开发方式供应产业空间，作为市场化配置生产要素的手段，无可厚非，但现实问题是，多年积累下来供应过剩问题日益严峻。用"二八定律"分析，20% 的供应满足了 80% 的有效需要。但这样的结构，80% 低效率供应的累积将导致市场的失灵。在供应存量时代，在供大于求日益突出的矛盾中，我们需要寻找产业组织的新方式。作为产业基础设施的产业园区建设将成为一个时代的潮流。这个时代既不是以向企业直接供应土地由企业自主投资建设，也不是由市场化开发主体以房地产开发的方式向企业供应空间，而是一种基于统筹规划和敏捷定制的产业组织方式。哪个地方能够有效利用这种方式，这个地

[①] 资料来源：《中国统计年鉴》（2022）；《中国人口普查年鉴》（第七次）。

方就有可能掌握新型工业化产能增量的先机。

今天，无论是长三角地区，还是珠三角地区，都在想方设法留住制造业，而且空间供应的方法将逐步脱离市场轨道，成为政府工作的抓手。对于后发地区而言，寻求产业转移的难度将会更大。生产要素成本优势未必能够成为一种绝对优势。只有靠更精准的专业服务，靠综合性的吸引力，才有可能取得有决定意义的比较优势。

作为产业基础设施建设，既能把握不同行业、不同类型企业的空间需求的普遍规律，又能深刻理解不同生产工艺要求的独特规律；既有前瞻性规划，又能及时满足个性化需求——这种建设方式才能符合产业基础设施建设的内在逻辑，也才具有产业组织的公共服务性质。

这个时代是广泛培育中小科技企业和引进重大项目并存的时代。单一引进大项目，由于不确定性和高门槛特点，可遇不可求，而且，地方财力有限，难以持续。从全国看，这几年大项目的产能增量几乎都离不开地方投资拉动。孟津在"十四五"末要实现工业倍增目标，不能把全部希望寄托于大项目引进。应该把探索新的产业组织方式，即产业基础设施建设模式放到更加重要的位置。

三、产业园区的产业基础设施意义

这里所说的产业园区的产业基础设施意义，指的是产业园区建设的全新动能定义和模式创新。

1. 区域经济增长极

增长极理论产生于 20 世纪 50 年代，是中国经济开发区和高新技术开发区发展的理论依据。几十年来，中国开发区发展实践取得的巨大成就与增长极理论的影响分不开。今天，按照非均衡逻辑，区域经济增长依然需要增长极带动。在一个行政区域，产业经济功能不可能实现均衡布局，相对集中于某些区位形成产业生态的区域竞争力，甚至国际影响力，是效率较高的产业布局和组织方式。

孟津的化工集中区，包括直接产值贡献和带动相关产业发展的成果，占到区域产业经济的半壁江山，正是现实的工业基础。要保持产业经济稳中有进，首先得稳住这一部分。关键是新的增长极如何谋划。

围绕化工核心企业当然有文章可做。过去三十多年，使用化工原料生产的终端产品，产能大部分分布在珠三角地区、长三角地区、环渤海地区等区域。中西部地区和北方地区的产能比重太低，这样的结构并不合理也不应长久，未来向中西部地区转移是必然趋势。咱们的重化工从炼油转为乙烯以后，谋划如何把价值链延长就具有战略意义。过去，工业产能布局不太讲究围绕供应链的统筹。若加强从人才链、创新链、资本链、价值链、供应链到产业链的过程统筹，提高生产要素配置效率，这就是产业园区的产业经济组织意义。凡能够实现生产要素价值共享的就能构成产业集群竞争力，形成产业生态效应。

昨天参观了孟津的产业新区，保留大块产业发展空间，说明决策者具有系统战略思维和长远战略眼光，为工业倍增作好了空间准备。现在的首要任务是选准产业发展方向，采取正确的发展方式，高效率重构产业要素基础，让孟津的新产业发展能够成为洛阳市，甚至河南省的重要增长极。

2. 对外开放先行区

中西部地区经济发展落后于沿海地区的关键原因是经济的外向度不够，对外开放的质量不高。因此，区域经济的增长极必然要扮演对外开放的先行区的角色。孟津历史文化底蕴深厚，是城市发展的宝贵资源，是区域核心竞争力的重要组成部分。无论是旅游观光还是人才交流，基于深厚的文化底蕴，一切都有可能。

昨天参观了文博艺术中心，作为城市公共设施，文化艺术的灵魂是核心价值所在，要让城市的文化艺术魅力彰显出来，就需要增加经济的外向度。靠新兴制造业增加城市的外向度，或许比推广城市文旅的成效更为直接。如果有一批科技企业聚集在这里，不仅能为城市现代化服务，更多地通过自身业务加入国际循环，带动四面八方的国内外资源增加城市的活力。对外开放作为一项长期国策，始终是经济增长的引擎。

3. 变革成效集聚地

昨天在孟津感触良多的是城乡建设面貌的翻天覆地变化，其建设成就可以从老百姓的幸福感、获得感中得到体现。我们的新型工业化，特别是新兴产业发展的成效如何体现？新的名片何在？产业园区的建设就显得意义非凡。

无论是谋划开发区的产业升级，还是新产业社区的建设，都将开创新的产业组织方式。如何适合本地实际，探索新时代产业园区高质量发展的孟津样板，要靠在座各位共同努力。

四、有效产业组织的四个要点

1. 以产业基础设施定义产业园

回顾三十多年来中国的开发区，特别是产业园区建设实践，方法论上有很多值得总结的经验教训。其中，具有基础性意义的论题是如何定义产业园。从土地要素或房地产开发这两个角度定义产业园显然都失去了时代意义，应该从产业基础设施的根本属性定义产业园。

让具有公共服务功能的产业承载空间公共化，首先有利于提高产业组织效率。产业载体建设适度超前，对于提升招商引资的专业化、市场化水平至关重要。其次有利于降低企业落户成本。这是改善营商环境的得力措施。再次有利于保证土地收益的固有本质。最后有利于正确运用"灰色"规划理念，化解国土规划长远的合理性与现实合理性的矛盾，真正做到科学规划、有序更新。

2. 有效利用长期的低成本资金

目前，适合产业基础设施建设的资金主要有两种类型：其一，地方专项债券；其二，基础设施长期开发性贷款。不仅期限长，而且成本低。要有效解决长远可持续发展和现实经济增长之间的矛盾，使用好政策工具，对于地方发展至关重要。

地方政府要有所作为，就要认真学习研究国家宏观经济的政策工具，而不是采用粗放方式招引以土地增值收益经营目的投资主体，避免各种投机商业行为增添地方发展的不确定性和资源低效利用风险。

3. 体系化的规划建设能力

客观地说，要实现科学规划，解决好长期合理性和现实合理性之间的矛盾，需要构建体系化的规划建设能力。

（1）系统规划。

系统规划在城市规划行政管理环节也可称作"多规合一"。做到这一点并不容易，原因在于现行的部门职能划分以及管理者自身经验、专业背景的相关局限性使工作协同，特别是思维方式的协同难以到位。城市空间规划每当涉及产业功能时，往往因为缺乏务实的产业规划经验而流于形式。负责产业规划的宏观经济部门所编制的文本往往是难以落地的概念体系，看上去无懈可击，深化下去却无计可施。

要解决这一矛盾就得从规划实施的微观环节入手，切实解决战略宏观规划和微观实施之间的脱节问题。通常，产业谋划须先行，必须明确具体方向，但方向的描述不能停留于概念。例如，发展战略性新兴产业，规划编制时都力争全面，至少也得列出六、七项，而相互关系的内在逻辑如何，突破口、立足点是什么，用什么方式将不同的要素有效整合起来，有规律可循。要正确运用系统规划方法论，把谋篇布局工作做深、做细、做到位，从根本上杜绝实施的盲目性。

中电光谷的方式是，将项目空间规划过程作为实际上的招商意向询证过程。我们不仅要知道客户需求是什么，还要知道影响需求变化的主要因素。只有直接对接企业需求展开的设计，才有可能成为有效的设计。两年多前，我们出版了一本书叫《规划的变革》，讲的就是如何在明确产业发展为目标前提下的城市规划和项目规划设计的协调逻辑，是中电光谷多年实践经验的理论总结。

（2）综合运营。

这是实现产业园区高质量发展的基本专业能力。在产业园区的建设过程中，常常遇到的现象是规划与建设脱节、建设与招商脱节、招商与运营服务脱节。

好的项目规划一定是从运营出发，而不是缺乏运营经验，甚至置运营于不顾的规划。只有规划运营各环节经过从正向到逆向反复交流的过程，形成的成果才是可信的规划。当然，建设过程也不能脱离招商和运营，而是招商运营环节不断根据客户需求意向参与设计并保证设计符合客户意愿。

（3）敏捷定制。

中电光谷最近几年在多个项目尝试"敏捷定制"建设服务方式，并嵌入园区综合运营框架中。在工程建设管理环节，在控制总成本的前提下，按照客户要求作出一定设计变更和功能调整，需要有专门的管理技术和高效流程。为了强调服务的针对性和创新建设管理模式，敏捷定制将是产业园区建设未来的主流模式。中电光谷经过十几年的经验积淀，率先提出产业空间建设的新方法论，是回应时代要求的重要举措。

4. "五链"统筹关系

实现产业组织的高质量离不开"链"的思维。现在大家讲得比较多的有人才链、创新链、供应链、资金链和产业链等。其中，产业链是核心。我们所讲的产业链，既包括有形部分，如厂房、研发办公楼、动力与物流设施；也包括无形部分，如企业之间的互动、上下游关系等。

抓人才链和创新链，本质上就是抓产业链吸引人才。任何时候人才都是第一位的。现在上海、广东、江苏、浙江等地赴海外招商，已经开始从局外找人才的模式，即把在国外一些著名大学实验室的课题研究者作为目标，直接谈回国创业条件。这是现在比较超前的一种招商方式。

供应链是产业形成的逻辑，资金链是吸引进人才的手段。对于初创科技企业通过股权投资方式引进已成为地方争夺产业创新资源的主要手段。通过设立股权投资基金，经常性、制度性地形成找人才、找项目的机制，是我们可以合作的办法。

如何实施统筹？在基础技术面和宏观政策面，经过系统调研，我们会拿出"五链"统筹的具体解决方案，特别是营造有利于发展有竞争力的新兴产业的科技企业集群所需要的政策环境，会成为我们启动项目建设的重要组成部分。

今天我就向大家汇报这些，谢谢！

"五区叠加"与"五链统筹"

2022 年 9 月在洛阳市涧西区暨高新区干部大会上的讲演

观点

- 行政功能"分置"的局限性在于政策的碎片化和服务的分散化造成要素配置成效降低。尤其是在强调依法行政和社会治理现代化的背景下,"综合"是一种具有针对性的办法。既能让各种优势更好发挥,又能让内耗降到最低。

- 完整行政职能具有突出的"统筹"优势。"统筹",第一是"统"——不是"统计"的"统",而是"统率"的"统";第二是"筹",既有"筹划"又有"筹措"的意思。

- 科技产业和科技企业是高新区引领未来的突出优势。

- 分工是产业链、价值链、供应链的共同本质。亚当·斯密认为,分工促进了经济增长。我们从蒸汽机、电力、计算机分别带来的三次工业革命可以发现,每一次工业革命都通过解构"链"来表达,比较形象、直观。

- 之所以数字经济具有如此高的战略地位,其重要原因就是大家认识到算力就是生产力。从数据作为生产要素的角度来理解未来产业和现实的产业升级,才能够找到我们应该聚焦和发力的真正方向。

- "大变局"意味着许多东西在解构,并且"解构"快于"建构"、多于"建构"——这正是有所建树的大好时机。过去的做法大多不灵了,必须找到新的做法。

感谢牛刚副市长、耀光区长的邀请！今天我要讲的主题是关于区域产业经济发展和深化体制改革。我 4 月份来洛阳时就了解到涧西区跟高新区机构调整的改革举措，实际上自贸区、综保区和跨境电商服务试验区也随之整合，形成了"五块牌子"一体化管理的体制机制，也称为"五区叠加"。有关高新技术开发区可持续发展和行政体制的有效性是我感兴趣的课题。面对新发展阶段的目标任务，怎样的体制机制更为适应？希望今天分享的内容能够为大家深入理解此项体制机制改革的目的意义提供一个可供参考的观察角度。

近年来，中美博弈牵涉科技脱钩和供应链安全。关于"链"的战略思维也被摆到更重要的层面讨论。比较关键的是人才链、创新链、资金链、政策链、产业链等"五链"。恰好涧西区体制改革涉及"五区"，所以，今天报告的题目就叫《"五区叠加"与"五链统筹"》。下面我讲四个方面内容。

一、"五区叠加"的必然性

"五区叠加"指的是既发挥好涧西区的社会管理优势，又发挥好高新区以及自贸区、综保区、跨境电商服务试验区的体制机制优势，实现优势叠加的目标。

1. 五区分设的历史背景

在座既有涧西区领导，也有高新区领导。我们先讲一讲高新技术开发区发展的几个阶段：1983 年，美国提出了"星球大战"计划。1986 年，我国的 200位科学家建议国家关注新技术革命的发展，推动构建新的国家战略。当时，邓小平同志批示——发展高科技实现产业化，被称为"863"计划。时任国家科委主任宋健同志积极倡导并推动高新技术开发区建设，发展到今天，全国有近 200 个经国家科技部认定的高新技术开发区，设立最早的已有三十多年历史，最新的还不到十年①。因此，中国的高新技术产业发生了翻天覆地的变化，

---

① 《把"孵化器"引进中国的人》，三思派，2023 年 10 月 26 日。

对经济持续增长发挥了不可替代的重要作用。从经济体制改革的意义来说，简化行政审批流程和改革行政管理模式，成为推动高新技术产业化的巨大动力。

洛阳从 1992 年开始，到 2020 年先后构建了五个不同的功能区，包括高新技术开发区和自主创新示范区洛阳片区、自由贸易区、跨境电商服务试验区、综合保税区等。与涧西区行政体制合并后，实际上形成了"五位一体"的公共服务职能。

要理解行政体制改革的意义，要明确政府应该做什么。归结起来是如下四句话。

第一，谋划好未来。这是高新区的主要使命。经济的持续增长取决于培育和引进具有未来竞争力的产业，这就需要更高效率的生产要素配置。

第二，服务好企业。一般行政区服务企业，高新区也服务企业，不同在哪里？行政区更多服务的是以传统金融、商贸、城市服务业为主的企业和城市居民；高新区更多是服务战略性新兴产业、科技企业家和科技人才。服务方式、服务内容与一般行政区有明显区别。不同的服务对象和服务内容导致形成了两种不同的城市文化风格。涧西区与高新区行政体制改革的关键是两种体制文化的磨合。

第三，照顾好居民。经过几十年发展，白手起家的新区如今已形成了一定的城市规模，人口不断增加，对社会管理与服务提出了更高要求。这里的创业者不仅要取得事业成果，创造物质财富，也要能生活得幸福快乐。这就要求教育、医疗、文化以及休闲娱乐等城市服务功能完善，服务水平提升。

第四，管理好公共资产。城市公共资产非常复杂，既有维持城市运行的资产，也有代表未来产业发展方向的资产。一般行政区的工作任务中，维持城市运行平稳安全是第一位的，而高新区的首要任务是培育、积累具有未来价值的资产，为长远打基础。

高新区的管理体制是改革的产物，是为了保证行政效率，上级授予了其充分的行政审批权和资产处分权；是按先行先试、特事特办的方式采取的体制机制。经过三十多年发展，经济发展成效日益显著，而社会管理能力不足的短板也日益突出。只有将传统行政管理机制的优势与派出机构管理机制的优势叠加起来，才更有利于符合新发展阶段的更高要求。现在讲高质量发展，在很大程度上是要求政府的治理能力更加全面、更加系统，更有效解决各种复杂问题。这是大势所趋。目前，全国大概有 1/3 的开发区与行政区是合署形式①。

从另一个角度看，把对新技术、新业态企业的服务跟传统城市服务结合起来，能更好地发挥场景资源作用，既能改进城市治理水平，又能更好服务高新技术企业发展。近年来，沿海城市特别强调利用城市生活场景资源，把智能网联等应用场景，包括智能网联车、智能网联家居、智能网联楼宇、智能网联城市跟培育科技应用结合，促进要素融合。资源综合，预示了一种方向的内涵。我们今天讲"五区叠加"和"五链统筹"，实际上是结合涧西区实际，解读这种综合和融合的特征和任务。

2. "五区融合"才能实现优势叠加

如何实现优势叠加，而不是资源内卷，是现在体制改革中亟待解决的问题。

行政功能"分置"的局限性在于政策的碎片化和服务的分散化造成要素配置成效降低。尤其是在强调依法行政和社会治理现代化的背景下，"综合"是一种具有针对性的办法。既能让各种优势更好发挥，又能让内耗降到最低。

完整行政职能具有突出的"统筹"优势。"统筹"，第一是"统"——不是"统计"的"统"，而是"统率"的"统"；第二是"筹"，既有"筹划"又有"筹措"的意思。如果一切按部就班，就说明缺乏谋划，那么经济可持续增长及高就业率等目标就很难实现。

区域经济竞争力的核心是综合城市功能体系。咱们涧西区和高新区合并后的经济体量和城市功能，更具区域性竞争力优势。

---

① 资料来源：中电光谷产业生态研究院对部分城市和区域的调查结果。

二、"五链统筹"的概念解析

1. "五链"的关系

人才链、创新链、资金链、产业链（含供应链，价值链）和政策链，这"五链"（见图1），集中体现了经济持续增长的基础条件。对于"新涧西"而言，"五链"中，产业链是核心，人才链是源头。我们思考任何问题应该从人才切入，把产业放在核心位置。创新，本质上是产业的创新，如果脱离了产业，可能会走偏而付出代价。

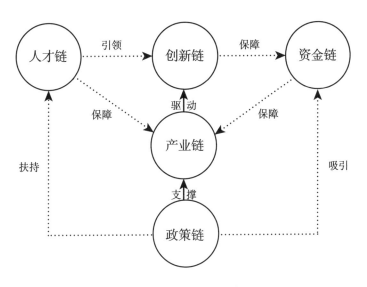

图1 "五链"关系示意图

就产业经济而言，如今最突出的问题是要素结构失衡，首先是资金过剩。因为中国经历了二十年房地产快速发展过程和十三年美国金融危机以来量化宽松的过程。过去若干年，中国的物价指数（CPI）比较稳定，通胀温和，在很大程度上是因为房地产市场的发展稳定吸纳了大量货币资金。但是随着调控深入，2022年每个月房地产市场的资金投放量同比都在减少，这些资金会流向哪里？其次是劳动力素质有待提高。最后是土地资源利用效率有待提高，自然生态环境的约束力日益显著。其他生产要素的作用有待充分发挥，特别是科技。

科技产业和科技企业是高新区引领未来的突出优势。培育科技产业，就要引进人才、培育人才，以创新为抓手，各种政策也要提供相应支撑。这样的体系才能实现——人才链引领发展、创新链驱动发展、资金链保障发展、政策链支撑发展、产业链体现发展——格局。

2. 与产业相关的概念解析

（1）产业链与价值链、供应链具有两个维度的共同本质。

其一，生产分工。从经济学的角度讲，分工是产业链、价值链、供应链的共同本质。亚当·斯密认为，分工促进了经济增长。我们从蒸汽机、电力、计算机分别带来的三次工业革命可以发现，每一次工业革命都通过解构"链"来表达，比较形象、直观。近年来，尤其是地方领导在分析研究经济工作、产业发展问题上比较愿意用"链"来表达，是体现时代感的。

其二，生产循环。产业链、价值链、供应链都体现了从研发设计、加工制造到市场营销等生产经营过程所构成的链条和网络，本身就构成了一种经济循环过程。参与这种循环的过程限于国内，便成为国内价值链的组成部分；当进入国际循环，就成为国际价值链的组成部分。现在强调"双循环"——看一个企业或者产业在"双循环"中处于什么样的地位、体现什么样的价值，就要看它的上下游产业在这两个循环中所扮演的角色。

（2）产业链与价值链、供应链所表达的角度、层次和侧重不同。

第一，产业链、价值链适用于宏观经济分析和产业布局的决策，而供应链多用于微观经济分析和具体项目服务的功能规划。我们在做产业园规划的时候，通常先看产业链，然后以产业链为出发点看供应链。有些地方因为产业组织的方法不得当，尽管有头部企业，甚至有核心企业，但是不注重按产业链逻辑展开产业组织工作，不注重抓住上下游企业构建产业集群，头部企业的价值来充分发挥，形成具有整体性的区域竞争力。

第二，产业链是价值链的物质基础，是价值实现和增值的载体，侧重于揭示产业发展战略定位和产业组织方式的本质，分析上下游企业之间的技术、原材料、装备、中间产品和服务交易的供求关系。产业链布局的首要条件往往是营商环境。有了好的营商环境，特别有了具有针对性的投资政策扶持力度，通过投资构建完整的供应链，进而提升价值链。这就是我们现在所实施的产业集群的基本方法。产业链布局重在未来潜力。

第三，产业链、价值链思维适用于选择发展战略方向；而供应链思维适用于寻找项目线索。例如，发展人工智能，这是具有战略意义的方向，容易讲，但难做。对于绝大多数城市而言，引进人工智能核心研发人才的可能性非常小，但并不意味着围绕人工智能没有任何机会。把人工智能从最早的算力、算法到产品，到应用，再到支撑系统的各式服务分析一番，就有可能找到适合的目标企业。聚焦所有资源提供优质服务，就有可能把这样的企业吸引到本地。

第四，供应链是产品采购、生产、销售和流通、服务的微观系统。通常供应链布局强调成本优势，劳动力和运输在乎的是上下游配套条件。在全球经济循环中，供应链呈现区域集中特征。整体上，中国是若干产业和产品系列的全球供应链中心，而供应链的分布式和区域化是发展趋势。

综保区是一种供应链配套功能。什么样的企业有可能入驻？综保区的发展动力何在？这都取决于优势产业在当地发展格局。成本优势是选址和布局的关键，我们如果不理解企业怎么算成本，就很难判断企业的决策。

下面举三个例子：第一，现在很多城市都提出要在本地建设电子信息产业核心供应链，其实可能性非常小。因为在粤港澳大湾区现在已经形成了全球最强大的电子信息产业供应链，并且还在不断补强。源自深圳、东莞的技术和产品明显要比其他地方竞争力强，原因就在于其一流的供应链环境。其他地方很难形成与之竞争的生态。

第二，在长三角地区，消费品和机电产品生产形成了全球最大的供应链系统。单个企业的产能有可能转移到其他地方，但产业的根本价值不可能脱离这个区域。

第三，全球90%的维生素、抗生素原料药的供应链都在江苏、山东和河北等区域①，要转到任何一个新的地方重构这样的供应链非常之难。中西部地区有一些发展仿制药和创新药新品种原料药产能布局的机会。

在国内经济循环中，供应链的重新布局往往会围绕核心企业或成品组装展开。最典型的是汽车和装备制造产品的价值链、供应链的区域性整合，这是地方产业组织的抓手。近年来，我们分别在重庆沙坪坝青凤地区和武汉蔡甸区，围绕新能源车供应链进行整合，在绵阳围绕显示产业供应链进行整合都取得了一定成效。这样的产业组织方式是有前瞻性的。2018年以来日益加剧的中美竞争格局，供应链安全成为区域经济安全和国家安全的关键因素。涧西区应该结合自身实际进行必要的战略思考。

三、生产要素理论的演变

产业经济发展的高质量核心标准是全要素劳动生产率提升。中国目前经济发展遇到的最大瓶颈就是经济规模增长的同时边际效用递减，也就是全要素劳动生产率难以提高。2012～2022年，劳动生产率的投入增加很多，而提高甚微；未来十年如果不能在提升劳动生产率上取得突破性成效，经济增长很难持续，质量也就无法显著提高。现在，全球经济衰退的风险越来越大，中国如何较好保持经济持续、稳健的增长，这是一个重大发展课题。

上述"五链"都涉及生产要素。下面，我们从几次工业革命的过程中生产

---

① 董洁：《经济学家李稻葵——2021：中国新经济转向哪里 | WISE2021新经济之王大会》，36kr，2021年12月13日。

要素理论的演变看——围绕"链"的"统筹"必要性。

1. 生产要素二元论

英国古典经济学之父配第提出："土地为财富之母，而劳动力为财富之父"[①]。这是最原始的经济学生产要素二元论。中国改革开放以来，之所以在前二十年打下了比较好的基础，主要就是因为这两个要素。我们的土地资源比较丰富，劳动力比较便宜。以这两个要素作为支撑融入全球化引进外资换来了发展的高速度。

2. 生产要素三元论

现代经济学之父亚当·斯密首次将资本列为生产要素，其在第一次工业革命兴起时所作《国富论》中指出："无论在什么社会，商品的价值归根结底分解为这三个部分：土地、劳动力、资本。"[②] 任何生产经营行为离开了这三个要素都是不可能的。

3. 生产要素四元论

第二次工业革命后，新古典主义经济学创始人马歇尔将生产组织及企业家经营列为第四生产要素。他指出："企业是生产经营的组织者和领导者，负有重大社会责任，理应单独列为一个独立的要素和价值创造源泉。"[③]

高新区与其他城区的最大区别是这里的同志们大多参与了新区建设创业过程，习惯于理解和尊重企业家，重视企业的创始人文化。其实，思想的源头在经济学上找，就是马歇尔的第四要素论。企业家是企业的灵魂；企业家精神是重要生产要素。近年来，国内有多位经济学家都提出企业家精神是重要的生产

[①] 《资本论》中马克思引用的威廉·配第所说"劳动是财富之父，土地是财富之母。"参见（德）马克思：《资本论》，人民出版社 2018 年版。

[②] （英）亚当·斯密：《国富论》，孙善春、李春长译，作家出版社 2017 年版。

[③] （英）马歇尔：《经济学原理》，章洞易译，北京联合出版公司 2015 年版。

要素，这对于中国经济的高质量增长至关重要。

4. 科技是第五生产要素

邓小平讲"科学技术是第一生产力"；习近平总书记进一步强调"创新是第一动力"[①]。科技、文化、社会、企业这四个方面的创新都体现了企业作为市场主体的重要作用。所以，从科技作为经济发展重要要素的角度来理解科技创新，帮助企业通过科技创新提升竞争力，我们的工作就更具针对性。

5. 第六要素是数据

近年来，作为国家战略，讨论比较多的是数字经济。之所以数字经济具有如此高的战略地位，其重要原因就是大家认识到算力就是生产力。从数据作为生产要素的角度来理解未来产业和现实的产业升级，才能够找到我们应该聚焦和发力的真正方向。脱离了这个方向，我们很可能会走偏路。

习近平总书记在 2017 年就强调："要加快建设数字中国，构建以数据为关键要素的数字经济，推动实体经济和数字经济融合发展。实现数字产业化和产业数字化。"[②] 产业数字化比较容易理解，数字产业化刚刚破题，要让各种生产经营数据具有产业化价值，就要先使数据成为生产要素。近年来学界讨论经济转型的焦点之一就是数据要素化。数据只有真正作为生产要素才能取得根本性突破。

由此梳理下来，从土地、劳动力、资本传统生产三要素，到企业家精神、科技、数据等新生产要素。我们把这六个生产要素的逻辑关系梳理清楚了，抓产业组织的质量和标准就有了明确的目标。河南省委、省政府专门出台了一个关于标准化战略的意见——《中共河南省委　河南省人民政府关于全面实施标

---

① 《科学技术是第一生产力》，中国共产党新闻网，2017 年 1 月 19 日；《习近平：高举中国特色社会主义伟大旗帜　为全面建设社会主义现代化国家而团结奋斗——在中国共产党第二十次全国代表大会上的报告》，中国政府网，2022 年 10 月 25 日。

② 《发展我国数字经济的科学指引》，新华网，2022 年 1 月 16 日。

准化战略加快建设标准河南的意见》。从产业组织范畴讨论标准问题，就离不开对上述六个生产要素的梳理。

四、聚焦生物经济的假设

两区的合并真正实现了五区优势叠加。各位领导最关注的发展问题或许是未来发展的最大机会——如何既符合上级的要求，也符合当地的实际。坦率地说，现在我还无法作出结论，还需要通过一些深入的调研提供依据。仅作假设，下面，我讲一讲聚焦生物经济的思考——有待进一步论证。

1. 未来最大的增长机会

众所周知，传统中国经济是农业经济；1949 年新中国成立后开始工业化；改革开放以来加快推进工业化和城市化，在全球化潮流中超常规发展工业经济。实事求是地说，我国的大部分城市至今尚未完成工业化。近年来，中央反复强调加快发展数字经济，将数字经济作为战略制高点推动产业经济转型升级；2022 年 5 月，国家发展改革委出台了生物经济的"十四五"规划，明确从生物经济角度看待生物科技和生物产业。

过去我们谈生物产业的时候往往会有这样一个误读，将主要属于公共服务性质的医疗服务也纳入生物产业范畴，过度强调医疗服务的市场属性——这与医疗服务的根本宗旨相悖。但应该承认，医疗服务蕴藏巨大的经济价值，对产业发展具有重大促进作用。这一点从生物经济角度能够看清楚。寻找公共服务和产业发展之间的内在联系，是发展生物经济的重要着力点。

数字经济发展方兴未艾，而生物经济概念作为国家战略方向正式提出。两者的结合是未来最有增长潜力的发展方向。从基因检测技术（大数据、云计算技术在生命科学领域的典型应用）的广泛应用就可以看出端倪。基因测序、基因编辑等更是生物技术跟计算机技术的深度融合，应用潜力巨大。

2. 两种战略提升

要使区域产业集群战略成为城市发展的核心战略。但凡将区里想做的事情做成市委书记和市长关注的事——在这个城市的战略和地位就有保障。当然，更重要的是要将城市发展战略上升为国家战略。其实，很多国家战略都是地方率先提出来并得到国家认定的。能把地方的发展构想提出来并阐述完整，进而获得国家部委的认可和支持，这种方法是把握未来发展机会主动权的一种有效方法。

3. 差异化战略布局

差异化的要点是把如何突出自身优势作为主要产业规划策略。这一点值得涧西区各位领导深入思考。例如，发展生物产业，动物健康在本区有不错的代表性企业，可以作为发展生物产业与周边城市实现差异化的出发点。

从要素形态看，表象发展优势似乎是土地和劳动力，但最大潜在优势在企业家。要把工作的着力点放在企业家文化建设方面，使比较优势更为鲜明。

涧西区不具备全方位高端科创人才的聚集优势，但具备某些细分领域产业化人才聚集优势。围绕"专精特新"企业进行资源配置是十分必要的。优化"政策链"的落脚点是改善营商环境，增加对产业化人才的吸引力，这是涧西扩大比较优势的最大机会。由此就具备多样化补强"资金链"的基础。

4. 非对称思维破局

如果强调差异化仍然不能解决区域竞争的比较优势问题，就有必要考虑采用非对称思维。

什么是非对称思维？具体讲就是在竞争中处于劣势的一方，为了避免或减少战略上的被动和弱势，使自己始终立于不败之地所采取的使对手无法作出有效回应的战略举措。也就是说，我尽管整体条件不如你，但只要有个别地方比你强，我就可以凭此跟你作有限抗衡。

讲到区域竞争，不可回避要谈到郑州和西咸。大家通常都会选择围绕一些震撼概念与比较优势的地方在一致的战略方向上发力。事实证明，同质竞争对弱者伤害更大。应该换一种思维，无论是差异化，还是非对称，都是强调敢于走"窄门"。"窄门"虽然不宽敞，但是挤的人少，可能走进去的世界是开阔的。把有限的力量聚焦起来效率会比较高。现在不好列举具体的项目案例，但总体讲，我们对"专精特新"的解读——无论是细分领域，还是独特技术，抑或是超前的商业模式——都非常值得期待，特别是一些创新业态。要善于捕捉这种机会，专门提供更优的条件、更好的环境，这样培育起来的参天大树是深深扎根于这方土地的，是别人搬不走的资源。

五、以未来思维理解我们所处的时代

1. "黑天鹅"和"灰犀牛"频发

"黑天鹅"与"灰犀牛"这两种比喻想必大家都已熟悉，尤其是新冠疫情肆虐的三年，俄乌冲突以来的半年多，当今世界的走向越来越让人难以预知。我们应该努力找到自身可能构建的确定性来迎接挑战。我们所服务的企业越是前途难卜，各级领导，特别是负责企业服务的领导就越要用更多确定的时间和精力去跟企业的掌门人交流。只有真正了解这些企业家在想什么、企业的难处在哪里、需要什么帮助，我们才能找到应对不确定性的有效对策。2022 年，我们倡导各级经营者要用更多精力联系企业，找到有效的服务手段。我给自己定的指标是联系 10 个有全国布局需求的企业，跟地方发展需求对接，争取落地几个项目。抓案例、抓问题的实际解决非常重要。

要帮助地方政府深入理解国家政策，如地方缺建设资金，但整体上资金过剩问题又比较突出。可以肯定，如果下功夫围绕产业基础设施建设谋划项目，就能发现很多机会，甚至比过去若干年的机会都要多。坚定不移扶持科技企业，未来提升发展质量的成效一定会更加显著。

2. "解构"多于"建构"

"大变局"意味着许多东西在解构，并且"解构"快于"建构"、多于"建构"——这正是有所建树的大好时机。过去的做法大多不灵了，必须找到新的做法。咱们现在的两区行政体制改革既是"解构"，更是"建构"，大家应该有志向做改革的促进者、先行者、示范者。

3. "追求均衡"却"更不均衡"

实际上经济学永远的悖论就是追求均衡又打破均衡。均衡是一个理想目标，但却始终达不到绝对均衡。也许真正达到了均衡，就失去了发展的动力。20世纪50年代有一个经济学理论叫"增长极"，这个理论就是一个打破均衡的理论。但是对国家战略来说，协调发展是重要目标，协调发展的愿景是走向均衡。近5年的经济增长指标表明，马太效应仍起作用——越发达、越先进的地方增长越快，越是落后的地方增长越慢。应对更不均衡的可能性，我们只有率先充分发展，才是贯彻新发展理念的正确解读。

4. 宏观经济逻辑未变而微观经济逻辑加剧改变

宏观经济学所讲的四大目标：经济增长、物价稳定、增加就业、国际收支平衡等并未改变，但微观经济学的逻辑却不断在变。过去人们认定"羊毛出在羊身上"，互联网广泛应用后，大家忽然明白了"羊毛还可能出在牛身上，并且由猪买单"。过去时代的逻辑被完全颠覆了，新时代的新逻辑是什么？我们搞经营工作的，思维如何才能跟上这个时代。我对公司同仁的要求是，必须透过微观经济现象看到背后的本质。例如咱们的综保区，必须思考区域产业结构，企业为什么要到这里来保税，保税能获得哪些效益？公共财政还有哪些潜力可挖，改善投资环境还有什么抓手？等等。这些问题若想不明白，我们的工作很难有起色。

5. 唯有依靠科技创新才能拥有未来

科技是第一生产力，创新是第一动力——不难理解，但如何依靠科技企业的力量，理解、认知科技前沿的趋势，把科技发展跟地方经济工作深度结合起来，是每一个干部都需要深入思考的。

6. 跟不上产业变革就会失去未来

近年来，我们强烈感受到新一轮科技革命所带来的产业变革，包括产业转移和产业升级，科技企业比重日益扩大等历史潮流。跟不上变革就会失去未来。要有一种时不我待的紧迫感。区域经济之间有重构格局的可能，洛阳若要跻身更高能级城市行列，关键要看在这一轮产业变革中能不能抓住机遇。

7. 缺乏产业经济实力终将失去科技创新的话语权

创新驱动是当今时代的产业经济发展特征，也是重要的国家战略。但是，我们如何发挥优势、增强实力，让科技创新的故事在我们这里发生得更加生动，能够改变的东西更多更广，为我们的城市创造更多福祉。我们要以未来思维理解现在，找到告别现在的正确方式。实际上我们的一切进步的本质就是告别现在，尤其是我们的固有思维、固有方式、固有结构、固有关系都可能在新的变革中重新构建，变得更好。在此，我也衷心祝愿咱们"五区叠加"的改革能够进一步深入下去，有效促进"五链统筹"，创造更加美好的未来。

谢谢大家！

关于新型工业化的思考

2023 年 2 月在成都市新都区委理论学习会上的专题讲演

观点

- 产业结构问题是产业高质量发展的核心问题。产业结构不仅指一二三产业的比重，也包括一二三产业的结构，特别是新兴产业的比重，还包括一二三产业的区域融合关系。国内循环中，一二三产业的融合关系，第二产业中各行业门类之间的融合关系，是产业经济学的重要课题。

- 产业升级的本质是数字化。

- 新工业革命造就的新经济是富有个性化的经济，科技企业与一般制造业的创始人文化素养通常差别较大，他们对企业的产品气质和建筑气质具有更高的文化价值追求。

- 中国企业提高文化素质的重要标志是选择与别人不一样的建筑。今天规模尚小，名气还不大的一些新兴科技企业，很可能正是明天的华为、腾讯、大疆，我们没有任何理由低估这些企业的文化自觉。

- 每一个建筑单体要根据招商过程中企业的具体需求来专门设计，把目标企业的文化理想体现在设计里面，这样形成的园区才有文化生命力。

- 产业生态是高于产业集群的概念，包括对供应链、人才链、创新链的重视。也就是说，把企业物理性地聚集到一起只是初步目标，根本目标是能够让这些企业之间产生有效交互，充分形成要素协作，构成生态关系，形成共同的产业文化和内在价值。

首先，很荣幸来到新都区与各位领导一起探讨"深入学习贯彻党的二十大精神，奋力推进新型工业化进程"的历史课题，共同思考新都区如何建圈强链，走好新型工业化的道路。赶巧的是，就在几天前，成都市委办公厅、市政府办公厅印发了《关于聚焦产业建圈强链支持实体经济高质量发展的十条政策措施》。紧接着，新都区委、区政府印发了《关于推进制造业高质量发展加快建设智能制造先行区的实施意见》。可见，成都作为国家中心城市"成渝双城经济圈"的重要一极，推进高质量发展的重点放在实体经济；新都，作为成都的东北门户，对成都实施新型工业化举足轻重，构建实体经济重要增长极责无旁贷。两个文件的及时出台充分体现了"有为政府"的工作成效，相信将激发"有效市场"的活力。

今天我将围绕新型工业化相关问题从理论与实践的结合上谈一点粗浅心得，供大家参考。

一、什么是新型工业化

1. 概念的演进

"新型工业化"这个词大家并不陌生，但放到中国特色社会主义理论框架中观察更有意义。工业是国民经济的主体，也是实体经济的内核。现代化是工业革命的产物，是农业经济向工业经济发展的重要特征，也就是说，工业化是现代化的前提。新型工业化是一个中国式发展经济学范畴。什么是工业？工业是制造业、采掘业、水电气和热力以及建筑业的统称，在统计 GDP 时归属二产，其中，制造业是主干，其发展水平和发展方式在很大程度上代表工业发展的水平和方式。"智造"，是制造业数字化、智能化的统称，是先进制造业的时代特征。

早在 20 年前，我国的工业化远未完成。在这样的背景下，党的十六大报告就前瞻性提出，中国要走新型工业化道路，要走出一条科技含量高、经济效益好、资源消耗低、环境污染少、人力资源优势得到充分发挥的发展道路。这一提法从科技含量、经济效益、资源消耗、环境污染、比较优势等五个方面，把新型工业化与传统工业化进行区别，着眼于改变传统工业化技术含量低、发展模式粗放、资源消耗多、环境污染大，依赖成本优势等发展的局限性。

2007年，党的十七大报告指出，要坚持走中国特色新型工业化道路。在党的十六大报告的表述基础上加了"中国特色"四个字，要求加快转变经济发展方式，推动产业结构优化升级，促进经济增长由主要依靠投资、出口拉动向依靠消费、投资、出口协调拉动转变，由主要依靠第二产业带动向依靠第一、第二、第三产业协同带动转变，由主要依靠增加物质资源消耗向主要依靠科技进步、劳动者素质提高、管理创新转变。这一提法将新型工业化的内涵和外延进行了极大的拓展。从工业发展本身拓展至工业化阶段。整个国民经济发展模式的变革，涵盖经济发展模式转型、产业结构调整、发展动力转变等诸多方面。

2012年，党的十八大报告提出，坚持走中国特色新型工业化、信息化、城镇化、农业现代化道路，推动信息化和工业化深度融合、工业化和城镇化良性互动、城镇化和农业现代化相互协调，促进工业化、信息化、城镇化、农业现代化同步发展。传统工业化主要解决工农关系问题。因为工业特别是手工业，最初是从农业中分离出来的。新型工业化主要关注工业化和信息化关系以及工业化和城镇化关系，这两对关系中的驱动力也发生了变化，过去是工业化驱动信息化，现在是信息化引领工业化，引领新一轮科技革命；过去是工业化驱动城镇化，有什么样的产业，就有什么样的城市，后来是城镇化驱动工业化，希望有更好的城市形象，更为完整的城市功能，吸引更高水平的人才，进而发展更具竞争力的产业。因此，国家在推动工业化过程中积极推行新型城镇化战略，加快推进以县城为重要载体的城镇化建设，提升城市的承载能力。

2017年，党的十九大报告明确提出，坚持新发展理念，继续推动新型工业化、信息化、城镇化、农业现代化同步发展。相比于党的十八大报告，这一次增加了"坚持新发展理念",明确提出把"新发展理念"作为推进新型工业化的指挥棒和"红绿灯",坚持以创新为引擎,以协调发展为目标,以绿色发展为先导,以开放发展为依托,以共享发展为落脚点来推动新型工业化。

不久前召开的党的二十大报告的主旨可以概括为:以马克思主义中国化时代化的理论创新指导以中国式现代化全面推进中华民族伟大复兴的中心任务和以高质量发展全面建设社会主义现代化国家的首要任务。党的二十大报告指出,我国到 2035 年的总体目标之一,就是要"建成现代化经济体系,形成新发展格局,基本实现新型工业化、信息化、城镇化、农业现代化"[1]。报告强调,建设现代化产业体系,要坚持把发展经济的着力点放在实体经济上,推进新型工业化,加快建设制造强国、质量强国、航天强国、交通强国、网络强国、数字中国。

综上所述,自 2002 年党的十六大以来走新型工业化道路是一以贯之的指导方针,成为中国特色社会主义思想体系中最重要的理论概括和经验总结。

2. 四个关键词的解析

1979 年,邓小平同志明确提出"中国式现代化"概念[2],并提出中国的现代化建设"三步走战略",其中,第三步就已经前瞻性说到 21 世纪中叶。习近平总书记在党的二十大报告中系统阐述了中国式现代化理论,揭示现代化经济体系的深刻内涵。党的二十大报告中有几个相关的关键词:其一,中国式现代化;其二,新型工业化;其三,现代化经济体系;其四,实体经济。深刻理解新型工业化,须全面理解这几个关键词的关系。

(1)实现新型工业化是实现中国式现代化的根本要求。

党的二十大报告指出中国式现代化的五个特征,特别强调中国式现代化是

---

① 《全面建成社会主义现代化强国的战略安排和目标任务(认真学习宣传贯彻党的二十大精神)》,光明网,2022 年 11 月 29 日。

② 文世芳:《邓小平提出"中国式的现代化"》,人民网,2018 年 12 月 26 日。

人口规模巨大的现代化。迄今为止，被称作现代化国家都是美西方国家，总人口规模不过 10 亿人；中国的现代化是 14 亿人的现代化，是人类历史上前所未有的。中国从特殊国情出发，必须走出西方中心主义框架才有可能真正实现独立自主的现代化。现代化是工业革命以来人类社会所发生的变化，长期是一个西方语境的概念。英法的现代化伴随着殖民化。第一次鸦片战争是蒸汽机出现后不到 20 年；第二次鸦片战争爆发也是蒸汽机在各行业的广泛应用，英国工业革命的开始。到 19 世纪 70 年代工业革命带来了世界格局的变化，是传统农业社会被迫接受殖民和现代化的过程。在经过了 150 年之后所出现的百年未有之大变局的基础是形成新的世界工业格局。中国用几十年时间走过了西方 150 年工业化的路。目前，西方主要工业国制造业在 GDP 的比重总体已不足 20%；即便意识到不足也难以重构[①]。而中国的制造业无论是总量、体系还是比重都领先，达到 30% 左右[②]。有所回落是必然的，公认"25%"是警戒线。新都区应该在 30% 以上，也就是第二产业超过 40%。

（2）新型工业化是构建现代经济体系的基础。

现代化经济体系包括产业、市场、分配、城乡区域发展、绿色发展、全面开放、发挥市场和政府两个作用等七个方面的体系。其基础是现代化产业体系。党的二十大报告从生产要素角度提出了实体经济、科技创新、现代金融、人力资源协同发展的框架。显然，实体经济是基础和出发点，除了制造业，生产性服务业是发展的重点。据世界银行有关报告，发达国家产品的最终价格中，制造业环节增值占比不到 40%，服务环节增值占比约占 60%[③]。制造业与服务业日益融合，服务对产业发展，尤其是对制造业数字化、网络化、智能化转型的支撑作用更加显著，服务已成为制造业企业维护竞争优势的核心环节。

---

① 《博弈！制造业"三足鼎立"：美方占 15.5%，欧盟占 15.7%，我国呢？》，AB 财经，2023 年 2 月 11 日。

② 《黄群慧、杨虎涛：中国制造业比重"内外差"现象及其"去工业化"涵义》，社科大经济学院，2022 年 4 月 17 日。

③ 《黄奇帆：对当下实体经济的几点判断》，北京城市建设研究发展促进会，2023 年 2 月 22 日。

新都应该把发展生产性服务业作为重要方向。2020年我们曾对油气服务产业做过一些研究，这个方向的发展应该深入下去。

（3）新型工业化是"四化同步"的引擎。

"四化"指新型工业化、信息化、城镇化和农业现代化。

实践证明，依靠城镇化驱动工业化的方式，必然形成对房地产的路径依赖，不可持续。必须确立新型工业化在"四化同步"架构中的引擎作用。

新都区印发的"实施意见"强调制造业是区域经济发展的重中之重，明确提出"聚力建设智能制造先行区"目标，这是具有政治自觉性和战略前瞻性的。

二、推进新型工业化的五大任务

1. 产业结构现代化

我们都知道物体的性能由什么决定，由结构。最典型的例子，同样是石墨，因为结构不同，有的是碳，有的是钻石，物理性能天壤之别。产业结构问题是产业高质量发展的核心问题。产业结构不仅指一二三产业的比重，也包括一二三产业的结构，特别是新兴产业的比重，还包括一二三产业的区域融合关系。国内循环中，一二三产业的融合关系，二产中各行业门类之间的融合关系，是产业经济学的重要课题。我注意到，不久前四川省委明确提出，要重点发展电子信息、装备制造、先进材料、能源化工、食品轻纺、医药健康等六大优势产业①。由这六大优势产业所形成的符合地方资源条件的结构，就可以理解成为产业结构现代化的具体体现。在一个具体区域，既难以做到六大优势产业面面俱到，也不可能在某一方面做到一花独放，所以在六大产业的结合和边缘形成新优势，是应该重点考虑的发展方向。

---

① 《四川将全力实施六大优势产业提质倍增计划》，四川新闻网，2023年2月22日。

2. 创新体系要素化

在现代化产业体系中，实体经济是中坚力量，科技创新、现代金融、人力资源应围绕实体经济发挥支撑作用，这是走新型工业化道路的要素分析逻辑，突出"实体经济"，把"科技创新、金融资源、人力资源"作为要素。实体经济框架内的科技创新是应用科技创新。企业是主体，常见形态是产业创新，也许是装备技术的创新、产品技术的创新、经营模式的创新等，它是企业主体的行为。作为要素的科技创新，有两层含义：其一是基础科学创新；其二是关键核心技术攻关。如何构建新型举国体制抓基础科学创新，集中优势资源合力推进关键核心技术攻关，形成促进实体经济发展的新动力。咱们新都围绕航空产业做了很多工作，其中不乏开创性的工作，方法论是有借鉴意义的。

3. 要素配置市场化

2020年4月，中共中央、国务院公布了《关于构建更加完善的要素市场化配置机制的意见》（以下简称《意见》）。这是第一份关于要素市场化配置的中央文件。《意见》分别指出土地、劳动力、资本、技术、数据五个生产要素领域的改革方针，并明确完善要素市场化配置的具体措施。实际上，贯彻落实《意见》下列几个方面的工作应更加系统、深入。

（1）提高土地要素的配置效率。

过去，土地资源更多被作为财政收入的重要来源，即金融要素而不是作为一种生产要素进行精准配置。近年来，为适应新经济、新产业的发展，各地相继推出新型工业用地方式。成都在同级别的城市中比较滞后，不利于制造业组织的多样化，特别是不利于提高服务中小企业的有效性和针对性。实践证明，直接向使用者出让土地这种单一土地资源配置方式效率较低，造成低效用地甚至土地闲置现象比较普遍。加强对低效用地的管理，对地方经济发展有利，对原使用者、整合者和新兴产业集群都有利。

（2）突出股权投资的牵引作用。

股权投资是地方提高制造业竞争力的重要措施。过去，凡是产业经济发展好的地方，都非常重视有效的配置股权投资资源。深圳、上海、苏州的新兴科技企业优势大多与当地重视股权投资相关，值得新都区对标研究。我们要培育新经济引领性企业，就要积极主动使地方公共资源与这些未来的希望建立密切关系。我注意到成都市的"十条措施"指出，要发挥产业基金对做强主导产业，做大新兴产业，捕捉未来产业的重要作用，推动直接融资、间接融资服务重点产业链发展，明确要求设立成都天使投资引导基金，"投新、投早、投小、投硬"；支持聚焦重点产业链组建专业化子基金，可适当放宽出资限制、杠杆要求，建立超额收益分档让利机制并滚动投资。咱们的区属国企能否也可以比照这样的做法，并努力把市级引导基金更多的吸引到区里，共同寻找未来的希望。我看了"实施意见"所列数据，新都培育上市企业很有潜力。如果每年都有1~2家上科创板，1~2家上中小板，1~2家上京板，新都的后劲儿就不完全依赖重大项目。咱们既有骨干项目支撑，又有"百花齐放"的活力，这样的产业结构是真正可持续且抗风险能力更强的。

（3）人力资源配置关键在于针对性。

"人才是第一资源"现在大家都会讲，但如何建立符合实际需要的人才引进机制并非易事。奇怪的是对人才的认定的规则往往由政府确定，忽视了用人单位的意见。这样的人才政策必然脱离实际。

（4）数据要素化是产业化的前提。

《意见》指出，数据被作为生产要素写入了中央文件，明确要求加快培育数据要素市场。数据在我国经济社会发展中已经成为关键生产要素，具备高品质属性和交易价值。过去我们讲三种生产要素，即土地、劳动力和资本。五大生产要素加上了技术和数据为新型工业化提供了新的抓手。采集、分析、应用、交易数据的平台也成为社会经济发展的基础设施，决定了一个国家和地区的核心竞争力。当土地增量达到极限，只有依靠不断更新使用时，数据作为新的要素会成为重要的生产动力和收入来源，就像过去几十年，土地要素成为我们重要的组成部分一样，数字经济产业，看上去不在六大产业框架内，但是跟每一个产业的发展都息息相关，如何在新的架构中找到新的价值，值得研究。2022 年 12 月 19 日，中共中央、国务院发布《关于构建数据基础制度，更好发挥数据要素作用的意见》（又称"数据二十条"），推开了我国数据要素市场化配置改革有序规范的大幕。2020 年出台关于生产要素的文件，2 年以后又出台专门的数据要素发展的文件，这两份文件的内在逻辑也值得高度重视。

4. 产业升级数字化

"十条措施"① 第七条：支持数字经济赋能圈链提质。要求："大力推动工业互联网平台建设和企业数字化转型升级，促进数字经济与实体经济深度融合，支持建设工业互联网平台，提升平台设备接入、应用开发等支撑能力，推动工业 App 向平台集聚，促进产业链创新资源、产能资源的集成整合和优化配置。"② 这段话首先阐明了数字化转型的机制。产业升级的本质是数字化。过去讲的数字化转型是一种方式转变；产业升级提升的是什么？就是数字化水平。是由数字化系统来整合装备，而不是装备＋数字化工具。产业转移如果搞成了产业漂移，实质上就是不恰当的产业政策让钻政策的空子者有机可乘——哪个地方给的优惠政策多，我向哪里转移；政策用尽了再次转移。这种候鸟式产业转移方式不会对地方经济发展创造什么价值。最典型的就是富士康——所到之处政策用尽，地方得到了短期的经济规模指标，却没有得到什么发展的实际价值，往往还承担了投资风险。从长三角地区、珠三角地区往内地转移的制造业，因为商务成本原因离开发达地区，却获得了数字化升级的契机，使竞争力得以提升。这就使产业转移中实现价值叠加的过程。

----

① 《关于人才服务现代产业发展的十条措施》，中共云南省委办公厅、云南省人民政府办公厅，2022 年 2 月。

② 成都市委办公厅、市政府办公厅印发《关于聚焦产业建圈强链支持实体经济高质量发展的十条政策措施》，成都东部新区管理委员会，2024 年 2 月 6 日。

5. 产业组织专业化

产业组织通过专业化提高效率。这方面，新都区通过现代交通产业园建设积累了一定经验，引入市场化机制能够更好形成产业组织的专业化力量。近年来，中电光谷努力构建数字化平台，通过人流、车流、物流、能耗、税收等五类数据指标，形成企业活力评价指数。判断企业的生产经营状态，这种源自数据的判断，就会使产业组织和服务更具针对性。2023年，我们重点抓跨区域产业资源协同，以提升跨区域要素配置效率。有效的产业组织方式对于加强整合新都的实体经济资源大有裨益。

三、实施新型工业化的四个战略目标

1. 激发新动能

大家都非常重视经济增长的新动能，从对于区域经济发展的角度讲，激发新动能的主要任务是培育市场主体。当然，首先得创造良好的营商环境。从企业的角度来讲，营商环境是可感知的。每一个党政机关干部所表现出的个人状态就是所在地的营商环境。

成都市出台的"支持实体经济高质量发展十条政策措施"提出的工业企业"四上"标准很有针对性[①]。"四上"分别为上规、上市、上云、上榜（国家单项冠军、专精特新"小巨人"、高新技术企业等榜单）。对于培育新动能而言，目标更清晰、任务更明确。先说说"上市"。"上市"指培育股票公开交易市场的上市企业。企业能够"上市"，说明公司治理规范，具有较强竞争力，具有成长价值。上市企业的带动作用和影响力对于构建产业集群生态很有意义。

[①] 成都市委办公厅、市政府办公厅印发《关于聚焦产业建圈强链支持实体经济高质量发展的十条政策措施》，成都东部新区管理委员会，2024年2月6日。

再说说"上云"。坦率地说，将工业企业的生产管理系统搬到云上容易，但是构建数字化制造体系不容易。特别工业互联网体系需长期积累。在武汉，中电光谷在中德国际产业园尝试打造服务制造业的数字化制造赋能中心，与地方政府和西门子公司合作。形成了政府＋中电光谷＋西门子三方共同体，政府政策扶持，中电光谷提供平台、组织企业，西门子提供技术和解决方案。到2022年底，这个平台已成为国家级的工业互联网平台，服务了一百多家企业。按照出售软件的方式，提供数字化制造系统，每家企业大概要支付300万～500万元，付得起这笔费用的企业数量不多，但提供平台服务，总体费用2000万元左右，就能为这一大批企业提供数字化升级，平均每家企业的成本100万元左右。① 未来系统升级时，所增加的费用也有限，也完全可持续。有一个做非标产品工厂数字化升级的案例，增加装备很少，主要是用软件解决问题，提高约30%的工作效率。实践证明为中小制造企业提供数字化服务，政府主导，市场化运作方式有突出优势，可以把基础软件和解决方案以及园区服务结合起来，对提升制造业的整体竞争力大有裨益。

2. 探索新路径

（1）产业功能区思维。

成都从2017年开始明确提出产业功能区建设计划。我觉得可以作为新型工业化的探索和创新。新都区有现代交通、家具两个功能区。其发展潜力在于如何按照功能区的战略定位，融合城市功能和产业功能；在产业功能中兼顾创新功能、生产功能和孵化功能。坦率地说，城市功能比较复杂；兼有一定城市功能的产业园区建设是促进产业和城市结合的有效方式。

（2）敏捷定制服务。

这是中电光谷在产业园区建设实践中的新探索。四年前，看到越来越多千篇一律的标准厂房涌进市场，我深感忧虑。"标准厂房"建设是改革开放早期

---

① 资料来源：中电光谷公司内部资料。

以出口加工为特征的工业化进程中产业基础设施的提供方式。深圳以蛇口工业区和华强北电子产品加工集散地为代表，厂房通常建四到五层，有通用特点广泛适应轻纺、电子、机电产品加工。来自新加坡、中国台湾地区、中国香港地区的企业，选好厂房即可开工。这个时期的厂房现在要么已经拆掉了，要么已改作别的用途。总体来说，这种生产空间的历史使命也就二十年。现在已不能满足数字化时代制造业的承载需要。更为重要的是，新工业革命造就的新经济是富有个性化的经济，科技企业与一般制造业的创始人文化素养通常差别较大，他们对企业的产品气质和建筑气质具有更高的文化价值追求。我们注意到，如今一流的科技企业的基地都成为所在城市的地标建筑。苹果、谷歌、脸谱、腾讯、华为、阿里、大疆等无不如此。也有一些传统中小企业对于建筑个性同样有极致的要求。2019年，我发现了德国一家叫维特拉的家具公司，规模并不算大，居然有好几位获得普利兹克奖的世界著名的建筑师为它做建筑设计，如扎哈·哈迪德、安藤忠雄、弗兰克·盖里等。如此追求建筑品质和企业的独特文化气质才能长久不衰。我想，中国企业提高文化素质的重要标志是选择与别人不一样的建筑。今天规模尚小，名气还不大的一些新兴科技企业，很可能正是明天的华为、腾讯、大疆等，我们没有任何理由低估这些企业的文化自觉。在对待需求的认知上，我们不能有一点点懈怠，也不能有丝毫的傲慢，否则很快就会受到教训甚至惩罚。2019年我们及时提出敏捷定制方法。我们凭借已有经验，根据项目的特点，按照"需求猜想"进行模拟规划，形成合理的基本空间布局。每一个建筑单体要根据招商过程中企业的具体需求来专门设计，把目标企业的文化理想体现在设计里面，这样形成的园区才有文化生命力。还有一种我们主张的敏捷定制方式——在满足现实功能需要的同时考虑并适应长远功能提升需要，采用"灰地"模式，即由地方国企作为开发主体，采取纯租方式经营。也许不到二十年，初始功能的价值已充分发挥，土地资源的增值价值还在公共财政框架内，城市更新的代价比较低，更容易实施。这是采用敏捷定制方式探索新型工业化服务企业的一种新路径，也是城市更新有机化、城市规划弹性化的有效实践。

3. 创造新经验

（1）智能网联系统。

现在大家提到更多的是智能网联车。实际上智能网联系统在广泛领域都有使用，未来的世界是智能网联的世界，需要创造更多新应用经验。目前国内还没有公认的样板，我们可以率先在一个区域做试验，规划这个区域的综合化智能网联系统既符合数字化基础设施建设的要求，也可以大幅减少初始投资规模，化解高起点、高标准与低效率之间的矛盾。

（2）低碳园区综合能源系统。

去年夏天成都缺电限电现象为未来园区建设敲响了警钟。按"双碳"标准，产业园区发展必然受制于单位能耗，意味着单位能耗低的地方，能源供应的保障就好，受到能源供应制约就小。按 30/60 目标构建低碳园区标准[①]，我们可以一起做一些工作，走在时代的前列。

（3）功能区建设经验。

新都区现代交通产业功能区建设战略规划非常好，依托现在已经有的优势，特别是依托 132 厂建设航空产业园，40 多个项目全面投产，实现全功能运营；依托 624 所和 420 厂建设航空发动机产业园，很有前瞻性[②]。如何把这些优势充分发挥好，做成新型工业化样板，大有可为。

（4）"五链统筹"——聚焦产业链。

人才链、资金链、创新链和政策链如何围绕产业链来做文章，把产业链作为其他链构建的基础和出发点，这样的思维逻辑更符合区域经济发展实际。脱离实际建创新链，可能可以提出一些阶段性成果，但从投入产出效益讲，如果

---

① 《政策文件 ｜ 中共中央 国务院印发〈关于完整准确全面贯彻新发展理念做好碳达峰碳中和工作的意见〉》，澎湃新闻，2021 年 10 月 30 日。
② 数据为作者的原创经验。

不以产业创新为落脚点，不容易见成效。

4. 形成新优势

第一，要着眼于新集群优势。过去产业集群本身被当作优势，或者产业集群的方式也被当作优势，今天对于成都这种规模的城市，一般的产业集群显然是不够的。成都提产业生态圈已经多年。产业生态是高于产业集群的概念，包括对供应链、人才链、创新链的重视。也就是说，把企业物理性地聚集到一起只是初步目标，根本目标是能够让这些企业之间产生有效交互，充分形成要素协作，构成生态关系，形成共同的产业文化和内在价值。以航空产业为例，航空产业生态的构建，通过核心技术、核心企业、核心产品组织上下游，这个思路非常好，但不能停留于概念，要在产业组织规划上落到实处，上下游资源究竟来自何方，如何抓住关键环节构建关联关系，应深入研究，找到具有符合本地特色的产业经济组织规律。坦率地说，无论是英法工业革命时期，还是第三次工业革命，都没有自觉形成区域链式聚合组织经验。中国经济制度和产业组织方式的独特优势决定了未来产业经济学创新将会从实践中产生，应该引起我们足够的重视。

《关于完整准确全面贯彻新发展理念做好碳达峰碳中和工作的意见》明确了食品饮料、生物医药、航空轨交和产业新赛道五大发展重点，提出了一系列具体指标，非常详尽。

前四大产业板块是新都的既有优势，建立头部企业梯队（100亿元、50亿元、40亿元、20亿元）的计划很有针对性。而新赛道属于未来产业，涉及面很广，难以面面俱到，宜大胆假设，小心求证。

第二，要努力创造科创平台建设优势。国家科技部、工信部、国家发展改革委从不同角度推进创新驱动战略，地方的实施机制也健全。从新都区的实际看，集中精力抓产业创新中心建设最有针对性。要充分发挥市场主体的作用，政府不宜直接操作。只有在跟产业竞争力结合最紧密的部位才容易出现创新。

围绕产业链部署创新链，新都区是先行探索者，已取得经验与成果。"十条措施"鼓励创建国家产业创新中心、国家制造业创新中心、国家技术创新中心、国家工程研究中心，新都区有条件跻身先行者。

第三，创造 IT + BT 融合发展优势。现在大家都在提"新赛道"。自 2022 年以来，我一直鼓吹在"数字经济和生物经济"的结合点寻找未来方向。因为，数字经济单一业态如果缺乏新的应用场景，即使找到突破口，也未必能实现大的突破。就生物技术讲生物经济，如果脱离了算力支撑，也难有革命性成果。比如，基因编辑和细胞治疗技术发展都需要巨大算力。这几类企业的技术着眼点不同，如何结合，怎么发挥各种要素的最大潜力，在很大程度上决定我们能否真正找到适合本地的最佳突破口。

过去三年，我每年都来新都区，深知新都历史底蕴厚重、人文荟萃；桂湖和宝光寺都是令人流连忘返胜景；树上吃火锅，是独特美食体验。新都区还有特色鲜明的现代交通产业集群和先进制造建圈强链的成功实践，是一方创新创业的热土。随着贯彻落实党的二十大精神的不断深入，我相信新都区致力于建设现代智造强区的战略目标一定会实现。受此感召，中电光谷也将积极参与进来，发挥自身优势，为提升新都区高质量推进新型工业化贡献一分专业力量。

谢谢大家。

地方政府的作为与区域产业政策

2023 年 3 月在"汉江论坛"暨武汉市蔡甸区委理论学习会上的报告

观点

- 政府与市场的关系一直是中国式现代化建设实践的核心问题，需要不断寻求令人信服的经济学解释。我们发现，无论是古典经济学理论、结构主义还是新自由主义主张，各种西方主流经济学理论都不能透彻解释持续增长的中国经济实践，更无法预见中国的未来。

- 从企业角度看政府的服务，既要有良好的服务态度，也要有解决问题的能力，更要讲究解决问题的成效。

- 如果失去了对市场经济规律的尊重，那么"看得见的手"任意作为的后果很可能事与愿违。

- 解决区域经济发展和产业组织问题，明摆着的办法就是问计于企业，虚心向企业家请教。只有身处微观市场竞争环境中，才真正知道市场究竟有效还是失效，也才真正明白政府怎样作为才能帮上企业的忙，而不是添乱。

- 企业家精神是市场经济的一种决定性力量。政府要在市场经济体系中发挥关键作用，就要鼓励党政干部树立企业家精神。

- 什么是企业家精神？这种精神体现在无时无刻不在自觉寻找市场机会，不在用心寻求创新突破的交易优势，以及出于对结果负责而始终保持对市场演变的敏感，保持经营行为的敏锐，保持创新的热情。

首先感谢新垸书记的邀请和介绍，非常荣幸来到蔡甸区向各位领导汇报我个人学习党的二十大精神的心得。大家都知道，党的二十大报告突出的亮点是明确提出"中国式现代化"理论。实际上，现代化是中国共产党人从建党开始就树立的革命理想。全球的现代化运动从英国工业革命开始；中国现代化思想启蒙从五四运动开始；全面推进中国的现代化建设从新中国建立之初就开始了。

我们这代人印象非常深刻的是 1974 年周恩来总理抱病在第四次全国人大会议上提出建设"四个现代化"的奋斗目标。这个目标成为两代中华儿女团结奋斗的理想。改革开放以来，特别是 20 世纪 80 年代展开的解放思想运动是推动现代化建设的重要历史契机。人的现代化成为那个时期重要的认知革命。党的二十大召开之前，中央明确提出国家治理体系和治理能力现代化，并以此作为现代化建设的重要标志，结合中国式现代化的五大特征，构成了中国式现代化理论的基本框架。

理解中国式现代化的关键是理解一般性经验基础上的特殊过程性。只有全面系统理解构建中国现代化经济体系和现代化产业体系的社会实践，才能真正把握中国式现代化的精髓。

自改革开放以来，政府与市场的关系一直是中国式现代化建设实践的核心问题，需要不断寻求令人信服的经济学解释。我们发现，无论是古典经济学理论、结构主义还是新自由主义主张，各种西方主流经济学理论都不能透彻解释持续增长的中国经济实践，更无法预见中国的未来。只有党的十八届三中全会确定的基本经济方针——让市场在资源配置中起决定性作用；更好发挥政府作用——不仅明确了把握两者关系的原则，也揭示了政府管理经济工作的巨大潜力。当然，什么是决定性作用？又该如何更好发挥政府作用？需要我们在实践中不断加深理解，寻找有效路径。今天，我想围绕构建现代化经济体系和现代化产业体系这两个宏观目标，从政府行为方式的有效性角度跟大家谈一点个人学习党的二十大精神的粗浅心得。

更好发挥政府作用，首先肯定了政府在经济发展中作用的独特价值和不可替代性。政府必须有所作为。实践证明，政府在经济活动中绝不能缺位，不仅要做好监管者，也要做好谋划者、政策制订和执行者、服务者的角色，不能放任市场任意发展和无序发展。但由于政府官员在微观经济环节普遍存在认知不足和实操经验不够的实际情况，有效作为和正确作为不易。因此，必须弄清楚，什么是有效和正确的作为，什么是不正确的作为或者说是乱作为？哪些是促进市场健康发展的作为，哪些是不符合市场经济规律的作为？甄别的标准又是什么？我从企业的实践经验中找出一些线索，从地方政府作为与区域产业政策角度进行分析。

一、观察有为政府与有效市场的企业视角

1. 企业对政府作为的期待

地方政府领导不仅肩负着重大社会管理责任，同时肩负着繁重的经济发展责任。企业是创造社会财富的主体。企业对政府和各级领导有些什么期待？这种期待与政府的自我定位有没有差异，差异何在？我们经常听到的一些比喻，如"保姆式"服务，出发点非常好，要求政府工作人员对企业的关照无微不至。但仔细想想，有没有问题？是否存在某种"轻视"的潜意识。其实，企业首先需要的是理解、尊重和平等以待。

近些年还流行"店小二"的说法。当企业需要解决实际问题时，仅凭"店小二"良好的服务态度是不够的。从企业角度看政府的服务，既要有良好的服务态度，也要有解决问题的能力，更要讲究解决问题的成效。

"亲""清"政商关系，首先是关系的主导者"政"的形象要可亲。平等相待才有可亲的真实条件；而人为将姿态摆低未必真实，更难持久。可信，是可亲的本质。如果所有承诺都能兑现，特别是当企业遇到了困难时能真诚施以

援手帮助解决问题，就做到了可信，就能树立良好的信用。现在干部的调动大多比较频繁，政府的社会信用要靠大批愿意"理旧账"的"新官"来维护。任何应该解决的问题都能得到有效解决，政府就能够在企业家心中树立可靠的形象，企业家在这个地方投资发展就有信心，就能对未来作出贡献。

同志们经常说尊重创业者、尊重企业家。如何真正体现尊重？创业者、企业家往往把企业看作生命，企业的发展是自己的根本利益所在，只有帮助企业解决发展过程中遇到的问题，抓住发展的机遇，才是真正对创业者、对企业家的尊重。这也是最重要、最宝贵的投资环境。所以说，企业家对政府官员的角色期待，可以用三个关键词来表达——可亲、可信、可靠。

2. 资源配置的效率来自市场，产业组织亦然

从经济学的视角看，经济发展的质量是由"看不见的手（市场）"和"看得见的手（政府）"相互作用的方式所决定的。资源配置的市场决定性作用——这句话好讲，但在具体经济行为中却难以判断什么是决定性作用以及如何发挥决定性作用。而"看得见的手"能够尊重市场规律，按照市场规律办事至关重要——这是鉴别政府作为正确与否的重要标准。如果失去了对市场经济规律的尊重，那么"看得见的手"任意作为的后果很可能事与愿违。今天的宏观经济管理和地方产业组织，很大程度上取决于政府工作人员对于市场行为和市场规则的态度，也取决于政府工作的根本目标。解决不作为问题相对容易，只要坚持结果导向就能做到，而要保证正确作为就难了。

3. 问计于企业才能立于不败之地

2023 年两会结束后，李强总理答记者问时所讲的一段话在企业界流传很广。他说，坐在办公室里碰到的都是问题，深入到基层看到的都是办法[①]。其实解决区域经济发展和产业组织问题，明摆着的办法就是问计于企业，虚心向

---

① 《李克强总理出席记者会并答中外记者问（实录全文）》，中国政府网，2020 年 5 月 28 日。

企业家请教。只有身处微观市场竞争环境中，才真正知道市场究竟有效还是失效，也才真正明白政府怎样作为才能帮上企业的忙，而不是添乱。企业经营管理者，特别是企业一线工作人员，最了解市场的微观特征，最了解市场的现实状态。新一届中央政府领导对基层经济行为、经济状态的高度关注，体现了政府正确作为的思维出发点，对大家也是一种启发。没有真正在市场一线打拼过，即便具备一定理论素养，也不能把自己当作市场经济的专家。现在大兴调查研究之风，倡导问计于民，非常有利于政府正确作为。

4. 具有企业家精神的政府官员

企业家精神是市场经济的一种决定性力量。政府要在市场经济体系中发挥关键作用，就要鼓励党政干部树立企业家精神。希望党政干部队伍中，能够涌现出一些具有企业家精神的领导。客观地说，寻求"两只手"的协调配合很不容易。中国式现代化建设未来相当长的时间里要看"看得见的手"如何作为，能否正确作为。就目前大家所认知的经济社会发展规律而言，让市场机制发挥决定性作用才能少犯错误。"二战"之后几十年，不少实现计划经济的国家的经济发展都走过一些弯路，证明计划经济在现实社会行不通，政府官员凭"有限理性"随意干预经济行为很容易犯错误。20世纪末的20年，许多发展中国家实行新自由主义，又遇到了不少新的挫折，证明政府缺位的经济也有问题。

政府行为如何适应国际环境和市场规律？过去经济学的主流观点，无论是结构主义还是新自由主义都倾向于相信企业家，而不是相信政府官员的微观判断，现在看来，这样的判断本身并不重要，重要的是判断背后的基本价值导向，即经济管理及经营管理是否具备企业家精神至关重要，可以作为甄别歧义的标准。什么是企业家精神？这种精神体现在无时无刻不在自觉寻找市场机会，不在用心寻求创新突破的交易优势，以及出于对结果负责而始终保持对市场演变的敏感，保持经营行为的敏锐，保持创新的热情。

政府官员拥有这样的企业家精神动力何在？排除财富激励和继续执政以及

职务升迁等世俗因素，有没有其他激励因素？当然有。其实无论企业经营者还是政府官员，所追求的终极价值都是社会理想，能够为社会作出更大贡献，为时代留下更多创造性痕迹，就是根本性激励。中国式现代化和经济高质量发展寄希望于政府官员能够激发出企业家精神，这种精神对于市场经济不可或缺。

5. 政府正确作为的关键在于制订并有效实施促进产业集群和产业升级的产业政策

领导干部凭借个人魅力服务企业，只能在个别案例上发挥作用。只有制订具有针对性的产业政策才能管普遍、管长远、管根本。地方政府无法决定宏观经济政策，但完全可以主导制订地方产业政策。具体讲就是制订符合本地发展实际的产业集群和产业升级政策。在工业化中期，即经济规模和劳动生产力水平都有限的发展阶段，实现产业集群的首要目标是形成集群效应，扩大产业规模。蔡甸区目前正好处在工业化中期阶段，工业规模相对武汉市其他城区而言还比较小，放到全国类似级别城市的区县看规模也不突出。要追求经济总量，就要着力于抓若干行业的企业聚集，形成产业集群效应，做大经济规模，这是核心目标。这个时期须围绕产业集群制订有针对性的政策，形成并逐步扩大比较优势。

但是当经济发展到一定规模后，就更需要产业升级政策。新型工业化的关键是用产业升级的理念抓好战略性新兴产业集群。以武汉经济开发区为例，这里是我们国家重要的汽车产业基地之一，也是武汉市重要的先进制造业聚集区。经过三十余年的发展，汽车产业的规模的确搞起来了，但多为传统车型，智能网联车却发展不足。现在产业升级的任务非常艰巨。如果在前些年汽车市场发展好的时候推进产业转型升级，培育战略性新兴产业，目前就不至于压力如此之大。实践证明，过分依赖某个行业和某一种产业，一旦出现整个行业的革命性变革，前瞻性布局不够，就可能影响全局。如何兼顾现阶段和长远两种目标，是政府制订经济和产业发展规划需重点把握的内容。

二、地方政府作为的工作着力点是区域产业政策

1. 什么是区域产业政策

在经济学领域，围绕市场和政府的作用问题长期争执的焦点就是产业政策。究竟应不应该制订产业政策？产业政策会带来哪些负面效果？甚至都争论到凯恩斯和哈耶克的世纪辩论中去了。客观地说，自改革开放以来，中国的经济发展从未离开过产业政策。但凡产业政策制订得好，中国的经济发展就比较顺利、健康；产业政策方面出现了问题，就会走一些弯路。客观地说，制订产业政策容易出现问题的往往在宏观层面而不在微观层面。宏观政策出问题往往是因为对于微观操作环节缺乏了解所造成的。从基层往上看就能看得比较清楚；微观层面制订产业政策即便出现一些偏差，影响也是局部的，有限的。

地方政府为促进区域产业经济高质量发展，增强区域竞争力所采取的各种政策措施，均可以称作产业政策。包括：土地、投资、招商与人才引进的优惠政策，以及经营特许权、政府采购、科研、技术改造补助、税收奖励、交易费用补贴等，用政策措施和地方行政法规的方式体现出的一种普遍性、针对性政策均为产业政策。

下面列举六个方面的区域产业政策，是近十年来地方政府采用比较多的。

第一，鼓励战略性新兴产业发展。

党的十八大以来无论是五年规划还是年度工作计划，地方政府都会充分强调发展战略性新兴产业。当然，执行中也有打折扣的，原因是认知上的短视。战略性新兴产业需要相当长的时间培育，需要消耗较多公共资源，倾注比较多的心血，并且难以迅速见效。地方官员任职时间有限，面对短期不容易见效的事当然在实施中容易打折扣。但实践证明，把发展战略性新兴产业放在首要位置所做出的决策大部分是正确的，敢于抓这项工作的领导口碑大都不错。管长

远、管根本的事必须早谋、实抓，久久为功。一个地方的经济发展，现实中要靠传统支柱产业，而如果两眼只盯着传统支柱产业，忽视了战略性新兴产业，一定会失去未来。再好的产业都是时代的产业，没有永恒的朝阳。仅从武汉市看，"武钢"是钢铁时代武汉的经济"顶梁柱"，现在早已褪色；青山区也早已失去了过去的风光；武重、武锅等一串武字头品牌曾经都风光无限，现在大都退出历史舞台；"东风"是汽车时代的城市"大腿"，但到了智能时代，对油车的优势已成为持续发展的包袱。武汉经开区面临前所未有的转型压力就是明证。蔡甸区是城市新区，工业基础比较薄弱，城市发展相对滞后。如何超前谋划战略性新兴产业的突破口，选择哪些领域，要做哪些基础性布局工作？这些都是体现如何将新发展理念和高质量发展要求落实到产业政策的重要表现。

第二，重视职业教育。

多样化发展职业教育对于处在工业中期阶段的城区非常重要。我们注意到，一些城市因高度重视职业教育，近十年的工业，特别是制造业因为劳动力保障有力得到了快速发展。2023年，我国宏观经济遇到的突出问题是疫后经济恢复压力大，就业压力随之加大。一方面新型工业化需要高素质劳动力，另一方面又面临着巨大就业压力。实际上根源出在劳动力结构上。大力发展职业教育是根本之策。关键问题是如何构建区域性适应未来产业发展需要的职业教育体系，这也是重要的产业政策的组成部分。

第三，支持产业基础设施建设。

过去二十多年，相对重视城市基础设施建设，而忽视产业基础设施建设，这是中西部地区跟长三角地区、珠三角地区相比的一个突出差距。在制造业发展的关键阶段，能否迅速形成产业集群，在很大程度上取决于区域产业基础设施的配套水平。一方面要有较高的质量，另一方面也需要有一定的资产投资的饱和度。近年来，我们明显感受到蔡甸区委区政府高度重视产业园区建设，区域产业组织效率显著提升。总体上看，蔡甸区产业基础设施建设步调有条件迈得更快，有潜力为武汉新型工业化作出更大贡献。

第四，扶持支柱产业升级。

重视发展战略性新兴产业的同时也不能忽视传统支柱产业。支柱产业之所以能够成为传统，说明有生命力。如何让支柱产业通过不断注入新的技术和创新商业模式焕发出新的朝气和活力，这是地方产业政策中非常重要的方面。

2022 年以来，我们注意到，一些最具竞争力的城市，如上海、深圳、佛山等都在千方百计保留传统制造业。再如深圳，2022 年 11 月份专门出台了工业上楼政策，决心非常大，要每年新增 2000 万平方米的产业承载空间，5 年建 1 亿平方米工业上楼的空间，留住制造业实质上就是着力扶持支柱产业[①]。与此同时，一些老工业基地城市将产能回归作为战略目标，如长春围绕一汽制订产能回归计划等，南通锦江等地高度重视都市工业。可以预见，对蔡甸区来讲，未来，承接来自长三角地区、珠三角地区的产业转移难度比过去更大了，必须着眼于新的形势制订更有针对性的促进承接产业转移的相关产业政策。

第五，推进跨区域产业协作与国际产业合作。

蔡甸区肩负着中法、中德这两个市级国际合作平台建设任务，同时也取得了对外开放和促进要素更高水平配置的一些新机会。在推动跨区域产业协作和国际产业合作中，应该从产业政策角度进一步深化研究、明确方向、细化政策。究竟应该在哪些着力点上下功夫，哪些地方还要具体谋划，逐步积累优势，凸显国际产业合作的亮点，这些对地方经济发展有较大带动作用。

第六，促进军民融合发展。

无论是国防科学技术由军转民，还是民营科技公司参与国防建设（即民参军等）都是科技成果产业化的必然方式，应该作为地方产业政策的重要着眼点。

对于蔡甸区来讲，重点围绕发展战略性新兴产业，做大支柱产业规模和促进产业升级的思路扩大承接产业转移规模这三个课题，可以做的工作很多，可以集中资源，形成拳头，取得更大实效。

---

① 《深圳 5 年将建 1 亿 m² "工业上楼" 空间》，南方 plus，2022 年 11 月 17 日。

2. 围绕新型工业化主题的产业政策

自 2002 年以来，每一次党的全国代表大会都把新型工业化作为重要的产业发展战略。党的二十大同样把新型工业化作为重要的产业发展政策和方向，其基本指导思想就是按照中国式现代化要求，构建现代化产业体系。这里有两层意思：一是以实体经济为核心，防止经济脱实向虚；二是提高劳动生产率为核心，走出高投入、高能耗、高污染的工业化老路。从生产要素角度解析现代产业体系，一边是实体经济，另一边是科技创新、现代金融和人力资源支撑，"四位一体"结构。从蔡甸区的实际出发，下列五个方面的产业政策有利于促进新型工业化。

第一，探索新型工业用地的适用政策。

实行新型工业用地政策是产业变革的必然，也是实践倒逼的结果。我国的土地分类政策从 20 世纪 80 年代初一成不变实行了 40 年。21 世纪以来不少地区根据产业发展实际需求寻求自行突破，但缺乏立法依据。近年来部分地区着手进行行政法规调整，但不够系统，各地的办法也不完全一致。实际上自 20 世纪 90 年代末起就兴起了一批新产业，如软件开发和信息服务等新兴产业，所需要的空间不同于一般制造业。但一直没有明确新型产业发展的用地政策，也就是说产业园用地政策与经济发展和产业升级的实际状况脱节。关于产业用地政策的改革实践最早出现在深圳，主要做法是在工业用地上建设研发办公类建筑。有些科技企业总部楼宇建到了 200～300 米高。十多年前曾引发一场热烈讨论。审计部门认为是违规用地，受到媒体关注。后来国家有关部门实事求是肯定了深圳的做法，进而多个城市纷纷学习借鉴，逐步推行。武汉现在采用的新型工业用地叫 M0，是比照工业用地和商业办公用地来制订的用地政策。实际上东湖高新区十多年前就已经这样做了。这是一项迟到的政策。

20 年前，东湖高新在园区建设实践中率先突破了这个政策框框，在工业地上建造适合新产业发展的空间。这方面东湖高新区曾经走在改革创新前列，后来遇到了一些认识上的分歧和阻力，反而使政策的进一步完善受到影响。今天的上海、深圳等地是坚持推行新型工业用地政策的先行城市。好的产业用地政策关键是要与产能扩张的现实需求相匹配。蔡甸区是武汉的产业新区，应该采用符合新区建设实际的更具针对性的政策，有利于更高效率服务新型制造业的战略目标。仅从新型工业用地政策的制订和落实这一点就可以看出，按部就班、回避矛盾的为官之道解决不了现实发展问题，而从产业实际出发，满足企业需求，把握产业发展趋势，敢于突破现实政策限制的党政干部才是这个时代最需要的人才。

第二，推行产城融合的规划政策。

相比长三角地区和珠三角地区，中部地区产业集群发展相对滞后，在一定程度上与城市规划理念有关。按照传统观念，工业园区是污染源，是城市生活的负面环境。所以工业园区从规划开始就与城市生活隔离，成为缺乏生活气息的城市功能短板。以常福工业园区为例，产城脱节已成为区域可持续发展的制约因素。我们现在发展的园区必须成为产业繁荣，又具备良好城市形态，并且兼容城市生活的地方。那些早期规划建设的工业发展集中区，生活气息不足、城市配套功能缺乏，已成为聚集人才和产业升级的障碍，应该引起高度关注。

在20年前的城市实践中，制造业发展较好的地方是长三角地区，如昆山、太仓等，街道规划得很宽阔，绝大部分产业空间由企业买地自建，因此造成了一个企业一个围墙，围墙连着围墙的结果。人员的通勤须靠车辆，街道两侧有人行道却几乎无人步行，城市空间实质上是为车而不是为人设计的。这样的规划建设方式，单位面积的产出并不高，土地利用效率也不高。走新型工业化道路，首先就应该认真研究新型工业的集中区需要怎样的城市形态和尺度，如何有效解决企业安全诉求，如何构建开放的空间格局。可以肯定，由众多围墙间隔和编织起来的工业集中区不是新型工业化应该有的形态。

第三，实行动态城市规划管理机制。

蔡甸区的行政效率和政府服务管理方式在武汉走在前列，我们在这里发展深受鼓舞。目前城市规划管理，尤其对产业园区，常规做法是一次性规划审批以后就得按规划做竣工备案。但是产业园区这种产业基础设施要为多个不确定的目标企业服务，即便是非常有经验的开发主体，也很难保证每一个单体的初始规划设计完全符合企业的需要；这就需要在招商过程中根据企业实际需要修改完善，最后定图建设。但在很多地方总体规划一旦审批，任何调整的审批流程都须重走一遍。其实，完全可以按总体规划审批的指标及规划强条结合总体控制即可。这就需要通过制订产业基础设施建设的专门产业政策推动规划行政体制改革，最终竣工的效果不仅充分满足不同企业的生产功能需求，还能让更多建筑形成独特的文化个性，从而使园区的形态和尺度更为良好，跟城市的关系更加和谐。地方性产业园区规划政策跟园区建设实践的更好结合，有利于推动产业园区建设实现高质量。

第四，实施低碳园区标准。

产业园区的能源保障问题是园区建设的关键问题之一。按照30/60目标应该作出前瞻性安排。对低碳园区的理解既可以狭义，也可以广义。我们更为看重园区的实验推广意义。未来十年，碳达峰和碳中和目标将会对未来产业结构和国内产能布局带来深刻影响，有可能会形成全国产能版图的重构。如果现阶段能把各种政策条件用足，全面采用各种节能技术，是构建长远竞争力的基础。对光伏、储能、机动车辆充电等应用根据当地气候条件进行系统规划配置，目前是非常重要的窗口期。我们希望成为绿色园区引领者，用企业标准促进地方标准和行业标准的提高并率先在蔡甸应用，使得蔡甸区的可持续竞争力具有引领性和示范性。

第五，促进国际产业合作。

武汉市中德、中法两个国际产业合作园区都在蔡甸，使命光荣、责任重大。这是蔡甸区可持续发展的重要动力。武汉市产业的外向度不足，通过中德产业合作提高国际化水平，为武汉创新制造业文化意义深远。

3. 扩大动态比较优势

一个地方的产业发展和产业规划往往都强调比较优势。从政府角度和市场角度看比较优势往往结论并不一样。例如，在安徽省池州市，当地高新区先后引进了多个集成电路企业并且发展很好，有点传奇性。如果从要素禀赋角度分析，那里完全不具备发展集成电路的条件，既没有重要大学，也没有集成电路技术基础。但他们抓到了一条重要线索，即韩国历史上曾有一位王子到九华山修行并长眠于九华山，因此一位转籍关键技术人员来这里寻根，动员一家上海的集成电路公司来这里建设工厂，当地领导意识到是一个重要机遇，大力支持使这家企业迅速落户，然后围绕这家公司继续引进上下游及相关企业，由此形成了初步的产业集群。池州发展集成电路的战略举措很快就得到了安徽省的支持。后找我们合作在上海建设飞地孵化器，最近正在研究如何进一步扩大当地集成电路生产基地建设规模。总之，按照常规比较优势理论无法断定可以作为地方产业发展方向选择，一旦得到地方政府产业政策强力支持，就可以让不具备比较优势的地区形成比较优势。在蔡甸区，把已有产业基础（如汽车零部件）认定为比较优势的部分，若以动态比较优势逻辑深入讨论，还可以发现一些新的机会。把一条线索变成一种战略机会，蔡甸就需要这样的传奇。

江苏省句容市提出要大力发展战略性新兴产业。我起初也有所怀疑，但是看了当地几个企业后发现很大程度上是因为政府给的政策好。句容临近南京，一般分析会受虹吸效应影响，发展战略性新兴产业是不利因素，但实践证明，靠强有力的产业政策和"咬定青山不放松"的服务精神，就构建起了比较优势。

广东省佛山市的三龙湾，是科技创新的高地，让我非常意外的是，一个全部靠佛山财政投资的40万平方米的省级实验室（季华实验室），现在科研团队已经入驻满了。在不长的时间里，在完全做制造业的地区搞科技创新有如此显著的成果，说明政府一旦正确作为，可以在很大程度上左右未来发展的格局。生产要素配置合理与否，在很大程度上要看产业政策导向和力度。产业政策得当，就有可能从根本上改变经济发展结构。

构建动态比较优势是我们工作的重要理念。谋划未来不必完全局限于现有条件，只要产业政策给力，现在不具备优势不意味着不能形成未来的优势。

蔡甸区有机会在动态发展中形成一些新的比较优势，大体有三个方面的可能。

第一，制造业数字化升级与后发规模优势。

现在大家合力抓的数字化赋能工作是有前瞻性的，从产业竞争力的发展趋势看，顺应了时代潮流。尽管推行过程中会遇到一些困难，只要我们坚定把产能建设和数字化升级紧密结合起来，不断扩大成效，就有可能形成地方比较优势。蔡甸区所要创造的比较优势是新一代制造业产能的聚集，规模优势会迅速发展起来。近期我在公司工作总结和寻找实践理论的过程中，两次举到飞速科技的案例。我们完全有可能找到成批高科技公司在蔡甸形成产业化路径。

第二，国际产业合作平台优势。

蔡甸区的国际产业合作旗帜举起来了，但平台优势目前还不够明显，应该作为发展过程中的动态比较优势。在中德国际产业合作发展比较好的地区中，尽管蔡甸是后来者，但在内陆城市，特别是在中部地区仍然是比较优势。现在长江中部城市群都在大力抓制造业，武汉市各区都在力促制造业规模增长，蔡甸从战略上已经走在前列。要用更优的服务水平、更高的组织效率、更符合企业需求的服务方式，让国际合作在区域内迅速产生实效。相信很快就可以凭借动态比较优势取得实践成果。

第三，自然生态优势。

武汉市中法生态城建设放在蔡甸区，的确是因为这里自然生态条件好。凡是自然生态好的地方都是有经济发展前途的；凡是文化底蕴深厚的地方都是有未来的。这将成为未来的比较优势。优越的生态、生活环境与良好的产业发展环境的优势叠加必将创造蔡甸区更加美好的未来。

以上作为个人学习党的二十大精神的思想汇报，不妥之处，请大家批评指正。

谢谢大家！

园区创新生态培育的市场化模式

2023 年 10 月在华润集团第二届青年科技领军人才培训班上的讲演

观点

- 创新，是以超越前人的方式发现新规律，创造新价值的过程和现象。例如，科技的发现，思想的突破以及文化的发展都是创新的范畴，是发现新规律的具体表现。创造新价值，对企业而言是创新的本质。任何科技的突破如果不能创造新的价值，那就不具有创新的意义。

- 推动经济社会发展达到更高水平，只有量的扩张而没有质的突变，即劳动生产率的根本性提升，就不可能实现可持续增长。

- 关于创新生态，我愿意这样定义——为实现一定战略目标而建设的，着眼于促进思想交流，激发创造能力，具有独特空间结构功能的人文环境。创新生态显然不是基于自然生态，而是基于一定目的打造的人文生态。

- 从产业园区的运营角度看，科技成果转化是一种服务功能，科技成果产业化才是产业生态建设的根本目标。如果脱离了产业化这个根本目标，技术成果转让就变成了一种表象。

- 产业创新是促进科技成果产业化的重要动力，其基本任务为：一是促进生产技术进步；二是推动产业组织方式变革；三是拓宽市场边界。目前，从总体供求关系看，产品与服务市场大多进入饱和状态。如何把市场总量做大？如何向市场发展纵深进军？这些都是产业创新的范畴。

- 扩大市场化主体空间供应的比重是提高土地利用效率，促进土地要素优化配置的有效措施。敏捷定制是"化腐朽为神奇"的破题良策。这就要求我们不仅要站在开发主体的角度去想问题，更要站在服务企业的角度去想问题。

首先，感谢华润集团第二届青年科技领军人才培训班，为我提供了一次难得的交流机会，与在座各位华润集团多元产业体系的青年才俊互动，也让我有机会学习华润集团多元化战略的丰富内涵。

我接到这个任务的时候，心中有些忐忑，因为华润集团是央企中实力强劲、业务多元的标杆，市场化程度非常高。关于创新的题目很大，究竟什么内容是大家共同感兴趣的呢？说实话我很难判断。不知道在座有没有华润置地的朋友？还真不少。咱们的共同语言应该多一点。白酒的生产经营我不太懂，但经常喝，对华润为什么要搞白酒很有兴趣；制药，我过去干过，对华润的医药板块有所了解。另外，对华润的大消费和综合能源板块的情况也了解一些。我最感兴趣的是华润的多元化产业格局下大力发展科技和新兴产业的布局思路。今天我们要讨论的问题就选择科技创新角度的话题。我们从企业角度、商业角度或者是社会角度出发，而不是站在政府角度，也不是站在学术角度。

从商业角度入手，就要联系实际。今天我要讲的内容联系的是中电光谷的经营实际，围绕企业创新问题——我个人的所思、所为以及企业的实践给大家做一点粗浅的汇报。若有阐述不清或没有展开但大家饶有兴致的地方，等到互动环节时，大家再提问，我们进一步探讨。

什么是创新？得从我们常常谈及的科技创新概念的局限中跳出来，从广义角度重新理解甚至重新定义。昨天我在准备讲演 PPT 时，又一次认真思考了创新这个概念。大家都知道，当今时代最热的词是创新——社会进步的最大动力是创新，当今时代的精神实质是创新，中国式现代化的内在灵魂也是创新——这些不同侧面显现出的创新的重要性，但仍没有直接回答——什么是创新？

在我看来，创新，是以超越前人的方式发现新规律，创造新价值的过程和现象。例如，科技的发现，思想的突破以及文化的发展都是创新的范畴，是发现新规律的具体表现。创造新价值，对企业而言是创新的本质。任何科技的突破如果不能创造新的价值，那就不具有创新的意义。熊彼特所说的"创造性破坏"，明指发现新规律，实指创造新价值。创造新价值是以优化生产要素的结构和配置方式为特征的。

超越前人，通常有两种方式：第一种是前所未有。例如，前人没有做过的事情，前人没有发现的现象及规律，前人没有提出的理论和观点等，就像彼得·蒂尔所说的"从0到1"；谢德荪所说的"源创新"。这个难度非常大，尤其是在商业实践中，若能开创从0到1的事业，包括开创新商业模式、以全新的经营方式等，改变生产条件和商业环境，那就十分伟大。

第二种是在前人的创造基础上继续向前推进，不断有所进步、有所完善、有所突破，即"从1到N"。我们的商业实践中，绝大部分的创新行为属于后者，即"从1到N"，把一项事业推向更高水平，发展到更大的规模，更广领域，这也是商业上的巨大成功。从这个意义上讲，华润集团的资本经营就是"从1到N"的创新典范。

为什么创新如此重要？回顾我国改革开放以来的历史，中国人用了20多年的时间学习与追赶，一举从"短缺经济"进入了"过剩经济"。实际上我们在2008年就已经开始进入"结构性过剩"阶段，这个"结构性过剩"是市场经济发展的结果。随后，我们又用了近20年时间，让"结构性过剩"经济，进入到"全面过剩"经济。今天，我们看任何一个行业、任何一个产业，几乎都找不到巨大的空白市场，这正是充分竞争的结果。

我们正处于"过剩的时代"，要在这样的时代谋求长期发展，取得竞争优势，就要面对几乎令所有人都不满意的内卷状态。几年前还在说"缺"和"少"的东西，转眼间就变成了过剩——光伏是这样，液晶显示是这样，中低端芯片是这样；新能源车和电池也将是这样。大约10年前，人们还在大谈"缺芯少屏"，但没过几年，我们的中低端芯片已然过剩，因而国家严控集成电路晶圆厂的投资；我们的液晶显示在世界上已是一家独大，日本、韩国相继退出产品市场，集中优势做装备和材料。京东方、华星光电、惠科等强势崛起；光伏也是一样，几年前，欧洲制裁加上过剩的产能几乎导致全行业遭遇灭顶之灾，实施30、60减碳战略①才得以转机。现在技术更成熟，成本已达到经济性要求，行业竞争力增强。但就产能而言，跟需求相比仍是过剩。另外，现在社会普遍关注的，房地产市场是不是全面过剩？在座的华润置地的朋友们或许更有发言权。我相信大家都不会否认的是，三线、四线城市存在普遍过剩问题，而一线、二线城市存在"结构性过剩"问题。例如，深圳的办公楼宇市场和商业综合体供应确已过剩，因此提出搞"工业上楼"，二线城市可能过剩的问题范围更广。现在是讨论"过剩"问题非常重要的窗口期。大家已经意识到这涉及重大的经济结构性问题并关乎宏观经济走向问题，不容忽视，也不可回避。那么，过剩的特征是什么样的表现形式呢？

首先，供大于求。因为市场不会按照某种预设的主观愿望去发展，而只能通过充分竞争。竞争促进创新，有的发展得更好，有的则被淘汰。如果缺乏创新的动力，如果参与竞争的企业不能实现优胜劣汰，就很容易造成整个行业的系统性风险。我们看到，房地产业近几年出现的乱象确与政策环境直接相关，但很大程度上与整个行业的创新不足有关？可以说，过去十多年房地产业的快速发展主要是资本驱动而非创新驱动。例如，人们诟病比较多的"千城一面"现象；高负债、高杠杆、快周转的"两高一快"模式就是重要特征。如果规划管理更科学，建筑设计更下功夫，更有地域文化特征，预售资金管理更有序，是否供应结构就会更合理？这是值得思考的问题。

其次，在供大于求的背景下，企业的竞争加剧。企业盈利状况不佳，现金流风险更加严峻，带来社会性风险的概率也会提高。因此，在供大于求的过剩经济时代背景下，唯有创新，增强竞争优势的逻辑有利于解决供应结构问题，提高供应质量。这才是破局之道。

推动经济社会发展达到更高水平，只有量的扩张而没有质的突变，即劳动

---

① 此处是分别指30和60各自的目标2020年9月22日，国家主席习近平在第七十五届联合国大会一般性辩论上表示，中国将提高国家自主贡献力度，采取更加有力的政策和措施，二氧化碳的碳排放力争于2030年前达到峰值，努力争取到2060年前实现"碳中和"。

生产率的根本性提升，就不可能实现可持续增长。促进企业创新能力增长，营造促进创新的环境，就成为时代使命和国家战略目标。由此可以得到一个结论——过剩是创新之母。这亦是市场经济的根本原理。过剩，并不是绝对的坏事。如果企业的产品和服务供不应求，则创新必然缺乏动力。今天，房地产业之所以遭遇巨大挑战，就与这十多年来拿到资源就可以赚钱这样一种市场环境分不开。过剩是结构调整、产业升级的历史性契机。

中电光谷是中国电子旗下产业园区建设上市公司，在园区建设领域具有一定影响力。产业园区建设跟住宅和商业地产业务有一定联系，对于市场发展的预判以及对于政策环境的理解很容易找到共鸣；对于方法论的思考的一些基本逻辑也有共通之处。中电光谷的主要任务是构建网信产业生态。而这个生态的构建是基于园区的物理空间的。当然，网信概念是广义的；既包括一般电子信息技术，也包括网络技术、网络安全，也就是人们所说的ICT。网信产业生态是一种基础性产业生态，对其他行业的转型升级具有带动作用。今天，我结合中电光谷的园区建设实践，围绕企业创新话题谈一点粗浅意见，向大家请教。

一、什么是创新生态

关于创新生态，我愿意这样定义——为实现一定战略目标而建设的，着眼于促进思想交流，激发创造能力，具有独特空间结构功能的人文环境。创新生态显然不是基于自然生态，而是基于一定目的打造的人文生态。在这里要顺便解释一下，中电光谷开发的科技园区和产业园区跟华润置地开发的办公楼宇，着眼点不同——华润置地着眼于房地产逻辑。选址考虑的是核心城市的核心地段；客户，瞄准的是金融、贸易和城市服务业的企业总部。主要目标是提高单位土地价值。这种逻辑的不动产，其金融属性显然比较强。这种金融属性就带来一个问题，它究竟是实体经济还是虚拟经济？显然，非实体经济领域的不动产跟宏观经济的关联度更大，受政策调控的影响也大。但是，中电光谷的园区发展着眼于产业聚集和科技创新生态培育。中电光谷不否认不动产的金融价值，但不看作唯一价值，也不作为第一目标。我们更加强调的是服务——服务科技企业，服务创新企业，服务具有未来价值增长点的企业，我们看重的是分享部分优秀客户的成长价值。显然两者的商业逻辑是有差异的，盈利模式也有区别。

我们认为，未来经济增长的最大可能性来自那些具有技术创新优势的科技企业。我们所讲的创新生态，实际所指的是在一定空间环境中"人与人之间""团队与团队之间"交流互动，以及相互联系、相互依存的关系。我们工作的核心目的是营造这样的空间环境。下面我们分享几个案例。

第一个案例是乔布斯大楼——Apple Park。乔布斯当年在设计这个具有强烈未来主义走向的太空船般苹果公司总部楼时，不仅追求建筑质量和细节的极致，更重要的理念就是要让这个里面的每一个工作者跟其他的工作者能够更好地互动。这个追求完美建筑的构思逻辑是以促进人的创造性劳动、促进人与人之间的交流互动为核心的，通过交流来激发创造活力。

第二，腾讯公司的深圳滨海大厦。这个建筑设计的关键是"链接"，这正是构建创新生态的核心思想及主要内涵。"链接"的空间格局有利于形成各种动态且充满活力的新型项目组织，这成为科技企业跟传统企业在组织方式上最大的区别。创新者的工作是无法限制性定义，也不应该被固化定义。你若有好的想法，可以快速配置资源，展开工作。这种"链接"式的灵活交流空间就可满足这样一种创新组织动态性组合要求。传统的办公楼宇里，固化的空间使用方式，很难提供灵动随性的氛围。可见，创新的环境是需要通过空间营造的。

第三，大疆公司的天空之城。大疆的总部在深圳只用了一块很小的地，但通过富有创意的设计，营造出一个别开生面的世界。这是福斯特的神来之笔，巧妙的空间格局跟传统写字楼的气质泾渭分明，营造出一种特别适合科技创新工作的氛围。

腾讯和大疆的总部大楼，代表了深圳科技企业创新环境的独特风貌，共同的特点是向空中要价值；超高层也可以营造出适合创新的环境。

我们再分享一下中电光谷的三个项目。

第一，武汉未来科技城起步区位于武汉的光谷东片区。这个像马蹄莲形态的建筑实际使用者是一个新能源研究院，它满足中国三星绿色建筑标准和BREEAM卓越级的欧盟标准。这个位置在武汉的东外环，很偏，规划时东三环以外十多公里几乎没有城市功能。华为武汉研究所当时设立在光谷软件园，发展到5000人就搬到未来科技城，到10000人左右华为公司才邻近自建了基地。这个区域有了核心企业带动，逐步形成了一个超千家企业的园区，创新生态也由此形成。这是武汉未来科技城起步区建设取得成功的内在逻辑。

第二，武汉光谷生物城创新园是生物科技企业的聚集区。园区建筑面积超过100万平方米。发展十年各类研发团队聚集于此，孕育出400多项创新药、仿制药等各种生物技术产品，已成为武汉战略性新兴产业的新支点。

第三，青岛光谷软件园，位于青岛西海岸新区（黄岛）。2012年开始规划建设，已建成80万平方米产业载体。黄岛是青岛市的制造业集聚区，当时与青岛主城之间还没有隧道和跨海大桥，开车需一个多小时，实际上离中心城区很远。中电光谷落户青岛所确定的目标是以当地制造业为基础，推动生产性服务业集群发展，实质上就是促进产业创新生态建设。十年下来，项目的发展对青岛的产业结构调整，尤其是技术性服务业和生产性服务业的发展，发挥了关键作用，也取得了良好的投资效益。实际上，青岛的各种产业园区数量很多，但像这样着眼于产业生态建设且取得良好成效的园区却凤毛麟角。

二、培育创新生态的主要内容与形式

培育创新生态的主要内容与形式如下。

1. 科技企业孵化器、加速器与众创空间

培育创新生态的主要抓手是科技企业孵化器、加速器与众创空间等。十多

年来，中电光谷一直将促进大学和科研机构的科技成果产业化作目标，在各地建设了多种类型的科技企业孵化器、加速器和众创空间。一个初创技术团队拥有某种科技成果的知识产权，但如何发展成为产业创新所需要的综合要素服务，如资金、工作场所、人力资源、实验装备等，促进科技成果成为产品，形成产业。刚才我们讲到生物制药，任何一种创新药或仿制药的开发都要经历小试、中试到临床试验、批量生产过程。孵化器和加速器要为企业提供不同阶段、不同需求的各种服务，当然，空间是基础，其他的服务是围绕空间展开的。

2015 年国家倡导"双创"的时候，出现了一种新的空间服务品种——众创空间。中电光谷的众创空间主要布局在大学比较集中的城区，致力于为大学生创业就业提供载体。近十年，各地支持众创空间的发展出台了一些扶持政策，尤其今年大学生毕业就业压力比较大，鼓励以创业的方式就业自然成为一种措施。如何营造适合大学毕业生的创业环境，特别是通过市场化方式做一些有效的组织工作，就具有现实意义。让产业园区服务初创企业、小微企业的机制进一步完善是产业生态建设的重要内容。

2. 建设科技企业孵化的核心目标是促进科技成果产业化

我们一直坚持的观点是——科技企业孵化的核心目标是促进科技成果的产业化。科技成果转化是科技成果产业化的一个环节，两者不能画等号。从产业园区的运营角度看，科技成果转化是一种服务功能，科技成果产业化才是产业生态建设的根本目标。如果脱离了产业化这个根本目标，技术成果转让就变成了一种表象。

3. 股权投资基金是培育创新生态的必备工具

培育科技企业和创新生态，股权投资是必不可少的资源配置手段。从 2015 年开始，中电光谷先后设立产业投资基金，目前已设立了近十种不同类型的基金，对于寻找项目，助力企业成长发挥了不可替代的作用。股权投资基金的收益成为我们盈利结构的重要支柱，对于经营模式转型至关重要，是构建体系化能力的重要组成部分。园区发展跟基金投资管理的结合也成为园区可持续增长的基本前提。

拥有丰富的园区产业资源也为我们与各种专业基金深度合作创造了条件。空间上的资源积累是有形的，当创新生态建设达到一定水平的时候，必将迸发出巨大的产业组织无形能量。

未来，从产业园区空间经营扩展到城区办公楼宇经营是产业生态建设的必然，当办公楼宇过剩现象更加突出时，提高这些资源的利用效率，离不开大量新业态产业资源。我们的产业创新组织优势具有进一步发挥的机会。

4. 构建区域科技创新联盟的探索

构建区域科技创新联盟是中电光谷构建科技创新生态的一种重要工作方式。目前，既定独特创新协同功能的科技企业孵化器、加速器以及众创空间难以发挥垂直整合科技创新资源的基础性作用。从不动产经营的角度考虑，需要构建一种更具信用张力的客户培育机制。这种培育难以仅凭市场化方式构成，需要更为紧密的信用条件和依存关系。从这个意义上讲，构建区域创新联盟，进而与重要的大学机构和地方实验室合作是有效路径。中电光谷正积极推进与湖北东湖实验室、佛山季华实验室、清华同衡、华中科技大学微电子学院、光电研究院以及重庆大学、中南大学等建立战略合作关系。2022 年，我们在佛山三龙湾的季华实验室边与当地国企合作建设了一个智能制造园区，着眼于把季华实验室的科研成果，尤其是智能制造成果在该园区实现产业化。

三、产业创新的三项任务

产业创新是促进科技成果产业化的重要动力，其基本任务为——一是促进生产技术进步；二是推动产业组织方式变革；三是拓宽市场边界。目前，从总体供求关系看，产品与服务市场大都进入饱和状态。如何把市场总量做大？如何向市场发展纵深进军？这些都是产业创新的范畴。我逐一解释如下。

1. 促进生产技术进步

提及传统产业转型升级，人们常常用到"数字化转型"的概念。也就是说，一个传统的制造型企业，在这个时代，要适应新的竞争要求就必须通过数字化提高劳动生产率，提高企业生产经营管理效率。走向智能化生产和数字化管理是当今时代传统产业进步的时代标志。换句话说，若不能尽快实现数字化管理和智能化生产，或者实现的步伐太慢，效果不佳，这样的企业将面临被时代淘汰的风险。近年来，我们在全国新布局的产业园区，一个基本着眼点就是为传统制造业的转型、转移和升级提供综合性服务，也就是说既帮助企业通过"产业转移"降低生产成本，也助力企业同步实现"数字化转型"，构建更具竞争力的供应链系统，提高生产组织效率。这就是我们所强调的，将推动生产技术进步作为产业园区发展动力的思路。

2. 推动产业组织方式变革

目前，具有生产制造功能的规上科技企业，大部分仍然是自己拿地建设产能。不少企业没有作好充分准备，只是受到地方招商政策的诱惑，其中大多数企业缺乏建设运营经验，不少因为取得的土地规模失当，企业发展未达预期，导致土地闲置和资金无效占用，拖累了企业的正常经营。有的企业谋求在满足自身需求的同时多拥有一些楼宇出租，实际上做起了不动产经营生意。但由于其专业经验不够，效率较低，很容易造成过度建设、投资失控。其结果，不仅增加负债，妨碍主业发展，而且对企业的社会形象产生不利影响。以上种种情况，都可称之为产业组织的低效方式。科技园区和产业园区专业化建设是推动产业组织方式变革的有效力量，实现集约化的土地利用和建设，有利于促进产业链、创新链优化和产业生态构建目标的实现，也可以最大限度减少低效用地现象的产生。目前，专业化的园区建设，市场化主体主导建设的产业园区所占比重尚不足10%，未来的发展前景非常广阔。即便把上述比重提高了1倍，即达到15%~20%，就有大量的专业化工作要做。[①] 如此，既可以大幅度提高土地集约化利用水平，又能大幅度增强创新生态的活力，使城市空间结构布局更合理，也使城市产业功能区的城市面貌更美观。这是产业可持续发展的重要基础。

3. 拓宽市场边界

市场的拓展包括规模的扩大、结构的优化和类型的丰富，取决于生产要素配置效率的提升，往往跟原材料供应结构、市场结构以及地方产业政策、终端消费环境等有密切关系，也与地方营商环境有关。推动产业组织变革，把市场总量做大，具有非常重要的现实意义。

培育创新生态的市场主体必须站在创新的潮头，成为创新的先行者和引领者。承担培育创新生态的市场主体若不能站在创新的潮头，就很难有效推动创新环境的建设，也难以得到地方政府的信任和支持。

四、中电光谷的园区创新方法论

产业园区建设的主要任务是培育创新生态和发展产业集群。产业园区建设在中国的广泛实践已有三十多年，取得了丰富的经验。产业园区建设本身的探索与创新也成为创新生态建设的组成部分。下面，我结合中电光谷的实际，向大家介绍我们的具体想法和做法，可称之为中电光谷园区建设方式创新方法论，供大家参考。

---

① 资料来源：中电光谷产业生态研究院对部分城市和区域的调查结果。

1. 产业云与低碳云

"产业云"是中电光谷基于产业集群分析和产业组织效率的园区数字化系统;"低碳云"是中电光谷园区综合能源服务的数字化系统。我们把这两朵云作为产业园区可持续发展的两大支柱。放眼产业园建设市场,作为空间载体,产业园区具有不动产属性,与当前房地产业所面临的总体上供大于求的市场环境基本是一致的。随着竞争的加剧,具有战略前瞻性的市场主体必然积极构建"护城河"以维护既得竞争优势。什么是产业园区建设业务的"护城河"?在中电光谷看来,以园区数字化为基础的产业云和以园区低碳化为特征的低碳云就是战略性的"护城河"。我们的着眼点并不在于科技本身的创新,而在于应用科技方法的创新。因为数字技术是由众多企业从不同技术角度持续创新所构建的庞大系统;低碳技术亦是如此,而这两个技术系统的真正进步是靠广泛的应用所驱动的。我们要做的是在应用科技的方法上的创新。

我们在园区数字化方面的优势是对产业园区从规划建设到运营的全生命场景规律的充分理解,和对各种技术应用的长期验证。因此,我们以"产业云"为抓手,对园区的"人流、车流、物流、能耗、税收"等核心数据进行系统采集。进而通过这五个维度指标的内在联系,对园区内企业的空间使用情况、人流、物流状况、能耗及税收状况等进行结构性分析和评价,分析区域产业集聚的动态,发现需求变化趋势。当这类结构性数据积累到一定量级就能产生要素价值。

十二年前,我们就开始在园区建设中推广区域能源服务模式,主要是在以研发办公为主的园区里提供集中供冷、供热服务。集中建设一个能源站服务数十万平方米建筑。采取集中供冷、供热方式(DHC),不仅可以因地制宜合理利用区域不同品级的能源,减少投资、改善体验、降低排放;而且可以产生较好的经济性,运营主体可获取合理利润,入驻企业更可享受较低的能源使用成本,实现社会效益、环境效益、经济效益的多元共赢。在区域能源探索发展过程中，中电节能公司是先进者和成就者，参与了多项"行业技术标准"的制定。2021年，我们开始广泛部署电动车的充电系统；在制造类园区使用光伏储能系统。2022年正式发布"OVU低碳云"；2023年颁布了OVU低碳云建设标准，正式面向全国推广，这套系统在整个低碳技术应用、集中制冷制热控制系统等方面走在行业前列。中电光谷在2021年、2022年连续两年获得社会价值五星评级，其中，数字化建设和低碳园区建设的探索成为突出亮点。可见，企业在创造社会价值方面，数字化与低碳化实践是社会普遍认同的。

2. 系统规划与动态规划

系统规划与动态规划理论上讲或许不是中电光谷的原创，但中电光谷从方法论上进行了归纳和提炼，并通过若干项目建设的验证，成为来自实践的理念。也使完整的实践经验得到理论的升华。

当下的城市建设实践仍然普遍存在城市空间规划和产业规划脱节的现象；也存在规划与建设脱节的问题。例如，如何发展战略性新兴产业？地方宏观经济管理部门通常会在国家支持的谱系中作人为选择，无法从空间承载和组织实践中提出针对性要求，更难以根据地方资源禀赋制定可行的实施措施，找到发展战略性新兴产业与提升当地传统产业之间的内在逻辑。而空间规划管理部门更难判断空间承载的微观逻辑。这就造成了规划本身的科学性缺失，最终由长官意志决定。我们可以看到十多年来一些区域性开发实践，尤其是一些3P项目，发展成效不佳的根本原因就是因为规划方法跟不上实践需要。若干高铁站周边的片区开发普遍存在问题就是突出的例子。武汉站南侧由某企业开发城市综合体烂尾二年多一直未能复工，为什么？不可否认有客观环境问题，但更大程度上跟规划方式和判断标准有关——考虑空间形态多，考虑过程合理性少，更少考虑的是产业发展内在需求以及服务对象是谁？本质上是因为功能规划停留于抽象的需求逻辑。这样的开发实践必然是缺乏理性的，出问题也是迟早的。中电光谷的工作方式与之截然不同。我们首先是要把一个地方应该如何发展产业的事情弄明白、想清楚，基于城市的资源结构，产业优势和人力资源状况统筹考虑要素聚集条件，再拿出空间布局和城市功能布局方案。我们在一些项目上采用的留"灰"和留"白"方法，以及"动态规划"和"二次规划"方法，增加了项目建设投资的合理性和可行性，有效控制了投资风险。城市空间规划的实施是动态过程，不可能一成不变，周期性更新也是一种规律。所谓"二次规划"，就是要在一次规划建设时将未来更新的可能性考虑于其中。比如，我们现在所看到的香港港岛，近百年来就经过三次重大更新才成为现在的样子，各种局部更新和完善从未停息。这又引出另一个话题——一个新区的规划究竟应该如何开展？我们正好接手一个区域规划案例，即沈阳市和平区和平湾十平方公里的片区开发的产业规划。我们的总体思路是着眼于产业增量，以新的组织方式优先发展制造业，整合数字经济与生物经济，寻求发展新业态新模式创新聚集区，进而带动城市功能建设和住宅发展。关键在于始终把产业发展作为城市发展的前提和基础。我们凭借十多年来在产业园和科技园领域所积累的成功经验和产业资源，致力于在和平湾探索一条基于新发展阶段的高质量片区开发路径。

这里有两张图，一张是深圳南山区，另一张是苏州高新区，两者都是城市二次规划的成功案例。今天这两个地方，无论是城市功能还是形态与二十年前的情况已大相径庭。这说明什么？说明了在快速城市化过程中规划思维的局限性以及动态更新的必要性。如果我们以今天的经验和眼光回望二十年前的规划，必然会更加自觉、更加有序。温故知新，我们是否更具前瞻性地展望未来二十年，理性地面对今天的实践。

另外，园区的系统规划，是七八年前我们基于多年来园区开发经验而总结出的一套实用的"多规合一"操作工具。至今，我们的项目规划都仍然按照八项规划的原则组织实施，避免一些主要的矛盾和误区。

3. "一城一法"与"一园一策"

中电光谷多年来一贯强调并坚持区域产业规划和园区发展的"一城一法"

与"一园一策"原则。这在中电光谷已成为深入人心的园区方法论。正因为如此，中电光谷的园区项目成功率高，带动作用大。正是因为我们始终坚持"一城一法"与"一园一策"原则，中电光谷的每一个园区项目都从实际出发，实事求是的选择适合当地城市文化和产业发展要求的设计策略和建筑形态，保证了每一个项目都能做到独具特色。从商业竞争策略讲，可称之为"非对称竞争"。当然，我们所追求的独特性并不是为了垄断利益，而是为了避开无序竞争，减少投资风险，而标准化思维下的复制产品是不可能避开竞争的。从商业思维方式角度归纳，可称为"逆向创新"。当你敢于不随大流，坚定走自己的路时，往往就能表现出更强大的生命力，离风险更远。我们现已在全国近50个城市布局了近90多个不同的产业园区，令人欣慰的是，几乎没有一模一样的项目，更没有拿任何一个成功项目的图纸去别的地方复制的项目。我们的每一个项目都是通过实地调研，从项目本身的需求出发来进行针对性设计的，这样的过程尽管会花更多时间和精力，但确能真正保证高质量。

4. 综合运营与以终为始

综合运营与以终为始是我们5年前提出的针对园区开发模式简单化的替代性和补充性方法论。在更多企业开始重视专业化价值的时候，中电光谷逆向提出综合性价值主张。例如，房地产快速发展时期就曾极端专业化主张——专注于大中城市住宅业务，绝不碰其他。后来市场环境变了，业务范围太窄发展机会就少，项目的影响也不足。企业只能适应地方政府感兴趣的方式才能拿到地，这才迫使极端专业化理念发生改变。实际上，在经历了经济快速增长过程中高度专业化有利于高效扩张以后，指望一个"专"字已难以为继。前些年还坚信不疑的准则已不再灵验，甚至处处碰钉子。在这样的时代背景下，中电光谷提出了针对产业园区发展的综合运营方法论，也就是说我们不是着眼于解决某些单一的专业问题，而是着眼于整个过程和最终结果，建立体系化能力，避开各种专业化的饱和竞争。任何一个具有挑战性的问题都不再是单一问题，而是综合性的复杂问题，我们要建立的独特优势就是解决综合性的复杂问题。

我们在产业园区建设实践中创造性提出"P-OEPC"模式。首先通过咨询策划业务方式明确项目应该做什么？目标是什么？应该采用什么方式做？然后以招商运营牵头的方式整合资源实施园区开发。我们认为这种模式比过去的PPP、TOD等更符合高质量发展要求下的园区建设。目前，我们正在致力于经营模式轻量化转型，也就是坚持"去地产化"。"卖房子"和"租房子"的能力仍然有价值，应该保留并发展，但"卖房子"和"租房子"仅为手段不再是业务的出发点和落脚点。在这种模式下，项目投资人多为地方政府或地方平台公司，利用的资金多为开发性贷款或地方债券，中电光谷的角色不再是投资开发主体，而成为综合性服务主体。着力于发挥自身的体系化能力帮助地方政府组织产业。采用这样方式就迎来了一个全新市场。这既是一种竞争策略的创新，也是一种商业模式的创新。

5. 敏捷定制与和而不同

服务制造业的园区规划建设方式强调敏捷定制与和而不同。现在的产业园区建设绝大部分是企业自己拿地自己建设；另有30%左右是由地方国企拿地开发或代建。坦率地说，这些建设大多为非市场化园区开发方式；由市场主体主导的园区建设占比实际很小。扩大市场化主体空间供应的比重是提高土地利用效率，促进土地要素优化配置的有效措施。敏捷定制是"化腐朽为神奇"的破题良策。这就要求我们不仅站在开发主体的角度去想问题，更要站在服务企业的角度去想问题。目前，我们已对多个行业不同类型制造业、不同类型厂房建立了"一图一库"。例如，要开发一个生物医药主题的产业园，我们可能会针对生物医药企业所需的研发、小试、中试、生产等各种类型的需求，判断出大概需要什么样的空间、什么样的功能结构、什么样的建筑单体组合、什么样的能源配置系统、什么样的污水处理系统等。这些配置将在园区范围内进行统筹布局，以降低每个企业的独立配置成本。这样的规划出来后，我们再与具体企业客户进行专业交流，根据客户需求迭代调整，最后做到无论什么类型的生产、无论多大规模、无论什么样的产品结构，都可以在0.5平方公里至几个平方公里的范围内，为入驻企业提供精准服务。这种既能整体策划规划，又能个性化服务的方式取代中小企业自建空间的方式是产业组织方式进步的体现，也是改善营商环境的一种有效手段。我们经过三年实践，真切地感受到做好这种服务，过程很烦琐，专业难度也很大，但正因为存在比较高的服务壁垒，跟随者也难以模仿，反而形成了一种"护城河"，有利于成为中电光谷独特竞争优势。如果我们按敏捷定制方式服务制造型企业的案例达到千位数，由此沉淀的经验就有可能为改变现有生产制造业产业组织方式作出更大贡献。

今天就向大家汇报这么多，谢谢各位！

开辟数字化时代园区发展新路径

2023 年 11 月在"数实融合霸州论坛"上的讲演

观点

- 数字化是信息化的高级形式，是智能化的基础。

- 在数字化浪潮中，我们发现了一个很重要的价值点，即园区作为一个空间载体具有很重要的场景价值，因为企业在这里发生产品生产和服务活动，从业者在这里工作和生活。这些企业的空间利用状况如何、能源消耗状况如何、经营成效如何、投入与产出是什么关系、企业员工的活动规律如何、什么样的人和物每天与园区场景产生交集等，都是判断园区产业经济整体质量须关注的基本数据。我们可以通过数字园区系统及时把握园区企业的整体状况和问题所在。每天产生的数据，都对未来具有预见和启示作用。

- 中国的城市化已发展到了较高水平，房地产很难再继续通过要素市场和过去那种方式持续发展下去，土地要素也不能像过去那样成为地方政府的主要资金来源。那么，地方经济发展的新动力何在？政府用于基础设施建设，用于改善民生，改善城市形象的增量资金又从何而来？现在看来，有一条明确的路径，那就是数据要素化，数据资产可以作为地方财政的增量入表。

- 生成式 AI 将深刻改变产业组织逻辑。

- 我们希望在人工智能应用方面始终能够走在前列，成为园区运营企业中使用人工智能最全面，成效最显著的代表，让产业资源共享价值实现得更快。

大家好！

很高兴参加今天的"霸州论坛"，讨论关于"数实融合"企业实践。刚才，张森市长从霸州产业升级和战略性新兴产业发展的角度深刻阐述了数字产业化、产业数字化以及"数实融合"的霸州思路。这充分证明，霸州市委市政府深入学习贯彻党的二十大精神，对数据要素化和数字经济的发展趋势有深刻的理解。我想先讲一讲对"数实融合"概念的理解。对于这个概念，很多人的理解存在误区，即把数字技术或者数字经济作为虚拟经济。毫无疑问，数字经济本质上不是虚拟经济而是实体经济的组成部分。人们通常讲的虚拟经济指的是以资本化定价方式为基础的一套特定的资产价格系统，主要集中于金融业和房地产业。虚拟经济的过度发展具有内在的波动性，容易形成"泡沫经济"。数字技术或数字经济作为实体经济的组成部分，是经济增长的重要动能。

数字化是信息化的高级形式，是智能化的基础。信息化已经讲了 20 多年，现在，数字化概念用得更多，似乎已代替信息化，很大程度上是因为人工智能的发展及智能时代的到来。ChatGPT 的出现让我们突然直观意识到人工智能正在改变一切。如果我们实现数字化的步伐太慢，就会跟不上智能化的时代潮流，我们的产业经济发展就无法取得未来的竞争优势。

今天上午，霸州·中电智谷项目成功举行了开工仪式，首批项目签约入驻。该项目建设与数字化是什么关系？它对霸州的产业发展，特别是产业组织方式的变革将会带来什么样的影响？这是我今天想跟大家分享的内容。下面从四个方面来展开。

一、园区是数字化转型的重要平台

我们都知道新型工业化是构建现代产业体系的"压舱石"。产业园区作为现代产业体系的空间载体已被大家熟知，但园区作为数字化平台，对于制造业的数字化转型具有重要支撑作用，可能大家了解的并不多。一般讲到产业数字化时，很容易理解的是数字化基础上展开各种产品生产和服务；而从产业园区建设的视角强调产业组织和产业承载方式如何实现数字化转型还是新生事物。现代城市数字治理往往围绕政府部门管理的事务展开如交通、教育、医疗、社保、环保、治安等，容易出成效，而着眼于产业组织效率最容易直接创造经济价值。毫无疑问，以空间载体和产业组织为切入点能够对经济增长产生直接作用。

近 20 年来，中电光谷致力于产业园区的运营，在数字化浪潮中，我们发现了一个很重要的价值点，即园区作为一个空间载体具有很重要的场景价值，因为企业在这里发生产品生产和服务活动，从业者在这里工作和生活。这些企业的空间利用状况如何、能源消耗状况如何、经营成效如何、投入与产出是什么关系、企业员工的活动规律如何、什么样的人和物每天与园区场景产生交集等，都是判断园区产业经济整体质量须关注的基本数据。我们可以通过数字园区系统及时把握园区企业的整体状况和问题所在。每天产生的数据，都对未来具有预见和启示作用。正因为如此，我们把产业园区作为数字经济赋能实体经济的重要平台。

中电光谷推动以园区为场景的数字化转型，始于 2015 年，其实数字化转型讲起来容易，但真正按照数字化的内在逻辑去落实的时候并不容易。我们2015 年开始谋划园区数字化建设时就遇到了一些基础技术瓶颈，例如，水、电、天然气、电梯运行状况等的远程抄表，雨污水监测等一些基础数据采集成本太高，在当时的通信技术条件下就是难题，要构建数字化园区，就得从底层技术应用入手，这就是我们在 2015 年投资低功耗广域物联网企业慧联无限公司的目的，通过嫁接低功耗广域物联网技术应用有效采集那些小流量、低频次数据。

随着园区规模的逐步扩大、数据量的不断积累，我们在 2022 年正式推出了"OVU 产业云"，把中电光谷品牌的内涵"O（open）"开放、"V（vison）"远见、"U（union）"联合注入到我们最看重的园区数字化建设的文化内核中，让它在产业组织中发挥根本性提质增效作用。

二、OVU 产业云旨在构建跨区域的产业生态

接下来我讲一讲 OVU 产业云，其着眼点在于构建跨区域的产业生态。刚刚张市长介绍了一些霸州本地的产业园区。这些园区基本上都是一种"孤立"的物理形态，跟外部的产业缺乏资源联系，更别提形成系统的供应链、价值链关系。由中电光谷运营的数字园区，通过数字化手段使遍布于大江南北的产业承载空间都能与特定区域的产业空间形成产业生态关联，产业创新链、供应链、人才链上的交集，使传统园区的企业与外部产业生态互联互通。我们通过数字园区平台，赋能园区企业数字化转型是园区服务功能的重要体现。数字园区系统必将成为产业园区取得成功的必要条件。

三、开辟数字资产建设新路径

大家都知道，中国经济持续快速发展了 20 多年，城市基础设施建设突飞猛进，城市面貌迅速改观，城市功能不断完善，实质上离不开城市化进程。而中国的城市化最重要的基础是什么？是土地资源要素化。那些原本不能交易的土地，通过要素化确权后具备了交易条件，因而具有交易价值。地方政府通过土地要素的公开交易取得了大量资金。因此，城市基础设施建设有了资金来源。地方政府以此为凭借迅速增强了融资能力，扩大了负债规模，做大了资产负债表。土地财政和土地金融的说法也由此而来。但近年来我们看到，中国的城市化已发展到了较高水平，房地产很难再继续通过要素市场和过去那种方式持续发展下去，土地要素也不能像过去那样成为地方政府的主要资金来源。那么，地方经济发展的新动力何在？政府用于基础设施建设，用于改善民生，改善城市形象的增量资金又从何而来？现在看来，有一条明确的路径，那就是数

据要素化，数据资产可以作为地方财政的增量入表。数字产业化的前提是数据要素化。当数据资产真正具有可交易价值的时候，公共财政必然成为数据要素交易的最大获益者。当数据要素很大程度上成为一种公共产品的时候，地方资产规模的可持续扩大是可预期的。从这个意义上讲，谁能够先行一步去构建未来数据要素建设和积累的体系，谁就有可能在智能化时代率先获益。中电光谷把数字园区系统作为数字资产建设的基础设施，其目的是要牢牢把握与经济发展直接相关的那部分数据。这是面向未来的重要途径。霸州·中电智谷项目跟过去的产业园区的最大差别在于它不仅是一个产业基础设施，更是一个数字化基础设施，它不仅仅是产业的空间载体，也是一个数字化的平台，是一个能够创造未来价值的综合载体。

自 2020 年以来，中央政府不断颁布行政条例推动数据要素化建设，今年成立了国家数据局，主要职责是负责协调推进数据基础制度建设，统筹数据资源聚合共享和开发利用，统筹推进数字中国、数字经济、数字社会规划和建设。这是一个重要的标志，预示着数据要素化和数据交易成为地方财政收入的主要来源将指日可待。我们应该把霸州·中电智谷项目打造成为霸州数据要素建设的先行者和奠基者。

四、生成式 AI 将深刻改变产业组织逻辑

现在产业园区的招商系统已普遍开始重视应用人工智能技术。中电光谷也在积极尝试。我们坚信，生成式 AI 将深刻改变产业组织逻辑。上午交流的时候，地方主要领导最为关心的是园区建好后，如何让这些建筑空间发挥出最大效能。中电光谷凭什么能让这个园区显著的区别于其他园区，展现出更高的产业组织效率和空间利用效率？当然，这取决于多种因素，包括产业资源背景和跨区域的资源支持，也包括投资基金的促进，以及规划与建筑设计的针对性等。还有一条，就是我们先行一步让人工智能技术在招商系统的全面应用。为

此，我们已经准备了两年，现在已经开始普遍使用。2024 年，我们将建立若干个 AI 大模型赋能中心，我们当然考虑了霸州。通过生成式 AI 技术，可以知道项目周边一定范围有哪些企业，综合判断它们的规模扩张需求，人员增减趋势，是否需要扩大产业空间等。还可以知道哪些资本正在关注哪些行业，哪些企业，通过资源嫁接使这些企业能够具备扩大产能，增加人手的条件。类似这样的应用场景，通过人工智能都将变得可能。而要了解上述情况若采用传统的线下调查的方式工作量将非常庞大，换句话说，AI 赋能将很大程度上提高我们的工作效率。另外，霸州·中电智谷项目尚未开工，就有 20 多家企业有入驻意向，这些企业都是中电光谷园区生态体系中的企业，都有跨区域布局产能的需求。有的是看中这个地方的区域市场，有的是这里的政策环境。这从一个侧面说明我们能够在要素的市场化配置中发挥一种生态性作用。未来人工智能将会更准确地把各种各样的需求和我们这里发展的要求和期待对接起来。目前，中电光谷已使用两个工具，今年还会再新增一个新工具，我们希望在人工智能应用方面始终能够走在前列，成为园区运营企业中使用人工智能最全面，成效最显著的代表，让产业资源共享价值实现得更快。从这个意义上讲，昨天张市长说咱们的刘滔总经理要成为刘满园。我相信霸州的园区运营团队若能够在霸州用好智能化招商工具，发挥好平台作用，就是对数字化以及数字化赋能实体经济的一个最有效的推动，也将成为霸州·中电智谷项目取得卓越成效的可靠保障。

今天就向大家汇报这些，谢谢！

图书在版编目（CIP）数据

园区方法论讲演录／黄立平著. -- 北京：经济科
学出版社，2024.7. --（重新定义产业园丛书）.
ISBN 978 - 7 - 5218 - 6129 - 7

Ⅰ. F424 - 53

中国国家版本馆 CIP 数据核字第 2024FT7031 号

责任编辑：卢玥丞
责任校对：李　建
责任印制：范　艳

园区方法论讲演录

黄立平　著

经济科学出版社出版、发行　新华书店经销
社址：北京市海淀区阜成路甲 28 号　邮编：100142
总编部电话：010 - 88191217　发行部电话：010 - 88191522
网址：www. esp. com. cn
电子邮箱：esp@ esp. com. cn
天猫网店：经济科学出版社旗舰店
网址：http://jjkxcbs. tmall. com
北京联兴盛业印刷股份有限公司印装
710 ×1000　16 开　26.75 印张　345000 字
2024 年 7 月第 1 版　2024 年 7 月第 1 次印刷
ISBN 978 - 7 - 5218 - 6129 - 7　定价：108.00 元
（图书出现印装问题，本社负责调换。电话：010 - 88191545）
（版权所有　侵权必究　打击盗版　举报热线：010 - 88191661
QQ：2242791300　营销中心电话：010 - 88191537
电子邮箱：dbts@ esp. com. cn）